21st CENTURY 实用规划教材

21世纪全国高等院校**财经管理**系列实用规划教材

国际经济与贸易系列

国际贸易理论与实务

Theory and Practice of International Trade

喻淑兰　夏丽萍　王成林/主编

北京大学出版社
PEKING UNIVERSITY PRESS

内容简介

本书对国际贸易理论与实务作了较系统的论述，全书共14章，第1章至第5章为国际贸易理论部分，理论部分简明、通俗。其中第1章为导论，着重介绍国际贸易基本概念、产生和发展、适用的法律与惯例环境；第2章至第5章着重阐述国际贸易理论与政策，国际贸易措施，区域经济一体化理论与实践，世界贸易组织等内容。第6章至第14章为国际贸易实务部分，实务部分操作性强，以国际贸易业务程序为主线，介绍了国际贸易交易磋商与合同的订立、国际贸易术语、国际贸易合同各项条款、国际贸易合同的履行等内容。本书的最后还设计了四个附录，分别是进出口业务流程图、货运单证流转示意图、货物等级表以及几种常见的单证样式。各章的开头有案例导入，各章的结束均有练习题，其中，理论部分还设计了案例分析，实务部分还设计了案例分析及操作实训题。

图书在版编目(CIP)数据

国际贸易理论与实务/喻淑兰，夏丽萍，王成林主编. —北京：北京大学出版社，2015.9
（21世纪全国高等院校财经管理系列实用规划教材）
ISBN 978-7-301-26268-9

Ⅰ.①国… Ⅱ.①喻… ②夏… ③王… Ⅲ.①国际贸易理论-高等学校-教材 ②国际贸易-贸易实务-高等学校-教材 Ⅳ.①F740

中国版本图书馆CIP数据核字（2015）第208657号

书　　名	国际贸易理论与实务
著作责任者	喻淑兰　夏丽萍　王成林　主编
责任编辑	葛　方
标准书号	ISBN 978-7-301-26268-9
出版发行	北京大学出版社
地　　址	北京市海淀区成府路205号　100871
网　　址	http://www.pup.cn　新浪微博：@北京大学出版社
电子信箱	pup_6@163.com
电　　话	邮购部62752015　发行部62750672　编辑部62750667
印 刷 者	三河市博文印刷有限公司
经 销 者	新华书店
	787毫米×1092毫米　16开本　21印张　491千字
	2015年9月第1版　2015年9月第1次印刷
定　　价	45.00元

前　言

改革开放30多年来，中国对外贸易的发展成就举世瞩目，特别是进入21世纪以来，中国的对外贸易迅速发展，规模不断扩大，在世界贸易中的地位不断上升，从而推动了我国国民经济的持续发展和稳定增长。但是，2008年爆发的全球金融危机对我国对外贸易的发展产生了较大的影响，并进一步加剧了各国之间的贸易摩擦。随着我国经济发展进入新常态，我国的对外贸易也进入了稳增长、调结构、提质量为特征的新常态，贸易增速同整体经济增速一样，已经从高速增长阶段进入到中高速增长的区间，对外贸易形势将越来越严峻。为了适应国际经济与贸易发展的新形势，符合高校培养国际经贸类人才的新需求，编者在总结多年教学科研实践经验的基础上，编写了此书。

本书为适应应用型本科层次教学特点，力求简明、系统地介绍国际贸易基本理论、政策、措施、国际贸易实务操作等内容，尽可能地反映出国际贸易领域和我国对外贸易发展的最新成果。本书主要特点有：一是结构严谨。全书采用统一的体例，每章开篇是教学目标，案例导入。每章结尾是本章小结和本章练习题，其中，国际贸易理论部分各章设计了案例分析，国际贸易实务部分各章设计了案例分析及操作实训题。书的最后部分是四个附录。二是实用性强。本书引用的案例专业性、针对性较强，且均有简单的点评；各章练习题的设计重视理论联系实际，突出对学生实践技能的培养和锻炼，还提供习题解答、案例分析和操作实训题的参考答案；同时本书配有多媒体教学课件。三是操作性强。突出应用型人才培养的特点，强化对学生实践动手能力的培养，尤其是在国际贸易实务部分，每章最后均设有操作实训题。四是工具性强。本书最后编排了四个附录，分别是进出口业务流程图、货运单证流转示意图、货物等级表以及几种常见的单证样式，方便学生更好地理解和掌握国际贸易知识。

本书是编写组成员集体合作的成果，喻淑兰编写第1章、第8章、第10章、第11章及附录部分；王成林编写第2章、第5章和第6章；夏丽萍编写第3章、第7章、第9章、第13章和第14章；徐力编写第4章；徐梁编写第12章。喻淑兰对全书内容进行了大量的整理加工，并负责总纂。

在本书的编写过程中参阅了大量的教材、著作、期刊以及网站上的一些文章、资料和案例，这些材料有些在书中标注了资料来源，有些则在书的参考文献中列出。由于本书参阅了众多的资料，在汇总参考文献时，对同一作者编著的相同教材，本书只列出了最新版本，因此，个别参考文献有可能会有遗漏，少数资料来源有可能会标注有误。如有这种情况发生，敬请有关编者、作者、相关人员及出版社及时提出批评，以便我们及时纠正。在此谨向有关编者、作者、相关人员及出版社致以诚挚的谢意。

本书是高等院校财经管理系列实用规划教材，可作为高等院校国际贸易理论与实务课程的教学用书，也可作为学生参加外经贸业务相关职业资格或水平考试的参考用书，同时也可作为国际贸易工作者和热衷于从事国际贸易人士的自学用书。

编　者

2015年7月

前言

目　录

第 1 章 国际贸易基础知识

教学目标

- 掌握国际贸易的基本概念；
- 理解国际贸易的产生、发展历程及各阶段的特征；
- 熟悉国际贸易使适用的法律法规；
- 了解进出口贸易的基本业务程序；
- 明确国际贸易理论与实务课程的性质、研究对象及基本内容。

关键词

国际贸易　国际贸易理论　国际贸易实务　国际贸易惯例

案例导入

2014 年中国对外贸易情况

据海关统计，2014 年，我国进出口总值 26.43 万亿元人民币，同比增长 2.3%，其中出口 14.39 万亿元，增长 4.9%，进口 12.04 万亿元，下降 0.6%，贸易顺差 2.35 万亿元，扩大 45.9%。按美元计，2014 年我国进出口总值 4.30 万亿美元，同比增长 3.4%，其中出口 2.34 万亿美元，同比增长 6.1%，进口 1.96 万亿美元，同比增长 0.4%，贸易顺差 3 824.6 亿美元，同比扩大 47.3%。在剔除 2013 年套利贸易垫高基数因素后，全国进出口同比实际增长 6.1%，出口增长 8.7%，进口增长 3.3%。2014 年全年进出口运行情况主要有以下几个特点。

一是第一货物贸易大国地位巩固。从全球范围看，2014 年全球贸易预计仅增长 2%左右。1～11 月美国进出口增长 3%，欧盟和日本分别下降 0.5%和 2.5%。而我国外贸增速明显高于全球的平均增速，第一货物贸易大国地位进一步巩固。预计全年我国出口占全球份额达 12.2%左右，较 2013 年提高 0.5 个百分点。

二是外贸对经济增长贡献突出。在国内经济下行压力加大的情况下，外贸对经济增长起到了重要的支撑作用。按支出法核算，2014 年前三季度，货物和服务净出口对国内生产总值增长的贡献率达 10.2%，预计全年贡献率将在 10.5%左右，创 2008 年以来最高水平。

三是一般贸易占比持续上升。全年一般贸易进出口 2.31 万亿美元，增长 5.3%，占全国进出口总额的

53.8%，较 2013 年提高 1 个百分点，比重连续两年提高。加工贸易进出口 1.41 万亿美元，增长 3.8%，增速较 2013 年加快 2.7 个百分点。

四是贸易伙伴更趋多元化。开拓新兴市场取得新成效，全年我国与发展中国家进出口比重较 2013 年提高 0.4 个百分点，其中，对东盟、印度、俄罗斯、非洲、中东欧国家等进出口增速均快于整体增速。实施自贸区战略效果明显，不含港澳台地区的其他 17 个自贸伙伴在我国出口总额的占比较 2013 年上升 0.6 个百分点。对发达国家市场保持稳定增长，全年对欧盟和美国进出口分别增长 9.9%和 6.6%。

五是商品结构继续优化。工业制成品占出口总额的 95.2%，较 2013 年提高 0.1 个百分点，占比连续三年提高。装备制造业成为出口的重要增长点，铁路机车、通信设备出口增速均超过 10%。七大类劳动密集型产品出口 4 851 亿美元，增长 5%。生物技术产品、航空航天技术产品、计算机集成制造技术产品等高新技术产品进口增速均在 15%以上。消费品进口 1 524 亿美元，增长 15.3%，占进口总额的 7.8%，较 2013 年提高 1 个百分点。

六是中西部地区对增量贡献首次过半。中西部地区进出口保持较快增长，其中，中部地区进出口 3 127 亿美元，西部地区进出口 3 344 亿美元，分别增长 10%和 20.5%，中西部地区合计对整体进出口增量贡献 60.3%，贡献率首次超过东部。东部地区进出口 3.66 万亿美元，增长 1.6%，占全国进出口总额的 85%，较 2013 年下降 1.5 个百分点。

七是贸易条件明显改善。在国内工业品和国际大宗商品价格普遍下跌的情况下，全年进口商品价格指数下降 3.3%，而出口商品价格指数仅下降 0.7%，贸易条件连续第三年改善。重要能源资源产品进口价格走低，节约了大量外汇支出，仅原油、铁矿砂、铜矿砂、铜材、橡胶、化肥、大豆和谷物 8 种商品就少支出约 485 亿美元。

八是民营企业成为稳增长的主力军。全年有进出口实绩的民营企业占外贸企业总数的比重超过 70%，较 2013 年提高 1.6 个百分点。民营企业进出口 1.57 万亿美元，增长 5.3%，占全国进出口总额的 36.5%，较 2013 年提高 0.6 个百分点，对整体进出口增量贡献 55.9%。国有企业进出口 7 475 亿美元，下降 0.2%，连续三年负增长。外资企业进出口 1.98 万亿美元，增长 3.4%。

(资料来源：商务部网站)

在经济全球化浪潮推动下，对外贸易已成为各国政治、经济、文化交往的重要领域和平台，成为社会经济生活中不可缺失的内容。那么，为什么会产生贸易？为什么贸易能使各国获益？为什么贸易可以拉动各国的经济发展？为什么推行贸易自由化？为什么有些国家会采取各种手段实行市场保护来限制贸易的正常开展？国际贸易中有何规则和惯例？如何开展国际贸易，有哪些具体程序？……这些问题就是国际贸易理论与实务课程要系统介绍的内容。

1.1 国际贸易基本概念

1.1.1 对外贸易、国际贸易与世界贸易

1. 对外贸易

对外贸易(Foreign Trade)，是指一个特定的国家(地区)与其他国家(地区)之间的商品交换活动，又称国外贸易(External Trade)、进出口贸易(Import and Export Trade)或输出入贸易。在某些海岛国家(地区)以及对外贸易活动主要依靠海运的国家(地区)，如英国、日本和我国的台湾省等，也把对外贸易称为海外贸易(Oversea Trade)。

2. 国际贸易

国际贸易(International Trade)是指世界各国(地区)之间的商品交换活动，是各国(地区)经济在国际分工基础上相互联系的主要表现形式。

特别提示

◇ 判断“国际性”的标准包括营业地标准、国籍标准、交易行为标准等，其中，常用的是营业地标准。《联合国国际货物销售合同公约》(以下简称《公约》)第1条第(1)款规定“本公约适用于营业地在不同国家的当事人之间所订立的货物销售合同”，即《公约》对货物贸易是否具有“国际性”的判断标准是营业地标准。中国也采用营业地标准。

◇ 国际贸易中的地区一般是指单独关税区。为了叙述方便，下文中将“国家(或地区)”简称为“国家”，将“一国(或地区)”简称为“一国”。

◇ 商品包括有形的货物和无形的服务和技术。广义国际贸易/对外贸易包括货物贸易、服务贸易和技术贸易。狭义国际贸易/对外贸易仅指货物贸易。

案例 1.1

明确标准，正确判断贸易的“国际性”

案情简介：德国A公司在中国北京设立了一个分公司B，在中国香港设立了一个分公司C。中国D公司与A公司签订了一份加工合同，合同规定：D从A购买机器设备，从C购买原材料并加工为成品，由B负责将D加工后的成品回购，再转卖给A，最后由A公司在国际市场上销售。

(资料来源：国际贸易理论与实务．缪东玲．北京：北京大学出版社，4)

【分析提示】

《公约》对货物贸易是否具有“国际性”的判断标准是“营业地标准”。德国和中国都是《公约》的缔约国。本案例中A公司的营业地在德国，B公司和D公司的营业地在中国，C公司的营业地在中国香港地区。因此，具有“国际性”的是：D公司与A公司签订的加工合同；D公司从A公司购买机器设备；D公司从C公司购买原材料；B公司将加工后的成品转卖给A公司；A公司在国际市场上销售成品。不具有“国际性”的是：B公司回购D公司加工后的成品。

3. 世界贸易

世界贸易(World Trade)泛指世界所有国家和地区的贸易活动。从这个意义上说，世界贸易与国际贸易属于同一个概念。若世界贸易泛指国际贸易和国内贸易的总和，则世界贸易与国际贸易不是同一概念。本书所指的世界贸易与国际贸易是同一个概念。

1.1.2 对外贸易额与国际贸易额

1. 对外贸易额

对外贸易额(Value of Foreign Trade)，又称对外贸易值、进出口贸易总额，是以金额表示的一国对外贸易总量，是反映一国对外贸易规模的重要指标之一。

对外贸易额分为对外贸易出口额和对外贸易进口额，对外贸易出口额是指一定时期内一国向国外出口商品的全部价值；对外贸易进口额是指一定时期内一国从国外进口商品的全部价值。对外贸易额等于对外贸易出口额与对外贸易进口额之和。为了便于国际比较，联合国和许多国家通常以美元来计量对外贸易额。

2. 国际贸易额

国际贸易额(Value of International Trade)，又称国际贸易值，是以金额表示的世界各国和地区的贸易总量，是反映世界贸易规范的重要指标之一。

国际贸易额分为国际贸易出口总额和国际贸易进口总额。国际贸易出口总额等于各国(地区)的出口总额之和，国际贸易进口总额等于各国(地区)的进口总额之和。由于一国的出口就是另一国的进口，因此国际贸易出口总额应该等于国际贸易进口总额，但是，由于各国一般都按 FOB 价计算对外贸易出口额，按 CIF 价计算对外贸易进口额，因此，国际贸易出口总额往往小于国际贸易进口总额。另外，保险费和运输费用应该计入服务贸易收入，因此，国际贸易额通常是指国际贸易出口总额。

1.1.3 对外贸易量与国际贸易量

1. 对外贸易量

对外贸易量(Quantum of Foreign Trade)，是指按不变价格计算的对外贸易额，是反映一国对外贸易规模的重要指标。

2. 国际贸易量

国际贸易量(Quantum of International Trade)，是按不变价格计算的国际贸易额，是反映国际贸易规模的指标。

由于国际市场价格和各国货币币值的经常波动，对外贸易额或国际贸易额并不能准确地反映一国对外贸易或国际贸易的实际规模，不同时期的对外贸易额和国际贸易额不具有可比性。因此，在实际工作中往往以某一固定年份为基期计算的价格指数除当时的贸易额的方法，得到按不变价格计算的贸易额，这样就消除了价格变动的影响，只是单纯反映贸易量的变化，使得不同时期的贸易额可以直接进行比较，所以称为对外贸易量和国际贸易量。

计算方法如下：

$$贸易量=\frac{贸易额}{进/出口商品价格指数}$$

假定 2008 年为报告期，2000 年是基期，2008 年的出口量用 q_1 表示，出口价格用 p_1 表示；2000 年的出口量用 q_0 表示，出口价格用 p_0 表示，则以 2000 年为基期计算的 2008 年出口贸易量为：2008 年的出口贸易量=Σp_0q_1

$$或：2008 年的出口贸易量=\frac{2008年出口贸易额}{2008年出口商品价格指数}$$

其中：2008 年出口贸易额=Σp_1q_1

2008 年出口商品价格指数=$\Sigma p_1q_1/\Sigma p_0q_1$

同理，计算进口贸易量或进出口贸易量的调整方法与出口贸易量的计算方法相同。

1.1.4 净出口、净进口与贸易差额

1. 净出口、净进口

一国在同类产品上通常既有出口又有进口。在一定时期内(通常为 1 年)内，如某种商品的出口大于进口，称为净出口(Net Export)；反之，如果出口小于进口，则称为净进口(Net Import)。净出口、净进口可反映一国某类商品在国际贸易中所处的地位。

2. 贸易差额

贸易差额(Balance of Trade)是指一国(地区)在一定时期内(通常为 1 年)出口贸易总额与进口贸易总额的差额。当出口总额大于进口总额时，称为贸易顺差、贸易盈余或出超；当出口总额小于进口总额时，称为贸易逆差、贸易赤字或入超；当出口总额与进口总额相等时，则称为贸易平衡。贸易差额是衡量一国(地区)对外贸易状况、经济状况和国际收支状况的重要指标。

1.1.5 对外贸易结构与国际贸易结构

1. 对外贸易结构

广义的对外贸易结构(Composition of Foreign Trade)，是指货物、服务及各组成类别在一国进口额、出口额或进出口总额中所占的比重。

狭义的对外贸易结构，又称对外货物贸易结构(Composition of Foreign Merchandise Trade)，是指一定时期内一国进出口贸易中各类货物的构成，即某大类或某种货物进出口贸易额与整个进出口贸易额的比率。2008—2013 年中国出口商品结构见表 1-1。

表 1-1 2008—2013 年中国出口商品结构 金额单位：亿美元

年份	2008	2009	2010	2011	2012	2013
总值	14 306.93	12 016.12	15 777.54	18 983.81	20 487.14	22 100.19
一、初级产品	778.48	630.99	817.17	1 005.52	1 005.81	1 072.83
食品及活动物	327.64	326.03	411.53	504.97	520.80	557.29
饮料及烟类	15.30	16.41	19.06	22.76	25.90	26.08
非食用原料	113.46	81.56	116.02	149.78	143.41	145.7
矿物燃料、润滑油及有关原料	316.35	203.83	267.00	322.76	310.26	337.92
动、植物油脂及蜡	5.74	3.16	3.56	5.26	5.45	5.84
二、工业制成品	13 506.98	11 385.64	14 962.16	17 980.48	19 483.54	21 027.36
化学品及有关产品	793.09	620.48	875.87	1 147.87	1 136.29	1 196.59
按原料分类的制成品	2 617.43	1 847.75	2 491.51	3 196.00	3 331.68	3 606.53
机械及运输设备	6 733.25	5 904.27	7 803.30	9 019.12	9 644.22	10 392.46
杂项制品	3 346.06	2 996.70	3 776.80	4 594.10	5 357.18	5 814.48
未分类的其他商品	17.15	16.45	14.68	23.39	14.17	17.29

(资料来源：根据中华人民共和国商务部统计资料整理)

2. 国际贸易结构

广义的国际贸易结构(Composition of International Trade)，是指货物、服务及各组成类别在世界贸易总额中所占的比重。

狭义的国际贸易结构，又称国际货物贸易结构(Composition of International Merchandise Trade)，是指一定时期内各大类货物或某种货物在整个国际贸易中的比重，即各大类或某种货物贸易额与整个世界贸易额的比率。

对外贸易结构或国际贸易结构可以反映出一国或世界经济发展水平、产业结构状况和第三产业发展水平。

为了便于比较分析，世界各国均按《联合国国际贸易标准分类》(SITC)公布其对外货物贸易结构。多数国家发布的贸易结构数字包括出口商品(服务)结构、进口商品(服务)结构、进出口商品(服务)结构。美国公布的数字包括货物与服务贸易结构、进出口商品(服务)结构、高技术产品进出口结构等。

1.1.6 对外贸易地理方向与国际贸易地理方向

1. 对外贸易地理方向

对外贸易地理方向(Direction of Foreign Trade)，又称为对外贸易地区分布或国别构成，是指一定时期内(通常为 1 年)各国在一国对外贸易中所占的地位，通常以它们在该国进口额、出口额或进出口总额中的比重来表示。对外贸易地理方向指明一国出口货物和服务的去向以及进口货物和服务的来源，从而反映一国与其他国家之间经济贸易联系的程度。该指标通常受经济互补性、国际分工的形成与贸易政策的影响。表 1-2 是 2008—2013 年中国出口商品地区总值表。

表 1-2 2008—2013 年中国出口商品地区总值表 金额单位：亿美元

年份	2008	2009	2010	2011	2012	2013
总值	14 306.93	12 016.12	15 777.54	18 983.81	20 487.14	22 100.19
亚洲	6 632.95	5 685.97	7 320.66	8 991.42	10 069.63	11 347.06
非洲	508.40	477.36	599.58	730.99	853.20	928.09
欧洲	3 428.91	2 647.34	3 552.04	4 136.16	3 964.24	4 057.75
拉丁美洲	714.77	570.96	918.21	1 217.31	1 352.17	1 342.71
北美洲	2 741.79	2 385.68	3 058.61	3 501.17	3 801.30	3 978.38
大洋洲	258.63	249.32	330.23	408.95	448.80	446.20

(资料来源：根据中华人民共和国商务部统计资料整理)

2. 国际贸易地理方向

国际贸易地理方向(Direction of International Trade)，又称国际贸易地区分布，是指一定时期内(通常为 1 年)各国、国家集团、世界各洲在国际贸易中的地位，即世界贸易的国别分布和洲别分布状况。计算各国、国家集团、各洲在国际贸易中的比重，既可以计算各国、国家集团、各洲的出口额和进口额在世界出口总额和世界进口总额中的比重，也可以计算各国、国家集团、各洲的进出口总额在世界进出口额中的比重。

1.1.7 总贸易体系与专门贸易体系

总贸易体系与专门贸易体系是指贸易国家进行对外货物贸易统计所采用的统计制度。

1. 总贸易体系

总贸易体系(General Trade System)也称一般贸易体系，是指以货物通过国境作为统计进出口的标准。据此，凡进入本国国境的货物一律计入进口贸易，凡离开本国国境的货物一律计入出口贸易。前者为总进口，后者为总出口。总出口与总进口相加即一国的总贸易。目前，采用总贸易体系的国家(地区)约 90 个，包括中国、日本、英国、美国、加拿大、澳大利亚等。

2. 专门贸易体系

专门贸易体系(Special Trade System)也称特殊贸易体系，是指以货物经过关境作为统计进出口的标准。以关境为标准统计对外贸易的国家规定：当外国商品进入国境后，如果暂时存放在保税区，不进入关境，则这些商品一律不列为进口。只有从外国进入关境的商品，以及从保税区提出后进入关境的商品，才列为进口，称作专门进口。与此相反，从国内运出关境的商品，即使没有运出国境，也列为专门出口。专门出口与专门进口相加即为专门贸易。目前，采用专门贸易体系的国家(地区)约 80 个，包括意大利、法国、德国、瑞士等。

一般来说，关境与国境是一致的，多数国家的海关都设在国境上。像中国这样设有保税区或自由贸易区的国家，其国境大于关境。缔结关税同盟的国家，其共同关境大于其各自的国境。鉴于现实中存在的关境与国境不一致的现象，各国在进行货物贸易统计时采用的方法不同就有着实际的意义，所以联合国发表的各国对外货物贸易额的统计数字，一般均注明是按何种贸易统计体系进行编制的。

1.1.8 贸易条件与对外贸易依存度

1. 贸易条件

由于一国进出口的商品的种类繁多，通常用贸易条件指数来反映贸易条件的改善程度。如果贸易条件指数大于 100，表明贸易条件改善；如果贸易条件指数小于 100，则表明贸易条件恶化；如果贸易条件指数等于 100，则表明贸易条件没有变化。在国际贸易中，贸易条件(Terms of Trade)有以下几种。

1) 净贸易条件

净贸易条件是指一个国家(地区)在一定时期内的出口商品价格指数与进口商品价格指数之间的比率，故又称为进出口商品交换比价或简称交换比价。计算公式为：

$$N=(P_X/P_M)\cdot 100$$

式中：

N——净贸易条件；

P_X——出口价格指数；

P_M——进口价格指数。

2) 收入贸易条件

收入贸易条件是在净贸易条件的基础上，把贸易量加进来。计算公式为：

$$I=(P_X/P_M)\cdot Q_X\cdot 100$$

式中：

I——收入贸易条件；

Q_X——出口数量指数。

3) 单项因素贸易条件

单项因素贸易条件是在净贸易条件的基础上，考虑出口商品劳动生产率提高或降低后贸易条件的变化。计算公式为：

$$S=(P_X/P_M)\cdot Z_X\cdot 100$$

式中：

S——收入贸易条件；

Z_X——出口商品劳动生产率指数。

4) 双项因素贸易条件

双项因素贸易条件不仅考虑到出口商品劳动生产率的变化，而且考虑到进口商品劳动生产率的变化。计算公式为：

$$D=(P_X/P_M)\cdot(Z_X/Z_M)\cdot 100$$

式中：

D——收入贸易条件；

Z_M——进口商品劳动生产率指数。

【例题 1.1】

某国以 2000 年为基期，得出 2007 年的出口价格指数下降 8%，进口价格指数下降 5%，出口数量上升 30%，出口商品劳动生产率上升 15%，进口商品劳动生产率上升 10%。则：

$$净贸易条件\ N=(P_X/P_M)\cdot 100=(92\%/95\%)\cdot 100=96.84$$

$$收入贸易条件\ I=(P_X/P_M)\cdot Q_X\cdot 100=(92\%/95\%)\cdot 130\%\cdot 100=125.89$$

$$单项因素贸易条件\ S=(P_X/P_M)\cdot \mathrm{Z_X}\cdot 100=(92\%/95\%)\cdot 115\%\cdot 100=111.37$$

$$双项因素贸易条件\ D=(P_X/P_M)\cdot(Z_X/Z_M)\cdot 100=(92\%/95\%)\cdot(115\%/110\%)\cdot 100=101.24$$

计算结果表明：该国净贸易条件恶化 3.16%，收入贸易条件改善 25.89%，单项因素贸易条件改善 11.37%，双项因素贸易条件改善 1.24%。因此，改善一国贸易条件的思路包括提高出口商品相对价格、扩大出口规模、提高出口商品相对劳动生产率等方面。

2. 对外贸易依存度

对外贸易依存度(Degree of Dependence on Foreign Trade)，又称对外贸易系数，简称外贸依存度或外贸系数。是指一定时期内一国对外贸易额在其国民生产总值(GNP)或国内生产总值(GDP)(1990 年以后多用 GDP)中所占的比重。它主要用于反映一国对外贸易在国民经济中的地位，反映一国同其他国家经贸联系的密切程度以及该国参与国际分工的广度和深度。

对外贸易依存度一般通过计算出口贸易依存度、进口贸易依存度来反映，也可以用一国对外贸易总额与该国的 GDP 的比率直接反映。计算公式为：

$$对外贸易依存度=(X+M)/\mathrm{GDP}\cdot 100\%$$

$$出口贸易依存度=X/GDP \cdot 100\%$$
$$对外贸易依存度=M/GDP \cdot 100\%$$

式中：

X——出口贸易额；

M——进口贸易额。

随着中国加入 WTO，经济全球化进一步加深，对外贸易对经济增长的作用日益明显，对外贸易的增长速度，远远高于中国国内生产总值的增长和世界贸易的增长，中国对外贸易依存度快速增加，2003 年突破 50%，2006 年突破 60%，2007 年达到 66.2%。实际上，外贸依存度是一把“双刃剑”，其提高和变化一方面是我国更加主动地参与国际经济，提高了我国的经济地位和影响力，另一方面也为我国经济发展带来了新的风险和影响。这些影响主要有：对外贸易摩擦加剧、影响国家经济安全、影响国内产业发展、恶化贸易条件等。因此，我们应该采取相应的有力对策和措施减少并消除高外贸依存度给我国经济带来的风险。2000—2012 年中国对外贸易依存见表 1-3。

表 1-3　2000—2012 年中国对外贸易依存度

年　份	对外贸易依存度/%	出口贸易依存度/%	进口贸易依存度/%
2000	39.6	20.8	18.8
2001	38.5	20.1	18.4
2002	42.7	22.4	20.3
2003	51.9	26.7	25.2
2004	59.8	30.7	29.1
2005	63.9	34.2	29.7
2006	67.0	36.9	30.1
2007	66.2	37.1	29.1
2008	56.9	31.8	25.1
2009	44.3	24.1	20.2
2010	50.1	26.7	23.4
2011	50.5	26.3	24.2
2012	47	25.1	21.9

(资料来源：根据 2013 年中国统计年鉴整理)

1.2　国际贸易的产生和发展

1.2.1　国际贸易的产生

国际贸易是在一定历史条件下产生和发展起来的，是一个历史的范畴。国际贸易的产生必须具备两个条件：一是有可供交换的剩余产品；二是有各自为政的社会实体。因此从根本上来说，社会生产力的发展和社会分工的扩大，是国际贸易产生和发展的基础。

在原始社会初期，人类的祖先结伙群居，打鱼捕兽，生产力水平极度低下，人们处于自然分工状态，劳动成果仅能维持群体最基本的生存需要，并没有剩余产品用以交换，因此谈不上有对外贸易。

人类历史的第一次社会大分工，即畜牧业和农业的分工，促进了原始社会生产力的发展，产品除维持自身需要以外，还有少量的剩余。人们为了获得本群体不生产的产品，便出现了氏族或部落之间用剩余产品进行原始的物物交换。当然，这种交换还是极其原始并偶然发生的物物交换。

在漫长的年代里，随着社会生产力的继续发展，手工业从农业中分离出来成为独立的部门，形成了人类社会第二次大分工。由于手工业的出现，便产生了直接以交换为目的的生产——商品生产。当产品是专门为满足别人的需要而生产时，商品交换就逐渐成为一种经常性的活动。随着商品生产和商品交换的扩大，出现了货币，于是，商品交换就变成了以货币为媒介的商品流通。这样就进一步促使私有制和阶级的形成。由于商品交换的日益频繁和交换范围的不断扩大，又产生了专门从事贸易的商人阶层。第三次社会大分工使商品生产和商品流通进一步扩大。商品生产和流通更加频繁和广泛，从而促使了阶级和国家的形成。于是，到原始社会末期，商品流通开始超越国界，这就产生了对外贸易。

人类社会的三次大分工，每次都促进了社会生产力的发展和剩余产品的增加，同时促进了私有制的发展和奴隶制的形成。在原始社会末期和奴隶社会初期，随着阶级和国家的出现，商品交换超出了国界，国家之间的贸易便产生了。可见，在社会生产力和社会分工发展的基础上，商品生产和商品交换的扩大，以及国家的形成，是国际贸易产生的必要条件。

1.2.2 国际贸易的发展

1. 奴隶社会的国际贸易

在奴隶社会，自然经济占主导地位，其特点是自给自足，生产的目的主要是为了消费，而不是为了交换。奴隶社会虽然出现了手工业和商品生产，但在一国整个社会生产中显得微不足道，进入流通的商品数量很少。同时，由于社会生产力水平低下、生产技术落后，而且交通工具简陋、道路条件恶劣，这些都严重阻碍了人与物的相互交流，对外贸易局限在很小的范围内，其规模和内容均受到很大的限制。

奴隶社会是奴隶主占有生产资料和奴隶的社会，奴隶社会的对外贸易是为了奴隶主阶级服务的。当时，奴隶主拥有财富的重要标志是其占有多少奴隶，因此奴隶社会国际贸易中的主要商品是奴隶。据记载，希腊的雅典就曾经是一个贩卖奴隶的中心。此外，粮食、酒及其他专供奴隶主阶级享用的奢侈品，如宝石、香料和各种织物等也都是当时国际贸易中的重要商品。

奴隶社会时期从事国际贸易的国家主要有腓尼基、希腊、罗马等，这些国家在地中海东部和黑海沿岸地区主要从事贩运贸易。我国在夏商时代进入奴隶社会，贸易主要集中在黄河流域沿岸各国。

对外贸易在奴隶社会经济中不占有重要的地位，但是它促进了手工业的发展，奴隶贸易成为奴隶主经常补充奴隶的重要来源。

2. 封建社会的国际贸易

封建社会时期的国际贸易比奴隶社会时期有了较大的发展。在封建社会早期，封建地租采取劳役和实物的形式，进入流通领域的商品并不多。到了中期，随着商品生产的发展，封建地租转变为货币地租的形式，商品经济得到进一步的发展。在封建社会晚期，随着城市手工业的发展，资本主义因素已孕育产生，商品经济和对外贸易都有较快的发展。

在封建社会，封建地主阶级占统治地位，对外贸易是为封建地主阶级服务的。奴隶贸易在国际贸易中基本消失。参加国际贸易的主要商品，除了奢侈品以外，还有日用手工业品和食品，如棉织品、地毯、瓷器、谷物和酒等。这些商品主要是供国王、君主、教堂、封建地主和部分富裕的城市居民享用的。

在封建社会，国际贸易的范围明显地扩大。亚洲各国之间的贸易由近海逐渐扩展到远洋。早在西汉时期，中国就开辟了从长安经中亚通往西亚和欧洲的陆上商路——丝绸之路，把中国的丝绸、茶叶等商品输往西方各国，换回良马、种子、药材和饰品等。到了唐朝，除了陆路贸易外，还开辟了通往波斯湾以及朝鲜和日本等地的海上贸易。在宋、元时期，由于造船技术的进步，海上贸易进一步发展。在明朝永乐年间，郑和曾率领商船队七次下西洋，经东南亚、印度洋到达非洲东岸，先后访问了30多个国家，用中国的丝绸、瓷器、茶叶、铜铁器等同所到的国家进行贸易，换回各国的香料、珠宝、象牙和药材等。

在欧洲，封建社会的早期阶段，国际贸易主要集中在地中海东部。在东罗马帝国时期，君士坦丁堡是当时最大的国际贸易中心。公元7～8世纪，阿拉伯人控制了地中海的贸易，通过贩运非洲的象牙、中国的丝绸、远东的香料和宝石，成为欧、亚、非三大洲的贸易中间商。11世纪以后，随着意大利北部和波罗的海沿岸城市的兴起，国际贸易的范围逐步扩大到整个地中海以及北海、波罗的海和黑海的沿岸地区。当时，南欧的贸易中心是意大利的一些城市，如威尼斯、热那亚等，北欧的贸易中心是汉撒同盟的一些城市，如汉堡、卢卑克等。

综上所述，资本主义社会以前的国际贸易是为奴隶主和封建地主阶级利益服务的。随着社会生产力的提高，以及社会分工和商品生产的发展，国际贸易不断扩大。但是，由于受到生产方式和交通条件的限制，商品生产和流通的主要目的是为了满足剥削阶级奢侈生活的需要，贸易主要局限于各洲之内和欧亚大陆之间，国际贸易在奴隶社会和封建社会经济中都不占有重要的地位，贸易的范围和商品品种都有很大的局限性，贸易活动也不经常发生。而15世纪的“地理大发现”及由此产生的欧洲各国的殖民扩张则大大发展了各洲之间的贸易，从而开始了真正意义上的“世界贸易”，而到了资本主义社会国际贸易才获得了广泛的发展。

3. 资本主义时期的国际贸易

15世纪末期至16世纪初，哥伦布发现新大陆，瓦斯哥达·迦马从欧洲经由好望角到达亚洲，麦哲伦完成环球航行，这些地理大发现对西欧经济发展和全球国际贸易产生了十分深远的影响。大批欧洲冒险家前往非洲和美洲进行掠夺性贸易，运回大量金银财宝，甚至还开始买卖黑人的罪恶勾当，同时还将这些地区划为本国的殖民地，妄图长久地保持其霸权。这样，既加速了资本原始积累，又大大推动了国际贸易的发展。西班牙、荷兰、英国之间长期战火不断，目的就是为了争夺海上霸权，追根究底，就是要争夺殖民地和国际贸易的控制权。可见，国际贸易是资本主义生产方式的基础，同争夺海运和国际贸易的霸权相呼应，这些欧洲国家的外贸活动常常具有一定的垄断性质，甚至还建立了垄断性外贸公司(如英国的东印度公司)。

17 世纪中期英国资产阶级革命的胜利，标志着资本主义生产方式的正式确立。随后英国夺得海上霸权，意味着它在世界贸易中占据主导地位，这就为它向外掠夺扩张铺平了道路。18 世纪中期的产业革命又为国际贸易的空前发展提供着十分坚实而又广阔的物质基础。一方面，蒸汽机的发明使用开创了机器大工业时代，生产力迅速提高，物质产品大为丰富，从而真正的国际分工开始形成。另一方面，交通运输和通信联络的技术和工具都有突飞猛进的发展，各国之间的距离似乎骤然变短，这就使得世界市场真正得以建立。正是在这种情况下，国际贸易发展迅速，并且从原来局部的、地区性的交易活动转变为全球性的国际贸易。这个时期的国际贸易，不仅贸易数量和种类有了长足增长，而且贸易方式和机构职能也有了创新发展。显然，国际贸易的巨大发展是资本主义生产方式发展的必然结果。

19 世纪 70 年代后，资本主义进入垄断阶段，此时的国际贸易不可避免地带有“垄断”的特点。主要资本主义国家的对外贸易被为数不多的垄断组织所控制，由它们决定着一国对外贸易的地理方向和商品构成。在此期间，垄断组织输出巨额资本，用来扩大商品输出的范围和规模。

4. 第二次世界大战后的国际贸易

资本主义垄断组织互相勾结，建立起国际联盟组织，共同瓜分势力范围。如果说自由竞争时期的国际贸易活动还在推动资本主义发展的话，此时资本主义国际贸易则完全是为了攫取高额垄断利润，为了更有效地争夺原料产地、商品市场和投资场所。正因为这样，从全球范围来看，国际贸易的范围和规模在不断扩大，国际贸易成为各国经济发展越来越重要的因素。

在两次世界大战之间，资本主义世界爆发了三次经济危机，战争的破坏和空前的经济危机使世界工业生产极为缓慢，在 1912—1938 年的 27 年间，世界工业生产量只增长了 83%。同时，这一时期贸易保护主义显著加强，奖出限入措施交互推进，螺旋上升，给国际贸易的发展设置了层层的人为障碍。因此，两次世界大战期间，国际贸易的扩大过程几乎处于停滞状态。1913—1938 年，世界贸易量只增长了 3%，年增长率为 0.7%，世界贸易值反而减少了 32%，而且这一时期，国际贸易的增长更为明显地落后于世界工业生产的增长，许多国家对对外贸易的依赖性减小了。

在这一时期，国际贸易的地理格局发生了变化。第一次世界大战打断了各国间特别是欧洲国家与其他国家间的经济贸易联系，使欧洲在国际贸易中的比重下降，但美国的比重有了较大的增长。亚洲、非洲和拉丁美洲经济不发达国家在国际贸易中的比重也有所上升。但在这一时期，欧洲国家仍然处于国际贸易的控制地位，因为两次大战间的经济危机和超保护主义政策措施在限制欧洲各国间贸易的同时，鼓励和扩大了欧洲对其他国家的贸易。

在两次世界大战之间，国际贸易商品结构的特点表现为初级产品和制成品上。在 1913 —1937 年的初级产品贸易中，食品和农业原料所占的比重都下降了，而燃料和其他矿产品所占比重均有增加。制成品贸易结构的突出变化是重工业品贸易所占比重显著增加和纺织品贸易比重下降。金属和化学品的国际贸易比重也有所增加，但其他轻工产品贸易比重则下降了。制成品贸易日益从消费品贸易转向资本货物贸易，半制成品贸易也稍有增加。

第二次世界大战后，世界经济又一次发生了巨大变化，国际贸易再次出现了飞速增长，其速度和规模都远远超过了19世纪工业革命以后的贸易增长。从1950年到2000年的50年中，全世界的商品出口总值从约610亿美元增加到61 328亿美元，增长了将近100倍。即使扣除通货膨胀因素，实际商品出口值也增长了15倍多，远远超过了工业革命后乃至历史上任何一个时期的国际贸易增长速度。而且，世界贸易实际价值的增长速度(年平均增长6%左右)超过了同期世界实际GDP增长的速度(年平均增长3.8%左右)。这意味着国际贸易在各国的GDP中的比重在不断上升，国际贸易在现代经济中的地位越来越重要。

第二次世界大战后国际贸易领域出现了两个不同于以前的特征：服务贸易的快速发展和电子商务的广泛应用。第二次世界大战后，伴随着第三次科学技术革命的发生，各国，尤其是发达国家产业结构不断优化，第三产业急剧发展，加上资本国际化和国际分工的扩大和深化，国际服务贸易得到迅速发展。发达国家服务业占其国内生产总值比重达2/3，其中美国已达3/4，发展中国家服务业所占比重也达到1/2。发达国家服务业就业人数占其总就业人数比重达2/3，发展中国家的这一比重达1/3。随着服务业的发展，其专业化程度日益提高，经济规模不断扩大，从而使其效率不断提高，为国际服务贸易打下了坚实的基础。在国际贸易商品结构不断软化的过程中，国际贸易的交易手段也发生着变化。特别是20世纪90年代，随着信息技术的发展，信息、计算机等高科技手段在国际贸易上的应用，出现了电子商务这种新型的贸易手段，无纸贸易和网上贸易市场的发展方兴未艾，并已经引起全球范围的结构性商业革命。因此有人声称，没有EDI，就没有定单。据统计，EDI使商务文件传递速度提高81%，文件成本降低44%，文件处理成本降低38%，由于错讯造成的商贸损失减少40%，市场竞争能力则提高34%。利用国际互联网络的网上交易量也呈逐年上扬的势头，据国际电信联盟统计称，1996年因特网交易总额为20亿～30亿美元，1998年增长至500亿美元。

电子商务的蓬勃发展，为企业生存注入了强大的活力。为推动我国电子商务的发展，各级外经贸部门要充分发挥掌握国际市场信息的优势，加紧研究，为实施“科技兴贸”战略发挥积极的市场导向作用。运用现代先进的电子网络技术，建立高新技术产品的信息数据库和电子交易系统，形成连接国际市场和国内高技术企业产品出口的专用信息网、交易网，使广大中、小高技术企业能够及时获得国内外高技术产业发展状况和高技术产品的供求信息，并根据这些信息，完成自己的技术创新，跻身国际市场。

随着历史的演进，科学技术的发展，国际贸易无论是其总量、规模，还是结构、形式都将逐步改变。

1.3 国际贸易适用的法律与惯例

为了保证国际贸易的顺利进行，使国际贸易得到法律的承认与保护，买卖双方订立、履行合同和处理合同争议时，都应遵循相关的法律和惯例。但由于国际贸易的当事人一般身处不同的国家或地区，且其具有不同的法律和制度，因此，国际贸易所适用的法律法规有较大的不同。概括起来，国际贸易所适用的法律法规主要有：各国的国内法、国际条约、国际贸易惯例等。

1.3.1 适用合同当事人所在国国内的有关法律

在国际货物贸易中，合同当事人都要分别遵守各自所在国国内的有关法律。例如，我国《合同法》第七条规定："当事人订立、履行合同，应当遵守法律、行政法规、尊重社会公德，不得扰乱社会经济秩序，损害社会公共利益。"为了维护合同的严肃性和确保依法成立的合同能够切实贯彻执行，我国《合同法》第八条还规定："依法成立的合同，对当事人具有法律约束力，当事人应按照约定履行自己的义务，不得擅自变更或解除合同。依法成立的合同，受法律保护。"我国《合同法》的这些规定，不仅适用于国内货物贸易合同，也适用于我国对外订立的进出口合同。由此可见，在国际贸易中，合同当事人都必须遵守本国的有关法律规定。

在这里，需要说明的是，由于进出口合同双方当事人所在国的法律制度不同，因此，对同一问题可能出现不同的法律规定，从而在法律上会作出不同的解释并得出不同的结论。为了解决这种法律冲突，一般在国内法中规定了冲突规范的办法。例如，我国《合同法》第十二六条即作了这样的规定："涉外合同当事人可以选择处理合同争议所适用的法律，但法律另有规定的除外。涉外合同当事人没有选择的，适用与合同有密切联系的国家的法律。"根据这项法律规定，在我国进出口合同中，交易双方可以协商约定处理合同争议所适用的准据法，其中，既可选择适用买方或卖方所在国的法律，也可以选择适用买卖双方同意的第三国的法律或有关的国际条约或公约。若买卖双方没有在进出口合同中约定解决合同争议所适用的法律，则由受理合同争议的法院或仲裁机构，依据与合同有最密切联系的国家的法律来处理合同项下的争议。

例如，在2004年，中国某公司在签订一项出口合同时，没有约定处理合同争议所适用的准据法，在履约过程中，交易双方在交货品质和付款问题上产生争议，经彼此协商未果，卖方遂向中国国际经济贸易仲裁委员会提请仲裁。在仲裁过程中，交易双方对解决合同争议所适用的法律问题存在分歧。仲裁庭考虑本案合同的签约地、标的物和仲裁地都在中国，根据最密切联系的原则，裁定按中国法律解决本案争议。

目前，我国的国内法所涉及的有关国际贸易的主要法律包括以下几个方面。

(1) 适用于国际货物买卖的国内立法。主要体现在自1999年10月1日起正式生效的《中华人民共和国合同法》(简称《合同法》)之中。

(2) 适用于国际货物运输与保险和国内立法。主要体现在自1993年7月1日起施行的《中华人民共和国海商法》之中。

(3) 适用于国际货款收付的国内立法。主要体现在自1996年1月1日起施行的《中华人民共和国票据法》之中。

(4) 适用于对外贸易管理的国内立法。适用于对外贸易管理的国内立法涉及较广，主要体现在《中华人民共和国对外贸易法》《中华人民共和国海关法》《中华人民共和国进出口商品检验法》等法规之中。其中《中华人民共和国对外贸易法》修订后于2004年7月1日起施行。《中华人民共和国海关法》修订后于2001年1月1日起施行。《中华人民共和国进出口商品检验法》修订后于2002年10月1日起施行。

(5) 适用于国际商事仲裁的国内立法。主要体现在自1995年9月1日起施行的《中华人民共和国仲裁法》之中，该法修订本于2000年10月1日起生效。

1.3.2 适用有关的国际协定、条约或公约

在国际货物贸易中，由于各国国内法的规定互不相同，有些甚至差异很大，加之各国贸易利害关系不同，如单靠某一国家的国内法，已经不能适应解决各国的利害关系和国际贸易争议，难以使各方当事人都接受。因此，各国政府和一些国际组织为了消除国际贸易障碍和解决国际贸易争议，便相继缔结或参加了一些双边或多边的国际贸易方面的协定、条约或公约，其中有的已被大多数国家所接受，并且行之有效。由此可见，进出口合同的订立、履行和处理合同争议，还必须符合合同当事人所在国缔结或参加的有关国际贸易、运输、商标、专利、知识产权和仲裁等方面的协定、条约或公约。我国对外缔结或参加的双边或多边的有关国际货物贸易方面的协定、条约或公约很多，现就其主要的分别概括介绍如下：

1. 双边协定

我国同许多国家和地区分别订立了双边的贸易协定、支付协定和运输协定等，在同这些订有协定的国家进行贸易时，我们必须恪守对外所签订的协议，如合同双方产生争议，也应根据协议精神和有关规定来处理。

2. 多边协定、条约或公约

1) WTO协定及其附件所包含的各种协议

我国加入WTO后，我们要按照WTO协定的有关规定和我国政府曾经作出的承诺行事，即要按国际游戏规则行事，要按国际规范处理有关货物贸易方面的事宜。这样做，有利于发展我国的对外经济贸易，加速我国经济同世界经济接轨。因此，我们必须深入了解WTO规则，正确运用WTO规则，切实按WTO规则行事，以维护国家利益和建立正常的国际经贸秩序。

2) 联合国国际货物销售合同公约

《联合国国际货物销售合同公约》(以下简称《公约》)，是迄今为止关于国际货物买卖的一个最重要的国际公约，该公约自1988年1月1日起正式生效。

我国是最早加入《公约》的缔约国之一，我国政府派遣代表参加了1980年的维也纳会议，对《公约》的定稿和通过作出了一定的贡献。因此，《公约》与我国订立、履行进出口合同适用的法律密切相关。我国在核准该公约时，对《公约》提出了两点保留：一是关于《公约》适用范围的保留。我国只同意该公约的适用范围限于营业地分处于不同缔约国的当事人之间所订立的买卖合同，如合同争议双方都是该公约缔约国，则解决其争议所适用的法律，就以该公约的规定为准。二是关于合同形式的保留。我国企业对外订立、修改协议、终止合同应采用书面形式。

鉴于世界很多国家都相继参加了该公约，且该公约在国际货物贸易中的影响不断扩大。本着对外缔结或参加的国际条约或公约必须遵守的原则，在法律适用问题上，除国家在缔结或参加时声明保留的条件以外，条约或公约优先于国内法律。在我国对外订立的进出口合同中，如合同双方当事人都是《公约》缔约国，或者，双方当事人约定该公约为处理合

同争议所适用的准据法，则履行合同和处理争议都得依据该公约的规定行事。由此可见，我们必须高度重视和切实执行这项对我国进出口贸易非常重要的国际公约。

3) 承认与执行外国仲裁裁决公约

1958 年 6 月 10 日联合国在纽约召开的国际商事仲裁会议签订了《承认与执行外国仲裁裁决公约》(简称《1958 年纽约公约》)。该公约承认缔约国双方当事人所签订的仲裁协议有效，根据仲裁协议所作出的仲裁裁决，缔约国应承认其效力，并有义务执行。1986 年 12 月，我国参加了该公约，因此，我们对该公约的内容必须切实了解，以便正确地执行仲裁裁决和维护自身的合法权益。

1.3.3 适用国际贸易惯例

1. 国际贸易惯例的含义

国际贸易惯例(International Trade Practice)，一般是指在国际贸易业务中，经过反复实践形成的，并经过国际组织加以解释和编纂的一些行为规范和习惯做法。

构成国际贸易惯例，一般应具备以下三个条件：①国际贸易惯例是在一定范围内的人们经长期反复实践而形成的某种商业方法、通例或行为规范；②国际贸易惯例的内容必须是明确肯定的，并被许多国家和地区所认可；③国际贸易惯例必须是在一定范围内众所周知的，从事该行业的人们认为是具有普遍约束力的。

2. 国际贸易惯例的作用

随着国际经济与贸易的快速发展，国际贸易惯例的作用越来越明显。主要表现在以下几个方面。

(1) 掌握和运用国际贸易惯例，有利于买卖合同的顺利磋商和订立。因为国际贸易惯例可以简化进出口交易的相关手续，节省费用开支，缩短商务谈判的时间，从而在国际贸易的发展方面发挥着重要的作用。

(2) 掌握和运用国际贸易惯例，可以帮助解决履行合同中的争议与纠纷。在某些国际贸易合同订立时，由于考虑不严谨，法律适用不明确，使履约当中的争议与纠纷不能依照合同的规定得到很好的解决。此时，当事人可以援引国际贸易惯例来处理，争取到有利的地位。

(3) 掌握和运用国际贸易惯例，有利于国际贸易中的各个环节相互衔接，有利于解决银行、船公司、保险公司、海关、商检等机构开展业务和处理进出口业务实践中所遇到各种问题，从而有利于促进国际贸易正常有序的进行。

(4) 国际贸易惯例是国际贸易法律的重要渊源之一。国际贸易惯例是在国际贸易长期实践的基础上逐渐形成和发展起来的准则，也是国际贸易法律的一个重要渊源。

3. 常用的国际贸易惯例

在当前国际货物贸易中，影响较大适用范围广泛的国际贸易惯例主要有：

(1) 国际商会制定的《2000 年国际贸易术语解释通则》；

(2) 国际商会制定的《跟单信用证统一惯例》(UCP600) (国际商会第 600 号出版物)；

(3) 国际商会制定的《托收统一规则》(URC522) (国际商会第 522 号出版物)；

(4) 英国伦敦保险协会制定的《伦敦保险协会货物保险条款》；
(5) 中国人民保险公司制定的《国际货物运输保险条款》；
(6) 国际海事委员会制定的《约克—安特卫普规则》；
(7) 联合国国际贸易法委员会制定的《联合国国际贸易法委员会仲裁规则》。

4. 国际贸易惯例的适用

在我国一些商业法律中，对国际贸易惯例的适用均作了相应的规定。例如，《中华人民共和国民法通则》和《中华人民共和国海商法》都规定："中华人民共和国法律或中华人民共和国缔结或参加的国际条约没有规定的，可以适用国际惯例。"

在《公约》中也明确规定，当事人在合同中没有排除适用的惯例，或当事人已经知道或理应知道的惯例，以及在国际贸易中被人们经常使用和反复遵守的惯例，即使当事人未明确同意采用，也可以作为当事人默示同意惯例，因而惯例对双方当事人具有约束力。

应该指出，法律与国际贸易惯例是有本质不同的。国际贸易惯例本身不是法律，其适用是以当事人的意思自治为基础的，因此，国际贸易惯例对国际贸易双方当事人来说不具有强制性的约束力。但目前采用国际贸易惯例已经成为国际上的一种趋势。

本 章 小 结

本课程以国际经济学的理论、原则为指导，着重研究国际商品交换的有关理论和实际业务，是一门理论性和实践性都较强的课程。

国际贸易是指世界各国(地区)之间的商品交换活动。社会生产力的发展和社会分工的扩大，是国际贸易产生和发展的基础。商品生产和商品交换的扩大，以及国家的形成，是国际贸易产生的必要条件。随着历史的演进，科学技术的发展，国际贸易无论是其总量、规模，还是结构、形式，都将逐步改变。

买卖双方订立、履行合同和处理合同争议，都应遵循相关的法律和惯例。国际贸易所适用的法律法规主要有各国的国内法、国际条约和国际贸易惯例等。

本章练习题

一、单项选择题

1. 从一个国家来看，该国与别国货物与服务的交换活动称为(　　)。
   A. 世界贸易　　B. 国际贸易　　C. 对外贸易　　D. 区域贸易
2. 以金额表示的一国的对外贸易规模，称之为(　　)。
   A. 对外贸易量　　B. 对外贸易额　　C. 贸易差额　　D. 无形贸易
3. 一国在一定时期内的进出口额之和被称为(　　)。
   A. 对外贸易额　　B. 对外贸易量　　C. 国际贸易额　　D. 国际贸易量
4. 一国在一定时期内的进出口额之差被称为(　　)。
   A. 对外贸易额　　B. 对外贸易量　　C. 国际贸易额　　D. 贸易差额

5．国际贸易从交易的标的物分可以分为(　　)。

A．货物贸易　　B．服务贸易　　C．技术贸易　　D．间接贸易

6．货物生产国与货物消费国通过第三国进行的贸易，对第三国而言是(　　)。

A．过境贸易　　B．转口贸易　　C．直接贸易　　D．多边贸易

7．某国某年的出口额为170亿美元，进口额为120亿美元，则该国该年的贸易差额为(　　)。

A．贸易赤字50亿美元　　B．贸易顺差50亿美元

C．贸易逆差50亿美元　　D．入超50亿美元

8．(　　)可指明一国出口商品的去向和进口商品的来源，从而反映一国与其他国家或区域集团之间经济贸易联系的程度。

A．对外贸易地理方向　　B．国际贸易地理方向

C．对外贸易商品结构　　D．国际贸易商品结构

9．能够比较确切地反映一国对外贸易实际规模，便于各个时期进行比较的是(　　)。

A．对外贸易量　　B．对外贸易额　　C．对外贸易商品结构　D．贸易差额

10．以货物通过国境为标准统计进出口，称为(　　)。

A．有形贸易　　B．无形贸易　　C．总贸易体系　　D．专门贸易体系

二、多项选择题

1．当进口总额超过出口总额时，可称之为(　　)。

A．贸易顺差　　B．贸易逆差　　C．贸易赤字

D．出超　　E．入超

2．一国对外贸易商品结构可以反映出该国的(　　)。

A．经济发展水平　　B．产业结构状况

C．科技发展水平　　D．出口商品的去向

E．进口商品的来源

3．国际贸易产生必须具备的条件有(　　)。

A．良好的商业信誉　　B．剩余产品

C．国家的产生　　D．专业和国际贸易知识

4．贸易条件改善是指(　　)。

A．出口价格指数不变，进口价格指数上升

B．进口价格指数不变，出口价格指数上升

C．出口价格指数下降，进口价格指数上升

D．进口价格指数下降，出口价格指数上升

三、简答题

1．什么是国际贸易？它与国内贸易有什么区别？

2．什么是对外贸易量？它与对外贸易额是什么关系？

3．什么是对外贸易依存度？它能说明什么问题？

4．什么是国际贸易的地理方向？如何正确看待国际贸易的地理方向的集中与分散？

5．什么是国际贸易惯例？国际贸易所适用的法律主要有哪三类？

四、计算题

1．某国以 2000 年为基期 100，到 2007 年，出口商品平均价格下降了 10%，进口商品平均价格下降了 5%，出口数量指数为 116，请问该国的贸易条件是改善还是恶化？

2．假设某年世界贸易额为 45 000 亿美元，该年 A 国的出口额为 5 500 亿美元，进口额为 5 800 亿美元，国民生产总值为 85 000 亿美元。

问：(1) 该国在世界贸易额中所占比重是多少？

(2) 该国对外贸易的依存度是多大？

第 2 章 国际贸易基本理论与政策

教学目标

- 了解国际贸易理论发展历史，对外贸易的政策的含义及构成；
- 理解西方主要国际贸易理论的主要观点、内容和评价；
- 了解国际贸易政策的类型与演变；
- 学会利用国际贸易的基本理论分析现实中的贸易活动。

关键词

自由贸易理论　保护贸易理论　国际贸易政策

案例导入

2014 年中国对外贸易发展环境分析

2014 年，世界经济复苏势头加强，增长动力有所增强，但风险因素依然突出，国际竞争更加激烈。

从国际上来看，世界经济总体趋于改善，但风险因素依然突出。发达国家经济形势进一步好转，自主增长动力增强，财政紧缩压力减小，对世界经济复苏形成更有力支撑。美国劳动力市场改善带动消费者信心回升，欧元区经济温和复苏态势已经确立，日本经济基本摆脱长期通缩局面。国际货币基金组织预计，2014 年全球经济增长 3.6%。世贸组织预计，2014 年全球贸易量增长 4.7%。但与此同时，美联储货币政策调整，新兴经济体困难加重，部分国家和地区政治局势紧张，将给世界经济带来新的风险。

美国退出量化宽松是世界经济面临的最大变数。2014 年年初以来，美联储月度量化宽松规模已缩减 300 亿美元，从 2013 年年底的 850 亿美元降至 550 亿美元。美联储收紧货币政策在一定程度上缓解了市场流动性泛滥局面，有助于防范新的资产价格泡沫，抑制未来通胀压力，但同时也推高了金融市场利率，势必加速国际资本重新布局，影响其他发达国家和新兴经济体复苏进程。一些经济基本面较脆弱的国家资产价格将进行剧烈调整，使金融市场动荡加剧。

新兴经济体经济增长总体乏力。2013 年下半年以来，为应对资本外流和通货膨胀，多个新兴经济体采取提高利率、紧缩财政等措施，取得了一定成效。据一些国际投资机构监测，2014 年第一季度末以来，新兴金融市场资本持续外流状况得以逆转，特别是新兴大国资本回流较多。印度、巴西、南非、印尼、土耳其等国金融形势趋于改善，汇市、股市基本稳定甚至小幅回升，通胀压力开始减轻。但不少新兴经济体宏观政策收紧和经济结构性矛盾叠加，经济仍存在较大下行压力，一些新兴经济体金融市场仍处于动荡之中。

政治风险的影响明显上升。2014 年以来，乌克兰危机成为全球关注的焦点。乌克兰危机不仅对俄、乌两国经济造成较大冲击，而且其动荡外溢效应还不断向中亚和独联体地区扩散，使欧亚地区国家的对外经贸合作受到影响。西亚、北非地区乱局并未根本缓解。2014 年，多个新兴大国将举行大选，经济政策面临的不确定性增加。政治风险不仅影响相关国家和地区经济增长，还导致能源等国际大宗商品价格剧烈波动，增添了经济复苏的难度。

从国内看，中国经济开局平稳，但仍存下行压力。突出体现在以下三个方面。

一是外部需求存在不确定性。随着全球经济贸易复苏步伐加快，国际市场对中国出口商品的需求总体呈回升之势，但风险依然较多。当前最大的市场风险来自新兴经济体，新兴大国普遍经济增长乏力、进口需求疲弱。为走出经济困境，一些新兴经济体推行结构性改革，加大财政整固力度，采取措施恢复国际收支平衡，将进一步抑制进口需求。

二是中国出口竞争力面临多重挑战。中国劳动力、土地等要素成本仍处于持续上涨期，传统劳动密集型产业竞争力不断削弱。沿海地区出口企业用工成本在连续多年上涨后，2014 年以来又上涨了 10%～15%，目前已相当于越南、印度、柬埔寨等周边国家的 2～3 倍甚至更高。受成本上涨影响，中国传统劳动密集型产业出口订单和产能向周边国家转移趋势明显。随着发达国家加大对先进制造业的重视和投入，中国相关出口产业面临的国际竞争日趋激烈，扩大市场份额的难度增大。

三是贸易摩擦形势依然严峻。在全球经济低速增长、失业率总体偏高的情况下，一些国家为了维护本国产业的市场份额，仍在实行各种形式的贸易保护主义。不仅发达国家层层设置贸易壁垒，一些发展中国家也频频出台新的贸易限制措施，中国是近年来全球贸易保护主义的最大受害国。2014 年一季度，中国又遭遇 11 个国家和地区发起的 27 起贸易救济调查，同比增长 23%，其中美国对中国多个产品发起反倾销反补贴调查。从产业领域看，钢铁产品是中国遭遇国外贸易救济调查的“重灾区”。在国际竞争日趋激烈的环境下，贸易摩擦已经成为影响中国出口稳定增长的重要因素。

(资料来源：商务部《中国对外贸易形势报告(2014 年春季)》)

2.1 自由贸易理论

自由贸易理论自诞生以来，就一直是国际贸易的核心理论，成为国际贸易理论发展的主线，甚至成为国际贸易理论的理念和目标，对后世各种不同类型国家的贸易理论和政策选择产生了深远的影响。在贸易实践上，随着工业革命的发展，19 世纪中期以后到第一次世界大战前，以英国为主的各主要西方国家都实行了自由贸易政策。第二次世界大战后迅速发展的经济全球化，区域经济一体化，贸易、投资的自由化，以及 GATT 和 WTO 所建立的多边贸易体制都深受此理论的影响。

自由贸易理论的演变与发展大致可分为三个阶段：第一阶段是在 18 世纪 60 年代到 19 世纪 60 年代的资本主义自由竞争时期，第一次产业革命使得自由贸易理论开始出现，这一时期的自由贸易理论通常称之为古典学派的自由贸易理论；第二阶段是在 19 世纪中叶到第二次世界大战结束，资本主义进入垄断时期，第二次产业革命的发生使自由贸易理论的发展出现了重大转折，这一时期的自由贸易理论可称之为现代学派的自由贸易理论；第三阶段的自由贸易理论是指第二次世界大战以后的自由贸易理论，第三次科技革命的出现带来了自由贸易理论的创新和全面发展。

2.1.1 古典学派自由贸易理论

1. 绝对成本理论

1) 产生的背景

17世纪以后，英国的资本主义工场手工业发展很快，产业革命逐渐展开，经济实力不断增强，远远超过法国和西班牙。产业革命是指从工场手工业转向机器大生产的过渡，在这一过程中封建主义和重商主义是实现这一变革的障碍。亚当·斯密(Adam Smith，1723—1790)是英国产业革命前夕工场手工业时期的经济学家。他站在产业资产阶级的立场上，提出了国际分工，实行自由贸易，创立了自由放任的自由主义经济理论，在国际贸易理论方面，提出了主张自由贸易的绝对成本理论。

2) 主要内容

亚当·斯密是英国著名经济学家，也是资产阶级经济学古典学派的主要奠基人之一。其代表作是《国民财富的性质和原因的研究》，简称《国富论》，提出绝对成本理论，主张自由贸易。亚当·斯密认为，每一个国家都有其适宜于生产的某些特定的产品的绝对有利的生产条件，去进行专业化生产，然后彼此进行交换，则对所有交换国家都有利，这就是“绝对成本理论”。绝对成本理论是早期的分工贸易理论的理论内容之一。斯密采用了由个人和家庭推及整个国家的方法，论证了绝对成本论或地域分工论的合理性。他说：“如果一件东西在购买时所费的代价比家内生产时所费的小，就永远不会想在家里主产，这是每一个精明的家长都知道的格言。”对整个国家来说也是如此。

绝对成本理论的主要内容体现在以下几个方面。

(1) 国际分工的原则是绝对优势或绝对利益。斯密认为，一国在某种产品的生产上所花费的成本绝对地低于他国或劳动生产率绝对高于他国，就称为“绝对优势”。 即一国绝对优势的确定可以用劳动生产率或生产成本来衡量。如果这种绝对优势是该国所固有的“自然优势”或已有的“获得优势”，它就应该充分利用这种优势，发展某种产品的生产，并且出口这种产品，以换回他国在生产上占有绝对优势的产品，这样做对贸易双方都更加有利。斯密的这种国际贸易理论被称作“绝对优势说”，也称“绝对成本论”，又称“地域分工论”。

亚当·斯密认为，每个国家都有其最适宜于生产特定产品的绝对有利的生产条件，如果每个国家都按照其绝对有利的生产条件(即生产成本绝对低)去进行专业化生产，然后彼此进行交换，则对所有参与交换的国家都是有利的。

(2) 国际分工的基础是有利的自然禀赋或后天的有利条件。有利的自然禀赋即所谓的自然优势，是指一国先天所具有的气候、土壤、矿产和其他相对固定的状态的优势，即自然禀赋。后天的有利条件即所谓的获得优势，是指在经济发展的过程中逐步形成的特殊技术或有利条件。亚当·斯密指出，有利的自然禀赋或后天创造的有利条件可使一国生产某种产品的成本绝对低于另一国，从而使前者在某种产品的生产上处于比另一国更为有利的地位。各国之间的绝对优势是国际贸易和国际分工的基础。

(3) 分工可以提高劳动生产率。亚当·斯密非常重视分工，他认为分工可以提高劳动生产率，从而能增加国家财富。他以制针业为例来说明其观点。根据亚当·斯密所举的例子，在没有分工的情况下，一个粗工每天至多只能制造20枚针，有的甚至1枚针也制造不出来。而在分工之后，平均每人每天可制针 4 800 枚，每个工人的劳动生产率提高了几百倍，这显然是分工的结果。

(4) 主张自由贸易。亚当·斯密认为，既然贸易双方都有绝对优势，那么通过自由贸易双方都能取得贸易利益。因为自由贸易会使贸易双方的资本和劳动从生产能力低的行业转移到生产能力高的行业中去，实现资源的有效配置，提高劳动生产率。生产商品数量增加了，通过贸易，双方的消费也增加了，对双方都有好处。

为了说明这一理论，斯密举了实例加以论证。

假设两个国家：英国和葡萄牙；生产两种商品：酒和毛呢；投入一种资源：劳动。分工前后的生产情况以及交换后的贸易利益见表 2-1。

表 2-1　英国、葡萄牙绝对优势及交换后的贸易利益

		酒		毛呢	
		产量/单位	所需劳动人数/(人·年)	产量/单位	所需劳动人数/(人·年)
分工前	英国	1	120	1	70
	葡萄牙	1	80	1	110
	合计	2		2	
分工后	英国	—	—	2.7	190
	葡萄牙	2.375	190	—	—
	合计	2.375		2.7	
交换后 (1∶1)	英国	1		1.7	
	葡萄牙	1.375		1	

从表 2-1 可以看出，英、葡两国各自生产 1 个单位的酒和 1 个单位的毛呢时，每个国家各需花费 190 个劳动。按照绝对成本理论，两国应当分别生产各自的优势产品，再进行交换。本例中，显然应由英国生产毛呢，而葡萄牙生产酒。英国用 190 个劳动可以生产出 2.7 个单位的毛呢。而葡萄牙用 190 个劳动可以生产出 2.375 个单位的酒。与分工之前相比，两国的生产总量增加了，劳动生产率提高了。国际贸易后，可消费的商品比分工前多了，社会福利水平提高了。贸易对双方都是有利的。

3) 评价

积极性：第一次用劳动价值论说明国际贸易的利益和基础，为科学地建立双方互惠互利的国际贸易理论奠定了基础；提出分工有利于提高劳动生产率；最大贡献在于说明国际贸易是互利的。

局限性：绝对成本理论解决了具有不同优势的国家之间的分工和交换的合理性。但是，这只是国际贸易中的一种特例。如果一个国家在各方面都处于绝对优势，而另一个国家在各方面则都处于劣势，那么，它们应该怎么办？对此，斯密的理论无法回答。另外，该分析方法属于静态分析，缺乏动态研究。

2. 比较成本理论

1) 产生的历史背景

大卫·李嘉图(David Ricardo，1772—1823)是英国产业革命深入发展时期著名的经济学家。当时的英国工业生产急速增长，劳动生产率大大提高。19 世纪初，英国已成为“世界

工厂”，工业资产阶级的力量进一步加强。但是，土地贵族阶级在政治生活中还起着极为重要的作用。随着工业革命不断向纵深发展，当时英国社会的主要矛盾集中表现为工业资产阶级同土地贵族阶级之间的矛盾，具体体现在《谷物法》的存废上。1815年，英国政府颁布了《谷物法》，粮价上涨，地租猛增，严重地损害了工业资产阶级的利益。工业资产阶级迫切需要找到谷物自由贸易的理论依据。李嘉图适时而应，他认为，英国不仅要从外国进口粮食，而且要大量进口，因为英国在纺织品生产上所占的优势比在粮食生产上优势还大。故英国应专门发展纺织品生产，以其出口换取粮食，取得比较利益，提高商品的生产数量。为此，李嘉图在进行废除《谷物法》的论战中，提出了比较优势理论。

2) 主要内容

大卫·李嘉图，对经济学作出了系统的贡献，被认为是最有影响力的古典经济学家。其代表作是《政治经济学及赋税原理》。李嘉图的比较成本理论是对斯密的绝对成本理论的重大发展。其主要内容体现在以下几个方面。

(1) 国际分工的原则是比较优势。李嘉图认为，国际贸易的基础并不限于劳动生产率上的绝对差别。只要各国之间存在劳动生产率上的相对差别，就会出现生产成本和产品价格的相对差别，从而使各国在不同的产品上具有比较优势，使国际分工和国际贸易成为可能。所以，每个国家应该根据“两优取其重，两劣取其轻”的原则，集中生产并出口其具有“比较优势”的产品，进口其具有“比较劣势”的产品。

(2) 按照比较成本原理进行生产的国际分工，可以提高劳动生产率，实现社会劳动的节约。

(3) 在两国耗费的劳动总量不变的条件下，通过国际分工和国际贸易，可以增加产品产量，提高两国的消费水平。

如前面的例子，假定英、葡生产同样单位的酒，英国需要120人，葡萄牙需要80人；生产同样单位的毛呢，英国需要100人，葡萄牙需要90人。按照比较成本理论分工与交换的利益见表2-2。

表2-2 英国、葡萄牙比较优势及交换后的贸易利益

	国家	酒产量/单位	所需劳动人数/(人·年)	毛呢产量/单位	所需劳动人数/(人·年)
分工前	英国	1	120	1	100
	葡萄牙	1	80	1	90
	合计	2	200	2	190
分工后	英国			2.2	220
	葡萄牙	2.125	170		
	合计	2.125	170	2.2	220
交换后(1∶1)	英国	1		1.2	
	葡萄牙	1.125		1	

从表2-2可以看出，按照绝对成本理论，两国无法分工。但按比较成本理论，葡萄牙生产酒的优势更大，而英国生产毛呢的优势相对高一些。因此，英国可以专门生产毛呢，葡萄牙专门生产酒，各自发挥优势，使两种产品的产量都得到了增加，劳动生产率提高了。

通过国际交换后，双方可以消费更多的商品，社会福利水平提高了。由此可知，按照“两优取其重，两害取其轻”的原则分工和交换对两国都是有利的。

3) 评价

积极性：用比较成本观念代替了绝对成本的概念，使自由贸易政策有了更加坚实的理论基础。突出贡献在于：无论参加贸易的双方国家各自处在什么发展阶段，无论经济技术力量强弱，都能找到自己的比较优势，并通过专业化分工和自由贸易分享到各自的经济利益，从而大大扩展了国际贸易理论的适用范围。

局限性：相对成本差异只是发生国际贸易的原因之一，国际贸易受许多因素制约，所以，比较成本说只能解释部分国际贸易现象。该理论与绝对成本理论一样缺乏动态分析。

3. 相互需求理论

相互需求理论实质上是指由供求关系决定商品价值的理论，是比较成本理论的补充。相互需求理论的代表人物是约翰·斯图尔特·穆勒(John Stuart Mill)和阿弗里德·马歇尔(Alfred Marshall)。穆勒(其代表作是《政治经济学原理》)首先提出了相互需求理论，马歇尔(其代表作是《国际贸易纯理论》)则用几何方法对穆勒的相互需求原理作了进一步分析和阐述。

1) 互惠贸易的交易范围

相互需求理论认为，交易双方在各自国内市场有各自的交换比例，在世界市场上，两国商品的交换形成的一个国际交换比例，这一比例只有介于两国的国内交换比例之间，才对贸易双方有利。以中国与美国按比较优势原则生产和交换棉布和小麦为例，具体说明如表2-3所示。

表2-3 中国和日本比较利益分析

	棉布/米	小麦/千克
中国	1	1.5
美国	1	2

根据比较成本理论，中国应该生产棉布，美国应该生产小麦。容易得出结论：贸易双方棉布交换小麦，不能等于或低于中国国内的交换比例1∶1.5，也不能等于或高于美国国内的交换比例1∶2，只能在1∶1.5～1∶2之间(开区间)。即两国之间棉布和小麦的交换比例，上限是1米棉布交换2千克小麦，这是美国国内的交换比例；下限是1米棉布交换1.5千克小麦，这是中国国内的交换比例。

2) 贸易利益的分配

国际贸易能给参加国带来利益，利益的大小决定于两国国内交换比例之间范围的大小。在双方分配贸易利益时，国际间商品交换的比例越接近于本国国内的交换比例，对本国越不利，分得的贸易利益就越少，因为越接近于本国国内的交换比例，说明它从贸易中取得的产品量越接近于分工和交换前自己单独生产时的产品量。相反，则对对方国家不利。

3) 国际需求法则

穆勒将相互需求因素引入国际贸易理论之中，用来说明贸易条件(即交换比例)决定的原则。他认为，国际间商品交换比例是由两国间的相互需求强度决定的。他假设两个国家生产和交换两种产品，这两种产品的交换比例必需等于双方相互需求对方产品的总量的比例，这样才能使两国贸易得到均衡。如果两国的需求强度发生变化，则两国的交换比例必然发生变动。在国际间商品交换比例上下限的范围内，对对方产品需求相对强烈的国家，贸易条件就对该国越不利，该国的贸易利得越小；反之，贸易条件就对该国越有利，该国的贸易利得越大。这就是相互需求法则。

4) 评价

相互需求理论是比较成本理论的补充。论述了国际贸易中两国产品交换形成的国际交换比例是如何决定和达到均衡的。马歇尔还开创了用几何分析方法研究国际贸易问题的先河。该理论虽然它在一定范围内和某种程度上说明了各国在贸易利益分配中实物产品的谁多谁少的问题，但它并没有从根本上说明参加国的利益分配，没有从根本上说明国际商品交换是否公平合理、是否等价交换、是否存在剥削等这些属于规范经济学方面的问题，即国际生产关系方面的问题，这也是西方国际贸易理论根本性的缺陷。

2.1.2 现代学派自由贸易理论

1. 赫克歇尔—俄林的要素禀赋说

赫克歇尔(1879—1952)和俄林(1899—1979)均是瑞典著名的经济学家。赫克歇尔于1919年发表的论文《对外贸易对国民收入之影响》里，提出了要素禀赋说的基本论点，他的学生俄林接受了这些论点，于1933年出版了代表作《域际和国际贸易》，创立了要素禀赋说。由于他采用了其师赫克歇尔的主要观点，因此又叫作赫克歇尔—俄林原理，简称赫—俄原理(H—O原理)。

要素禀赋说有狭义和广义之分。所谓狭义的要素禀赋说是指生产要素供给比例说，它通过对相互依存的价格体系的分析，用不同国家的生产诸要素的丰缺解释国际分工和国际贸易产生的原因和一国进出口商品结构的特点。所谓广义的要素禀赋说，除了生产要素供给比例说之外，还包括要素价格均等化说。该学说研究国际贸易对要素价格的反作用，说明国际贸易不仅使国际间商品价格趋于均等化，还会使各国生产要素的价格趋于均等化。

1) 基本假定

各国间生产要素不能进行自由转移，但在各国内部可以进行自由转移；货物流通中一切限制都不存在；单位生产成本不随生产的增减而变，没有规模经济的利益；只有有形商品贸易，贸易是平衡的，出口恰恰足以支付进口；只有两个区域或国家；两国技术水平和生产函数相同。

2) 主要内容

(1) 商品价格的国际绝对差异是国际贸易发生的直接原因。当两国间同一产品的价格差异大于产品的各项运输费用时，则从价格较低的国家输出商品到价格较高的国家是有利的。

(2) 各国商品价格比例不同是国际贸易产生的必要条件。商品价格的国际绝对差异是国际贸易产生的直接原因，但并不是存在商品价格的国际绝对差异国际贸易就能发生。此外还需具备一个必要条件，即交易双方必须国内价格或成本(在完全竞争市场条件下，商品价格等于生产成本)比例不同。就是说，必须符合比较优势的原则。

(3) 各国商品价格比例不同是由要素价格比例不同决定的。所谓要素价格，是指土地、劳动、资本、技术、管理才能等这些生产要素的使用费用，或称为要素的报酬。俄林假设各国生产的物质条件是相同的，或者说各国生产函数(指生产某种产品所投入的各种生产要素的比例关系)是相同的，但各国生产要素的价格比例不同，而各国商品价格等于生产要素价格乘以相同的生产函数，所以各国商品的价格比例是不同的。

(4) 要素价格比例不同是由要素供给比例不同决定的。所谓要素供给比例不同，是指要素的相对供给不同，也就是说，同要素需求相比，各国所拥有的各种生产要素的相对数量是不同的。俄林认为，在要素的供求决定要素价格的关系中，要素供给是主要的。在各国要素需求一定的情况下，各国的要素禀赋不同，对要素价格的影响是不同的。供给丰富的生产要素价格便宜，相反，稀缺的生产要素价格就昂贵。

3) 俄林的主要结论

(1) 在国际分工中，一个国家应该出口密集地使用本国相对丰富的生产要素生产的产品，进口密集地使用本国稀缺生产要素生产的产品。即如果一个国家劳动丰裕，资本稀缺，则应出口劳动密集型产品，进口资本密集型产品；相反，如果一个国家劳动稀缺，资本丰裕，则应出口资本密集型产品，进口劳动密集型产品。所谓要素密集型产品，是指根据产品里面投入的所占比例最大的生产要素种类不同，把产品分成不同的种类，即哪种生产要素在这种产品中所占的比例最大，就把这种产品叫作这种生产要素密集型产品。比如，生产纺织品劳动所占的比例最大，就叫它劳动密集型产品；生产小麦投入的土地占的比例最大，就称小麦为土地密集型产品。另外，用 X、Y 表示两种产品，K、L 分别表示资本和劳动，若 $\frac{K_X}{L_X} < \frac{K_Y}{L_Y}$，则相对地称 Y 产品为资本密集型产品，X 产品为劳动密集型产品，不论 $\frac{K_X}{L_X}$ 是否小于 1，均说明：在同一时期，同一产品在不同国家可能存在要素密集性差异；在同一个国家，随着技术的标准化和劳动熟练程度的提高和机械化、自动化技术的发展，一种产品的要素密集性会发生改变。

(2) 国际分工—国际贸易的结果会消除贸易国之间商品价格的差异，使生产要素收入趋同。要素价格均等化首先是由俄林提出的，与此同时他也看到，生产要素价格的完全相同几乎是难以想象的，因为产业需求往往是对几种要素的“联合需要”，同时生产要素不能充分移动，使它们的结合不能任意变动。所以，俄林只是把生产要素价格均等化看成是一种趋势。

1949 年萨缪尔森(P. A. Samuelson)发表了《再论生产要素价格均等化》一文，在此文中他用数学方法论证了在特定条件下，国际要素价格均等是必然的，而不是一种趋势。由于萨缪尔森提出了生产要素价格必然均等的定理，所以，要素禀赋说后来有时又被称为赫克歇尔—俄林—萨缪尔森理论(H—O—S 模式)。

(3) 商品贸易的结果可以实现生产要素在两国间的间接移动，从而弥补生产要素在国际间不能移动的缺陷。在自由贸易条件下，各种工业将趋向于集中在各种生产要素比较充裕的地区，生产要素将得到最有效的使用，从而使劳动生产率提高、产量增加、价格降低。这种新古典学派的要素禀赋论与古典学派劳动成本论模式的结果一样，即在自由贸易的条件下，世界产品总量将会增加，一切国家都会从中得到利益。因此，新古典学派也主张实行自由贸易政策。

要素禀赋理论是国际贸易理论发展的一个重要阶段，它以两种要素的投入为分析前提，从一国的要素资源解释了国际贸易发生的原因，认为要素丰裕程度是国际贸易中各国具有比较优势的基本决定因素，为以后新贸易理论的形成奠定了基础。但要素禀赋理论也存在一定的局限性，比如它对生产要素丰缺的概念较为模糊，对“丰缺”是指价格还是数量没有说明；其次，按照俄林的分析，国际贸易的发生是由于价格差异的存在，若贸易的结果使价格趋于相等，对贸易是否会发生则没有作分析。

2. 里昂剔夫之谜

第二次世界大战后，在第三次科技革命的推动下，世界经济得到迅速发展，国际分工和国际贸易都发生了巨大变化，传统的国际分工和国际贸易理论更显得脱离实际。在这种形式下，一些西方经济学家力图用新的学说来解释国际分工和国际贸易中存在的某些问题，这个转折点就是里昂剔夫之谜，也称为里昂剔夫反论。

按照H—O原理，一个国家应该出口密集地使用本国较丰裕的生产要素所生产的产品，进口密集地使用本国较稀缺的生产要素所生产的产品。里昂剔夫对此确信不疑。基于以上的认识，他利用投入—产出分析法对美国的对外贸易商品进行具体计算，目的是对H—O原理进行验证。他把生产要素分为资本和劳动力两种，对200种商品进行分析，计算出每百万美元的出口商品和进口替代品所使用的资本和劳动量，从而得出美国出口商品和进口替代品中所含的资本和劳动的密集程度。其计算结果见表2-4。

表2-4 美国出口商品和进口替代商品对国内资本和劳动的需要量

	1947年		1951年	
	出口	进口替代	出口	进口替代
资本/美元	2 550 780	3 091 339	2 256 800	2 303 400
劳动/(人/年)	182.313	170.004	173.91	167.81
人平均年资本量	13 991	18 184	12 977	13 726

从表2-4可以看出，1947年平均每人进口替代商品的资本量与出口商品的资本量相比是18 184∶13 991=1.30，即高出30%，而1951年的比率为1.06，即高出6%。尽管这两年的比率的具体数字不同，但结论基本相同，即这两个比率都说明美国出口商品与进口替代品相比，前者更为劳动密集型。据此显然可以认为美国出口商品具有劳动密集型特征，而进口替代商品更具有资本密集型特征。这个验证结论正好与H—O原理相反。

里昂剔夫发表其验证结论后，使西方经济学界大为震惊，因而将这个不解之谜称之为里昂剔夫之谜，并掀起了一个验证探讨里昂剔夫之谜的热潮。

3. 第二次世界大战以后自由贸易理论

第二次世界大战以后的自由贸易理论根据其成因可以分成两大群：第一群是为解释里昂惕夫之谜而产生的，被称为新要素贸易论；第二群是为解释新的国际贸易格局而产生的，被称之为国际贸易新理论。新要素贸易论认为，在考虑国际贸易中商品的比较优势时，人力技能、技术进展在国际贸易中也起着重要作用。它是对生产要素禀赋学说的发展与补充，所不同的是赋予了生产要素新的内涵，突破了原来的局限，这一理论群主要有人力资本论、人力技能论和技术差距论。关于国际贸易理论的创新，主要有需求相似理论、规模经济理论、产品生命周期理论、产业内贸易理论。

2.2 保护贸易理论

2.2.1 早期保护贸易理论

对于国际贸易产生原因的探索，对于贸易理论的研究，最早是重商主义的贸易学说。重商主义是资本主义生产方式准备时期(即15～17世纪欧洲原始资本积累时期)，代表商业资本利益的经济思想和政策体系。重商主义在其发展过程中，经历了早期和晚期两个阶段。

1. 早期重商主义

早期重商主义又被称为重金主义或货币差额论，即绝对禁止贵金属外流。如英国曾规定输出金银为大罪；在西班牙，输出金银可以判处死刑。

贵金属外流路径：①货币出口；②购买外国商品。

早期重商主义以英国人威廉·斯塔福为代表，主张鼓励出口，尽可能不进口或少进口，把增加国内货币的累积、防止货币外流视为对外贸易政策的指导原则。

2. 晚期重商主义

晚期重商主义又称贸易差额论，代表人物是英国的托马斯·孟。他1644年出版的《英国得自对外贸易的财富》，被称为是重商主义的“圣经”。他的精辟结论是：“货币产生贸易，贸易增加财富。”

贸易差额论出现于14世纪末15世纪初，当时，随着新大陆和新航线的发现，以及商业活动的范围扩大，欧洲各国在与美洲、非洲等地的贸易中积累了大量金银财富，金银财富被认为是国家富强的象征，由于世界资源是有限的，国与国之间的经济往来是一种零和博弈，一方的所得即为另一方的所失。因此，贸易差额论主张将贸易的重心由流通领域转入生产领域，通过发展工场手工业来扩大出口，实现贸易顺差。

贸易差额论的主要内容有：金银代表财富，用来衡量一个国家的富裕程度；只有对外贸易才能增加国家财富；一国保持财富的最好手段是实现贸易顺差；主张国家实行保护主义的对外贸易政策。

早、晚期重商主义相比较见表2-5。

表2-5 早、晚期重商主义相比较

阶　段	目　的	手　段
早期重商主义	累积货币	管理金银进出口
晚期重商主义	累积货币	管制货物进出口

贸易差额论冲破了封建思想的束缚，主张国家干预对外贸易，实行保护贸易的政策；通过贸易顺差，从国外取得货币收入；禁止奢侈品进口和对一般制成品奖出限入；积极发展出口工业，提高产品质量；保持关税措施等。这些对广大发展中国家根据本国国情制定对外贸易政策仍有一定的现实指导意义。但它的不足之处在于，它对社会财富的理解是肤浅和片面的，把货币与其他商品对立起来，坚持金银等于财富，这是不科学的。其次，一国不可能永远保持贸易盈余，当一国实现了贸易盈余，那么该国的货币供给就会增加，导

致物价上涨，从而削减该国产品的国际竞争力，出口减少，进口增加，贸易盈余即消失。

在经济理论中，韩国采用的发展策略被称为新重商主义模式。新重商主义发展模式的主要特点是强调政府在经济发展中的指导作用。通常，政府制定一系列产业政策，选择特定产业作为支柱产业，选择一些成功的企业，加以重点扶持，以它们为主来实现产业发展目标。

2.2.2 近代保护贸易理论

近代保护贸易理论的主要代表人物是德国保护关税政策的首创者——弗里德里希·李斯特。李斯特是德国经济学家，资产阶级政治经济学历史学派的主要先驱者，保护贸易的倡导者，其代表作是 1841 年发表的《政治经济学的国民体系》。在该书中，他提出了应建立一套以幼稚工业为保护对象，为经济落后的国家服务的保护幼稚工业论。

1. 保护政策的目的与对象

李斯特要通过实行保护关税政策促进生产力的发展。经过比较，它认为使用动力和大规模的制造工业的生产力远远大于农业，所以特别重视发展工业生产力。同时李斯特也提出了保护对象有以下几个条件。

(1) 幼稚工业才需要保护。他不主张保护所有工业，要使保护得当，需要先行考虑某些被保护的工业，在经历适当保护时期以后，有确实能自立的前途。

(2) 等到被保护的工业发展起来，生产出来的成品价格低于进口同种产品并能与外国竞争时，就无须再保护。或者被保护的工业，经过一个适当时期还不能扶植起来时，也就不必再予以保护。这里所谓“适当时期”，李斯特主张以 30 年为最高期限。

(3) 工业虽然幼稚，但如果没有强有力的竞争者，也不需要保护。

(4) 对农业的保护，只有那些刚从农业阶段跃进的国家，距离工业成熟期尚远，才能适宜于保护。他认为，通过保护使工业发达以后，农业就会随之兴起。

2. 关税是建立和保护国内工业的重要手段

李斯特认为，关税是建立和保护国内工业的重要手段，但必须随着工业发展水平的提高而相应逐步提高关税。他认为，工业就像树木一样，不能马上就发展起来。因此，保护制度也不能雷厉风行，否则，就会割断原来存在的商业联系，而对国家不利。

3. 对不同的工业实行不同程度的保护

李斯特认为，对某些工业品可以实行禁止输入或规定的税率，事实上等于全部或至少部分禁止输入或税率较前者略低，从而对输入发生限制作用。但是，对生产高档奢侈品的工业只需要最低限度的照顾与保护。

4. 保护幼稚工业论的评价

李斯特保护幼稚工业理论的提出，确立了保护贸易论在国际贸易体系中的地位。李斯特所倡导的保护贸易政策在当时德国资本主义的发展过程中曾起到积极的作用，使德国在短期内有了迅速的发展。同时，该理论的许多观点对各国制定对外贸易政策有一定的借鉴作用。李斯特的保护贸易理论也存在缺陷：对贸易保护对象的选择缺乏客观的标准，对生产力和生产力影响因素的理解和分析也比较混乱，以经济部门作为划分经济发展阶段的基础歪曲了社会经济发展的真实过程。

2.2.3 现代保护贸易理论

现代保护贸易理论以约翰·梅纳特·凯恩斯为代表。资本主义各国工业化的相继实现，使国际市场的竞争日趋激烈。各国纷纷抢占国际市场，同时加大了对本国市场的保护力度。保护的范围从本国的幼稚工业扩展到所有工业。对这种贸易保护行为作出阐释的理论称超贸易保护理论。超贸易保护理论是凯恩斯及其追随者关于国际贸易观点与论述的综合。凯恩斯是英国资产阶级经济学家，也是现代西方宏观经济学的主要创始人，其主要代表作是《就业、利息和货币通论》，在其理论中以外贸易乘数理论最具代表性。

1. 对外贸易乘数理论的思想基础

凯恩斯在《就业、利息和货币通论》中提出了乘数原理，认为对一个部门的追加投资，不仅会引起该部门收入的增加，而且还会引发一系列连锁反应，使其他有关部门获得新的收入，从而致使收入总量为最初那笔投资的若干倍，这个倍数即为投资乘数。贸易乘数理论的思想基础就是凯恩斯的乘数理论。当时，资本主义国家发生了严重的经济危机，经济萧条，失业增加。凯恩斯认为，造成经济萧条的重要原因是有效需求不足，政府可以利用保护贸易政策来增加净出口，提高有效需求。它将乘数理论引入该思想，重点研究贸易金额的变动与国民收入增长之间的关系，利用对外贸易乘数公式来说明贸易金额对国民收入的影响，使对外贸易成为刺激经济增长和扩大就业的工具。

2. 对外贸易乘数理论的内容

对外贸易乘数理论的基本观点是贸易顺差对国民经济的作用犹如投资，凯恩斯认为："增加顺差，乃是政府可以增加国外投资之唯一直接办法；同时，若贸易为顺差，则贵金属内流，故又是政府可以减低国内利率，增加国内投资之唯一办法。"因此，为了实现贸易顺差，应扩大出口，减少进口。当一国出口商品或劳务时，从国外得到的货币会使出口产业部门收入增加，消费也增加，必然引起其他产业部门收入增加，就业增多。如此反复，结果出现收入增加量为出口增加量的若干倍，使投资乘数的作用增加，国民收入增长。相反，当进口商品或劳务增加，必须向国外支付货币，使收入减少，消费也减少。国民收入的减少量也将是增加量的若干倍。因此，只有当贸易顺差时，对外贸易才能提高一国的国民收入量，并且国民收入的增加量将是贸易顺差的若干倍。

3. 对贸易乘数理论的评价

对外贸易乘数理论揭示了贸易量与一国宏观经济以及各主要变量，如投资、储蓄等的相互依存关系，在一定程度上指出了对外贸易与国民经济发展之间的某些内在规律性，它将贸易保护的范围进一步扩大，将贸易盈余作为解决本国失业和促进经济增长的外部手段。但如果各国都以此理论指导贸易行为，将可能导致贸易规模的缩小和贸易利益的损失，不利于世界经济一体化的发展和国际分工的进一步深化。

2.2.4 当代保护贸易理论

当代保护贸易理论也称新贸易保护主义。1974—1975 年的世界性经济衰退给发达资本主义国家带来了危机感，同时，发展中国家纷纷联合起来要求改变国际经济旧秩序，建立国际经济新秩序，在这种情况下，新贸易保护主义诞生了。新贸易保护主义的保护对象不仅是本国正在衰落的传统垄断产业，如纺织业等；还包括本国已经高度发达且具有竞争优势的产业，如金融业等。保护范围也不仅扩大到货物贸易的一切领域，而且扩大到服务贸易、知识产权等领域。新贸易保护主义以非关税措施为主要手段，而且非关税措施中的技术性贸易壁垒和环境壁垒不断增加，通过采用苛刻的技术和环保标准来达到限制发展中国家出口贸易的目的。

2.2.5 代表发展中国家利益的保护贸易理论

第二次世界大战以后，许多殖民地和半殖民地国家纷纷取得了政治上的独立。这些国家面临的一项重要任务就是发展本国经济，实现经济上的独立。但是，由于在经济上长期依赖发达资本主义国家，旧的国际经济秩序又形成了发达国家处于有利地位而发展中国家处于不利地位的贸易格局，新独立的国家迫切需要保护贸易，改变贸易条件恶化的状况，以扭转在国际贸易中的不利地位。在这种背景下，代表发展中国家利益的保护贸易理论出现了。该理论以阿根廷经济学家普雷维什为代表。他提出的以“中心—外围”理论为核心、以“贸易条件恶化论”和“收入转移论”为基础的保护贸易理论代表了发展中国家的要求。普雷维什首先对国际经济体系进行了结构性分析，提出由发达国家构成的中心体系和发展中国家构成的外围体系，是旧的国际经济秩序下世界的两大体系。中心体系的工业国在整个国际经济体系中居主导地位，外围体系的广大发展中国家主要从事初级品生产并被工业中心国所控制和剥削，造成外围国经济困难重重发展缓慢。

普雷维什认为，要打破“中心—外围”的既定格局，外围国家就必须实现本国的工业化，独立自主地发展自己的民族经济。为此，外围国家需要实行贸易保护政策，既要采用传统的关税手段，也要采用外汇管制、进口配额等非关税手段。在工业化发展的出口替代阶段，还要实行有选择的出口补贴政策等。他认为采用这些贸易保护政策对外围国家的经济发展可以起到以下作用：限制进口的保护关税可以削弱外国商品的竞争能力，也有利于贸易条件的改善；可以开辟新产业，吸纳技术进步所产生的剩余劳动力和解决原料产品部门的隐蔽失业；使原料产品出口和进口替代并举，可以有效推动本国工业化进程；限制进口措施还可以减少外汇支出，改善国际收支状况。该理论还导致了“进口替代”“发展战略”的产生，但是战后发展中国家实施“进口替代”“发展战略”的结果并不理想。

2.3 国际贸易政策

2.3.1 国际贸易政策概述

1. 国际贸易政策的概念

国际贸易政策是指各国在一定时期内对进口贸易和出口贸易所实行的政策。一般来说，国际贸易政策主要包括三个方面的内容：第一是国际贸易的总政策，其中包括进口总政策和出口总政策。它是从整个国民经济出发，在一个较长的时期内实行的政策。第二是进出口商品总政策。它是根据国际贸易总政策和经济结构、国内市场状况而分别制定的政策，比如有意识地扶植某些出口部门，或暂时限制某些种类商品的输入等。第三是国际贸易国别政策。它是根据国际贸易总政策，对外政治、经济关系而制定的国别和地区政策。上述三个方面是相互交织在一起的，不过由于国际和国内的形势变化，一国的国际贸易政策可能重点突出某一个方面。

2. 国际贸易政策的特征

尽管世界上各个国家的社会制度不同，但国际贸易政策都是国内经济的延伸。所有的政策都是为了保护本国的市场，扩大本国产品的出口市场；促进本国产业结构的改善，积累资本或资金，维护本国对外的政治、经济关系。当然，由于国家性质的不同，外贸政策为之服务的国内对象也就不同。资本主义国家的外贸政策主要是为了满足本国垄断资产阶级获得超额利润的需要，而社会主义国家的外贸政策则是为全体劳动人民的利益服务的。但是，外贸政策又同国内的经济政策有较大的区别，它具有以下几个特征。

(1) 外贸政策和外交政策关系密切。两者之间存在互相服务、互相促进的关系。在某些场合，对外贸易要服从外交上的需要。而在更多的场合，则是外交为外贸打通道路提供保护。当今时代里许多国家都奉行经济外交的战略，或把经济交往作为达到政治目的的一种手段。

(2) 外贸政策是不同利益集团之间矛盾和斗争的产物，由于利害关系不同，各国内部往往在对外贸易政策方面产生尖锐的冲突。这一点在资本主义国家表现得最为明显。

(3) 外贸政策反映出对外贸易在一国国民经济发展中的作用，以及一国在世界市场的实力地位。一般而言，外贸对一国的经济发展越是重要，就越会制定比较开放和自由的外贸政策。而一个国家经济实力越强，就越是主张在世界范围内进行自由竞争和合作。各国的利益冲突在外贸政策方面会直接地体现出来。

3. 国际贸易政策的基本类型

从历史上看，国际贸易政策分为自由贸易政策和贸易保护政策这两种基本类型。自由贸易政策是指国家对国际贸易活动采取不干预或尽可能少干预的立场，对进口商品不设置障碍，让商品在国内外市场自由竞争，是一种开放性的贸易政策。保护贸易政策是指国家对国际贸易活动采取干预和管制的基本立场，设置各种贸易障碍来限制或禁止商品进口，保护本国的工业，采取各种政策手段来奖励或补助商品出口，从而刺激本国工业的迅速发展。随着世界经济的发展，国际贸易政策也从自由贸易政策和贸易保护政策之间几经演变。

2.3.2 发达国家的国际贸易政策演变

1. 自由贸易政策

18 世纪中叶至 19 世纪末，资本主义进入自由竞争时期。产业革命后，英国的产业迅速发展，确立了其“世界工厂”的地位。英国的产品在国际上具有很强的竞争力，为出口其工业制成品，同时进口自己所需的原料和粮食，英国迫切要求国内外政府放松对外贸活动的管制，实行贸易自由，到 19 世纪前期，自由贸易政策在英国取得胜利。

2. 保护贸易政策

美国和德国在 19 世纪与英国不同，推行的是保护贸易政策。是因为这两个国家的工业发展水平不高，经济实力和商品竞争力都不强，不能和英国抗衡，因此需要采取强硬的手段和政策措施保护本国新兴工业的发展。在保护贸易政策的支配下，这两个国家实行了一系列鼓励出口和限制进口的政策措施(主要是保护关税措施)，保护了本国经济的发展，在19 世纪末 20 世纪初先后赶上或超过了英国的生产能力，走在了世界经济的前列。战后大多数国家，尤其是发展中国家，也实行保护贸易政策，以保护其新兴工业的发展。

3. 超保护贸易政策

超保护贸易政策是一种侵略性的保护政策，是垄断资本主义的产物。在 19 世纪末到第二次世界大战期间，资本主义处于垄断时期。这一时期，垄断代替自由竞争，成为一切社会经济生活的基础。这时西方各国普遍完成了产业革命，工业迅猛发展，世界市场竞争激烈，尤其是在 1929 年出现的经济危机之后，各国为了垄断国内市场，争夺国际市场，纷纷实行超保护贸易政策。超保护贸易政策不是保护国内幼稚工业以增强竞争能力，而是保护高度发展的工业以加强其国外市场的垄断地位。它不是消极地防御国外商品侵入国内市场，而是加紧垄断国内市场，侵占国外市场。超保护贸易政策保护的对象不是一般的工业资产阶级，而是垄断资产阶级。保护的手法除高关税以外，还有其他奖出限入的措施，如退税、补贴、低息贷款、出口担保等。

4. 贸易自由化倾向

第二次世界大战结束后，20 世纪 50 年代到 70 年代，资本主义国家的经济在不同程度上获得了恢复和发展，在第三次科技革命的推动下，国际分工朝着纵深方向进一步发展，跨国公司迅速发展，各国加强了相互之间的经济联系。这一切需要一个自由化的国际经济环境。而此时已成为世界经济头号强国的美国，为实现其对外扩张垄断资本和遏制苏联的政治战略，也主张在资本主义世界范围内实行自由贸易政策。这样，在美国的倡导与推动下，出现了贸易自由化倾向。

这一时期的贸易自由化倾向主要表现为减少关税壁垒和降低、撤销非关税壁垒两个方面。在关税方面，关税与贸易总协定成员国多次举行会谈，大幅降低了成员国相互之间的关税；欧洲经济共同体实行关税同盟，在共同体内部的成员国之间削减并最终取消了针对工业品和农产品的关税，对外则通过谈判达成协议减让关税；发达国家对部分发展中国家实施普遍优惠制，即对来自发展中国家和地区的制成品、半制成品的进口给予普遍的、非歧视的和单方面的优惠关税待遇。在非关税壁垒方面，原先实行进口配额、进口许可证、外汇管制等措施的国家随着其经济的恢复和发展，都不同程度上减少或撤销了这些非关税壁垒，促进了贸易的自由化。

与资本主义自由竞争时期的自由贸易相比，这一时期的贸易自由化倾向还有着诸多不同之处。首先，战后贸易自由化代表的不是一般工业资产阶级的利益，而是垄断资产阶级的利益；其次，战后贸易自由化是由美国倡导和推动的；再次，战后贸易自由化在生产和资本国际化的推动下在世界范围内得到了发展；最后，战后贸易自由化是一种有选择的自由化，发达国家之间的自由化高于其对发展中国家和社会主义国家的自由化，经济集团成员国之间的自由化高于其与非成员国之间的自由化，机器设备的贸易自由化高于工业品贸易的自由化，而工业品贸易的自由化又高于农产品贸易的自由化。

5. 新贸易保护主义政策

进入20世纪70年代后，一方面，长期以来一直倡导和推动贸易自由化的美国由于其经济地位和商品的国际竞争力出现相对衰落的迹象，不再愿意单方面地开放其国内市场；另一方面，1973年爆发的石油危机和随后而来的经济危机严重地冲击了资本主义各国的经济，使其转为低速增长，国内失业率剧增，市场问题日趋严重。在这种情况下，美国率先采取了贸易保护政策，其他国家也相继效仿美国，转向了贸易保护政策，贸易保护主义由此重新抬头并不断被强化，被称为新贸易保护主义。

新贸易保护主义与历史上的贸易保护主义相比，有以下几个特点。

(1) 非关税壁垒成为限制进口的主要手段。关税与贸易总协定制约了各国利用关税壁垒，于是各国转为倚重非关税壁垒来限制进口。这一时期的非关税壁垒不仅包括各种传统形式，还增加了许多名目繁多的新形式。另外，非关税壁垒所保护的商品范围不断扩大，涉及农业、工业、服务业和高科技领域。

(2) 外贸政策的重点由原来的限制进口转向鼓励出口。为避免因限制进口而遭到其他国家的谴责和报复，各国纷纷采取了出口信贷、出口补贴和外汇管制等措施鼓励出口。

(3) 贸易壁垒从国家壁垒转变为集团壁垒，集团内部实行自由贸易，对非集团成员国则采用统一的贸易壁垒。

(4) 贸易政策向系统化、法制化方向发展，逐渐实现了管理贸易制度。管理贸易是介于自由贸易与贸易保护之间又兼有二者特点的一种新的国际贸易政策，它在一定程度上遵循自由贸易的原则，但同时又利用本国的立法或国际协议来约束贸易伙伴国的行为，以达到限制某些商品进口、保护本国产业的目的。

2.3.3 发展中国家的国际贸易政策演变

第二次世界大战结束后，广大发展中国家先后取得了政治独立，开始自主制定经济政策，其国际贸易政策经历了由进口替代到出口替代的转变。

1. 进口替代

进口替代是指政府通过一些贸易保护措施，限制某些产品的进口，同时建立和发展本国同类产品的生产，逐渐以本国产品替代进口产品。进口替代分为两个阶段：第一阶段属于初级进口替代，主要发展初级消费品的生产；第二阶段属于高级进口替代，主要发展本国的原材料工业、机器设备制造业等基础工业和耐用消费品工业。进口替代常用的措施有：在一定时期内限制某些商品进口的数量和金额，削弱其对本国产品的竞争力；对进口商品征收高关税，其中对消费品的税率较高，对中间产品和机器设备等资本品的税率较低；政府集中使用外汇，将外汇更多地分配给进口替代部门；采用高汇率，通过货币升值以减轻进口必需品所造成的外汇压力。

进口替代符合广大发展中国家迅速摆脱贫困、取得经济独立的强烈愿望，因此被许多发展中国家所采用。到20世纪60年代，进口替代已成为发展中国家占主导地位的经济发展战略。通过进口替代，许多发展中国家迅速发展了制造业，提高了生产能力，改善了经济结构，减少了对外依赖。然而，进口替代的保护政策也造成了许多问题，如国内产业成本高、效率低，缺乏国际竞争力；随着进口替代项目资本密集度的提高，需要进口越来越多的中间投入品和资本品，外汇支出大幅增加；国内市场容量有限，产业发展难以形成规模效应；进口替代产业难以带动国内其他相关产业的发展，不利于国家的工业化进程。

20 世纪 60 年代以后，由于进口替代的弊端日益突出，许多原先奉行这一战略的发展中国家或地区纷纷转向了出口替代。

2. 出口替代

出口替代是指政府通过一系列措施促进本国出口工业的不断发展，用工业制成品的出口替代传统的初级农矿产品的出口，从而增加外汇收入，推动本国的工业化进程。出口替代所采取的措施主要有：政府对出口企业给予津贴以及税收等方面的优惠，以增强其国际竞争力，鼓励其出口产品；允许出口部门保留一定的外汇收入自主使用；建立出口加工区和自由贸易区，积极利用外资、外国先进技术和管理经验，以促进本国制成品的生产和出口。

与进口替代相比，出口替代具有下列优势：立足于国内和国际两个市场，使资源达到优化配置；参与国际竞争，有力地促进本国生产率的提高；出口产业有效地带动国内其他相关产业的发展，提高了就业和收入水平；增加了外汇收入，改善了国际收支。

在出口替代的推动下，一些发展中国家特别是新兴工业化国家和地区的经济得到了新一轮的迅速发展。但是，出口替代也加深了这些国家和地区经济的对外依赖，国民经济结构难以取得平衡。

2.3.4 影响国际贸易政策选择的因素

国际贸易政策是一国经济政策的重要组成部分。国家在不同的时期，会依据经济与政治形势的不同情况来选择其国际贸易政策。影响这一选择的因素，大体可分为国内因素和国际因素两大类。

1. 国内因素

1) 经济发展水平

一个国家的经济发展水平，从根本上决定了该国在国际贸易中的竞争能力、所处的地位和参与国际贸易的程度，因此，经济发展水平是影响一国国际贸易政策选择的主要因素。当一国处于经济发展的初级阶段时，其经济结构中农业等传统产业占据较大份额，而代表先进生产力发展方向的新兴产业还处于幼稚阶段，整个国家的国际竞争力较弱。在这种情况下，该国的国际贸易总政策一般倾向于贸易保护政策。而当该国新兴产业发展成熟、生产力大为提高后，其国际贸易总政策会转而倾向于自由贸易政策。

2) 产品的国际竞争力

世界经济中，每个国家的比较优势各有不同，一国的不同产品也有不同的国际竞争力。对于本国具有比较优势、国际竞争力较强的商品，国家一般倾向于对其实行自由贸易政策；反之，国家对本国竞争力较弱的商品倾向于实行贸易保护政策。

3) 国内经济状况

维持国内经济稳定发展、避免重大波动是一国经济政策的基本目标。在国际贸易大规模发展、国内外经济日益相融的情况下，国家在制定国际贸易政策时必须慎重考虑国内的经济状况。一国在经济繁荣、充分就业、物价稳定、收支平衡时，一般倾向于采取自由贸易政策；而当国内经济萧条、失业增加、贸易赤字扩大时，国家会倾向于采取贸易保护政策。

4) 国内利益集团

与贸易相关的国内利益集团分为贸易保护集团和自由贸易集团，前者主要来自本国国际竞争力较弱的产业及其相关产业，后者则主要来自本国国际竞争力较强的产业及其相关产业。从历史上看，这两派的斗争一直伴随着国际贸易的发展，其相互间力量的消长在很大程度上影响着国际贸易政策的变化。

5) 政府领导人的经济思想

一般而言，政府领导人有权干预本国国际贸易政策的选择和制定，这就使得政府领导人的经济思想和主张成为左右国际贸易政策方向的一个因素。

2. 国际因素

1) 本国与他国的经济、政治关系

本国若与他国有着密切的经济合作和投资关系，那么两国为了共同的经济利益一般会相互实行自由贸易政策。两国之间若有良好的政治关系，那么在选择国际贸易政策时，出于经济利益的考虑会让位于政治利益的考虑，从而在两国间实行自由贸易政策；反之，如果两国之间政治关系紧张，那么即使自由贸易政策有利于二者的经济利益，两国间也不会开展自由贸易，而代之以禁运甚至封锁。

2) 本国在国际组织中的权利与义务

多边贸易体制和区域贸易协定体现了世界各国在国际贸易政策方面经过协调达成的共识。随着多边贸易体制和区域经济集团的发展，一国在选择其国际贸易政策时需要越来越多地考虑其在各种国际组织中的相关权利和义务，既要充分利用其权利，又不能违背其义务。

3) 世界经济形势

世界经济形势决定了世界市场的状况，从而影响到一国国际贸易政策的选择。一般而言，在世界经济运行良好、处于繁荣阶段时，世界市场的争夺就比较宽松，各国基本上都倾向于采取自由贸易政策；而当世界经济增长放缓、出现衰退时，各国为加强对世界市场的争夺，就会倾向于采取贸易保护政策。

本章小结

本章概括地介绍了西方国际贸易的基本理论和政策。在国际贸易理论方面，介绍了自由贸易理论和保护贸易理论。在国际贸易政策方面，主要介绍了国际贸易政策概念、特征和自由贸易政策、保护贸易政策等基本类型，发达国家国际贸易政策的演变，发展中国家国际贸易政策以及选择国际贸易政策需考虑因素等。

本章练习题

一、单项选择题

1．绝对成本理论的代表人物是(　　)。

A．亚当•斯密　　B．大卫•李嘉图

C．赫克歇尔　　D．俄林

2．在李嘉图的比较成本学说中，国际贸易产生的原因是由于两国的(　　)。

A．绝对劳动生产率差异　　B．相对劳动生产率差异

C．绝对生产要素禀赋差异　　D．相对生产要素禀赋差异

3．重商主义贸易政策的目的是(　　)。

A．培育自由竞争的能力　　B．追求国内贵金属货币的积累

C．垄断国际市场　　D．追求使用价值的增加

4．在只有同质劳动投入的条件下，美国生产 1 块手表需要 10 个劳动力，生产 1 辆自行车需要 25 个劳动力，中国生产 1 块手表需要 20 个劳动力，生产 1 辆自行车需要 40 个劳动力，则美国在哪种商品的生产方面具有比较优势(　　)。

A．手表　　B．自行车　　C．都具有比较优势　　D．都没有比较优势

5．在完全市场定价的情况下，如果 A 国的劳动价格为 6 美元，资本价格为 2 美元，B 国的劳动价格为 12 美元，资本价格为 6 美元，则相对于 A 国而言，B 国是(　　)。

A．劳动充裕的国家　　B．资本充裕的国家

C．都充裕　　D．都不充裕

6．“劳动丰裕的国家应当生产和出口劳动密集型商品，进口资本密集型商品。”该结论源于(　　)。

A．比较成本说　　B．人力资本说　　C．要素禀赋说　　D．产业内贸易说

7．能够解释国家间商品交换比价确定的原理是(　　)。

A．比较成本说　　B．相互需求原理

C．绝对成本说　　D．要素比例说

8．约翰•穆勒认为国家间商品的具体交换比价是有什么决定的(　　)。

A．两国间贸易联系程度　　B．两国间经济互补程度

C．两国间对彼此商品的相互需求　　D．两国间商品的国别价格

9．早期的重商主义又称(　　)。

A．重金主义　　B．贸易差额论　　C．贸易自由化　　D．贸易自由论

10．在资本主义生产方式准备时期，占主导地位的学说是(　　)。

A．自由贸易理论　　B．保护贸易理论

C．重商主义理论　　D．超保护贸易理论

二、多项选择题

1．主要用于解释发达国家之间贸易的理论是(　　)。

A．比较成本说　　B．绝对成本说

C．产业内贸易说　　D．产品生命周期说
E．需求偏好相似说

2．下列对里昂惕夫之谜进行解释的学说是(　　)。
A．劳动熟练说　　B．人力资本说
C．技术差距说　　D．产品生命周期说
E．需求偏好相似说

3．根据西方的国际分工理论，一国应该出口本国(　　)。
A．比较成本低的产品　　B．比较成本高的产品
C．稀缺要素密集型的产品　　D．丰裕要素密集型产品
E．绝对成本低的产品

4．自由贸易理论的代表人有(　　)。
A．亚当·斯密　　B．大卫·李嘉图
C．俄林　　D．凯恩斯　　E．李斯特

三、简答题

1．简述绝对成本和比较成本说的主要内容，并加以评价。
2．试评述重商主义的保护贸易思想。
3．简述李斯特的保护幼稚二业论的主要内容。
4．生产要素禀赋理论的主要内容是什么？它对比较成本理论作了哪些发展？
5．按照波特的竞争优势理论，一国的竞争优势由哪些因素决定？比较优势与竞争优势的关系如何？
6．凯恩斯主义贸易保护论与重商主义有何异同？
7．简述发达国家的国际贸易政策的演变过程。

四、理论分析题

1．假设英国与葡萄牙两国都生产毛呢和葡萄酒，其中，英国生产毛呢每单位需要劳动力 70 人，生产葡萄酒每单位需要劳动力 120 人；葡萄牙生产毛呢每单位需要劳动力 110 人，生产葡萄酒每单位需要劳动力 80 人。两国按 1∶1 的比例交换。试对比两国在分工前、后各自的利益。

2．假设甲国生产 1 单位小麦需 100 天，棉花 90 天；乙国生产 1 单位小麦需 70 天，棉花需 80 天；两国生产这两种产品全年劳动为 20 000 天，棉花消费量若为 100 单位，两国交换比例为 1∶1。试用李嘉图的比较成本理论分析以下问题：
(1) 分工前两国各获多少小麦、棉花？
(2) 分工交换后两国从外贸中各获多少利益？

3．假设 A、B 两国生产技术相同且在短期内不变：生产一单位衣服需要的资本为 1，需要的劳动为 3；生产 1 单位食品需要的资本为 2，需要的劳动为 2。A 国拥有 160 单位劳动和 100 单位资本；B 国拥有 120 单位劳动和 80 单位资本。则
(1) 哪个国家为资本充裕的国家？
(2) 哪种产品为劳动密集型产品？
(3) 假设所有要素都充分利用，计算各国各自最多能生产多少服装或多少食品？

(4) 假设两国偏好相同，两国间进行贸易，哪个国家会出口服装？哪个国家出口食品？

4．在古典贸易模型中，假设 A 国有 120 名劳动力，B 国有 50 名劳动力，如果生产棉花的话，A 国的人均产量是 2 吨，B 国也是 2 吨；要是生产大米的话，A 国的人均产量是 10 吨，B 国则是 16 吨。画出两国的生产可能性曲线并分析两国中哪一国拥有生产大米的绝对优势，哪一国拥有生产大米的比较优势。

5．下表列出了加拿大和中国生产 1 单位计算机和 1 单位小麦所需的劳动时间。假定生产计算机和小麦都只用劳动，加拿大的总劳动为 600 小时，中国总劳动为 800 小时。

	计算机	小麦
中国	100 小时	4 小时
加拿大	60 小时	3 小时

(1) 计算不发生贸易时各国生产计算机的机会成本。

(2) 哪个国家具有生产计算机的比较优势？哪个国家具有生产小麦的比较优势？

(3) 如果给定世界价格是 1 单位计算机交换 22 单位的小麦，加拿大参与贸易可以从每单位的进口中节省多少劳动时间？中国可以从每单位进口中节省多少劳动时间？如果给定世界价格是 1 单位计算机交换 24 单位的小麦，加拿大和中国分别可以从进口每单位的货物中节省多少劳动时间？

第3章 国际贸易措施

教学目标

- 了解关税的基本含义与特点，理解关税的有效保护率与实际保护率；
- 了解非关税壁垒含义、特点与种类，掌握配额等措施的具体做法及影响；
- 了解和掌握鼓励出口的主要措施与应用；
- 了解贸易救济相关措施，尤其是结合中国实际情况，掌握倾销与反倾销相关内容。

关键词

关税措施　非关税措施　鼓励出口　进口限制　贸易救济措施

案例导入

美国对华实施“双反”加速轮胎行业洗牌

2015年6月12日，美国商务部公布对原产于中国的乘用车和轻型卡车轮胎反倾销反补贴调查终裁结果，与初裁比较税率有所提高。我多家应诉国有企业仍被拒绝给予分别税率，而适用于全国统一税率。

美国商务部当天发表声明，认定中国出口到美国的乘用车和轻型卡车轮胎存在倾销和补贴行为，倾销幅度为14.35%～87.99%，补贴幅度为20.73%～100.77%。

据中国橡胶工业协会发布的数据透露，中国乘用车及轻卡轮胎对美国市场的依赖度较高，中国轮胎产量的40%都要出口，其中美国占据了近三成份额。但同时，美国也是对中国出口轮胎展开“双反”调查最多的国家之一，有分析指出，近年来频发的“双反”调查严重影响了中国对美国的轮胎出口。

以乘用轮胎为例，2011年受美国对中国轮胎特保案实施限制关税的影响，中国对美轮胎出口量急剧下降，2011年中国对美出口乘用车轮胎额跌到9.68亿美元。在3年期满后，中国轮胎对美国市场出口才快速回升。

数据显示，2014年，中国向美国出口的乘用车和轻型卡车轮胎金额达23亿美元。业内有担忧美国的“双反”调查是有传导作用的，接下来欧盟、日本、印度、澳洲都可能跟进，形成连锁反应。

中美在轮胎产品领域频频发生贸易摩擦，同样也使得国内一些依赖出口的轮胎企业在经营上举步维艰。这其中不仅包括了佳通、赛轮等本土品牌，像固铂、倍耐力、锦湖等在华设立分厂的国际轮胎企业也不幸“躺枪”。

中国素有“世界轮胎工厂”的称号，全球75大轮胎生产商中有26家中国企业上榜，其中山东占12家。截至2013年年底，山东省共有轮胎生产企业287家，但多为小企业，规模小，盈利能力低，抵御市场风险能力弱。

有专家指出，竞争力相对较差的企业，将是此次美国“双反”的最大受影响者。很多中小轮胎企业以出口为生，而美国又是中国轮胎出口第一大国，此次“双反”将会导致大批中小企业被淘汰。

(资料来源：北京商报，2015-6-18)

3.1 关税措施

3.1.1 关税的概述

1. 关税的含义

关税(Customs Duties；Tariff)是由国家海关当局对本国进出口商的出入关境的商品征收的一种赋税。早在欧洲古希腊雅典时代就出现了关税，到资本主义社会，关税制度普遍建立，并一直延续到今天。

关境是海关征收关税的领域，它是海关所管辖和执行有关海关各项法令和规章的区域。

在通常的情形下关境与国境是一致的。但存在自由贸易区等情形下，这些区域不属于征收关税的范围，这时国境大于关境。在几个国家组成区域一体化组织时，如关税同盟、共同市场等，这些组织对内取消贸易限制措施，对外统一关税，此时关境大于国境。

2. 关税的特点

关税是税收的一种，是国家财政收入来源之一，因而与其他税种一样，具有“三性”：强制性、无偿性、固定性。除此之外关税还有以下一些特征。

1) 关税是一种间接税

它不同于以纳税人的收入和财产作为征收对象的直接税。关税是由进出口商交纳的，但作为纳税人的进出口商人可以将关税作为成本的一部分，分摊在商品的价格上，最后转嫁到消费者身上，因而是一种间接税。

2) 关税的税收主体和客体分别是进出口商人和进出口商品

当商品进出关境的时候，进出口商根据海关法向当地海关缴纳关税，他们是关税的纳税人，也即税收主体。关税的客体是进出境的货物，海关对不同的进出口商品制定不同的海关税则，征收不同的关税。

3) 关税是对外贸易政策实施的主要措施

一般而言关税措施体现一个国家的对外贸易政策，税率的高低，体现一个与他国的经贸关系的紧密程度。不同性质的国家都可以利用关税这一手段保护本国市场，促进经济的发展。

4) 关税的征收机构是海关

3. 关税的作用

征收关税，如果税率适当且结构合理的话，会产生一些积极影响，有利于经济的发展。

但如果征收不妥的话，也会产生消极的不利影响。

1) 积极方面

(1) 增加财政收入。关税是税收的一种，也是财政收入的来源之一。作为财政收入作用的财政关税的税率视国库的需要和对贸易数量的影响而制定。随着工商业的发展，税源扩大，关税在财政收入中的比重下降。发达国家较低，一般为3%，发展中国家一般为13%，中国为7%。

(2) 保护本国的生产和市场。由于关税是一种间接税，税负可以转嫁，因而可以对进口商品征税，提高其价格，削弱进口商品与本国同类商品的竞争力，对本国同类或类似商品实施保护免受损害，但是这对本国的消费者而言是不利的。进口商品价格提高，本国同类产品价格也会提高，增加国内厂商生产的数量，但是这种增加的数量是一种无效率的生产。对出口商品征税，可以缩减国内紧缺商品的输出，防止本国紧缺资源的大量流失，保证国内市场的充分供应。

(3) 调节国内经济。利用关税税率的高低或减免，影响进出口企业的利润，调节某些商品的进出口量，保持市场供求平衡，稳定国内市场价格，保持国际收支平衡。如当贸易逆差过大或顺差过大，征收进口附加税或减免关税，以减少进口数量和外汇支出或扩大进口缩小贸易顺差。

2) 消极方面

(1) 加重消费者的负担。由于关税是一种间接税，进出口商可以依据供给需求弹性的不同将全部或部分关税通过提高价格的方式转嫁给消费者承担，消费者的福利水平实际上是下降的。

(2) 过度保护会造成保护落后。适度保护有利于国内幼稚产业的成长，但是如果保护不当的话，使被保护的企业和产业产生依赖性，可能在一定程度上造成低效率的生产者继续无效率的生产，不利于社会技术的进步，也是社会生产的一种福利损失。

(3) 影响进出口贸易的发展，可能恶化贸易伙伴间的友好关系。由于关税措施会给对方的产品的进出口造成一定的障碍，影响一国的贸易条件，对方同样会采取相应的措施保护本国的利益，进而相互的采取报复措施。

(4) 有些商品由于征税过高使国内外差价过大，易形成走私。走私是一种国际间的违法活动，通常是指违反一个国家(地区)的法令，非法运输物资进出境的行为。

3.1.2 关税的分类

1. 按征收对象和商品流向分

1) 进口税(Import Duty)

进口国家海关在外国商品直接进入关境时，或者在外国商品从自由贸易区、自由港或海关保税仓库等提出运往国内市场销售，根据海关税则，对本国进口商所征收的关税。进口税是关税中最主要的一种，是执行关税保护职能的主要工具。通常所提到的关税壁垒(Tariff Barrier)就是指这里的进口税，对进口商品征收高额的关税，征收的关税一般可以转嫁到商品的成本价格上，以阻挡外国低廉商品的进入。进口税一般在在办理海关手续时征收，中国的平均关税水平已从2001年加入WTO时的15.3%降至2008年的8%左右。

《中华人民共和国进出口关税条例》第九条将进口关税设置为最惠国税率、协定税率、特惠税率、普通税率、关税配额税率、普惠制税率等税率。

(1) 最惠国(MFN)税：给惠国给予受惠国或者与该受惠国有确定关系的人或物的优惠，不低于该给惠国给予第三国或者与第三国有同样关系的人或物的待遇，最惠国税适用于从与该国签订有最惠国待遇条款的贸易协定的国家或地区所进口的商品。因此，这种形式的关税减让是互惠的、双向的。最惠国待遇既存在国家之间，也通过多边贸易协定在缔约方之间实施，现在主要适用于 WTO 成员间所进口的商品。最惠国待遇关税税率低于普通关税税率，但高于特惠关税税率。第二次世界大战后，大多数国家都加入了 GATT/WTO 或者签订了双边贸易条约或协定，相互给予最惠国待遇。因此，最惠国税通常称为正常关税。

(2) 协定税率(Conventional Tariff)：协定税率是一国根据其与别国签订的贸易条约或协定而制定的关税税率。协定税率适用原产于中国参加的含有关税优惠条款的区域性贸易协定的有关缔约方的进口货物。协定税率是相对于国定税率而言的，它不仅适用于协定的签订国，且适用于享有最惠国待遇的国家。

(3) 特惠税率(Preferential Duties)：又称为优惠税，对某国或地区进口的全部商品或部分商品给予特别优惠的低关税或免税待遇，但不适用于从非优惠国家或地区进口的商品。有的是互惠的，有的不是互惠的。一般而言，特惠税是宗主国与殖民地之间的特惠税，是殖民主义的产物。英国、法国、荷兰、比利时、美国都实行过，最著名的是英联邦特惠税，洛美协定国家之间的特惠税，其目的主要是保证宗主国在殖民地市场上占优势。

(4) 普通税率：适用于没与本国签定贸易协定的国家和地区，或签有协议但不享受优惠关税的某些商品，如农产品和某些敏感性商品，最高可达百分之几百。适用于无任何优惠协定的国家的进口货物，还有原产地不明的进口货物。普通税率比优惠税率高 1～5 倍，少数商品甚至高 10 倍、20 倍，因而普通税率是歧视性税率、最高税率。在我国的海关税则中规定，对产自与中华人民共和国未订有关税互惠条款的贸易条约或协定的国家的进口货物，按照普通税率征税。

(5) 关税配额税率：是指关税配额限度内的税率。关税配额是进口国限制进口货物数量的一种措施，把征收关税和进口配额相结合以限制进口。对商品的绝对数额不加限制，而在一定时间内、在规定的关税配额以内的进口商品给予低税、减税或免税的待遇，对超过配额的进口商品则征收较高的关税、附加税或罚款。进口国对进口货物数量制定一数量限制，对于凡在某一限额内进口的货物可以适用较低的税率或免税，但关税配额对于超过限额后所进口的货物则适用较高或一般的税率。它按商品的来源可分为全球性关税配额和国别关税配额；按征收关税的优惠性质可分为优惠性关税配额和非优惠性关税配额。

(6) 普惠制税率(GSPRATE)，日本称特惠税率(SP)，加拿大称普惠税率(GPT)，是发达国家向发展中国家单方面提供的优惠税率，在最惠国税率的基础上进行减免，因而是最低税率。普遍优惠制是发展中国家在联合国贸易与发展会议上进行了长期斗争，于 1968 年 3 月联合国第二届贸发会议上通过了建立普惠制的决议后取得的。在该决议中发达国家承诺对从发展中国家或地区进口的商品，特别是制成品和半制成品，给予普遍的、非歧视性的和非互惠的优惠关税待遇。普惠制的目的是增加发展中国家的外汇收入，促进发展中国家的工业化，提高发展中国家的经济增长率。普遍的、非歧视的、非互惠的是普惠制的基本原则。各给惠国为了保护自己的利益，都在其制定的普惠制方案中作了种种限制性规定，如：对受惠国或地区规定；对受惠商品范围的规定；等等。目前，实施普惠制的工业发达国家即给惠国有 28 个，享受普惠制待遇的受惠国已有 170 多个。自 1978 年下半年以来，先后有21个工业发达国家宣布给予中国这一关税优惠待遇，美国是至今仍未给予中国普惠制待遇的唯一一个西方发达国家。

2) 出口税(Export Duties)

出口国家的海关对本国产品输往国外时对本国出口商征收的关税。目前，大多数国家不征收出口税，一般是最不发达的国家才征收。《中华人民共和国进出口关税条例》第九条规定：出口关税设置出口税率，对出口货物在一定期限内可以实行暂定税率。征收出口税的目的主要在于：一是增加财政收入，此目的的税率较低，一般在1%～5%之间，被征收的商品在国际市场上具有较强的竞争力，具有独占或支配的地位；二是为保护国内生产和保障本国市场供应，对某些出口原料征收，限制国内初级原材料流向国外，或为防止无法再生的资源枯竭，或为保障本国所需的粮产品供应，以保证对国内相关产业的供应。如中国对钨砂、硅铁征收出口税。

3) 过境税(Transit Duties)

又称通过税，一国对通过其关境或领土而运往另一国的外国货物所征的关税。1921年，资本主义国家在巴塞罗那签订的自由国境公约上包括废除一切过境税的条款。第二次世界大战后，大多数资本主义国家不征此税，随后此税被相继废除。

2. 按征税目的分

1) 财政关税(Revenue Tariff)

财政关税又称为收入关税，为增加国家财政收入而征收的一种关税，税率较低。拉弗曲线表明，税率太高，税收收入反而会降低。因为较高的税率会引起商品价格大幅度的上升，会阻止进出口商品的增加，税基减少了，关税收入也会减少，增加财政收入的目的也达不到。经济发展水平较低的发展中国家会征收以财政收入为目的的关税，因为经济落后，国内直接税税基较少，关税收入成为主要的财政收入来源。在第三世界发展中国家中，财政关税仍占有较高的比重。征收以财政收入为目的的关税，其进口商品必须是国内不能生产或无替代品而必须从国外进口的商品，同时征税的进口商品国内必须有大量的需求，且弹性较低，否则会产生进口产品的替代或自己生产，也会因为价格的上升导致需求的减少，从而起不到增加收入的目的。

2) 保护关税(Protective Tariff)

是为了保护国内幼稚产业或竞争力比较弱的商品行业，促进幼稚产业发展而设置的关税。保护关税税率都很高，越高越能达到保护的目的，有时高到百分之几百。当税率高至使国内价格与世界市场价格之差消失甚至进口品价格高于本国同种产品价格时，可以使得进口行为无利可图而停止，成为禁止关税。

3) 收入再分配关税(Redistribution Tariff)

税率的高低看进出口商品的实际情况定，以调节国内各阶层收入差距为目的而设置的关税。如对奢侈品进口征收高额关税，而对生活必需品进口征收低关税或免征关税；对进口有暴利的商品征收高关税，而对进口低利或无利的商品征收低关税或免征关税。

3. 按差别待遇和特定的实施情况分

1) 进口附加税(Import Surtaxes)

进口国家对进口商品除了征一般的进口税，还往往根据某种目的加征进口税，是临时性的。目的主要是为了应付国际收支危机，维持进出口平衡，防止外国商品低价倾销，对国外某个国家实行歧视和报复等，所以又称特别关税。1971 年 8 月 15 日，美国为了应付国际收支危机，实行新经济政策，宣布外国进口商品一律征收 10%的进口附加税，以限制商品进口。进口附加税可对所有国家征，也可针对个别国家征收，针对个别国家的进口附加税主要有两种：反补贴税(Counter-vailing Duty)和反倾销税(Anti-dumping Duty)。

2) 差价税(Variable Duty)

差价税又称差额税，是当某种国内生产的产品国内价格高于同类进口产品的价格时，为了削弱进口商品的竞争力，保护国内工业和国内市场，按国内价格与进口价格之间的差额征收的关税。差额税随国内外价格差额的变动而变动，是一种滑动关税(Sliding Duty)。差额税对保护农业生产起着重要作用，主要适用于牛肉、猪、家禽、乳制品、蛋、小麦、橄榄油、糖及上述产品的加工品。具体做法是，用目标价格减去从内地中心市场到主要进口港的运费，确定可接受的最低进口价格，称为门槛价格(Threshold Price)。然后计算农产品从世界主要市场运至欧共体主要进口港的成本加运费加保费价(CIF)，通过比较确定差价税的征收幅度。

差价税=门槛价格-CIF

4. 按征税的一般方法或征收标准分

1) 从量税(Specific Duty)

从量税是按照商品的重量、体积、数量、容量、长度和面积等计量单位为标准计征的关税。如我国对啤酒、原油、感光胶片等进口货物采用从量税的课税标准。美国约有 33%税目栏是适用从量关税的，挪威从量关税也占 28%。由于发达国家的出口商品多属较高的档次，相比发展中国家需承担高得多的从量关税税负。

《中华人民共和国进出口关税条例》第三十六条规定从量计征的计算公式为：应纳税额=货物数量×单位税额。征收从量关税的特点是手续简便，无须审定货物的规格、品质、价格，便于计算。对标准化的商品运用和掌握很方便，如税率确定，税额与商品数量成正比关系，与商品价格没有直接关系。如商品价格下降，关税的保护作用增强；如商品价格上涨，关税的保护作用反而下降。

各国征收从量税，大都以商品的重量为单位征收。但计量方法不同，一般有三种：毛重(Gross Weight)法、半毛重(Semi-gross Weight)法和净重(Net Weight)法。

2) 从价税(Ad valorem Duty)

按照商品的价格为标准计征的关税，其税率表现为货物价格的百分比。从价税的计算公式是：税额=商品总值×从价税率。从价税额与商品的价格有直接的关系，它与商品价格的涨落成正比关系，它的保护作用也与商品的价格直接相关。与从量税比的优越性在于能适应各种不同的商品，尤其是不同规格的工业制成品。

按从价法计征关税，其关键而又复杂的问题是如何确定商品的完税价格(完税价格是经海关审定作为计征关税依据的货物价格)。

确定完税价格的标准大体有四个：①以到岸价格(CIF)作为征税价格标准；②以离岸价格(FOB)作为征税价格标准；③以法定价格作为标准；④以实际成交价格作为标准。

3) 混合税(Compound Duty，Mixed Duty)

混合税也称复合税，即对某种商品同时使用从量税和从价税，既从量又从价。常常应用于耗用原材料较多的工业制成品。如美国对男士开司米羊绒衫(每磅价格在 18 美元以上者)征收混合税，从量税为每磅 37.5 美分，从价税为 15.5%。日本税则规定对价格 6 000 日元以下的手表进口征收从价税 15%，再加征从量税每只 150 日元。

混合税有两种形式：一是以从量税为主加征从价税，例如美国开司米羊绒衫，每件征 35 美分加征 15%；二是以从价税为主加征从量税，例如日本手表，从价税 15%加征从量 150 日元/只。

混合税计算公式为：混合税额=从量税额+从价税额。

4) 选择税(Alternative Duty)

一种进口商品同时规定从量和从价两种税率，由海关选择。海关一般情况下选高的，但有时鼓励出口，也选税率低的。如日本对其坯布进口征收协定关税 7.5%或 2.6 日元/平方米，征收其高者。例如，印度对含酒精的饮料进口规定从量每公斤 0.60 卢比，从价税 170%，择高而征。

此外，欧共体采用滑动关税(差价计征)，以农畜产品为例，先确定“指标价格”，扣除运杂费，计算“门槛价格”，然后根据“门槛价格”与 CIF 进价的差额征收关税。

5. 按关税的保护程度分

1) 名义关税率

世界银行对名义保护关税率所下的定义是：“一种商品的名义保护率是由于实行保护而引起的国内市场价格超过国际市场价格的部分与国际市场价格的百分比。”

2) 有效保护率

关税使国内工业的加工增值的提高部分与自由贸易条件下加工增值部分相比的百分比，其代表名义关税对国内相关产业的实际保护程度。

一般就把一个国家的法定税率看作名义保护关税率。然而，由于受多种因素的影响，一国的名义保护关税率并不能准确地反映对国内受保护商品的真正有效保护程度，有效保护率问题是有关一国关税结构的问题。有效保护关税率考察的不仅是进口制成品所征关税对其价格的影响，还要考察本国同类制成品所用进口原材料的关税率对本国产品竞争力的影响。因为原材料的进口税率会影响本国制成品的增加值。

名义关税率对消费者很重要，因为它表明了关税导致的最终产品价格增加的程度；有效保护率对生产者很重要，因为它表明了对与进口商品竞争的国内产业提供保护的程度。

(1) 有效保护率的计算

$$g=\frac{v'-v}{v}$$

式中：g——对最终产品生产者的有效保护率；

v'——征税后单位产品的附加价值；

v——征税前单位产品的附加价值。

另外，也可以通过名义关税率来计算有效保护率：

$$g=\frac{t-\sum a_i t_i}{1-\sum a_i}$$

式中：g——有效保护率；

t——最终产品的名义关税率；

a_i——第 i 种进口要素成本在最终商品价格中所占的比例；

t_i——对第 i 种进口要素征收的名义关税率。

(2) 有效保护率与名义关税率的关系

在 a_i 一定的情况下，

① 当 $t>t_i$ 时，$g>t$；

② 当 $t<t_i$ 时，$g<t$；

③ 当 $t=t_i$ 时，$g=t$。

举例如下(见表 3-1)：

表 3-1 有效保护率和名义保护率

	最终产品	进口要素	国内附加价值	最终产品名义关税率	进口要素名义关税率	有效保护率
征税前	100	80	20			
征税后	110	80	30	10%	0/5%/10%/15%	50%/30%/10%/−10%

$$若t_i = 0,$$

$$g = \frac{0.1 - 0.8 \times 0}{1 - 0.8} = 50\%,$$

$$若t_i = 5\%,$$

$$则g = \frac{0.1 - 0.8 \times 0.05}{1 - 0.8} = 30\%$$

$$若t_i = 10\%,$$

$$g = \frac{0.1 - 0.8 \times 0.1}{1 - 0.8} = 10\%$$

$$若t_i = 15\%,$$

$$g = \frac{0.1 - 0.8 \times 0.15}{1 - 0.8} = -10\%$$

在名义关税一定的情况下，要达到对整个行业更好的有效保护，原材料应免税，中间品征收较低关税，制成品征收较高关税。即关税税率应随着加工程度的上升而不断上升。

这说明由于原材料税率高于制成品的税率到一定程度时，10%的制成品名义保护关税率，原材料税率为 15%时，其有效保护关税率为负数，即是负保护，这样使国内加工增加值低于国外加工增加值，制成品生产得不到有效保护。国内生产者进口原料加工成本提高，使收益减少或无利可图，甚至亏本。这就必然导致国内经营者宁愿直接进口成品在国内市场销售，也不愿意进口原料加工制造成品再销售。

从以上的分析中可以归结出一条规律：对原材料征收的关税相对于制成品的税率越低，则对制成品的有效保护程度越高；反之，对原材料征收的关税相对于制成品的税率越高，则对制成品的有效保护程度越低；超过一定程度，会出现负保护作用。

3.1.3 关税税则

1. 含义

关税税则(Tariff Tax Regulations)又称海关税则，海关凭以征收关税，是关税政策的具体体现。它是一国对进出口货物计征关税的规章和对进、出口的应税与免税货物加以系统分类的一览表。关税税则包括：海关课征关税的规章条例及说明和关税、税率。

2. 税则种类

1) 根据关税税率栏目的多少，海关税则可分为单式税则和复式税则

(1) 单式税则又称一栏税则，只有一栏税率的海关税则制，在这种税则中每个栏目只有一种税率，适用于来自任何国家的商品，没有差别待遇。它是海关最早时期开始使用的比较简单的税则制，后来因为国际经济贸易关系逐渐复杂，逐渐出现了协定税率、优惠税率和最惠国待遇税率等，一栏税率已经不能满足税则需要，因此出现了复式税则制。目前只有极少数国家如巴拿马、肯尼亚等还在使用单式税则。

(2) 复式税则又称多栏税则，指具有多栏税率的海关税则制。在这种税则中每个税目订有高低不同两个以上的税率，对来自不同国家的相同进口商品适用不同的税率。美国税则有两栏，第一栏是优惠税率，第二栏是普通税率；日本税则有四栏；欧共体税则有五栏；我国税则实行两栏式，设普通税率和优惠税率两栏。因各国经贸关系日趋复杂，1860年英法商约中使用了协定税率，其后还出现了特惠税率、最惠国待遇税率等，税则中必须把这些有关税率在税则中列出，因此出现了两栏税则、三栏税则……多栏税则制。目前为多数国家海关使用。

2) 根据制定者的不同分为国定税则和协定税则

(1) 国定税制，也称自主税则，是根据一个国家的主权，在关税完全自主的基础上指定的关税税率，并有权加以变更的海关税则，目前在大多数国家大多数商品的税率都属于国定税率。国定税则有单一税率和复税率两种。

(2) 协定税则是两国对若干种有利害关系的商品经过谈判以条约或协定形式确定，一方不能单独更改，是一国依据其与别国签订的贸易条约或协定，按缔约双方或多方共同商定的税率制定的关税税则。通常协定税则是按互惠原则制定的，税则中列入的税率是由条约或协定的缔约双方或多方共同商定的，且此税率受协定或条约条款的制约，对缔约双方或各方具有约束力，不得单方面任意修改或撤销，因此也称此为受约束的税率。协定税则制可分为以下两种：①自主协定税则制(General Conventional Tariff System)，它一般都采用复式税则，其中税率较高的一栏为国定税率或法定税率，另一栏为协定税率，协定税率是协定双方或各方在平等互利基础上，对与双方或各方贸易有利害关系的若干税目进行协商制定的较低税率。②不自主协定税则制(Non-autonomous Conventional Tariff System)或称片面协定税则制，在殖民主义时代，一些强国凭借武力胁迫弱小国家与其签订不平等条约，以协定关税的名义侵犯它们的关税自主权，所定税则使这些强国可单方面享受低税进口的特权，低价倾销其商品。这种不自主的协定已随着殖民体系的瓦解而逐渐消失。

3. 海关税则中的商品分类

目前国际上现存的两种有代表性的商品分类标准分别是海关合作理事会制定的《海关合作理事会商品分类目录》(21类，99章，1097目)和联合国制定的《国际贸易标准分类》(10大类，63章，233组，786分组，1924目)。

海关合作理事会制定的商品目录是以商品的加工程度为分类依据，便于征税、纳税；

而联合国制定的标准分类是以商品自然属性为主要分类依据，目的是便于进行进出口贸易统计。为了把《海关合作理事会商品分类目录》和《国际贸易标准分类》两套标准协调起来，经由海关合作理事会牵头组织，经过十几年的努力，于 1983 年通过了《商品名称及编码协调制度》(The Hamonized Commdity and Coding System，简称 HS)，简称《协调制度》，它除了用于海关税则和贸易统计外，对运输商品的计费、统计、计算机数据传递、国际贸易单证简化以及普遍优惠制税号的利用等方面，都提供了一套可使用的国际贸易商品分类体系。HS 于 1988 年 1 月 1 日正式实施，每 4 年修订 1 次。世界上已有 150 多个国家使用 HS，全球贸易总量 90%以上的货物都是以 HS 分类的。我国也从 1992 年开始正式实施以《协调制度》为基础的新的海关税则。

联合国对国际贸易商品通常按《国际贸易标准分类》(Standard International Trade Classification，简称 SITC)划分为两大类，一类是初级产品；另一类是工业制成品。

3.2 非关税壁垒

3.2.1 非关税壁垒的概述

非关税措施(Non-tariff Measures，NTM)，也称作非关税壁垒(Non-tariff Barriers，NTB)，是指“所有导致外国与本国相同或类似产品受到不平等待遇的公共条例和政府实践”。这是一个广义的定义，包括了除关税以外各种形式的贸易限制和减少贸易的企图，也包括以其他目的采取的措施而产生的一种作为次级效应的进口减少。狭义的非关税措施是指除关税以外的一切旨在限制进口的条例和措施。

非关税措施可与关税壁垒一样起到限制进口的作用，但是非关税措施与关税相比有着不同的特点，归纳起来有以下几个方面。

(1) 关税制定一般要经过立法程序，关税一经确定后就具有一种稳定性和连续性，因此关税对经济条件的变化反应比较迟缓，缺乏弹性。关税税率的制定必须经立法程序，具有一定的严肃性和持续性，同时受国际条约的限制。而非关税措施中虽然也有一些法制化的措施，但更多的是具有临时性的行政性措施，建立和实施比较灵活、迅速，可以根据经济条件变化采取相应措施，较富有弹性。NTB 的制定属行政程序，制定快且针对性强。例如，可以根据实际需要，临时采用外汇管制手段，调节进出口。

(2) 关税具有公开性。关税一经制定，通常都以法律形式公诸于众，进出口商比较容易获得有关信息。关税制定后必以法律的形式公布，过高的税率必遭反对。非关税措施具有隐蔽性，其种类繁多，许多是混杂在行政性措施当中，并且有些是公开的，有些则不公开，或者规定的程序复杂多变，使进出口商无所适从。NTB 复杂苛刻的技术标准、安全标准、卫生标准等，还可针对某国进行制定。

(3) 关税的量化性好，比较规范，操作起来比较简单。非关税措施则名目繁多，标准各异且灵活多变，不同的非关税措施有不同的作用机制，操作起来烦琐复杂，并且需要一个庞大的机构来实施，对于采用非关税措施的国家来说需要更大的成本。

(4) 关税实际上是一种进口限制的间接手段，只是通过影响价格机制来影响进口，其限制进口效果不易确定。在税率一定时，并不能确定进口将会是多少，必须受到进口国进口需求弹性和出口国出口供给弹性的影响，因此关税的保护作用也是不确定的。而许多非关税措施可以排除价格机制作用，是直截了当地阻止进口，实施的效果大多比较精确和确定。例如进出口许可证制度，一旦实施，所有的进出口商品在办理清关手续的时候，必须要有进出口许可证，否则不能进出口，可以很好的将商品限制在国门之外。

3.2.2 非关税壁垒的分类

1. 数量限制

数量限制包括进口配额制、自愿出口限制、进口许可证制。

1) 进口配额制(Impotrt Quotas System)

进口配额是一国政府在一定时期内对某种商品进口数量或金额所规定的直接限制。在规定以内的货物可以进口，超过配额不准进口，或者征收了高额的关税或罚款后才能进口。

(1) 绝对配额(Absolute Quota)。在一定时期内，对某些商品规定一个最高的进口数量或金额，一旦达到这个最高数额就不准进口。绝对配额又分为全球和国别两种形式：全球配额(Global Quotas)是属于全球范围内的绝对配额，即对于来自任何国家和地区的商品一律适用，进口国主管当局通常按进口商申请先后或过去某一时期的实际进口额批给一定的额度，直至总配额使用完为止，超过总配额就不准进口。国别配额(Country Quotas)是在总配额内按国别或地区分配给固定的配额，超过给各国或地区规定的配额便不准进口。实行国别配额可以使进口国根据它与有关国家或地区的政治经济关系分配给不同的额度。进口商必须提交原产地证书以区分来自不同的国家或地区的商品。

(2) 关税配额(Tariff Rate Quotas)。进口国对进口货物数量制定一数量限制，对于凡在某一限额内进口的货物可以适用较低的税率或免税，但关税配额对于超过限额后所进口的货物则适用较高或一般的税率。关税配额按进口商品的来源可分为全球性关税配额和国别性关税配额。按征收关税的优惠性质可分为优惠性关税配额和非优惠性关税配额。

2) 自愿出口限制(Voluntary Export Restriction)

又称“自动出口限制”或“自动出口配额制”，简称“自限制”。它是指出口国在进口国的要求和压力下，“自动”规定在某一时期内某种商品对该国的出口配额，在限定配额内自行控制出口，超过配额即禁止出口，因此它带有明显的强制性。“自动”出口配额制一般有两种：一种是由出口国在进口国的压力下单方面决定向某一国家出口某种商品的数量或金额。另一种是出口国与进口国通过谈判签订的“自限协定”或“有秩序销售安排”，规定“自动”出口的限额。

其与进口配额的不同：不是由进口国直接控制进口配额来限制商品的进口，而是由出口国在进口国政府或行会的压力下“自愿”限制商品对指定国家的出口。

3) 进口许可证制 (Import License System)

进口许可证制度是指一国政府规定某些商品的进口须事先申请领取政府有关机构颁发的许可证，否则不准进口。进口许可制也可分为两种：一种是与进口配额制配合实施，对配额以内的进口商品发给许可证。例如，欧盟曾对蘑菇罐头的进口实行数量限制，每年在一定的数量范围之内签发特别许可证。配额内的商品在进口时必须出示证书；超量进口的商品则要交纳特定的附加税。另一种进口许可制则与配额无关，每笔进口都只在个别申请的基础上考虑是否发给进口许可证。由于进口许可制可以控制商品的每一笔进口，既便于控制，又易于灵活掌握，因此为各国政府普遍采用。

2. 价格限制

1) 最低限价和禁止进口(Minimum Price & Prohibitive Import)

一国政府规定某种商品进口最低价格，低于规定的价格时，就征收进口附加税或禁止进口。进口最低限价是指一国政府规定某种商品的最低价格标准。如果进口商品的价格也低于这一规定的最低价格，则对该类商品的进口征收进口附加税或禁止进口。进口最低限价的极端措施是对某些商品的完全禁止进口。

美国曾实行过一种最低限价措施——启动价格制。这种措施主要是为了抵制西欧和日本的低价钢材和钢材制品的进口。这种价格的限制标准，是以当时世界上效率最高的钢材生产者的生产成本为基点计算来的最低价格为最低限价，如进口的该类商口价格还低于这个价格(启动价格)，则要求出口商必须调高价格，否则，将征收反倾销税。禁止进口是进口限制的极端措施。当一些国家感到实行数量和价格限制不足以解决经济与贸易困难时，往往颁布法令在一定时期内禁止某些商品的进口。例如，1976 年墨西哥因偿还外债，国际收支发生困难，遂宣布几百种商品自当年 2 月到 6 月禁止进口。此种措施在正常贸易下被 WTO 所禁止。

2) 海关估价制(Customs Value)

海关估价指经海关审查确定的完税价格，也称为海关估定价格。进出口货物的价格经货主(或申报人)向海关申报后，海关需按本国关税法令规定的内容进行审查，确定或估定其完税价格。某些国家海关会进行专断估价，加大进口商品的关税负担。美国最为突出，这种不合理的规定于 1981 年废止。目前，国际性的海关估价规定主要有《关于实施关贸总协定第七条的协定书》，也称《新估价法规》；另外还有《布鲁塞尔估价定义》等。在乌拉圭回合的多边贸易谈判中，货物贸易谈判组最惠国协议与安排小组召集各参加方的海关专家做了多次非正式的磋商，并就对关于实施总协定第七条《海关估价守则》的协议草拟了一份海关当局有理由怀疑进口商申报价格的真实性和准确性事项的文本。海关估价对征收关税很重要，并且它还是在一国边境缴纳各种捐税的基础，当许可证管理和进口配额依商品价值确定时，它也是很重要的基础。更为重要的是海关估价可构成重要的贸易壁垒，因为某一商品因海关完税价格不明确而对其贸易的影响远比关税本身严重得多。

3. 经营及采购限制

1) 国营贸易(State Trading)

国营贸易又称为进口国家垄断，是指国家(政府)所出资设立的或所经营的并具有进出口权的贸易企业所从事的具有强烈行政色彩的贸易活动，这里所指的进出口权是指由国家对国营贸易企业所特别授予的一种特权，具有排他性和垄断性。现代意义上的国营贸易制度出现于第一次世界大战之后。第一次世界大战后农产品价格下跌，农业受损、农民生活窘迫成为当时欧洲诸国和其他英联邦国家面临的严峻问题。由国家设立的一系列农产品营销局(marketing boards)应运而生，成为国营贸易企业的雏形。这些机构作为农产品市场上强有力的交易主体，致力恢复疲软的农业经济，维持社会稳定。此后，20 世纪 30 年代资本主义社会经济大萧条使西方自由市场经济理论遭到了挑战。危机让统治者意识到国家干预的必要性，主张进行国家干预经济的凯恩斯主义得到政府的认可。国营贸易做法在各国迅速推广开来，并逐渐发展成为国家对特定产品的贸易权管制制度。国家通过法律赋予国营贸易企业经营特定商品的进出口贸易权，实质上保证了政府对这些企业贸易活动的间接控制。但这个做法在实践中一旦被滥用，便成为各国推行贸易保护主义政策、阻碍国际贸易自由化的工具。

2) 政府采购

政府采购，也称公共采购，是指各级政府为了开展日常政务活动或者为社会公众提供公共物品和服务的需要，使用政府的财政性资金按照法定的方式和程序，为政府部门及其所属公共部门购买物资、工程或者服务的行为。政府采购是国家经济的一个部分，是政府行政的一项重要内容。

国营贸易与政府采购的区别是，对于政府采购而言，政府机构购买本国产品或进口产品是为了自己使用或消费；而在国营贸易中，进口产品是用来在国内市场上销售，购买本国产品也是为了对外国市场出口。世贸组织对国营贸易企业的主要要求是，在进行有关进出口的购买或销售时，应只以商业上的考虑作为标准，并为其他成员企业提供参与这种购买或销售的充分竞争机会。

4. 金融及税收控制

1) 外汇管制(Foreign Exchange Control)

外汇管制是指一个国家或地区为了执行某一时期的金融货币政策，以政府法令形式对外汇买卖、国际结算、外汇汇率等方面采取的限制性行为或政策措施。具体来讲，是指一国通过法律、法令或法规，授权中央银行或设立专门的外汇管理机构，对其管辖范围内的银行及其他金融机构、企事业单位、社会团体和个人所有涉及外汇收支、存储、兑换、转移与使用等的活动，以及本国货币汇率和外汇市场所采取的各种限制性政策措施。

2) 进口存款预交制(Adraneing Import Deposit)

进口存款预交制又称为进口押金制度，是指一些国家规定进口商在进口时，必须预先按进口金额的一定比率和规定的时间，在指定的银行无息存放一笔现金的制度。这种制度无疑增加了进口商的资金负担，影响了资金的正常周转；同时，由于是无息存款，利息的损失等于征收了附加税。所以，进口押金制度能够起到限制进口的作用。例如，意大利政府从 1974 年 5 月 7 日到 1975 年 3 月 24 日，曾对 400 多种进口商品实行进口押金制度。它规定，凡项下商品进口，无论来自哪一个国家，进口商必须先向中央银行交纳相当于进口货值半数的现款押金，无息冻结 6 个月。据估计，这项措施相当于征收 5%以上的进口附加税。

3) 利润汇出限制

东道国不允许外商投资企业或境外发行股票企业的利润或股息、红利汇出境外，对于利润或股息、红利的汇出，事先须经外汇局批准，持有关文件直接到银行办理即可，需要由银行将企业利润或股息、红利汇出情况上报所在地外汇管理局。

4) 各种国内税

如价差税、增值税、消费税等。

5. 技术性贸易壁垒

进口国在实施贸易进口管制时，以维护生产、消费以及人民健康为理由，通过颁布法律、法令、条例、规定等方式，对进口产品制定过分苛刻的技术标准、卫生检疫标准、环境标准、商品包装和标签包装，从而提高商品的技术要求，以限制进口的一种非关税措施。

1) 技术标准(Technical Standard)

技术标准是指经公认机构批准的、非强制执行的、供通用或重复使用的产品或相关工艺和生产方法的规则、指南或特性的文件。有关专门术语、符号、包装、标志或标签要求也是标准的组成部分，特指一种或一系列具有一定强制性要求或指导性功能，内容含有细节性技术要求和有关技术方案的文件，其目的是让相关的产品或服务达到一定的安全要求或市场进入的要求。技术标准的实质就是对一个或几个生产技术设立的必须符合要求的条件以及能达到此标准的实施技术。

商品必须符合一些极为严格、烦琐的技术标准才能进口。如德国不准车门从前往后开的意大利汽车进口；法国不准英国含有利用红曲色素染色的糖果进口，同时还不准美国加有葡萄糖添加剂的果汁进口；欧洲曾对我国温州的打火机安全问题提出不准进口的理由；美国对儿童玩具的安全问题也规定了严格的技术标准。这种技术方面的规定为外国产品的销售设置了重重障碍，形成了严重的技术贸易壁垒。

2) 卫生检疫规定与食品包装和标签规定(Health & Sanitary Regulation)

许多进口的农产品，特别是植物、鲜果和蔬菜、肉类、肉制品和其他食品，需要满足动植物卫生规定及产品标准。如果这些产品不符合有关产品质量的规定和要求，世贸组织许多成员就会禁止其进口和出口。一些鲜果和蔬菜的主要进口成员在植物保护方面有严格的规定。如要求对带有某些昆虫的新鲜商品进行处理，以防止它们在本国领土上“定居”。在过去，二溴乙烯被广泛地用来对上述货物进行进口前的熏蒸。美国、日本和其他成员禁止使用二溴乙烯，使原产于热带和半热带成员的鲜果和蔬菜贸易受到损害。替代二溴乙烯熏蒸的方法，如蒸汽和干热处理、热水浸泡处理、在接近零摄氏度冷冻一段时间以及用溴甲烷、磷化氢和氢化物等其他化学药品进行处理的方法目前已被采用，并取得了不同程度的成功。但在国际贸易中，世贸组织一些成员方借口保护生态平衡，设置了一些不合理的检疫措施和标准，严重地影响了国际贸易的正常发展，成为一种非关税壁垒。

一般而言，对农副产品、食品、药品、化妆品都要实行严格的检疫。产品必须经过进口国权威部门检测合格并获得许可证后，才能在进口国市场流通。如美国严格的产品质量认证体系：FCC(美国联邦通信委员会)标准、UL(美国保险商实验室)、FDA(美国食品药品监督管理局)、FTC(美国联邦贸易委员会)。

食品包装和标签这些规定内容繁多、手续烦琐且经常变换，出口商为了出口食品不得不按规定重新改换包装和标签，费时费工，增加了成本，提高了商品的价格，削弱了商品的竞争力。如美国必须要求进口食品在包装上必须标明所含各种成分及比例，说明中不得写有该食品具有治疗效果的文字，如“止咳生津、消暑止渴”等字样，否则就列入药品范围，药品则需特殊批准才能进口。

3) 环境保护标准

发达国家的科技水平较高，处于技术垄断地位。它们在保护环境的名义下，通过立法手段制定严格的强制性技术标准，限制国外商品进口。这些标准均根据发达国家生产和技术水平制定，对于发达国家来说可以达到，但对于发展中国家来说，则很难达到。例如1994 年，美国环保署规定，在美国 9 大城市出售的汽油中硫、苯等有害物质含量必须低于一定标准，对此，国产汽油可逐步达到，但进口汽油必须在 1995 年 1 月 1 日生效时达到，否则禁止进口。美国为保护汽车工业，出台了《防污染法》，要求所有进口汽车必须装有防污染装置，并制定了近乎苛刻的技术标准。上述内外有别，明显带有歧视性的规定引起了其他国家，尤其是发展中国家的强烈反对。

环境标志是一种印刷或粘贴在产品或其包装上的图形标志。它表明该产品不但质量符合标准，而且在生产、使用、消费及处理过程中符合环保要求，对生态环境和人类健康均无损害。1978 年，德国率先推出“蓝色天使”计划，以一种画着蓝色天使的标签作为产品达到一定生态环境标准的标志。发达国家纷纷仿效，如加拿大叫“环境选择”，日本有“生态标志”。美国于 1988 年开始实行环境标志制度，有 36 个州联合立法，在塑料制品、包装袋、容器上使用绿色标志，甚至还率先使用“再生标志”，说明它可重复回收，再生使用。欧共体于 1993 年 7 月正式推出欧洲环境标志。凡有此标志者，可在欧共体成员国自由通行，各国可自由申请。

3.3 鼓励出口和出口限制措施

3.3.1 鼓励出口措施

1. 出口补贴

出口补贴又称出口津贴，是一国政府为降低出口商品的价格，加强其在国外市场上的竞争能力，在出口某种商品时给予出口厂商的现金补贴或财政上的优惠待遇。“乌拉圭回合”达成“补贴与反补贴协议”，把名目繁多的补贴措施分为以下三大类。

(1) 被禁止使用的补贴措施，即对进口替代品或出口品在生产、销售环节，直接间接提供的补贴。它直接扭曲进出口贸易，严重损害了别国经济利益。

(2) 允许使用，但可提出反对申诉的补贴措施。它可在一定范围实施，但如在实施中对其他缔约国贸易利益造成严重损害，或产生严重歧视性影响时，受损的缔约方可以向实施补贴的缔约方提出反对，或提起申诉。

(3) 不可申诉的补贴措施。它一般具有普遍适应性和发展经济的必要性，不会受到其他缔约方的反对或引起反措施。

2. 价格支持

价格支持又称最低价格或价格下限，是政府为了支持某一行业而规定的该行业产品的最低价格，这一价格高于市场自发形成的均衡价格。各国支持价格的确定方法不完全相同。以农产品为例，美国是根据平价率来确定支付价格。平价率是农民销售农产品所得收入与购买工业品支持价格(包括利息、税款和工资)之间的比率，即工农业产品的比价关系。美国以 1910—1914 年间的平价率作为基数来计算其他各年的平价率，按平价率来调整支持价格。法国是建立由官员、农民、中间商和消费者代表组成的农产品市场管理组织。由该组织确定目标价格(农民能得到的最高价格)、干预价格(支持价格)和门槛价格(农产品最低进口价)。当农产品低于干预价格时，政府按这一价格收购全部农产品。当农产品高于目标价格时，政府抛出或进口农产品。法国 95%左右的农产品都受到这种价格支持。此外各国还有出口补贴等支持价格形式。

3. 商品倾销

商品倾销是指出口商以低于正常价格的出口价格，集中地或持续大量地向国外抛售商品。这是资本主义国家常用的行之已久的扩大出口的有力措施。按照倾销的具体目的，商品倾销可以分为偶然性倾销、间歇性倾销和持续性倾销三种形式。

(1) 偶然性倾销通常指因为本国市场销售旺季已过，或公司改营其他在国内市场上很难售出的积压库存，以较低的价格在国外市场上抛售。由于此类倾销持续时间短、数量小，对进口国的同类产业没有特别大的不利影响，进口国消费者可因此获得廉价商品，反而受益，因此，进口国对这种偶发性倾销一般不会采取反倾销措施。

(2) 间歇性倾销是指以低于国内价格或低于成本价格在国外市场销售，从而达到打击竞争对手、形成垄断的目的。在击败所有或大部分竞争对手之后，再利用垄断力量抬高价格，以获取高额垄断利润。这种倾销违背公平竞争原则，破坏国际经贸秩序，被各国反倾销法限制。

(3) 持续性倾销是指无期限地、持续地以低于国内市场的价格在国外市场销售商品。

4. 外汇倾销

外汇倾销(Exchange Dumping)是指利用本国货币对外贬值的机会，向外倾销商品和争夺市场的行为。这是因为本国货币贬值后，出口商品用外国货币表示价格降低，提高了该国商品在国际市场上的竞争力，有利于扩大出口；而因本国货币贬值，进口商品的价格上涨，削弱了进口商品的竞争力，限制了进口。外汇倾销需要一定的条件，主要是本国货币对外贬值速度要快于对内贬值以及对方不进行报复等。

5. 出口信贷

出口信贷是一种国际信贷方式，它是一国政府为支持和扩大本国大型设备等产品的出口，增强国际竞争力，对出口产品给予利息补贴、提供出口信用保险及信贷担保，鼓励本国的银行或非银行金融机构对本国的出口商或外国的进口商(或其银行)提供利率较低的贷款，以解决本国出口商资金周转的困难，或满足国外进口商对本国出口商支付货款需要的一种国际信贷方式。出口信贷名称的由来就是因为这种贷款由出口方提供，并且以推动出口为目的。可根据贷款对象的不同分为出口卖方信贷和出口买方信贷。

6. 出口信用保险

出口信用保险是国家为了推动本国的出口贸易，保障出口企业的收汇安全而制定的一项由国家财政提供保险准备金的非营利性的政策性保险业务，承保国家风险和商业风险。其中商业风险包括买方信用风险(拖欠货款、拒付货款及破产等)和买方银行风险(开证行或保兑行风险)。出口信用保险按出口合同对进口方的信用放账期长短不同分为两种：短期出口信用保险和中长期出口信用保险。

7. 出口信贷国家担保制

出口信贷国家担保制是一国政府设立专门机构，对本国出口商和商业银行向国外进口商或银行提供的延期付款商业信用或银行信贷进行担保，当国外债务人不能按期付款时，由这个专门机构按承保金额给予补偿的一种措施。这是国家用承担出口风险的方法，鼓励扩大商品出口和争夺海外市场的一种措施。

8. 经济特区

经济特区是在国内划出一定范围，在对外经济活动中采取较国内其他地区更加开放和灵活的特殊政策的特定地区。在我国，是中国政府允许外国企业或个人以及华侨、港澳同胞进行投资活动并实行特殊政策的地区。在经济特区内，对国外投资者在企业设备、原材料、元器件的进口和产品出口，公司所得税税率和减免，外汇结算和利润的汇出，土地使用，外商及其家属随员的居留和出入境手续等方面提供优惠条件。

9. 组织措施

为了扩大出口，许多国家在组织方面采取了各种措施：①成立专门组织，研究与制定进出口战略，扩大出口。例如，美国设立了总统贸易委员会和贸易政策委员会等；英国、法国和日本也设立了类似的机构。②建立商业情报网，加强商业情报的服务工作，如英国设立的出口情报服务处。③组织贸易中心和贸易展览会。如法国的巴黎博览会，我国的广州出口商品交易会。④组织贸易代表团和接待来访。例如，英国海外贸易委员会设有接待处，专门接待官方代表团和协助公司、社会团体来访，从事贸易活动。⑤组织出口的评奖活动，对扩大出口成绩显著者授予奖金(奖状)。

3.3.2 出口限制措施

1. 出口管制商品的范围

一般而言，一国实施贸易政策的目的是扩大出口和减少进口，但是一些国家出于政治和经济的考虑而实施出口管制政策。出口管制是一国对外实行通商和贸易的歧视性手段之一，实施出口管制，对被管制国家和实施该政策的国家经济会造成负面影响。

出口管制是指国家通过法令和行政措施对本国出口贸易所实行的管理与控制。许多国家，特别是发达国家，为了达到一定的政治、军事和经济的目的，往往对某些商品尤其是战略物资与技术产品实行管制、限制或禁止出口。

出口管制不仅是国家管理对外贸易的一种经济手段，也是对外实行差别待遇和歧视政策的政治工具。20 世纪 70 年代以来，各国的出口管制有所放松，特别是出口管制政治倾向有所减弱，但它仍作为一种重要的经济手段和政治工具而存在。

2. 出口管制的目的

1) 政治与军事的目的

通过限制或禁止某些可能增强其他国家军事实力的物资，特别是战略物资的对外出口，来维护本国或国家集团的政治利益与安全。同时，也通过禁止向某国或某国家集团出售产品与技术，作为推行外交政策的一种手段。

2) 经济的目的

对出口商品进行管制，可以限制某些短缺物资的外流，有利于本国对商品价格的管制，减少出口需求对国内通货膨胀的冲击。同时，出口管制有助于保护国内经济资源，使国内保持一定数量的物资储备，从而利用本国的资源来发展国内的加工工业。

3. 出口管制的商品

需要实行出口管制的商品一般有以下几类。

1) 战略物资和先进技术资料

如军事设备、武器、军舰、飞机、先进的电子计算机和通信设备、先进的机器设备及其技术资料等。对这类商品实行出口管制，主要是从“国家安全”和“军事防务”的需要出发，以及从保持科技领先地位和经济优势的需要考虑。

2) 国内生产和生活紧缺的物资

其目的是保证国内生产和生活需要，抑制国内该商品价格上涨，稳定国内市场。如西方各国往往对石油、煤炭等能源商品实行出口管制。

3) 需要“自动”限制出口的商品

这是为了缓和与进口国的贸易摩擦，在进口国的要求下或迫于对方的压力，不得不对某些具有很强国际竞争力的商品实行出口管制。

4) 历史文物和艺术珍品

这是出于保护本国文化艺术遗产和弘扬民族精神的需要而采取的出口管制措施。

5) 本国在国际市场上占主导地位的重要商品和出口额大的商品

对于一些出口商品单一、出口市场集中，且该商品的市场价格容易出现波动的发展中国家来讲，对这类商品的出口管制，目的是为了稳定国际市场价格，保证正常的经济收入。比如，欧佩克(OPEC)对成员国的石油产量和出口量进行控制，以稳定石油价格。

4. 出口管制的方式

一国控制出口的方式有很多种，例如，可以采用出口商品的国家专营、征收高额的出口关税、实行出口配额等，但是出口管制最常见和最有效的手段是运用出口许可证制度。出口许可证分为一般许可证和特殊许可证。

1) 一般许可证

一般许可证又称普通许可证，这种许可证相对较易取得，出口商无须向有关机构专门申请，只要在出口报关单上填写这类商品的普通许可证编号，在经过海关核实后即可办妥。

2) 特殊许可证

出口属于特种许可范围的商品，必须向有关机构申请特殊许可证。出口商要在许可证上填写清楚商品的名称、数量、管制编号以及输出用途，再附上有关交易的证明书和说明书报批，获得批准后方能出口，如不予批准就禁止出口。

3.4 贸易救济措施

3.4.1 倾销

1. 倾销的含义

1994年关贸总协定第六条的协议规定，如果在正常的贸易过程中，一项产品从一国出口到另一国，该产品的出口价格低于在其本国国内消费的相同产品的可比价格，也即以低于其正常的价值进入另一国的商业渠道，则该产品将被认为是倾销。

而倾销在经济学领域则是指当某种产品大量而廉价地投向某一市场，造成该市场的波动，并导致该市场上的其他竞争者销售困难，产品销售者的这一行为就是倾销。

2. 倾销的形式

倾销按照不同的分类方式可分为以下几类。

1) 按产品形态划分

(1) 有形商品倾销。主要是指第一产业、第二产业的农业产品和工业产品。

(2) 无形商品倾销。主要是指服务贸易领域的倾销，包括金融服务、信息服务、咨询服务、运输服务等。无形商品倾销是指该类服务费用以低于正常价值的价格进入另一国家的不正当行为。

2) 按时间划分

(1) 短期倾销。包括偶发性倾销、突发性倾销、季节性倾销、转产性倾销和突击性倾销等，是指出口商在短期内降价处理或转产时处理积压产品的行为，以及出口商在一段时间内以排挤竞争对手为目的的突击销售行为。

(2) 长期性倾销。产品以低于国内价格出售，但出口价格高于生产成本，采用规模经济来扩大生产，降低成本，一般而言出口商长期以低于正常价值的价格向另一国市场销售其产品。

3) 按照倾销的方式划分

(1) 商品倾销。不完全竞争的大企业在控制国内市场的条件下，以低于国内市场的价格，甚至低于商品生产成本的价格，在外国市场抛售倾销商品，打击竞争者以占领市场。

(2) 外汇倾销。外汇倾销是出口企业利用本国货币对外贬值的机会，争夺国外市场的一种特殊手段。当一国货币贬值后，出口商品以外国货币表示的价格降低，提高了该商品的竞争能力，从而扩大了出口。

(3) 间接倾销。也称第三国倾销，是指甲国出口商向乙国倾销产品，乙国工业未受到损害，乙国商人再将该倾销产品转售到丙国，并对丙国工业造成了损害。

4) 按照倾销的目的划分

(1) 偶然性倾销。又称偶发性或临时性倾销，是指在不规则的间隔期内，偶然或临时发生的倾销。通常是由于国内市场容量有限、产品过剩或改营他业，国内无法销售完存货，外国出口商为了解决剩余产品的出路而对进口国进行不计成本的销售，不以掠夺国外市场为目的。

(2) 掠夺性倾销是指在一定期限内，出口商以控制、占领国外市场为最终目的，以低于国内销售价格或低于成本的价格在国外市场销售，在挤垮竞争对手后再提高价格，通过垄断国外市场而获取垄断性利润。这种倾销是在一定时期内有系统地进行的，对进口国工业有危害，是一种不公平竞争行为，被各国反倾销法限制。

(3) 连续性倾销。又称为长期性倾销，是指在相当长的期限内，出口商连续以低价向国外市场销售其产品。出口商通过在国外长期倾销保持其国内价格稳定，以维持规模生产，该倾销产品有可能得到政府的出口奖励、补贴。对进口国来说，由于某种产品的长期倾销，势必会损害该国生产该产品的国内产业；对于出口国而言，出口商之所以能向进口国长期倾，是因为在本国高价销售其产品，本国消费者在间接补贴出口，整体上看，也无益于出口国的经济增长。

3. 实行倾销需具备的条件

1) 市场必须是不完全竞争的

采取倾销行为的企业在本国市场上具有一定的垄断力量，企业可以在不同的市场上制定不同的价格，从而形成价格歧视。

2) 国内外市场必须相互隔离

出口国与进口国之间能保持价差，从而不存在从一国到另一国的商品套购。

3) 国内市场和国外市场具有不同的需求价格弹性

出口国企业在国内垄断地位较强，需求的价格弹性较低，可以制定高价；而外国的市场竞争比国内强，需求的价格弹性较高，具备压低价格的条件。

3.4.2 反倾销

1. 反倾销含义

倾销有利于进口国的消费者，但会损害进口国同类商品生产者的利益。在进口国的生产者的压力下，进口国的政府一般会采取反倾销政策。

反倾销指对外国商品在本国市场上的倾销所采取的抵制措施。一般是对倾销的外国商品除征收一般进口税外，再征收附加税，使其不能廉价出售，此种附加税称为“反倾销税”。如美国政府规定：外国商品当到岸价低于出厂价格时被认为商品倾销，立即采取反倾销措施。虽然在《关税及贸易总协定》中对反倾销问题作了明确规定，但实际上各国各行其是，仍把反倾销作为贸易战的主要手段之一。

2. 反倾销的条件

一国对原产于他国的进口产品征收反倾销，一般需满足以下几个条件。

(1) 受调查产品的出口价格低于正常价值。正常价值也可称之为受反倾销调查的产品的基准价值。根据各国的反倾销法和 WTO 的反倾销协定，正常价值一般由与某种受调查产品相同或类似的产品在出口国或第三国市场的销售价格，在特定情形下，也可以该相同或者类似产品的生产成本加合理费用、利润推算正常价值。

(2) 生产相似产品的进口国某一国内产业受到法定的损害。相似产品包括受调查产品的相同产品(same products)或类似产品(similar products)。前者是指其外部特征与被控倾销的产品在各方面都一样或近似的产品；后者是指与被控倾销的产品虽然不是在各个方面一样，但与其特征十分相似的产品。尽管各国法律规定有所差异，各国主管机关在确定进行价格比较的两种产品是否为相似产品时，都将考虑产品外观特征、性质、用途、技术特点及相互竞争性和产品可交换性是否相同或相似。

(3) 低价出口与进口国国内产业之损害两者之间存在因果关系，由于出口国的低价出口行为事实上给进口国的国内相关产业造成损害，两者之间存在显著的关联性。

3. 倾销幅度的确定

倾销幅度即为出口价格低于正常价格的差额。因此，确定倾销幅度，关键是确定出口价格、正常价格和两者之间的比较规则。

1) 出口价格

出口价格是指出口商将其产品出口给进口商的价格。当不存在出口价格，或因出口商与进口商之间有总公司、分支公司或控股等关系使出口价格不可靠时，则可根据被指控倾销商品首次在进口国内向独立商人转售的价格。

2) 正常价格

出口国国内销售价格，指被指控倾销商品或与其相同的产品在调查期间，在出口国国内市上销售的价格。向第三国的出口价格向第三国的出口价格。当不存在或无法确定倾销产品的国内销售价格时，进口国可采取倾销产品向第三国出口的可比价格确定正常价格。

3) 结构价格

结构价格，当使用出口国国内销售价格和向第三国出口的价格均无法确定倾销商品的正常价格时，可以采用结构价格来确定。所谓结构价格是指被指控倾销产品的生产成本加合理的管理费用、销售费用和一般费用以及利润作为出口产品的价格。

此外，在确定实质性损害时，要考虑以下几个因素。

第一，无论是就绝对数量而言还是相对于进口国的生产或消费而言，倾销产品的数量是否构成了急剧增长。

第二，进口的价格对国内相同或相似产品的价格有巨大抑制或下降影响，并导致对进口产品需求的大幅度增长。

第三，进口产品对进口国国内产业相同或类似产品的生产商产生严重的影响或冲击。

4. 反倾销调查程序

倾销调查程序包括申诉、立案、调查、裁决、复审等阶段。

1) 申诉

反倾销调查的启动一般应由进口方受到损害的行业或其代表向有关当局提交书面申请，这是反倾销调查的必要条件。一般情况下，进口方当局不会主动发起反倾销调查。进口方受到损害的行业或其代表向有关当局提交的申诉书应包括以下内容：申请人的身份、产品产量与价值、被指控产品所属国家及相关企业名称、被指控方产品在其国内的价格等。

2) 立案

进口方当局在确认申诉材料真实可靠，决定立案后，就要通知其产品遭到调查的成员方和调查当局所知道的有利害关系的各方，并予以公告。向被调查方发出的通知应当列明应诉材料的送达地点及时限等。

3) 调查

当局在一定的期限内，对被告方的产品倾销幅度、对国内行业的损害以及两者之间的因果关系进行调查核实。一般情况下，反倾销调查应在 1 年内结束，无论何种情况不得超过从调查开始之后的 18 个月。在调查中，当事各方必须以书面形式提供证据，即使是听证会的口头辩论，事后也必须提交书面材料。给被诉方发出的调查表，要至少给予 30 天的期限回答问题(以发出之日起的 7 天为送达)。在调查期间，各利害关系方有权举行听证会为其利益辩护。为证实所提供信息的准确性，进口方当局可以在其他成员方境内进行现场调查。如果有关利害方不提供资料或者阻碍调查的进行，进口方当局可依据提起反倾销调查申诉的一方提供的资料作出裁决。调查当局有义务听取被诉倾销产品的用户及消费者发表的评论。

4) 初裁与终裁

初裁是指在完全结束调查之前，调查当局如果初步肯定或否定有关倾销或损害的事实，可以对相关产品采取临时措施(临时措施只能在反倾销调查开始之日起 60 天后才能采取，实施期限一般不超过 4 个月，最长不超过 9 个月)。终裁是指调查当局最终确认进口产品倾销并造成损害，从而对其征收反倾销税。如果征收反倾销税，数额不得超过倾销幅度，可以征收反倾销税直至抵消倾销损害，但最长不超过 5 年。反倾销税一般不能追诉征收。但是，为了防止出口方在调查期间抢在进口方采取措施前大量出口倾销产品，反倾销守则也规定了在确实发生上述情况时，进口方当局可以对那些临时措施生效前 90 天内进入消费领域的产品追诉征收最终反倾销税。

5) 行政复审

反倾销税实行一段合理时间后，对于是否继续征税，进口方当局可以主动或应当事人的要求进行行政复审，以确定继续或中止征收反倾销税或价格承诺。在进口方当局初步确认存在倾销、损害及其因果关系后，如果出口商主动承诺提高有关商品的出口价格或者停止以倾销价格出口，并且得到进口方当局的同意，那么反倾销调查程序可以暂时中止或终止。

3.4.3 补贴与反补贴

1. 补贴的含义

补贴是指政府为了促进某些产业的发展，对这些产业的生产及产品进行财政补贴和实行优惠待遇，以提高本国出口产品在国际市场上的竞争力和限制外国产品的进入。一般认为，政府实施补贴是不公平的竞争，也是一种贸易保护主义的新措施。

一般意义上的补贴包括：①出口国(地区)政府以拨款、贷款、资本注入等形式直接提供资金，或者以贷款担保等形式潜在地直接转让资金或者债务；②出口国(地区)政府放弃或者不收缴应收收入；③出口国(地区)政府提供除一般基础设施以外的货物、服务，或者由出口国(地区)政府购买货物；④出口国(地区)政府通过向筹资机构付款，或者委托、指令私营机构履行上述职能。

2. 补贴的类型

1) 生产补贴

生产补贴是政府为了促进某一产品的发展，给予生产企业的津贴。生产补贴可以使生产企业在商品价格低于生产成本时，仍能因有补贴而获得利润，有利于扩大该商品的生产规模或者使生产企业降低相当于所获得的补贴部分的生产成本，从而降低商品价格，提高商品在国际市场上的竞争力。生产补贴的形式有以下三种。

(1) 财政拨款。国家拨出部分财政资金归选定生产企业无偿使用，以财政资金为企业的生产创造条件或以财政资金来弥补企业的生产亏损。

(2) 优惠贷款。银行对予以支持的生产企业提供低利率的贷款，增加信用放贷规模，延长贷款期限等。

(3) 税收减免。国家对所支持的企业免收各种税收，减少税收种类或者提高企业各项税收的起征点等。

2) 出口补贴

出口补贴又称为出口津贴，是一国政府为了降低出口商品的价格，增强其在国际市场的竞争力，在出口某商品时给予出口商的现金补贴或财政上的优惠待遇。出口补贴也存在两种不同的形式。

(1) 直接补贴，即政府在商品出口时，利用财政拨款直接付给出口商的现金补贴。

(2) 间接补贴，即政府对某些商品的出口予以财政上的优惠，如退还或减免出口商品缴纳的税，对进口原料或半成品加工再出口给予免征或退还已交的进口税等。

3) 出口信贷

出口信贷是指一个国家为了鼓励商品出口，增强商品的竞争能力，通过银行对本国出口厂商或国外进口商提供的贷款。它是一国出口商利用本国银行的贷款扩大商品出口，特别是金额较大、期限较长的商品，如成套设备、船舶等出口的一种重要手段。出口信贷可以分为：

(1) 按贷款期限分类：短期信贷(贷款期限在 180 天内)、中期信贷(贷款期限在 1~5 年内)、长期信贷(贷款期限在 5~10 年内或更长)。

(2) 按借贷关系分类：卖方信贷(出口方银行向出口厂商提供的贷款)、买方信贷(出口方银行直接向外国的进口商或进口方银行提供贷款)。

3. 反补贴

政府的出口补贴扭曲了世界市场的商品价值，直接损害的是相同商品的其他出口国和补贴商品进口国的生产者。因此，政府的出口补贴被认为是一种不正当的贸易政策。如果进口国对受到出口国补贴的进口商品的损害而征收反补贴税以抵消出口国政府的补贴行为，把本国纳税人的钱无偿地支付给进口国政府。

进口国政府在确认存在补贴时，征收的前提条件有两个：一是进口商品在生产、制造、加工、买卖、输出过程中接受了直接或间接的奖金或补贴；二是进口国国内某项已建成的工业造成重大损害或产生重大威胁，或对国内某一工业的新建造成严重障碍，且两个条件之间存在因果关系。

并非所有的补贴都是禁止的，WTO 相关规则给出了以下三类补贴形式。

(1) 禁止性补贴又称红灯补贴，《补贴与反补贴措施协议》明确地将出口补贴和进口替代补贴规定为禁止性补贴，任何成员不得实施或维持此类补贴。农产品出口补贴的削减由《农业协议》规定。

(2) 可诉补贴又称黄灯补贴，指那些不是一律被禁止，但又不能自动免于质疑的补贴。对这类补贴，往往要根据其客观效果才能判定是否符合世界贸易组织规则。

(3) 不可诉补贴，又称绿灯补贴。根据反补贴协议规定，不可诉补贴是指不会招致其他成员方提起反补贴申诉的补贴。不可诉补贴包括两种：①不具有专向性的补贴，即那些具有普遍性的补贴，这种补贴不会引起基于世界贸易组织相关规定而引起的任何反补贴措施；②政府对科研、落后地区以及环保的补贴，即使具有专向性，也属于不可诉的补贴，但必须具备反补贴协议规定的条件。

本 章 小 结

本章主要介绍了关税、非关税、鼓励出口等贸易措施。

关税措施主要介绍关税的含义、作用与分类等内容，尤其是关税的有效保护与实际保护率。非关税壁垒措施在当前国际贸易中运用的相当广泛，需要注意不同的非关税贸易壁垒之间的区别与联系，学会更好的规避这些措施，促进国际贸易的发展。鼓励出口是一国开展对外贸易的重要手段之一，需要了解哪些是被 WTO 所允许的，哪些又是被禁止的，以便熟练运用贸易促进措施促进经济贸易发展。

贸易救济措施旨在维护国际贸易的公平和正常的竞争秩序，但是如今越来越多的被一些国家作为贸易保护的手段而加以滥用。需要我们在学习贸易救济措施之后，能更准确地认识倾销与反倾销、补贴与反补贴，解决相关的现实问题。

本章练习题

一、单项选择题

1. 关税是一种(　　)。
   A. 间接税
   B. 直接税
   C. 进口税是直接税，出口税是间接税
   D. 都不是
2. 西方国家征收进口附加税，是一种(　　)。
   A. 经常性的措施　　B. 临时性的措施
   C. 一年一次性的措施　　D. 以上都不是
3. 日本对手表(每只价格 6 000 日元以下)征税 15%，再加征 150 日元/只。这是(　　)。
   A. 从价税　　B. 从量税　　C. 混合税　　D. 选择税
4. 某国规定某年从中国进口纺织品不得超过 2 万立方米，这是(　　)。
   A. 全球配额　　B. 关税配额　　C. 国别配额　　D. 以上都不是
5. 正常关税是指(　　)。
   A. 普通税　　B. 最惠国税　　C. 普惠税　　D. 差价税
6. 关税壁垒是指(　　)。
   A. 高额进口税　　B. 高额出口税　　C. 高额通过税　　D. 附加税
7. 在下列(　　)种情况下，本国可对外国进行外汇倾销。
   A. 本国货币贬值 10%，国内物价上涨 12%
   B. 本国货币贬值 10%，外国货币贬值 15%
   C. 本国货币贬值 10%，国内物价上涨 7%
   D. 本国货币贬值 10%，外国货币贬值 10%
8. 许可证制度是一种(　　)的措施。
   A. 关税壁垒　　B. 鼓励出口　　C. 鼓励进口　　D. 管制进出口

9. 以发展转口贸易，取得商业收益为主的经济特区是(　　)。
   A. 自由贸易区　B. 出口加工区　C. 自由边境区　D. 过境区
10. 接受买方信贷的进口商在使用信贷资金进行采购时，必须购买(　　)。
   A. 本国商品　B. 贷款提供国商品
   C. 第三国商品　D. 没有具体限制

二、多项选择题

1. 对财政关税描述正确的是(　　)。
   A. 以增加财政收入为目的
   B. 征税的货物在国内有大量消费
   C. 征税货物必须是国内不能生产或无代用品
   D. 税率越高，收入越多
2. 按GATT对反贴补税的规定，下面说法正确的是(　　)。
   A. 征税的目的是为了抵消进口商品所接受的奖金或补贴
   B. 只有当该进口商品对国内同行造成重大损害或产生重大威胁时，才征收反贴补税
   C. 征收税额应大于接受贴补的数额
   D. 可同时对一产品既征收反倾销税又征收反贴补税
3. 进口附加税主要有(　　)。
   A. 反贴补税　B. 反倾销税　C. 差价税
   D. 特惠税　E. 过境税
4. 在GSP中，给惠国保护本国某些产品的生产、销售的措施一般包括(　　)。
   A. 免责条款　B. “灰色区域”贸易措施
   C. 预定限额　D. 竞争需要标准
   E. 毕业条款
5. 海关在进行海关估价时，可采用的价格基础有(　　)。
   A. 到岸价　B. 离岸价　C. 成交价格
   D. 估算价格　E. 同类商品价格
6. 直接限制进口的非关税贸易壁垒有(　　)。
   A. 进口配额　B. “自动”出口配额
   C. 禁止进口　D. 进口许可证
   E. 外汇管制
7. 下列有关“自动”出口配额制的说法中，正确的是(　　)。
   A. 是一种直接限制出口的措施　B. 是一种直接限制进口的措施
   C. 带有明显的强制性　D. 是出口国主动采取的一种措施
   E. 其限制数量管理方法往往通过签定“自限协定”来规定
8. 进口附加税的主要目的是(　　)。
   A. 应付国际收支危机　B. 维持进出口平衡
   C. 扩大出口　D. 防止外国商品低价倾销
   E. 对国外某个国家实行歧视和报复

9．对非关税贸易壁垒，下面说法正确的有(　　)。
A．是贸易保护的主要手段　　B．比关税措施更具灵活性
C．对进口的限制更直接　　D．比关税措施更具歧视性
E．主要通过一国的立法程序设立

10．鼓励出口的措施有(　　)。
A．出口信贷　　B．商品倾销　　C．外汇倾销
D．出口信贷国家担保制　　E．出口补贴

三、简答题

1．关税措施与非关税措施有何异同点？
2．什么是非关税壁垒？与关税壁垒相比，它有什么特点？
3．进口配额与自动出口限额之间有何区别与联系？
4．什么是出口信贷？它有哪些特征？
5．试列举直接限制进口措施的种类。
6．什么叫作外汇倾销？构成外汇倾销的条件是什么？

四、计算题

1．我向美出口男式开司米羊绒衫 1 000 打，每件重 1 磅，单价为 20 美元，对此羊绒衫美国每磅从量税征收 37.5 美分加征从价税 15.5%，则这批羊绒衫美进口商要支付多少关税？(1 打=12 件)

2．我公司向美国某公司出口功夫鞋 25 000 双，每双售价 FOB 上海 2.75 美元，美进口关税最惠国税率为 15%，但美国按其国内售价 5.25 美元计税，则该批功夫鞋应征税多少？比原先多征税多少？

3．假设我国国产数码相机的价格中有 1/3 是进口元器件的价值，其余为加工附加值，为了保护国产数码相机厂家的生产，对数码相机征收 40%的从价税，若对进口元器件征收：(1) 30%的从价税；(2) 40%的从价税；(3) 50%的从价税。试分别计算国产空调的有效关税保护率。

五、案例分析题

西班牙的埃尔切市被誉为“欧洲鞋都”，埃尔切市温州鞋城是当地非常著名的鞋类批发市场，是温州鞋走向欧洲市场的一个最重要集散地。但 2004 年 9 月 17 日近千名当地鞋商和鞋厂工人未经当地政府批准却有组织地聚集在鞋城，高呼：“我们要吃饭！中国人滚出去！”等口号，冲到仓库门口，放火烧鞋，并阻止当地消防车救火，致使大火烧毁了整个仓库。救火车在防暴警察鸣枪示警后，才得以进入。当地时间 9 月 23 日晚间，当地又发生了一起大规模的反华商抗议游行示威。从 2001 年开始，温州鞋商共遭遇过 4 次大规模打击，损失几千万美元。

问：以上案例属于哪一类贸易壁垒？该如何解决？

第4章　区域经济一体化

教学目标

- 了解区域经济一体化的产生与发展，了解区域经济一体化的相关组织实践；
- 重点掌握区域经济一体化的含义与分类，并且掌握区域经济一体化的相关理论；
- 运用相关知识，分析中国在区域经济一体化组织中的重要作用。

关键词

经济一体化　区域经济一体化　关税同盟理论　欧盟　亚太经合组织

案例导入

RCEP 谈判

区域全面经济伙伴关系(Regional Comprehensive Economic Partnership，RCEP)，即由东盟十国发起，邀请中国、日本、韩国、澳大利亚、新西兰、印度共同参加(“10+6”)，通过削减关税及非关税壁垒，建立16国统一市场的自由贸易协定。若RCEP谈成，将涵盖约35亿人口，GDP总和将达23万亿美元，占全球总量的1/3，所涵盖区域也将成为世界最大的自贸区。RCEP谈判领域广泛，既包含传统的货物、服务与投资的市场准入问题，也涵盖众多新兴领域的规则议题，涉及货物贸易、服务贸易、投资、争端解决机制、经济技术合作、知识产权、竞争政策等方方面面。RCEP谈判深入推进意义重大。

RCEP有利于增进亚太各国的经济福祉。作为东亚地区参与成员最多、规模最大的贸易协定谈判，RCEP建成后，将成为亚太地区唯一能与跨太平洋伙伴关系协定(TPP)相当的区域自由贸易协定安排，并且其经济效应远高于TPP。根据专家测算，如果RCEP建成，仅是关税和非关税壁垒的消除将会使亚太地区生产总值(GDP)增长2.1%，使世界GDP增长1.4%；而如果TPP建成，将会使亚太经济体和世界GDP分别增长1.2%和0.6%。

RCEP有利于提升区域贸易投资自由化水平。RCEP将在现有参与国之间自由化水平基础上，渐进式实现货物贸易更高水平的自由化。服务贸易领域的开放也将超出参与国对服务贸易总协定(GATS)以及东盟+1自贸协定的承诺。投资谈判将涵盖促进、保护、便利化和自由化四大支柱，以打造更加自由、便利和具有竞争力的投资环境。可以预见，RCEP 建成后，将提升东亚区域贸易投资自由化水平，改善区域贸易投资环境，从而促进区域贸易投资的发展。

RCEP 有利于推动形成符合东亚发展利益的规则体系。除了贸易投资等市场准入条款，RCEP 还涉及原产地、卫生与植物卫生措施(SPS)、技术性贸易措施(TBT)、知识产权、竞争政策、经济技术合作等许多规则层面的谈判。RCEP 谈判成员以亚洲发展中国家为主，各国通过谈判协商，制定一个统一的区域规则，不仅有利于缓解区域内各个自贸协定相互重叠造成的“面碗效应”，还有利于在更多领域形成符合亚洲发展利益的规则体系，增加在新一轮国际规则博弈中的话语权。

RCEP 有利于加速亚太自贸区的建设进程。建设亚太自贸区、推动区域经济一体化，一直是区域各国共同追求的远景目标。2014 年 5 月，在亚太经合组织(APEC)贸易部长会议上，各国提出同意启动亚太自贸区进程，制定《APEC 推动实现亚太自贸区路线图》。RCEP 是一个开放包容的区域贸易协定，目前涵盖亚太 16 国，谈判基于东盟已经达成的 5 个自贸协定，并在此基础上进行整合，以后还可能扩展到区域其他国家和地区，其建成后将与 TPP 一起成为倡议中的亚太自贸区的基石，推动亚太自贸区的最终建成。

RCEP 有利于增强亚太地区的凝聚力。近年来，随着我国的和平崛起和亚洲新兴经济体在全球经济中地位的不断上升，亚太区域逐渐成为大国博弈的热点地区。不仅美国加快实施“亚太再平衡”战略，欧盟、俄罗斯等也加紧在亚太谋篇布局，区域政治安全环境日趋复杂，领土领海主权争端不断，一些国家甚至出现了动荡与危机。RCEP 参与国均为亚太区域核心国家，以 RCEP 自贸区建设作为纽带，推进区域一体化，进一步加强和放大互利合作的经济效应，使各国经贸关系更加紧密，促进区域经济更快增长，有利于增强亚太地区的凝聚力，对于这一区域的和平与稳定将起到重要作用。

RCEP 是我国加快实施自贸区战略的关键环节。十八届三中全会提出了要“加快自由贸易区建设”“以周边为基础加快实施自由贸易区战略”“形成面向全球的高标准自由贸易区网络”，RCEP 谈判成员均为我周边重要经贸伙伴，推动 RCEP 达成协议，正是我国加快实施自贸区战略、构建以周边为基础、面向全球的高标准自贸区网络的关键环节。

我国应主动加速推动 RCEP 谈判进程。综合考量总体利益与局部利益的得失，敢于将 RCEP 谈判作为进一步深化改革开放的试验田，以此为契机主动推动新一轮高水平对外开放，在货物、服务、投资等领域适当提高国内自由化水平，在规则标准领域加快与国际接轨，这样才能在谈判中真正发挥积极主动作用，以实际行动推动谈判的加速进行。

(资料来源：商务部新闻 2014-08-28)

4.1 区域经济一体化概念及形式

“一体化”一词在经济意义上最早运用于有关产业组织的研究和讨论之中，通常是指企业的合并，并从中衍生出垂直一体化与水平一体化两种企业归并的组合方式。将一体化视作国家之间经济融合的观念是到 20 世纪 50 年代才形成的。由于地理上的关联是经济一体化的有利条件，因此，一体化首先大量呈现区域的形式。

4.1.1 区域经济一体化的产生与发展

最早的区域经济一体化组织要追溯到 13 世纪形成的普鲁士各城邦之间的“汉萨同盟”，而现代的区域一体化组织是第二次世界大战以后逐步兴起，并且成为现代经济发展中的重要国际经济现象。第二次世界大战以后，各种区域性的一体化组织层出不穷，不同地区的不同国家为了一些原因而组成了各种一体化组织，总体上经历了萌芽、初创到发展、壮大几个时期。

区域经济一体化处于萌芽与初创阶段是从战后到20世纪60年代初。受到“二战”的影响，各国国内经济处于恢复时期，而世界范围内，不同的地区不同国家，出于政治、经济等方面的考虑，以种种方式保护着国内的经济与贸易，区域经济一体化的出现正是适应了这一需要。1949年1月，苏联和东欧国家成立了经济互助委员会。1951年4月，法国、联邦德国等六国在巴黎签定《欧洲煤钢联合条约》，决定成立煤钢共同市场。1959年6月，英国等七国在斯德哥尔摩举行部长级会议，通过了欧洲自由贸易联盟草案，并在1960年1月签订《建立欧洲自由贸易联盟条约》，条约于同年5月生效，条约签订国组建成“欧洲自由贸易联盟”。1961年美洲成立了拉丁美洲自由贸易联盟与中美洲共同市场。

20世纪60年代中期到70年代中期，区域经济一体化进入了大发展阶段。经历了“二战”后经济的恢复，各国的经济普遍得到了巨大的发展，一批新兴的工业化国家相继出现，发展中国家采取各种手段加快国内经济的发展。世界经济繁荣，国际贸易扩大，区域经济一体化出现了大发展。1973年，英国与丹麦加入欧共体，极大地增强了欧共体的实力。在欧共体内部，1964年建成共同农业市场，1968年提前建成关税同盟，这些都标志着西欧的区域经济一体化的发展与壮大。1967年成立的东南亚国家联盟，1969年组建的安第斯条约组织，1975年创立的西非经济共同体等。发展中国家建立了20多个区域经济和贸易组织，这些组织在局部地区进行着较为活跃的国际经济与贸易活动，加快了发展中国家进步。

20世纪80年代中期以来，区域一体化出现了高涨而动荡的局面，在世界范围内不断扩大与加深。欧共体等一些组织不断的吸收更多的成员国，一体化的范围广阔，程度加深，影响更大。1989年美加自由贸易区，1994年北美自由贸易区，说明美国已经参与到区域经济一体化进程中来，工业发达国家与发展中国家之间的区域一体化成为现实。1989年成立的亚太经济合作会议，在某种意义上说明一些新兴的工业化国家与发展中国家正在改变自己的经济发展战略，实现内向型到外向型的转变。

4.1.2 战后区域经济一体化的动力

“二战”后，区域经济一体化发展并不是偶然的，而是有着深厚的历史、社会、政治与经济等方面的原因的。

国家政治形势的改变是区域经济一体化组织大展的主要推动力。“二战”后，世界各国对两次世界大战进行了反思，并积极提出了各种保证和平与发展的措施。为了防止德国军国主义的复辟，欧洲各国1952年成立了“欧洲煤钢联营”。为了应付国内外形势的改变，为了维护国家主权，为了对抗美苏两个超级大国，恢复与提高在国际舞台上的地位，西欧各国走上了联合的道路。1958年，法国等西欧六国成立欧共体，1960年建立欧洲自由贸易联盟。发展中国家由于殖民体系瓦解，一大批殖民地国家取得独立，开始致力民族经济的发展。但大多数发展中国家因为历史与现实原因，缺乏资金与技术，无力单独承担起重大的项目，同时，生产力水平低下，经济结构单一，国内市场狭窄，为了加快发展取得真正意义上的独立，这些国家纷纷成立一体化组织。1960年成立的拉丁美洲自由贸易区与中美洲共同市场，1967年8月组建的东南亚国家联盟，就是一些政治、经济、社会和文化合作的组织的代表。

社会生产力的高速发展，国际分工的不断深化，经济生活的国际化，推动着生产的社会化越出了一个国家、一个地区的范围，也促进了区域经济一体化。生产力的高速发展，更多的商品、资本、技术等进入国际交流，各国的经济联系需要进一步加强。然而各国贸易壁垒与独立的经济政策的限制，却阻碍了交流的进行，生产力的发展要求打破国界，克服国家之间人为的各种障碍。因此，发达国家之间的相互投资与相互贸易日益要求冲破民族与国家的障碍，使各种生产要素能够自由流动、优化配置，而组成区域经济一体化组织是一条捷径。

战后，欧洲国家出现了国际收支困难，通过建立起关税同盟，将竞争力较强的美国排除在外。发展中国家面对发达工业国的强大竞争，也会出现国际收支困难，采取一体化行动，成为一种现实的应对措施。而区城经济一体化本身海可以带来很多现实利益，如高度的专业化生产可以提高劳动生产率，从而在国际分工中获得更多的比较利益，一体化组织的壮大，可导致内部市场的扩大，并通过内部剧烈的竞争来提高效益。如可以改善组织内部的经济结构与分工模式，从而在生产要素自由流动状态下，更有效地进行资源的合理配置。

4.1.3 区域经济一体化的含义

经济一体化(Economic Integration)一词的英文原意，是经济结成一个整体的意思。经济一体化(Economic Integration)最初用来表示企业间通过卡特尔、康采恩等形式结合而成的经济联盟。经济一体化活动的实践由来已久，早在 15 世纪欧洲资本主义萌芽时期，欧洲商人到其他大陆去经商时就开始了。作为一体化重要形式之一的关税同盟，也有数百年的历史。《新帕尔格雷夫经济学大辞典》所指出的：在日常用语中，一体化被定义为把各个部分结为一个整体。在经济文献里，“经济一体化”这个术语却没有这样明确的含义。一方面，两个独立的国民经济体之间，如果存在贸易关系就可认为是经济一体化；另一方面，经济一体化又指各国经济之间的完全联合。也就是说，就广义而言，经济一体化是指世界各国经济之间彼此相互开放，形成一个相互联系、相互依赖的有机体的过程；从狭义的角度来说，经济一体化是指参与国为了共同利益而让渡部分民族国家的经济主权，由参与国集体行使这部分主权，实现国际经济调节的经济组织。就合作的程度而言，经济一体化既指两个以上的国家之间存在一定的经济联系，如贸易关系，也指两个以上的国家之间完全的经济联合。显然，从一定意义上讲，经济学上的地区经济一体化只是经济一体化的一种形式。具体到地区经济一体化本身的内涵，经济学界也存在许多分歧，可以把一些观点归纳为：由两个或多个国家或地区之间实行的某种程度的经济联合或共同的经济调节。要准确把握地区经济一体化的内涵，主要需要以下两点。

(1) 要把地区经济一体化同一般的经济一体化区别开来。从内涵上讲，经济一体化是指不同国家或地区之间的经济一体化，这种经济一体化既可能是若干国家范围内的，也可能是世界范围内的。而地区经济一体化只是局部范围内的，即若干国家或地区之间的经济一体化。如我国的“长三角”经济区一体化。从外延上讲，地区经济一体化只是经济一体化的一种形式，除了地区经济一体化之外，经济一体化还存在另外一种形式——世界经济一体化，即整个世界范围内的经济一体化。

(2) 既要静态地把握地区经济一体化，又要动态地理解地区经济一体化。即地区经济一体化既表示成员方之间某种程度的经济一体化的一种状态，也可视为成员方经济之间不断趋于一体化的一个过程。我国长三角经济区在实现一体化的过程中是以人才、质检和交通等方面的互通为前提的，而且随着世界经济一体化进程的发展在逐步地调整其内容。

4.1.4 区域经济一体化的种类

1. 按照贸易壁垒取消的程度或成员间合作的深度划分

1) 优惠贸易安排(Preferential Trade Arrangements)

优惠贸易安排是指在各成员间，通过签署特惠贸易协定或其他安排形式，对其全部商品或部分商品互相提供特别的关税优惠，对非成员国之间的贸易则设置较高的贸易壁垒的一种区域经济安排。这是经济一体化最低级和最松散的一种形式，商品流动的障碍并没有完全消除。最典型的例子是英国与其自治领成员加拿大、澳大利亚等国在1932年建立的英联邦特惠制。印尼、马来西亚、菲律宾、新加坡和泰国等东南亚国家联盟(ASEAN)成员从1977年起在成员国间实施的特惠贸易安排协议。此外，非洲木材组织、美加汽车产品协定等也属于这种类型。

2) 自由贸易区(Free Trade Zone)

自由贸易区是指两个或两个以上的国家或行政上独立的经济体之间通过达成协议，相互取消进口关税和与关税具有同等效力的其他措施而形成的经济一体化组织。自由贸易区根据取消关税的商品范围不同又可分为两种具体形式：一是工业品的自由贸易区，即只取消成员国之间的工业品贸易关税；二是完全的自由贸易区，即取消成员国之间的全部工业品和农产品的贸易关税。自由贸易区的一个重要特征是在该一体化组织参加者之间相互取消了商品贸易的障碍，成员经济体内的厂商可以将商品自由地输出和输入，真正实现了商品的自由贸易，但这种自由只能在参与国或成员国之间。另一个重要特点是成员经济体之间没有共同对外关税，各成员经济体之间的相互取消关税并不妨碍各成员经济体针对非自由贸易区成员国(或第三国)采取其他的贸易政策，成员经济体之间没有共同的对外关税。自由贸易区最典型的例子是英国、奥地利、丹麦、挪威、葡萄牙、瑞典、瑞士于1960年形成的欧洲自由贸易联盟及1993年由美国、加拿大、墨西哥之间达成的北美自由贸易协定。2001年11月第五次中国—东盟领导人会议上，中国与东盟双方正式达成在10年内建立"中国—东盟自由贸易区"的协议也属于此列。

3) 关税同盟(Customs Union)

关税同盟是指在各成员经济体之间完全取消关税与其他贸易壁垒，并对同盟外国家与地区实行统一的关税税率而缔结的同盟。关税同盟在成员之间确立统一的关税税率，以使参与成员的商品在市场上处于有利地位而排除非同盟者商品的竞争。关税同盟的构想最早由19世纪德国经济学家李斯特提出的，1862年普鲁士等德国北部邦国成立的"德意志关税同盟"和"二战"后成立的欧洲经济共同体均是关税同盟的著名案例。作为较高层次的区域经济一体化组织，它规定成员国之间实行共同的对外关税，强调以整体的力量参与国际市场竞争，实际上是将关税的制定权让渡给区域经济一体化组织，关税同盟使经济一体化开始带有超国家的性质。例如东非共同市场、比荷卢关税同盟。

4) 共同市场(Common Market)

共同市场是指在两个或两个以上的成员经济体之间，不仅完全取消了关税和非关税壁垒，建立了共同对外关税，实行了自由贸易，而且还实现了服务、资本和劳动力等生产要素的自由流动。共同市场的特点是成员经济体之间不仅实现了商品的自由流动，还实现了生产要素和服务的自由流动。服务贸易的自由化意味着成员国之间在相互提供通信、咨询、运输、信息、金融和其他服务方面实现自由，没有人为的限制。资本的自由流动意味着成员国的资本可以在共同体内部自由流出和流入。劳动力的自由流动意味着成员国的公民可以在共同体内的任何国家自由寻找工作。为推动共同市场的建设，各成员国之间要实施统一的技术标准、统一的间接税制度，并且协调各成员国之间同一产品的课税率，协调金融市场管理的法规，以及实现成员国学历的相互承认，等等。欧洲经济共同体在 1970 年已接近共同市场这一层次。

5) 经济同盟(Economic Union)

经济同盟是指各成员经济体在内部实行较多的共同政策而建立的经济联合体，商品与生产要素可以完全自由流动，建立了共同的对外关税，成员制定和执行某些共同的经济政策和社会政策，并逐步废除这些方面的差异，使一体化的程度扩展到整个国民经济，从而建立起一个庞大的经济联合体。例如，1991 年的欧洲经济共同体，1991 年已解散的由苏联与东欧一些国家组成的经济互助委员会基本属于经济联盟这一形式。

6) 完全经济一体化(Perfectly Economic Integration)

完全的经济一体化，又称为政治同盟，是指成员经济体在实现了经济同盟目标的基础上，进一步实现经济制度、政治制度和法律制度等方面的协调，乃至统一的经济一体化形式。这是经济一体化的最高形式，要求各成员经济体在贸易、金融、财政乃至外交、教育等政策上完全统一化，在成员经济体间消除一切自由流通的人为障碍。在这个阶段，成员经济体之间完全统一了所有的经济政策，各国经济发展的最终决策权已转移给超国家的权力机构，并且实现了货币的统一。欧洲联盟正在朝这个方向努力，欧共体 1991 年 12 月通过的马斯特里赫特条约，包括建立政治联盟及经济与货币联盟的目标，确定了建立欧洲中央银行和共同防务政策，以形成一个强大的欧洲联邦。它不仅包括了货币在内的经济一体化，而且包括了政治、外交与防务的一体化。

2. 按照区域经济一体化的范围划分

1) 部门一体化(Sectoral Integration)

部门一体化是指在成员间的一种或几种产业(或商品)实行一体化。如 1952 年建立的欧洲煤钢共同体，1958 年建立的欧洲原子能共同体等。

2) 全盘一体化(Overall Integration)

全盘一体化是指区域内成员在所有经济部门中实行一体化，这是最高层次的一体化形式，区域内各成员在经济、财政、金融与贸易等政策方面均完全协调一致，实行统一经济政策。如欧洲经济共同体(欧盟)，解散前的经济互助委员会等。

3. 按照区域经济一体化各成员的经济发展水平划分

1) 水平一体化(Horizontal Integration)

水平一体化又称为横向一体化，它由经济发展水平相同或相近的国家所组成。目前存在的大多数经济一体化都属于这种形式，如美加自由贸易区、中美洲共同市场、欧共体等。

2) 垂直一体化(Vertical Integration)

垂直一体化又称为纵向一体化，它由经济发展水平不同的国家所组成，一般是发展中国家与发达国家构成，旨在形成优势互补。如北美自由贸易区就是由美国、加拿大(发达国)与墨西哥(发展中国家)所组成。但这样的一体化组织难以持久，因为成员国内部的经济吸引力有限，易产生离心力。

4.1.5 区域经济一体化与国际贸易

区域经济一体化的产生与发展，对国际贸易产生深远的影响，世界经济贸易不断向区域集团化发展。

由于取消了一些贸易壁垒与贸易限制措施，区域经济一体化促进了区域内贸易的自由化，内部贸易增长迅速，也促进了整个国际贸易的发展。区域经济一体化组织成立后，成员间通过消除关税和非关税壁垒，建立区域性的统一大市场，增强区域内商品、劳务、技术、资本、信息等的自由流动，从而使得区域内部的贸易呈现出自由化的倾向。

组成一体化组织，成员国之间会在各种比较优势的基础上使得国际分工更为深入与密切，并促进了生产专业化以及国际技术合作的发展。成员经济体取消了关税和非关税壁垒，致使成员国贸易环境比第三国市场好得多，使其内部市场得以扩大，各成员分别生产在区域内具有优势的产品，生产日益集中化与专门化，从而改变了生产格局，相应地国际分工的格局也发生改变，较以前更为精细与密切。

区域经济一体化改变了国际贸易的地区分布与贸易地位，从而形成了新的国际贸易格局，区域经济集团内部贸易所占的比重呈上升的趋势，与此同时，成员国减少与区外非成员的贸易。区域经济一体化改变了国际贸易的地区分布，使贸易更多地发生在区域内部。当代国际经济贸易秩序正发生着前所未有的巨大的变化，即由过去以意识形态为基础的两极格局，朝以地缘与文化背景为基础的区域集团化发展。

4.2 区域经济一体化理论

伴随着经济一体化实践发展的，是各种一体化的理论。第二次世界大战后，许多经济学家从不同的角度，对经济一体化现象进行了深入的分析、研究与探讨，并因此形成了各自的理论。

4.2.1 关税同盟理论

关税同盟理论的理论渊源可上溯到19世纪德国李斯特的保护贸易理论，因为关税同盟实质上是集体保护贸易。系统提出关税同盟理论的主要有美国普林斯顿大学经济学教授维纳(Jacob Viner)和李普西(K. G. Lipsey)。1950年，维纳在其名著《关税同盟问题》一书中鲜明地提出：关税同盟的经济效应在于贸易转移(Trade Diversion)和贸易创造(Trade Creation)所取得的实际效果，将关税同盟理论从定性分析发展到定量分析阶段。

维纳的关税同盟理论使用的是局部均衡分析方法，假设有A、B、C三个国家；A国是主要的分析对象，B国是和A国结盟的国家，C国代表关税同盟外的国家。同时设A国是一个小国，它的进出口不会影响世界市场价格。按照范纳的说法，完全形态的关税同盟应具备三个条件：①完全取消各成员国之间的关税；②对来自成员国以外地区的进口设置统一的关税；③通过协商方式在成员国之间分配关税收入。因此，关税同盟有着互相矛盾的两种职能：对成员国内部是贸易自由化措施，对成员国以外则是差别待遇措施。当所实施的关税同盟具备对内取消关税，对外设置统一税率，成员方共同分享关税收入的条件时，关税同盟将会产生静态的经济效应与动态的经济效应。

1. 静态效应

关税同盟的静态效应主要是指贸易创造效应、贸易转移效应及其所带来的福利效应。

1) 贸易创造效应(Trade Creating Effect)

贸易创造效应是指缔结关税同盟后，因相互减免关税而带来的同盟内贸易规模扩大与生产要素重新优化而导致经济福利水平提高的效果。贸易创造效应可理解为实行自由贸易后，产品从国内成本较高的企业生产转往成本较低的成员国生产并进口。由于成本原因两者原来是不存在贸易的，但结成同盟后扩大的贸易取代了原先低效率生产，生产从高成本的地方转向低成本的地方，资源得以重新优化配置，提高了要素的利用效率。建立关税同盟后，进出口双方国家重新优化配置资源，提高生产要素的产出率，进口国家的消费者可以购买到价廉物美的商品，同时降价还可以扩大消费量，而出口国家可以扩大出口，增加国民收入。因此可以说，贸易创造从生产(重新优化配置资源，提高生产要素的产出率)与消费(购买价廉物美的商品和扩大消费量)两方面提高了福利水平。

2) 贸易转移效应(Trade Diverting Effect)

贸易转移效应是指结成关税同盟后，由于对内减免贸易壁垒、取消关税，对外实行保护贸易而导致某成员国从世界成本最低的国家进口转向同盟内成本最低的国家进口所造成的整个社会财富浪费和经济福利水平下降的效果。贸易转移由于建立了关税同盟，共同设立了对外关税，使世界低成本的商品因为关税等贸易壁垒不能进口，因而成员国之间的相互贸易取代了成员国与非成员国之间的贸易，导致从外部非成员国较低成本的进口，转向从成员国较高成本的进口，发生“贸易转移”。结成关税同盟，阻止从外部低成本进口，而以高成本的供给来源代替低成本的供给来源，使消费者由原来购买外部的较低价格商品转向购买成员国的较高价商品，导致增加了开支，造成福利损失。这种生产资源的重新配置导致了生产效率的降低和生产成本的提高，此种结盟有利于低效率生产者，使资源不能有效地优化配置，从而降低了整个世界的福利。

3) 福利效应(Wealth Effect)

一般来说，贸易创造效应是关税同盟的主要经济效应，它的积极作用明显超过贸易转移效应的消极影响。但就其所带来的福利效应而言，对生产者和消费者的影响并不是相同的，且大小取决于贸易创造与贸易转移效应的比较。

4) 关税同盟静态效果大小的分析

关税同盟成立后，其静态效果所产生的福利的大小受到很多的影响：

(1) 同盟前关税水平越高，同盟后贸易创造效果越大；

(2) 关税同盟成员的供求弹性越大，贸易创造效果越大；

(3) 关税同盟成员的生产效率越高，贸易创造效果越大；

(4) 关税同盟成员与非成员的产品成本差异越小，贸易转移的损失越小；

(5) 关税同盟成员对非成员的进口需求弹性越低，非成员对成员的出口供给弹性越低，则贸易转移的可能性越小，也即取消关税后，对非成员国的进出口需求与供给的改变不大；

(6) 关税同盟成员对外关税越低，贸易转移的可能性越小；

(7) 关税同盟的成员越多，贸易转移的可能性越小；

(8) 关税同盟成员间的贸易量越大(或与非成员的贸易量越少)，贸易转移的可能性越小；

(9) 一国国内贸易比重越大，对外贸易比重越大，则参加关税同盟获利的可能性越小，即贸易创造效果越大；

(10) 关税同盟成员间的经济结构越相似(或互补性越小)，贸易创造效果越大。因此，关税同盟往往在经济发展水平与经济结构相似的国家间建立，以获得较多的贸易创造效应。

2. 动态效应

关税同盟除了静态效应以外，建立关税同盟还有可能带来一些重要的动态效应。更多的时候，关税同盟的动态效应远比其静态效应更为重要，这对成员国的经济增长有重要的影响。

1) 扩大出口效应

两个国家组成关税同盟后，各种的市场规模都会比结盟之前要大许多。在现实中，一国参加关税同盟不仅能够带来一定的商品进口量的增加，还会带来出口的增加，对于一个希望参加关税同盟的国家(特别是小国)而言，它加入关税同盟不是为了从低价的进口中获得若干的收益，而是看重其产品的出口市场，因为贸易壁垒的取消，可能会在一定程度上提升该国出口商品的贸易竞争力。总体上看，关税同盟将给成员国带来更大的出口机会，从而带来更多的福利，即形成一种扩大出口效应。扩大出口效应对于国内市场规模小的国家来说具有重要的现实意义，加入关税同盟，利用区域内扩大的市场扩大出口，带动经济发展，对这些国内市场狭小的成员国是一种最优的选择。

2) 规模经济效应

关税同盟建立以后，对内取消关税等贸易壁垒，对外高筑统一的关税等贸易壁垒，因而在排斥非成员国进口的同时，为成员国之间的产品的相互出口创造了良好的条件。所有成员国的国内市场组成一个统一的区域性市场，为企业生产的扩大提供了市场条件，这些企业可以以最优的生产规模来组织生产，实现规模经济，降低成本，使生产者可以进一步增强同盟内的企业对外，特别是对非成员国同类企业的竞争能力，关税同盟市场规模的扩大可促使企业规模经济的实现。

3) 促进竞争效应

一般认为贸易限制会助长垄断，从而降低效率，对于组成关税同盟的国家而言，市场规模扩大的同时，由于贸易壁垒的取消，所有的成员国之间将开展自由贸易，原先的企业必须参与竞争，否则就要面临破产的命运。经济学家西托夫斯基(T. Scitovsky)认为，竞争的加强是影响欧共体发展的最重要原因。区域经济集团的建立加强了市场竞争，摧毁了原来各国分割被保护的市场，提高了市场的透明度，从而导致资源配置效率改善。

4) 刺激投资效应

实行关税同盟的区内，随着市场规模的扩大，风险与不确定性降低，会吸引成员国厂商增加新的投资。关税同盟的建立，将引起专业化生产企业的生产规模扩大、竞争程度增强和对技术进步的迫切追求，这些都是吸收投资、刺激投资的重要因素。关税同盟不仅刺激国内投资增长，还存在吸引国外投资的可能性。关税同盟的贸易转移效应也会促使投资的增加，原先以出口产品供应同盟国市场，但受到贸易歧视原来的贸易格局不存在，因而非同盟国生产者以到同盟国开办企业的方式来代替贸易。一般来说，对外直接投资要比对外商品贸易更为优越。

4.2.2 大市场理论

提出大市场理论的代表人物是西托夫斯基和德纽(J. F. Deniau)。大市场理论是针对共同市场提出的，其在一体化程度上比关税同盟又进了一步，它将那些被保护主义分割的小市场统一起来，结成大市场，然后通过大市场内激烈竞争，实现大批量生产带来的大规模经济等方面的利益。德纽对大市场带来的规模化生产进行了描述，最终得出结论："这样一来，经济就会开始其滚雪球式的扩张。消费的扩大引起投资的增加，增加的投资又导致价格下降、工资提高、购买力的提高……只有市场规模迅速扩大，才能促进和刺激经济扩张。"西托夫斯基则从西欧的现状入手，提出西欧陷入了高利润率、低资本周转率、高价格的矛盾，存在着"小市场与保守的企业家态度的恶性循环"。因而，只有通过共同市场或贸易自由化条件下的激烈竞争，才能迫使企业家停止过去那种旧式的小规模生产而转向大规模生产，最终形成一种积极扩张的良性循环。从上述描述中可以总结出大市场理论的核心，即通过扩大市场，获得规模经济，从而实现经济利益。也即通过建立共同市场，使得市场扩大，将比较分散的生产集中起来进行规模化的大生产，这样，机器得到充分利用，生产更加专业化、社会化，高新科技得到更广泛的利用，竞争更加剧烈，从而生产成本下降，加之取消了关税及其他一些费用，使得销售价格下降。这必将导致购买力的增强与生活水平的提高，消费也会增加。消费的增加又促进投资的增加，于是经济形成良性循环。至目前为止，共同市场理论已在欧盟付诸实施，而且取得了成功，但是在南南型和南北型国际区域经济一体化中还没有得到应用，主要是因为共同市场理论的实施必须建立在关税同盟或自由贸易区的基础上，且各成员国的经济发展水平和经济发展阶段必须大致相同。

4.2.3 协议性国际分工原理

日本经济学家小岛清对经济一体化组织内部分工进行分析之后，提出了分工的新理论依据，这就是协议性国际分工理论。在研究分工时通常强调两点：一是比较优势原理，二是成本递增原理。而小岛清绕开这两点，重点分析了成本递减状况下的协议性国际分工。他假设：两个国家、两种产品情况下，每个国家只生产某一种产品，以满足两国的需要，这样可以使得经济一体化组织内的经济与贸易更为健康地发展。但是实行这种协议性的国际分工，有着一定的约束条约。第一，必须是两个国家的资本劳动禀赋比率没有很大差别，工业化水平与经济发展水平比较接近，协议性分工的产品在任何国家都能生产。如果这方面的差别比较大，则专业化生产的成本差异很大，那就不适宜进行协议性分工。第二，协议分工的产品，必须能够获得规模效益。否则，生产的集中并不能理想地降低成本，就失去了应有的意义。第三，两个国家从任一种商品的得利没有太大的差别。否则，这种协议性分工很难达成。以上说明，经济一体化必须在发展阶段与发展水平近似的国家之间建立。在同类型国家间，生活水平与文化近似，生产函数接近，容易达成协议，进行协议性分工的范畴也比较广，从而获利也较大。因此，成功的协议性分工必须在同等发展阶段的国家建立，而不能建立在工业国与初级产品生产国之间；同时，发达国家之间可进行协议性分工的商品范围较广，因而利益也较大。另外，生活水平和文化等方面互相接近的国家和地区容易达成协议，并且容易保证相互需求的均等增长。

4.2.4 综合发展战略

综合发展战略是由鲍里斯·塞泽尔基在《南南合作的挑战》一书中提出并进行论述的，主要对发展中国家经济一体化的现象作出解释。提出经济一体化是发展中国家的一种发展战略，是发展中国家进行集体自力更生和建立世界经济新秩序的主要手段。在发展中国家的一体化进程中，为了避免出现两极分化，保证一体化的正常运作和各国经济的均衡发展，必须建立强有力的共同机构制定相应的政策，由各成员国政府来共同实施。该理论又分为结构主义的中心—外围理论和激进主义的国际依附理论。

中心—外围理论的代表人物是缪尔达尔(Gurnar Myrdai)、普雷维什(Raul Prebisch)和辛格(Hans Singer)。普雷维什认为世界“经济星座”由“中心”即富裕的资本主义国家和“外围”即生产和出口初级产品的发展中国家组成，中心国家和外围国家组成的现行国际经济体系是不合理的，它只有利于发运国家而损害发展中国家经济的发展。缪尔达尔则运用“扩散效应”和“回波效应”理论来分析现代国际经济体系对发展中国家的利益和损害，认为“回波效应”的力量超过了“扩散效应”的力量，经济发展的结果往往不是带来共同富裕，而是加剧贫富差距。因而发展中国家必须实行进口替代的工业化战略，打破旧的国际经济体系，以发展中国家合作的集体力量来与“中心”国家抗衡。

比中心—外围理论还要激进的是激进主义的国际依附理论，其主要代表人物有巴兰(Paul Baran)、阿明(Samir Amin)、弗兰克(Ander Gunder Frank)、卡多佐(F. H. Cardoso)、桑克尔(Osualdo Sunkel)、桑托斯(M. Santos)和伊曼纽尔(A. Emmanuel)等人。这些学者认为发达国家和发展中国家的关系是富国支配穷国、穷国依附于富国并受之剥削的“支配—依附”关系，因此他们建议发展中国家要实现真正的经济发展，必须进行内部彻底的制度和结构变革，彻底摆脱对发达国家的依附。

4.3 区域经济一体化实践

最早的经济一体化组织要追溯到13世纪形成的普鲁士各城邦之间的“汉萨同盟”。现代的经济一体化组织是第二次世界大战以后逐步兴起，并且成为现代经济发展中的重要国际经济现象。下面的内容主要按照区域经济一体化的组成国家的性质来展开，就发达国家与发达国家之间的一体化组织、发达国家与发展中国家之间的一体化组织和发展中国家之间的一体化组织三种类型进行论述。

4.3.1 发达国家之间组成的一体化组织——欧盟

1. 欧洲联盟的产生

欧洲统一思潮存在已久，在第二次世界大战后进入高潮。1946年9月，英国首相丘吉尔曾提议建立“欧洲合众国”。1950 年 5 月 9 日，法国外长罗伯特•舒曼提出欧洲煤钢共同体计划(舒曼计划)，旨在约束德国。1951 年 4 月 18 日，法、意、联邦德国、荷、比、卢六国签订了为期 50 年的《关于建立欧洲煤钢共同体的条约》。1955 年 6 月 1 日，建议将煤钢共同体的原则推广到其他经济领域，并建立共同市场。1957 年 3 月 25 日，6 国外长在罗马签订了建立欧洲经济共同体与欧洲原子能共同体的两个条约，即《罗马条约》，于 1958 年 1 月 1 日生效。1965 年 4 月 8 日，6 国签订了《布鲁塞尔条约》，决定将欧洲煤钢共同体、欧洲原子能共同体和欧洲经济共同体统一起来，统称欧洲共同体。条约于 1967 年 7 月 1 日生效。欧共体总部设在比利时布鲁塞尔。1991 年 12 月 11 日，欧共体马斯特里赫特首脑会议通过了建立“欧洲经济货币联盟”和“欧洲政治联盟”的《欧洲联盟条约》(通称马斯特里赫特条约，简称“马约”)。1992 年 2 月 1 日，各国外长正式签署“马约”。经欧共体各成员国批准，“马约”于 1993 年 11 月 1 日正式生效，欧共体开始向欧洲联盟过渡。1993 年 11 月 1 日“马约”正式生效，欧共体更名为欧盟。这标志着欧共体从经济实体向经济政治实体过渡。1995 年，奥地利、瑞典和芬兰加入，使欧盟成员国扩大到 15 个。欧盟成立后，经济快速发展，1995 年至 2000 年间经济增速达 3%，人均国内生产总值由 1997 年的 1.9 万美元上升到 1999 年的 2.06 万美元。欧盟的经济总量从 1993 年的约 6.7 万亿美元增长到 2002 年的近 10 万亿美元。2007 年 1 月，罗马尼亚和保加利亚两国加入欧盟，欧盟经历了 6 次扩大，成为一个涵盖 27 个国家总人口超过 4.8 亿的当今世界上经济实力最强、一体化程度最高的国家联合体。至 2009 年 1 月止共有 27 个成员国，它们是：法国、德国、意大利、荷兰、比利时、卢森堡、英国、丹麦、爱尔兰、希腊、葡萄牙、西班牙、奥地利、瑞典、芬兰、马耳他、塞浦路斯、波兰、匈牙利、捷克、斯洛伐克、斯洛文尼亚、爱沙尼亚、拉脱维亚、立陶宛、罗马尼亚、保加利亚。

2. 欧洲联盟一体化的进展

1) 建立关税同盟，取消内部关税

按照《罗马条约》的规定，共同体从 1959 年至 1969 年分三阶段取消内部工业品和农产品的关税；统一对外关税率；对主要农产品征收差价税；实行差价税。建立关税同盟促进了欧共体出口贸易的增长，使出口贸易增长速度超过了美国，成员国内部贸易也迅速发展。

2) 实行共同农业政策

基本内容：制定了统一的农产品价格管理制度；对农产品实行“奖出限入”政策。通过共同农业政策使欧共体实现了农业现代化，农业劳动生产率有了明显的提高；农业生产持续增长，农产品自给率大大提高，农业人口的收入水平有了很大提高。

3) 创建欧洲货币体系

基本内容：创立“欧洲货币单位”，1999 年改为欧元；建立联系汇率制度；创建欧洲货币基金。欧洲货币体系的创建，使欧共体各国在国际金融市场动荡不定，各国货币汇率波动频繁的情况下，保持货币相对稳定的局面。这对于共同农业政策的顺利实施，对于各成员国间贸易的进一步发展，以及各成员国对外经济贸易关系的发展，对于增加欧共体的投资和就业机会，都起到了一定的促进作用。

4) 向政治一体化迈进

在 20 世纪 50 年代签署的《罗马条约》就达成了在实现经济一体化到一定阶段时，即开始规划政治一体化，建立“欧洲政治联盟”。1974 年成立的“欧洲理事会”使各国首脑直接参与了共同体的事务，开始向政治一体化的目标迈进了一大步，成为事实上的欧共体最高决策机构。

3. 组织机构

欧洲共同体的基础文件《罗马条约》规定其宗旨：在欧洲各国人民之间建立不断的、愈益密切的、联合的基础，清除分裂欧洲的壁垒，保证各国经济和社会的进步，不断改善人民生活和就业的条件，并通过共同贸易政策促进国际交换。在修改《罗马条约》的《欧洲单一文件》中强调：欧共体及欧洲合作旨在共同切实促进欧洲团结的发展，共同为维护世界和平与安全作出应有的贡献。欧共体下设以下机构。

1) 理事会

理事会包括欧洲联盟理事会和欧洲理事会。欧洲联盟理事会原称部长理事会，是欧共体的决策机构，拥有欧共体的绝大部分立法权。

2) 委员会

欧共体委员会是常设执行机构。负责实施欧共体条约和欧共体理事会作出的决定，向理事会和欧洲议会提出报告和建议，处理欧共体日常事务，代表欧共体进行对外联系和贸易等方面的谈判。

3) 欧洲议会

欧洲议会是欧共体的监督、咨询机构。欧洲议会有部分预算决定权，并可以 2/3 多数弹劾委员会，迫其集体辞职。

4) 欧洲法院

欧洲法院是欧共体的仲裁机构。负责审理和裁决在执行欧共体条约和有关规定中发生的各种争执。

5) 审计院

欧共体审计院成立于 1977 年 10 月，由 12 人组成，均由理事会在征得欧洲议会同意后予以任命。审计院负责审计欧共体及其各机构的账目，审查欧共体收支状况，并确保对欧共体财政进行正常管理。其所在地为卢森堡。

此外，欧共体还设有经济和社会委员会、欧洲煤钢共同体咨询委员会、欧洲投资银行等机构。

4. 中国与欧盟经贸关系

2009 年，中国和欧盟已建立正式外交关系 34 周年。自 1975 年以来，欧盟和中国的合作不断发展和深化：在政治领域不断调整和提升双边关系，经贸领域合作快速稳步发展，科教文等其他领域交流往来日益增多，双边关系朝着建立一个长期战略伙伴关系的道路上健康发展。中欧在多个领域进行经常性对话，签署有多项合作协议，共同面对来自政治、经济、社会领域的巨大挑战。欧盟和中国是当今最大的两个贸易伙伴，欧盟与中国的双边贸易 2008 年持续显著增长。欧盟从中国的进口增长了 6.5%，出口增长了 9%。

中国是欧盟贸易政策最重要的挑战。中国为世界第四大经济实体和第三大出口国，同时也是一支日益重要的政治力量。欧中贸易近年来迅速增长。中国是欧盟仅次于美国的第二大贸易合作伙伴，同时也是欧盟最大的进口国。欧盟是中国最大的贸易合作伙伴。欧中于 2008 年启动了新的战略机制来驱动贸易和经济政策。欧盟开放的市场为中国以出口为导向的增长作出巨大贡献。欧盟同时也受益于中国市场的增长，并承诺向中国开放贸易关系。然而，欧盟也努力推进中国公平贸易、尊重知识产权和履行其 WTO 职责。欧洲委员会于 2006 年采纳了针对中国的战略政策(合作和竞争)，政策指出欧盟既接受中国强有力的竞争，同时也推动中国公平贸易。战略的一部分是正在进行的全面伙伴及合作协定的磋商，该协定于 2007 年 1 月启动。这些将为进一步改善双边贸易和投资关系框架，和升级 1985 年的欧经贸合作协议提供机会。

4.3.2 发达国家与发展中国家组成的一体化组织——北美自由贸易区

1. 基本概述

北美自由贸易区是世界上第一个由最富裕的发达国家和发展中国家组成的经济一体化组织。它打破了传统的一体化模式，开创了发达国家和发展中国家共处同一经济贸易集团的先例。北美这三个国家在经济上有着较大的互补性和相互依存性。自由贸易的开展必将有力地促进相互间贸易的发展，从而推动各国经济的增长。对美国来说，在世界市场竞争日益激烈的情况下，还可增强它对日本和西欧的抗衡力量。

北美自由贸易区(North American Free Trade Area，NAFTA)由美加自由贸易区(US-Canada Free Trade Zone)演变而来，北美自由贸易区的产生和发展可以分成两个阶段：第一阶段主要是美国与加拿大之间自由贸易的发展。第二阶段，美、加之间的自由贸易又进一步扩大到包括墨西哥在内的整个北美地区。从 1965 年美国、加拿大的《汽车自由贸易协定》，到 1992 年 12 月 17 日加、美、墨 3 国签署的《北美自由贸易协定》，这一自由贸易区的产生历经了将近 30 年的时间。

2. 北美自由贸易协定的主要内容

北美自由贸易协定的宗旨：取消贸易壁垒，创造公平竞争的条件，增加投资机会，保护知识产权，建立执行协定和解决争端的有效机制，促进三边合作。其具体规定：在 15 年时间内，分三个阶段逐步取消三国间的关税，实现商品和服务的自由流通。在三国 9 000 多种商品中，约 50%商品的关税立即取消，15%将在 5 年内取消，其余的大部分在 10 年内取消，少数商品在 15 年内取消。此外，还将开放金融市场，放宽对外资的限制，保护知识产权等。北美自由贸易协定的主要内容有以下几方面。

1) 商品贸易

来自北美的产品大部分立即取消关税，有些产品的关税在 5～10 年内逐步取消，若干敏感的产品关税可在 15 年内取消。三国还将取消边境上进出口的配额许可证的禁令与限制，但为保护人类生命健康、环境、能源和农牧业生产等而作出的特殊规定例外。

2) 原产地规则

按照原产地规则的规定，凡全部在北美地区制造的商品即为原产地产品。凡非该地区原料所制造的商品，只要在北美自由贸易区任何一个成员国内加工，也可列为原产地产品。但加工后的产品须足以改变其税号分类。凡成品与其元件的税目分类相同，可以视为原产地产品。有些商品难以按税目分类确定是否属于原产地产品，则须按商品在当地生产增值的比例加以评判。

3) 投资

协定规定将取消重要的投资障碍，给予三国的投资者以基本保障，并建立一种解决提交者和自由贸易协定的某一成员国之间可能发生的争端的机制。

4) 服务

协定规定，除航空、海运和基本电讯以外的服务以及涉及银行、保险公司、证券公司服务和其他金融服务都要受《北美自由贸易协定》的约束。

5) 知识产权保护

协定规定，每个成员国都要以国民待遇原则为基础对知识产权提供充足及有效的保护，并保证这些权利得以有效实施而不会在国内及国外受到侵害。

6) 环境保护

各成员国保证以环境保护和可持续发展为标准来实施协定。

7) 争端解决

各成员国同意建立公平而迅速解决经济争端的机制，保证自由贸易的实现。协议规定由内阁级的专门委员会来监督检查自由贸易协定的实施，并根据协定条款解决纠纷。如果争端解决涉及免责条款或保障措施，则由专门小组研究裁决。有关反倾销和反补贴税的诉讼及金融服务业的争端由各自的机制和程序来解决。其他在协定范围内发生的争议，从提出申诉到裁决不得超过 8 个月。在争端仲裁以后，胜诉方在败诉方不履行裁定时可以得到一定的补偿，如果补偿数额不足，可以采取报复措施。

4.3.3 发展中国家之间组成的一体化组织——东盟

1. 东盟基本概述

东南亚国家联盟(简称“东盟”，Association of South East Asian Nations，ASEAN)的前身是马来亚(现马来西亚)、菲律宾和泰国于 1961 年 7 月 31 日在曼谷成立的东南亚联盟。1967 年 8 月 7～8 日，印度尼西亚、泰国、新加坡、菲律宾四国外长和马来西亚副总理在曼谷举行会议，发表了《曼谷宣言》，正式宣告东南亚国家联盟成立。1976 年 8 月 28～29 日，马、泰、菲三国在吉隆坡举行部长级会议，决定由东南亚国家联盟取代东南亚联盟。现成员国有 10 个，即文莱、柬埔寨、印尼、老挝、马来西亚、缅甸、菲律宾、新加坡、泰国和越南。秘书处设在印度尼西亚雅加达。中国与东盟关系非常紧密，是 10(东盟 10 国)+3(中、日、韩)框架的主要国家之一。近年来，中国加强了与东盟之间的合作，双方的经贸关系发展势头强劲，中国—东盟对话框架内各个机制运转良好。2001 年 11 月，中国与东南亚国家联盟达成协议，准备在今后 10 年内成立自由贸易区，这必将给东盟的发展注入新的活力。

2. 东盟组织机构

1) 首脑会议

自成立以来，东盟举行了 7 次首脑会议，4 次非正式首脑会议，就东盟发展的重大问题和发展方向作出决策。2000 年第四次非正式首脑会议决定取消正式非正式之分，每年召开一次首脑会议。

2) 外长会议

外长会议是制定东盟基本政策的机构，每年轮流在成员国举行。东盟外长还定期举行非正式会议(RETREAT)。

3) 常务委员会

由当年主持外长会议的东道国外长任主席，其他成员国驻该国大使(或高级专员)任当然委员，不定期举行会议，负责处理东盟日常事务和筹备召开外长会议，执行外长会议的决议，并有权代表东盟发表声明。

4) 经济部长会议

经济部长会议是东盟经济合作的决策机构，在区域经济合作方面发挥主导作用，每年不定期地召开一、二次会议。

5) 其他部长会议

包括财政、农林、劳工、能源、旅游等部长会议，不定期地在东盟各国轮流举行，讨论相关领域的问题。

6) 秘书处

秘书处是东盟的行政总部，并负责协调各成员国国家秘书处，向部长会议和常务委员会负责。

7) 专门委员会

专门委员会包括 9 个由高级官员组成的委员会，即工业、矿业和能源委员会，贸易和旅游委员会，粮食、农业和林业委员会，内政和银行委员会，交通运输委员会，预算委员会，文化和宣传委员会，科学技术委员会，社会发展委员会。

8) 民间和半官方机构

民间和半官方机构包括东盟议会联盟、工商联合会、石油理事会、新闻工作者联合会、承运商理事会联合会、船主协会联合会、旅游联合会和博物馆联合会等。

3. 东盟—中国经贸关系

东盟国家是我国的南邻，自古以来就是我国产品通向世界的必经之地，俗称“下南洋”。它是世界上华侨华人最多的地区之一，政治、经济和文化上往来密切，双方在资源禀赋、产业结构上各具特色，经济贸易结构上具有很强的互补性。近几年来，中国同东盟关系顺利发展，高层往来频繁，政治关系日益密切。1997 年亚洲金融危机的爆发，使推动地区经济一体化的构想加速实现，同年，两地建立了面向 21 世纪的睦邻互信伙伴关系；2004 年的“早期收获”计划，掀开了中国—东盟自由贸易区建设的序幕，降税进程启动当年，双边贸易总额首次突破 1 000 亿美元，达到 1 058.7 亿美元；2007 年 1 月，双方又签署了《服务贸易协议》，是我国在自贸区框架下与其他国家和地区签署的第一个关于服务贸易的协议。中国—东盟自由贸易区的建设，开创了我国自由贸易区建设的先河，在 2008 年美国金融风暴席卷全球，各国经济放缓的形势下，中国与东盟依托自贸区这一合作平台，按照合作共赢、资源共享的原则，积极推进和加强在商品贸易、资源开发、工程承包、投资办厂、交通建设等方面的深度合作，继续保持我国第四大贸易伙伴和我国第三大进口来源地的地位。据海关统计，2008 年，我国与东盟进出口 2 311.2 亿美元，比上年同期增长 14%，占同期我国进出口总值的 9%。2009 年 1～6 月份，中国和东盟的进出口贸易为 880.6 亿美元，同比下降 23.8%。

4. 新型的区域经济一体化组织——亚太经合组织

亚太地区国家在资源、资金、技术和市场等方面有着极大的互补性，随着亚太地区的崛起，各国间经济贸易相互依存的不断加强，在世界经济一体化趋势日益发展的影响下，加强亚太地区的经济合作已成为普遍的要求和必然的趋势，从而提上了各有关国家的议事日程。1989年1月，澳大利亚总理霍克访问韩国时提出“汉城倡议”，建议召开部长级会议，以讨论加强亚太经济合作问题。经与有关国家磋商，首届部长会议于1989年11月6日在澳大利亚首都堪培拉举行，这标志着亚太经合组织的正式成立。中国于1991年3月正式成为该组织成员。亚太经济合作组织是亚太地区级别最高、影响最大的区域性经济组织。

APEC成立以来取得的成就体现在贸易和投资自由化、贸易和投资便利化以及经济技术合作三个方面。1994年11月在印尼茂物年会上，通过了标志着地区贸易和投资自由化重要成果的《茂物宣言》，宣言提出了实现APEC贸易和投资自由化的时间表，即发达成员不晚于2010年，发展中成员不晚于2020年完全实现统一目标。批准了授权在贸易和投资委员会下设立标准与合格认证分委会以及海关手续分委会，以求在建立APEC海关数据信息联网系统，规范和简化成员间通关程序，促进商品技术标准和规定的统一化等方面提高效率，降低交易成本。1995年11月在日本大阪通过了《执行茂物宣言的大阪行动议程》，使APEC实现贸易与投资自由化目标有了保障。1996年在菲律宾宿务召开的APEC高官会议上，各成员分别提交了实施自由化的单边行动计划，并列出了2000年、2010年和2020年以前将采取的措施和大致计划。1996年11月的马尼拉会议发表了《APEC加强经济合作与发展框架宣言》，确立了APEC经济技术合作的目标、指导原则、APEC经济技术合作的特点、经济技术合作的主题及优先领域，为21世纪亚太经济技术合作奠定了基石。2001年亚太经合组织在中国上海举行了第13届部长级会议及第9届领导人非正式会议，会议就进一步推动亚太地区的贸易投资自由化和便利化的进程，加强APEC在经济技术方面的合作，以保证本地区的人民从全球化和新经济中均衡受益进行了讨论，并决定通过宏观经济对话与合作，努力为亚太地区经济的可持续增长创造条件。

从地区经济一体化的基本特征来说，亚太经合组织并不是一个标准的或规范的地区经济一体化组织，主要由下面的三点原因决定的：一是成员特征的庞杂性，亚太经合组织的成员已达21个，总人口占世界总人口的40%，国内生产总值占全球GDP的55.86%，贸易额占世界总贸易额的45%，在世界经济中占有十分重要的地位。二是结构特征的复合性。一般的区域经济一体化组织都实行的是单一的组织结构，即所有的成员共同组成一个统一的区域经济一体化组织。这个统一的组织下面再没有次级的组织。亚太经合组织成员组成的“小集团”，即次区域经济一体化组织。三是运行特征的非机制性和非约束性。亚太经合组织是一个官方论坛，通过协商，达成共识，各自采取行动。亚太经合组织在制订计划时，实行“全体协商一致原则”，如果亚太经合组织中的某个成员不同意某项计划，该计划就不可能通过。

本 章 小 结

本章主要就地区经济一体化展开，主要说明了区域经济一体化产生的背景、区域一体化的含义与分类、区域经济一体化理论及区域经济一体化的组织等内容。

通过本章学习，我们可以了解为什么世界经济出现一体化趋势，可以结合实际，阐述中国应该如何利用区域经济来发展中国的生产率，发展我们的经济。

本章练习题

一、单项选择题

1．关税同盟区别于自由贸易区的主要表现在于(　　)。

A．成员国之间的工业品全部免税

B．对外实行统一的贸易壁垒

C．成员国之间所有商品不受数量限制

D．成员国之间商品自由流通

2．区域经济一体化中(　　)没有实现成员国统一关境。

A．自由贸易区　B．关税同盟　C．共同市场　D．经济完全一体化

3．贸易创造效果属于关税同盟的(　　)。

A．动态效果　B．静态效果　C．贸易转移　D．贸易损失

4.下列属于关税同盟带来的动态效应的是(　　)。

A．贸易创造　B．贸易转移　C．竞争效应　D．贸易损失

5．按贸易壁垒取消程度划分，经济一体化最简单的形式是(　　)。

A．自由贸易区　B．共同市场

C．优惠贸易安排　D．关税同盟

6．对发展中国家经济一体化现象作出阐释的是较有影响的(　　)理论。

A．大市场　B．关税同盟

C．综合发展战略　D．协议性国际分工

7．欧共体成员国于 1992 年 2 月 7 日签署了(　　)。

A．《建立欧洲经济共同体条约》　B．《马斯特里赫特条约》

C．《欧洲协定》　D．《单一欧洲法令》

8．贸易转移和贸易创造效果是从(　　)方面考察关税同盟的贸易影响的。

A．需求　B．关税　C．生产　D．消费

9．在成员国间完全废除关税与数量限制，建立对非成员国的共同关税外，成员国间的生产要素也实现自由移动的是(　　)。

A．自由贸易区　B．关税同盟　C．共同市场　D．经济同盟

10．关税同盟成员国经济结构竞争力越大，互补性越小，同盟成立后福利水平越可能(　　)。

A．下降　B．不变　C．提高　D．均有可能

二、多项选择题

1．区域经济一体化形式主要包括(　　)。
　A．自由贸易区　B．关税同盟　C．共同市场
　D．经济同盟　E．完全一体化
2．关税同盟的内容为(　　)。
　A．成员国之间的工业制成品全部免税
　B．成员国之间的所有商品全部免税
　C．同盟外部实行统一关税
　D．成员国内部所有商品免税，对外实行独立关税
3．地区经济一体化理论包括（　　)。
　A．关税同盟理论　B．大市场理论
　C．协议性国际分工原理　D．综合发展战略理论
4．关税同盟的静态效果主要有（　　)。
　A．贸易创造效果
　B．贸易转移效果
　C．贸易扩大效果
　D．促进市场扩大，改善投资环境
　E．促进技术进步，加速成员国经济发展

三、简答题

1．区域经济一体化的含义是什么？其基本的组织形式有哪些？
2．试用贸易创造和贸易转移的概念对关税同盟的资源配置效应进行分析。
3．简述第二次世界大战后区域经济一体化发展的特点和原因。
4．试析区域一体化组织的建立通常需要具备哪些条件。
5．简述关税同盟效应。
6．简述共同市场理论的观点。
7．比较关税同盟与自由贸易区的异同。
8．试析区域经济一体化对国际贸易的影响。
9．简述中国—东盟自由贸易区的建立对各国及世界经济的影响。
10．结合所学知识，说明亚太经济合作组织与北美自由贸易区有什么不同？

四、计算分析题

A 国从国际市场进口商品 X，每单位 10 美元。该商品在 A 国国内的需求曲线是 D=400−10P，供应曲线是 S=50+5P。

(1) 试计算自由贸易时 A 国进口 X 商品数量。

(2) 如果 A 国对进口 X 商品征收 50%的进口关税，A 国国内价格和进口量各为多少？

(3) 如果 A 国与 B 国结成关税同盟，对外关税不变，B 国以每单位 12 美元的价格向 A 国出口 X 商品，A 国的国内价格和进口量各为多少？贸易转移效应和贸易创立效应怎样？

第5章 世界贸易组织

教学目标

- 了解GATT和WTO产生的历史过程；
- 掌握和熟悉WTO的基本原则和有关知识；
- 熟悉和掌握中国加入WTO应当享有的权利和承担的义务。

关键词

GATT　WTO　WTO的基本原则　中国与WTO

案例导入

WTO裁决中国稀土出口案败诉

2014年3月26日，WTO争端解决机构就美国、欧盟、日本诉中国关于稀土、钨和钼的出口限制措施案(DS431、DS432、DS433)发布专家组报告。

这份专家组报告长达257页。报告认为，中国对稀土、钨、钼征收出口关税与中国加入世贸组织议定书中的相关规定不符。此外，专家组还认为，中国对涉案产品施加出口配额也不符合《1994年关税与贸易总协定》。最终，专家组初步裁定，中国对三种原材料的出口税、出口配额和出口管理措施违反了世贸组织相关规则，中国在这一诉讼中败诉。

该案涉及的稀土、钨和钼均为稀有金属，是生产各种电子产品的主要原材料，在冶金、机械、化工、航天等领域有广泛应用，属于不可再生资源，均被中国列入实施出口配额许可证管理的货物。中国认为，对稀土出口的限制措施是基于对可用尽自然资源的保护，同时也是为了减少开采过程中造成的环境污染。对此，中国实施了三种出口限制措施：征收出口关税；实施出口配额；对出口企业设置贸易权限制。

关于出口关税，专家组认为，这些关税措施并不是《1994年关税与贸易总协定》第20(b)条规定的“为保护人类、动物或植物的生命或健康所必需的措施”，与中国在WTO项下的义务不符。

关于出口配额，专家组认为，中国对稀土、钨和钼实施出口配额的目的是为了实现产业政策目标，而非对自然环境的保护，不符合《1994年关税与贸易总协定》第20(g)条中关于“保护”的界定。专家组认为，第20(g)条中的“保护”不仅仅指的是“保存”(preservation)，还指WTO成员在设定一项保护政策时考虑了其自身可持续发展的需要和目标。此外，专家组还认为，该案中被诉的出口配额也不符合第20(g)条后半句话的规定，即“……，如此类措施与限制国内生产或消费一同实施”。

关于贸易权问题，中国对有权出口稀土和钼的企业设置了一定限制，中方指出，尽管其在入世议定书中承诺取消贸易限制，但若涉及“与保护可用尽的自然资源有关的措施”，则可以适用《1994年关税与贸易总协定》第20条的“一般例外”规定。对此，专家组认为，中方并未就其实施的该项贸易权利限制措施可以适用第20(g)条作出令人满意的解释。据此，专家组认为，中国的贸易权利限制措施违反了其在WTO项下的义务。

日内瓦时间8月7日，WTO公布了美国、欧盟、日本诉中国稀土、钨、钼相关产品出口管理措施案(即稀土案)上诉机构报告。上诉机构维持此前WTO专家关于中方涉案产品的出口关税、出口配额措施不符合有关世贸规则和中方加入世贸组织承诺的裁决。

(资料来源：新浪财经 2014-08-08)

5.1 关税与贸易总协定

关税与贸易总协定(General Agreement on Tariff and Trade，GATT)，简称关贸总协定。它是一个关于关税与贸易政策的多边贸易条约，同时也是缔约方之间进行多边贸易谈判和解决贸易争端的场所。

GATT是第二次世界大战后美国从其自身经济利益出发，联合世界上23个国家于1947年10月30日在日内瓦签订的一个临时性的国际多边贸易协定。

5.1.1 GATT的产生

第二次世界大战结束后，作为主战场的欧洲，经济遭受重创。不仅作为战败国的德、意、日在战时耗尽了财力，战后又被搬走了机器，经济面临崩溃，即使作为战胜国的英、法等盟国为应付战争也几乎竭尽了人力物力，以致战后资金短缺，生产萎缩。各国为了重建经济，纷纷实行贸易保护主义，以保护本国生产和就业。而同样是战胜国的美国却截然不同。由于战争远离本土，加之受到战时军需品的刺激，美国经济急剧膨胀而成为战后最强大的国家。第二次世界大战后，美国拥有西方世界1/2以上的生产能力、1/3的出口贸易和3/4的黄金储备。凭借其雄厚的经济实力，美国积极倡导自由贸易，以便为自己谋取更多的利益。

美国凭借其在政治、经济、军事上的优势，企图从金融、投资和贸易三个方面重建世界经济秩序。1944年7月，美国召集盟国的代表在布雷顿森林城举行了“布雷顿森林会议”，会议形成了“布雷顿森林协定”，协定决定建立旨在鼓励自由贸易和经济发展的三个国际性的机构，即处理长期国际投资问题的“国际复兴开发银行”(世界银行，IBRD)；重建国际货币制度，维持各国间汇率的稳定和国际收支的平衡的“国际货币基金组织”(IMF)；扭转贸易保护主义和歧视性贸易政策，促进国际贸易自由化的“国际贸易组织”(International Trade Organization，ITO)。

在美国的提议下，联合国经济与社会理事会于1946年2月召开了第一次会议，通过了由美国提出的召开“世界贸易与就业会议”的决议草案，并成立了由19国组成的筹备委员会，着手筹建国际贸易组织。由于当时关税壁垒盛行，建立正式的国际贸易组织又需要一段时日，为了尽快解决各国在贸易中的摩擦，包括美、英、法、中、印度等的23个国家便主张将在联合国经社理事会第二次筹委会通过的由美国起草的《国际贸易组织宪章草案》中的贸易政策部分，和它们各自在双边谈判基础上达成的关税减让协议加以合并，形成了《关税与贸易总协定》，作为国际贸易组织成立之前各国相互处理贸易纠纷的临时性根据，等国际贸易组织生效后，再用《国际贸易组织宪章》来取代之。《关税贸易总协定》于 1947 年 10 月 30 日在日内瓦由 23 个缔约国签署。但鉴于《关税与贸易总协定》根据《国际贸易组织宪章》生效尚待时日，1947 年 11 月 15 日，美国联合英国、法国、比利时、荷兰、卢森堡、澳大利亚、加拿大等 8 国签署了关贸总协定《临时适用议定书》，使关贸总协定于 1948 年 1 月 1 日提前在上述 8 国实施。另外 15 个国家可于 1948 年 6 月 30 日前签署。

后来，由于在 1947 年 11 月哈瓦那联合国贸易与就业会议上通过的《国际贸易宪章》对美国原先的草案作了大量修改，与美国的利益相去甚远，美国国会没有通过，美国政府也就放弃了成立国际贸易组织的努力。其他国家受美国影响也持观望态度，致使建立国际贸易组织的努力流产。这样，GATT 便成为一个临时性的应急协定而一直延用至 1994 年年底。

5.1.2 GATT 的宗旨和主要内容

1. GATT 的宗旨

在 GATT 正式文本的序言中，明确地提出了 GATT 的宗旨：缔约各国政府认为：在处理它们的贸易和经济事务的关系方面，应以提高生活水平、保证充分就业、保证实际收入和有效需求的巨大持续增长、扩大世界资源的充分利用以及发展商品生产与交换为目的，希望达成互惠互利协议，大幅度地消减关税和其他贸易障碍，取消国际贸易中的歧视待遇。

可以看出，GATT 希望通过降低关税和取消非关税壁垒，实现贸易自由化，建立一个完整的、公正的、开放的、有活力的和持久的多边贸易体系，进而促进是世界经济的繁荣和福利的提高。但实际上，由于世界各国经济发展不平衡，决定了各国在世界贸易中的不同地位，关贸总协定在很大程度上被美国所控制，成为经济大国争夺世界市场和霸权的场所。只要世界还存在着不公平贸易秩序，GATT 的宗旨就不可能得到全面实现。

2. GATT 的主要内容

关税于贸易总协定文本已经经过几次重大修改，除序言外共四个部分，38 条。

总协定的第一部分包括第一条和第二条，是总协定的核心条款，主要规定缔约方在关税和贸易方面相互提供无条件最惠国待遇以及关税减让事项。

总协定的第二部分包括第三条到第二十三条。主要是调整和规范缔约方的贸易和措施的规定，包括自由国境、反补贴税和反倾销税、海关估价、取消出口补贴、一般例外与安全例外等规定。

总协定的第三部分包括第二十四条到第三十五条。主要规定了总协定的适用范围、活动方式、参加及退出总协定的程序等问题。

总协定的第四部分包括第三十六条到第三十八条。这部分是 1965 年增加的，主要规定发展中国家在贸易与发展方面的特殊要求及有关问题。

另外，总协定的若干附件对其文本的条款作了注释、说明和补充。《临时适用议定书》规定，所有缔约方必须适用总协定的第一、第三部分，对于第二部分，要求缔约方在“与其现行国内立法不相抵触的范围内最大限度地予以适用”。

5.1.3 乌拉圭回合多边贸易谈判

1. 乌拉圭回合发起的背景

GATT 第 7 轮“东京回合”谈判之后，美国、欧共体和日本三个主要工业经济体间的经济贸易摩擦日益加剧。1982 年 11 月的 GATT 部长级会议主要是为了解决东京回合遗留问题，但失败了，而且也导致了保护主义的抬头。美国就发动新一轮多边贸易谈判，GATT 于 1985 年 9 月召开缔约方大会，与会代表认为，新一轮谈判的宗旨应该是遏制和消除贸易保护主义，维护和加强国际多边贸易体制，改善国际贸易环境，促进贸易自由化的发展。会议的中心议题集中在是否应将服务贸易纳入国际多边贸易体制以及服务贸易与传统贸易的关系上。经过各方反复协商并运成了协议，宣告新一轮谈判筹备工作开始。

1985 年 11 月底，GATT 召开第 41 届缔约国大会，正式成立新一轮谈判筹备委员会。筹委会用了 4 个月时间完成了对新一轮谈判可能涉及的 30 多个议题的审议工作，草拟了乌拉圭回合部长会议宣言。

1986 年 9 月 15 日，在乌拉圭的埃斯特角举行关贸总协定缔约国部长级会议，会议决定发动第 8 轮多边贸易谈判，即乌拉圭回合多边贸易谈判，简称“乌拉圭回合”。

2. 乌拉圭回合谈判的特点

乌拉圭和会谈判历时近 8 年，于 1993 年 12 月正式结束，中间几经周折，最后达成了包含近 40 个协议和决定的最后文件。乌拉圭回合谈判的主要特点有以下几方面。

1) 谈判的范围广

多达 117 个国家和地区参加了此次谈判，其议题也多达 15 个，这都是空前的。大致可分为三大类：第一类是有关进一步促进货物贸易的自由化议题；第二类为与强化 GATT 多边贸易制度功能及作用有关的提议；第三类为新增的与贸易有关的知识产权问题、与贸易有关的投资措施、服务贸易 3 个议题。它们几乎涵盖了各方所关心的议题。

2) 难度大

本次谈判历时 8 年，主要是白于该轮谈判涉及了大量的国际贸易中的新旧议题，其中有的议题非常棘手，而且参加各方又都有着不同的利益，致使谈判纷繁复杂，难以协调和妥协。特别是在农产品贸易自由化问题上发达国家尤其是美国和欧共体之间矛盾重重，各方利益尖锐对立，使谈判几度陷入僵局，以致使这一问题的谈判成为乌拉圭回合成败的关键。

3) 谈判成果的显著性

乌拉圭回合谈判的最后文件包括 28 个协议，涉及 21 个领域，远远超过以前历届谈判的成果。并且谈判的最终结果采取的是一揽子协议，各缔约方所产生的一系列多边协议，要么全部同意全部签署，要么全不同意全不签署，而非像过去那样可以部分同意、承担部分责任和义务。这样就增强了 GATT 权利和义务的整体协调性。

3. 乌拉圭回合谈判的主要成果

1993 年 12 月 15 日，随着欧美在农产品补贴问题上达成谅解，乌拉圭回合多边谈判终于在最后期限前于日内瓦国际会议中心结束，并产生了几经修改的《乌拉圭回合最后文件》。

不仅涉及 GATT 原则和规则下的关税、非关税等原有问题及其延伸，而且增加了农产品、纺织品和服装、服务贸易及知识产权等新内容。

在消减关税方面，各缔约方平均减税幅度约 40%，涉及的贸易额高达 1.2 万亿美元，其中有 20 个产品实行零关税，有些产品关税下降 50%。就工业产品而言，发达国家受到协议约束的税目比例，从乌拉圭回合前的 78%扩大到了 97%，加权平均税率水平由 6.4%降到 4%；同时，发展中国家受到约束的比例由 21%剧增到 65%。除此之外，乌拉圭回合还在以往没有解决的纺织品和服装以及农产品的贸易方面达成了协议，在服务贸易方面也作出了承诺。就农产品而言，所有参加方必须将一切非关税措施转换成关税，实行关税化。对每项关税细目至少降低 15%，发展中国家可只消减 10%。就纺织品和服装而言，协议要求在 10 年内分三阶段取消进口数量限制和进口年增长率，发展中国家向发达国家出口纺织品和服装不再受配额限制，实现纺织品和服装的自由贸易。

在非关税措施方面，通过了《原产地规则协议》《装船前检验协议》《技术标准协议》等一系列文件，对原产地规则、装船前检验、海关估价、反倾销、技术壁垒、进口许可证等肥关税壁垒进行了进一步规范。

此外，对具体的贸易活动及其相关问题，还达成了《农产品协议》《纺织品和服装协议》《服务贸易总协定》《与贸易有关的投资措施协议》《与贸易有关的知识产权协议》以及《保障措施协议》《总协定体制的作用》《争端解决规则与程序的谅解》等一系列协议，它们共同构成了 WTO 的重要内容。

5.1.4 GATT 的历史贡献及缺陷

GATT 作为一个临时性的协定，不是一个权力机构，没有法人资格，但它发挥了国际贸易组织的作用，在现代国际贸易史上功不可没。也使得 GATT 在世界贸易中具有举足轻重的作用。GATT 对国际贸易发展的历史贡献，主要表现在以下几点。

第一，组织多边贸易谈判，消除各种贸易障碍。贸易障碍主要是关税和非关税两种，阻碍别国产品的进口。高关税的存在曾是限制国际贸易发展的主要因素。在关税与贸易总协定主持下，经过 8 轮多边贸易谈判，各缔约方的关税均有了较大幅度的降低。发达国家的平均关税率从 1948 年的 36%降至 20 世纪 90 年代中期的 3.8%，发展中国家和地区同期降至 12.7%，关税壁垒的作用大为降低。从东京回合起，非关税壁垒也被纳入减让谈判的范围并达成了《技术性壁垒协议》《进口许可证制度协议》等一系列协议，非关税壁垒的使用受到一些限制。这使得国际贸易规模从 1950 年的 607 亿美元增加至 1995 年的 43 700 亿美元。世界贸易的增长速度超过世界生产地增长速度。

第二，在一定程度上维护了发展中国家在国际贸易中的利益。1948—1993 年，随着加入总协定的发展中国家逐渐增加，总协定中增加了专门处理发展中国家贸易和发展问题的条款，使发展中国家处于特殊的、可享受优惠的地位，有利于发展中国家经济和贸易的发展。

第三，协调缔约方之间的贸易关系，解决各种贸易纠纷。由于各国的切身利益不同，在国际贸易中难免存在各种冲突和纠纷。总协定的各种组织机构为各缔约方解决矛盾和争端提供场所，而且有一套争端调解的程序和方法。这样保障了各方在总协定中的权利和义务。GATT 的条文不具法律强制性，是一个临时协定，但由于其协调机制的权威性，它能使绝大多数的贸易纠纷得到解决。

第四，制定适应国际贸易新发展的新规章准则。这些规章体系在一定程度上成为各缔约方制约和修改对外贸易政策和措施以及从事对外贸易活动的依据。在 GATT 存在的 47 年间，随着世界经济、科技技术的不断发展，国际贸易的领域不断扩展，服务贸易、投资及环保等领域的问题日益突出，为此，GATT 不断制定新的规章以明确各方的权利和义务。如乌拉圭回合谈判首次涉及知识产权、与贸易有关的投资和服务贸易等领域，所通过的“一揽子协议”中包括了《服务贸易总协定》《与贸易有关的投资措施协议》《与贸易有关的只是产权协议》等前所未有的内容，有利于国际贸易的发展。

第五，通过 GATT，有利于各缔约国互相了解贸易情况，取得有关贸易政策的资料，从而有助于国际贸易的顺利进行。GATT 非常关注各缔约方经济和贸易的发展情况，并及时发表各种年度经济数据和经济发展报告，以便为缔约方的经济发展提供决策参考。

正是由于 GATT 的上述作用，GATT 才与世界银行和国际货币基金组织一起被称为驱动世界经济的“三驾马车”，它们各自在贸易、投资和金融领域影响世界经济的发展。在国际贸易方面，当时全球 90%以上的贸易量受到 GATT 的制约。

但是由于 GATT 不是一个正式的国际组织，使得它在体制上具有多方面的重要缺陷，例如：

(1) 由于 GATT 非法人主体的身份使得其只能依靠其权威性来监督各项规则的履行和调解各种贸易争端。而且其法律约束力不足，也难以对违规者作出制裁。作为一系列双边协定组成的总协定，其责任不全面，对有些协定其缔约方可以拒绝签署，各方的权利和义务并不平衡。

(2) GATT 不能适应国际经贸环境的巨大变化，尤其是不能适应经济全球化和知识经济发展的要求。关税与贸易总协定仅管辖货物贸易，而农产品、纺织品和服装还不受关税与贸易总协定贸易自由化的约束。这与世界性产业结构向服务业、第三产业转变，国际服务贸易及投资的迅速发展不相适应，也与同贸易有关的知识产权保护的要求不相适应。

(3) GATT 的争端解决程序不具系统性，而是分散于各个别协定和总协定中。因此难以形成具有实效的全盘性多边争端解决程序，缺乏能确保规则有效实行的全球性监督机构。而且 GATT 专家组对贸易纠纷作出的裁定，需要缔约方全体一致同意才能通过，这使裁定的通过易受个别大国的操控，缺乏公平性，破坏了 GATT 的基本原则。

有鉴于此，早在 20 世纪 50 年代后期，联合国经社理事会就提出了在联合国主持下建立国际贸易组织的构想，在随后的 30 多年建立世界贸易组织的呼声从未停止过。

5.2 世界贸易组织

第二次世界大战结束以后，国际贸易组织由于美国国会没有批准而没能建立起来，但是几十年来，提议建立一个国际性贸易组织的建议从未间断过。在乌拉圭回合谈判中，又提出了不少关于建立国际性贸易组织的建议，包括加拿大的多边贸易组织的建议。经过 7 年多的谈判，117 个参加方终于在 1993 年 11 月 15 日达成了关于建立世界贸易组织的协议(草案)。世界贸易组织于 1995 年 1 月 1 日正式成立，并与关税与贸易总协定有半年的过渡期，1995 年 7 月 1 日，世界贸易组织正是取代关税与贸易总协定而运作。

5.2.1 世界贸易组织的概述

1. 世界贸易组织协定的内容

1993 年 11 月 15 日达成的建立世界贸易组织(World Trade Organization，WTO)的协定包括序言、条款和附件三个部分。

序言部分概括了协定的宗旨和目标。它规定：世界贸易组织全体成员在处理贸易和经济领域的关系时，应以提高生活水平，确保充分就业，大幅稳定地增加实际收入和实际需要，持久地开发和合理地利用世界资源，拓展货物和服务的生产和贸易为准则；必须积极努力，确保发展中国家在国际贸易增长中得到与其经济发展相适应的份额；通过签订旨在大幅消减关税和其他贸易壁垒以及在国际贸易关系中取消这些歧视待遇的议定书和互惠安排，为这些目标作出贡献；维护关贸总协定的基本原则和进一步完成关贸总协定的目标，发展一个综合性的、更加有活力的、持久地多边贸易制度，包括经过修改过的关贸总协定和它主持下达成的所有守则和协议，以及乌拉圭回合多边贸易谈判的全部成果。

条款主要包括：①规定世界贸易组织提供的共同机构框架是为了处理世界贸易组织成员之间的贸易关系的。②规定世界贸易组织的职能：促进世贸组织协定及各项多边贸易协定的执行、管理、运作及目标的实现，同时对各多边贸易协定的附协定的执行、管理和运作提供组织机制；为其各成员方提供谈判场所；负责管理实施《关于纠纷解决的规则与程序之谅解协议》，世贸组织将按该谅解协议的规则与程序支持并处理各成员方之间的各项纠纷；负责管理实施贸易政策审议机制协议；负责与国际货币基金组织、世界银行及其附属机构的合作，以便进一步促进对全球统一的经济政策的制定。③规定设立向所有成员代表开发的部长级大会和总理事会。④规定由总理事会任命一名总干事任世界贸易组织秘书处的首长，由总干事根据总理事会批准的规则任命秘书处和工作人员。⑤规定接受世界贸易组织协定和多边贸易协议的关贸总协定缔约方和欧共体，包括按关贸总定议定条件接受者，为世界贸易组织的创始成员。⑥规定世界贸易组织在履行职能和任务时，应尊重关贸总协定的规则、决定和习惯做法，在对国内法作修改时，所有成员都应努力采取一切必要步骤，使其国内法能推动实施附件中协议的规定，以保证它们的法律与这些协议相互一致。

世界贸易组织协定共有 4 个附件。附件 1 包括 3 个部分：货物贸易的多边协议、服务贸易总协定、与贸易相关的知识产权协议；附件 2 是综合性争端解决机制和谅解规则；附件 3 是贸易政策审议机制；附件 4 是包括东京回合另外 4 个诸边贸易协议。

2. WTO 的组织机构

WTO 不同于 GATT，它是一个世界性的法人组织，有一整套的组织机构。

1) 部长会议

世界贸易组织的最高决策权力机构，由所有成员(世界贸易组织有创始成员和新成员之分，创始成员必须是关贸总协议的缔约方，新成员必须由部长会议以 2/3 多数票通过方可加入)主管外经贸的部长、副部长级官员或其全权代表组成，至少每两年召开一次会议，它可就任何多边贸易协议的任何问题作出决议。并拥有立法权、准司法权；可以豁免某个成员在特定情况下的义务；可以批准非世界贸易组织成员国所提出的取得世贸组织观察员资格申请的请示。下设总理事会和秘书处，负责世界贸易组织日常会议和工作。

2) 总理事会

在部长会议休会期间，由全体成员代表组成的总理事会代行部长会议职能。总理事会自行拟定议事规则以及议程，可视情况需要随时召开会议以履行其解决贸易争端和审议各成员国贸易政策的职责。总理事会设有货物贸易、非货物贸易(服务贸易)、知识产权三个理事会。总理事会还下设贸易政策核查机构，它监督着各个委员会并负责起草国家政策评估报告。

3) 秘书处与总干事

世界贸易组织成立由一位总干事领导的世界贸易组织秘书处。秘书处设在瑞士日内瓦，大约有 500 名工作人员。世贸组织的总干事应由部长会议任命。秘书处的所有职员则由总干事任命，并由总干事依照部长会议通过的规章确定职员的职责和任职条件。总干事和秘书处职员的职责应具有排他的国际性质。总干事和秘书处职员在行使职责的过程中，不得寻求或接受来自世贸组织以外的任何政府或任何其他权威机构的指示。总干事和秘书处职员不得作出可能消极影响其作为国际官员地位的任何行动。世贸组织各成员方应尊重总干事和秘书处职员之职责的国际性质，并不得在他们履行职责的过程中施加影响。为此，世界贸易组织章程为他们规定了特权与豁免。世贸组织的总干事是世界贸易组织的行政首长，其权力、职责、任职条件和期限均由部长会议通过的规章来确定，主要有以下职责：可以最大限度地向成员国施加影响，要求他遵守世界贸易组织规则；考虑和预见世界贸易组织的最佳发展方针；帮助成员解决争议；负责秘书处工作，管理预算和行政事务；主持协商和非正式谈判，解决贸易纠纷。

4) 世界贸易组织的专门委员会和谈判委员会

世界贸易组织在部长会议下设立专门委员会，以处理特定的贸易事项及其他有关事宜；如贸易与发展委员会；国际收支委员会(负责审议以国际收支困难为理由而采取的贸易限制措施)；预算、财务与行政委员会；贸易与环境委员会；区域集团委员会等。而谈判委员会则是在总理事会或分理事会下设的负责各具体谈判议题的委员会(有的也称作谈判组，如基础电讯谈判组，自然人移动谈判组，海运谈判组等)，如民用航空器委员会、政府采购委员会、市场准入委员会、农业委员会、卫生与植物检疫措施委员会、与贸易有关的投资措施委员会、原产地规则委员会、补贴与反补贴委员会、海关估价委员会、金融服务贸易委员会、专业服务委员会等。

5) 世界贸易组织的工作组和专家小组

工作组是沿袭关贸总协定的做法，为处理一些重要问题而成立的一种临时性 机构，如中国加入世界贸易组织工作组。一般由总理事会组建，其职权范围也由理事会决定，工作组将其工作报告及其审议结论提交理事会批准。专家小组则是为了处理成员方之间的争议而成立的临时性专家工作机构。专家小组与委员会或工作组的区别是：专家小组都是以独立的专家身份进行工作的，并不代表某国政府，并且在工作中应当独立于所在国政府，所在国政府也不应对其施加影响，而委员会和工作组的成员一般为各国的政府官员。

6) 政策贸易审议、解决争端和上诉机构

都是常设机构，分别负责审查成员国的贸易政策，解决成员间的贸易争端，审理上诉反对专家小组报告中有关内容的异议等工作。

3. WTO 的决策机制

WTO 的决策机制是指该组织对有关事项做出决定时应予以遵循的程序规则。这些事项主要指对条文的解释、修改、豁免义务以及接受新成员等。

1) 意思一致原则

世贸组织协定第九条规定："世贸组织应继续 1947 年关贸总协定所遵循的以意思一致作出决策的做法。"这是 GATT 和 WTO 及其法律制度运作的一项基本准则。即只要出席会议的成员方对拟通过的决议不正式提出反对就视为同意，包括保持沉默、弃权或进行一般的评论等均不能构成反对意见。下列事项的决策一般应实行意思一致规则通过才有法律效力，除非有特殊规定：第一，对《世界贸易组织协定》和多边贸易协定的修改，有特殊规定的除外。第二，下列豁免成员方的义务：①豁免决定所涉及的是某一成员方在有关期限内履行过渡期或分阶段实施期的任期任何义务。②某项有关 WTO 章程的豁免请示且在提交部长会议 90 天内。第三，对 WTO 协定附件 4 诸边贸易协议的增加。第四，争端解决机构按照《关于争端处理规则和程序的谅解》作出决定时，需一致同意。

2) 简单多数规则

意思一致虽然是对总协定过去实践的一个肯定，但过于理想化。为防止因意见不一，无法达成意思一致而导致 WTO 无法作出决定的情况，协定第九条还规定："若某一决定无法取得意思一致时，则由投票决定。在部长会议和总理事会上，WTO 的每一成员方有一票投票权……决定应以多数表决通过。"对这一规定有一项重要的例外，即"除(本协定)另有规定外"。所谓"另有规定"是指 WTO 协定本身对某些事项另行规定了特殊的投票通过的制度，此时应以特殊规定为准。由于在一些重大事项的决策上协定都作了特殊规定，因此，WTO 以简单多数通过即可作出决定的规定不过是纸上谈兵。

3) 2/3 通过规则

这一规则是简单多数规则的第一项例外。当 WTO 的决定不能以意思一致通过时，必须采用 2/3 多数通过，而不能采取简单多数通过的办法。根据 WTO 协定，下列事项采用 2/3 多数通过：第一，对《世界贸易组织协定》附件 1 中的多边货物贸易协定和与贸易有关的知识产权协定的修改建议；第二，对《服务贸易总协定》一至三部分以及附件的修改建议；第三，对《世界贸易组织协定》和多边贸易协定的某些条款修改意见提交成员方接受的决议；第四，新成员方加入 WTO；第五，财务和年度预算决议。

4) 3/4 通过规则

这是 WTO 对某些涉及成员方权利或义务或重大事项作出决策的规则。以 3/4 压倒多数通过的事项包括：①条文解释，②协定修改，③豁免义务。

5) 所有成员方接受规则

WTO 协定第九条规定了相当极端的通过修改 WTO 协定及其附件协定有关内容的规则，即要求 WTO 所有成员方接受后才可作出修改的决定。也就是说，如存在任何一个成员方的反对，该修改决定就不得作出。这一规定意味着在作出这类修改时，所有成员方都应明确表示同意。下列决策采用所有成员方接受规则：第一，对世界贸易组织决策制度(投票程序)的修改；第二，对 1994 年《GATT》第一条款(最惠国待遇)和第二条款(关税减让)的修改；第三，对《服务贸易总协定》第二条款(最惠国待遇)的修改；第四，对《与贸易有关的知识产权协定》第四条款(最惠国待遇)的修改。

6) 反向一致规则

即只要不是有权投票者全体一致对有关事项提出反对，则视为全体一致同意。该项规则避免了 1947 年 GATT“一致同意”规则的弊端，是一个重大的创新。该规则主要体现在《关于争端解决规则和程序的谅解》第十六条等条款之中。第十六条第四款规定：在 DSB 讨论和通过专家小组的报告时，如果纠纷当事方不提出上诉，或 DSB 未以一致决议不通过此报告，则报告应在 DSB 会议上通过。同样，该协议第二十二条规定，如果在纠纷解决中的败诉方不履行专家小组或 DSB 得建议或裁决，同时又未与对方达成满意的赔偿协议，则胜诉方可向 DSB 申请授权，要求与败诉方“中止适用关税减让或其他义务”。

5.2.2 WTO 的基本原则

为了有效地实施其宗旨，WTO 的全部内容中贯穿了一系列基本原则，它们体现在 WTO 的协议之中，并为后来在多边贸易谈判中所达成的协议多补充。这些原则及其例外构成了 WTO 法律框架的基础，制约着 WTO 成员方的贸易活动。

1. 非歧视原则

非歧视原则是 WTO 的最基本的原则，本着这一原则，各成员方可以同等地分享降低贸易壁垒所带来的利益。这个原则主要体现在两个重要条款上。

1) 最惠国待遇原则

最惠国待遇原则是缔约国一方现在和将来所给予任何第三国的优惠和豁免，必须同样给予对方。按有无条件，最惠国待遇原则分为有条件和无条件两种：无条件最惠国待遇原则，即缔约方一方现在和将来所给予任何第三国的优惠和豁免，立即无条件无补偿地自动适用于对方；有条件的最惠国待遇原则，即如果缔约国一方给予第三国的优惠和豁免是有条件的，那么另一方必须提供同样的条件，才能享受这些优惠和豁免。而 WTO 中的最惠国待遇原则是多边、无条件的。这一原则对货物、服务、知识产权都适用。因此，如果给某一贸易伙伴某项产品最好的待遇是 5%的关税率，那么这个关税税率必须立即无条件地适用于所有 WTO 成员的同类产品。规定这一条款的目的是消除缔约国间贸易、关税、航运、公民法律地位等方面的气势，使它们具有同等的贸易机会，平等地进行贸易竞争，推动自由贸易和缔约国经济的发展。当然，在具体使用最惠国待遇时会有一些例外规定，如过境贸易、关税同盟和自由贸易区、普遍优惠制的例外等。

2) 国民待遇原则

国民待遇原则就货物贸易而言，是指在贸易方面成员之间相互保证对方的公民、企业、船舶在本国境内享有与本国公民、企业、船舶同样的待遇。GATT1947 第三条规定：“以缔约方领土的产品输入到另一缔约方领土时，不应对它直接或间接征收高于对相同的本国产品所直接或间接征收的国内税或其他国内费用。在关于产品的销售、推销、购买、运输、分配或使用的全部法令、条例和规定方面，所享受的待遇应不低于相同的本国产品所享受的待遇。”

需要强调的是国民待遇不像最惠国待遇都是无条件的，对货物贸易，GATT1947 第三条规定，国民待遇对货物贸易是无条件的；对服务贸易，GATS 第一七条规定，对服务产品国民待遇仅适用于一国作出具体承诺的部门。一旦一国允许外国企业在其境内提供服务，则在对待外国企业和本国企业时，不应存在歧视。对知识产权，TRIPS 第三条规定，在知识产权方面，每个成员给予其他成员的国民待遇不应低于它给予本国公民的待遇，除非其他有关国际知识产权公约另有规定。

为了加深对最惠国待遇和国民待遇的理解，我们举一个美国对来自外国的炼油商实行歧视、违背非歧视原则的案例。1991 年，美国环保局提出了对于国内和国外炼油商不同的标准，它们认为国外炼油商缺乏 1990 年检测的、足以证明汽油质量的真实数据，只能通过一个“法令的底线”显示他们汽油的质量。而国内炼油商可以通过 3 种可行方法制定“独立的底线”。这一标准对外国炼油商采取了歧视政策，造成市场竞争的不均衡，从而引起一场贸易纷争。委内瑞拉在给 WTO 的诉状中强调，美国石油标准违背了 GATT 中的最惠国待遇，因为它对从某一第三国(加拿大)进口的石油采用了“独立底线”方案。同时，美国也违背了国民待遇，因为对美国国内石油公司采取了更优惠的待遇。最终美国败诉。

2. 互惠原则

互惠原则也是 WTO 的基本原则之一。互惠性并没有一个正式的定义，但它是 WTO 得以发挥作用的主要机制。GATT1947 在第二十八条第 2 款中规定：“有关缔约方应力求维持互惠互利减让的一般水平。”互惠性要求一个国家在得到另一个国家的减让优惠时也要提供“相等”的减让优惠作为回报。只有通过各成员方之间的互惠互利、相互关税减让，它们各自的进出口才能维持基本平衡，WTO 促进各国贸易发展、推动贸易自由化的目标才能得以实现。

这一原则的例外体现在普惠制待遇上，普惠制要求发达国家给予发展中国家的优惠不能要求发展中国家给予对等的回报，否则，两者之间经济水平的不平等永远得不到改善。

3. 透明度原则

透明度原则是指缔约方正式实施的有关进出口贸易的政策、法律、法规、法令、条例及签订的有关贸易方面的条约等都必须予以正式公布；否则，非经正式公布，不得实施。其目的是防止缔约方之间进行不公开的贸易，从而造成歧视性的存在。也是 WTO 其他原则得以有效贯彻的基础。

但是，透明度原则也并非成员方必须什么都要对外公布，GATT 和 GATS 也规定了透明度原则的例外：

GATT1947 第 10 条规定：不要求公开那些会妨碍法令的贯彻执行，会违反公共利益，或会损害某一公司企业的合法商业利益的机密资料。

GATS 第三条规定：本协定的任何规定都不得要求任何成员提供那些一旦公开阻碍法律的实施或违背公众利益，或损害特定公营或私营企业合法商业利益的机密资料。

4. 公平贸易原则

公平贸易原则是指缔约方之间在进行国际贸易交往中，不得采取不正当的贸易手段进行国际贸易竞争或扭曲国际贸易竞争。该原则要求各缔约方为了创立和维持公平竞争的国际贸易环境，不得实施出口补贴、产品倾销等不正当的竞争方式来损害其他缔约方的合法利益。

补贴和倾销是两种不公平的国际贸易行为，违反了 WTO 的公平贸易原则，在 GATT1947

第六条、第十六条、第二十三条都体现了这一原则。但是需要注意的是。由于倾销属于企业行为，反倾销、补贴和反补贴属于政府行为，因此，WTO 只能规范成员国政府的反倾销，补贴与反补贴行为，而不能禁止企业的倾销行为。而且 WTO 允许征收反倾销税、反补贴税，并规定取消其他非关税限制措施，这对保证贸易的公平竞争有重要意思，但是其中有些规定如“重大损害”等没有统一的标准，在实施过程中难免会出现纠纷。

5. 公平解决争端原则

公平解决争端原则是指成员方之间一旦出现国际贸易争端，应通过公正、客观、平等和友好的方式使有关贸易争端能得到妥善地解决。GATT 乌拉圭回合通过了一个重要的协议——《关于争端解决规则与程序的谅解协议》，使随后建立的 WTO 从本质上超越了 GATT。该协议的主要特点是：第一，适用范围广泛。除贸易政策审议机制外，所有因 WTO 协定及其附属协定的争端都受到 WTO 争端谅解协定的管辖。第二，程序规则明确。第三，WTO 构成了一个统一的、透明度较强的争端解决制度，而此前 GATT 的争端规定比较分散，缺乏一致性。第四，WTO 的多边争端解决机制取代了过去通过的双边解决争端的做法。第五，新的谅解规则，由于机制健全、程序规则清晰等特点，更趋于司法化。

6. 对发展中国家特别优惠的原则

这一原则是基于发达国家和发展中国家间经济实力的巨大差距，对发展中国家追求公平发展、改变旧的国际经济秩序的作出的反应。

WTO 的前身 GATT 的大多数条款都是迎合了发达国家的利益。1965 年，在联合国 1964 年第一届贸发大会的影响下，GATT1947 才增加了一个第四部分，即“贸易和发展”部分，这承认了发达国家与发展中国家间的非互惠原则，规定了对缔约方中发展中国家在贸易和发展方面的特殊要求和有关问题。GATT1947 给予了发展中国家的优惠主要有以下几个方面。

(1) 非互惠原则。GATT1947 第三十六条规定：“发达的缔约方对它们在贸易谈判中对发展中缔约各方的贸易所承诺的减少或撤除关税和其他壁垒的义务，不能希望得到互惠。”

(2) 发达国家应尽可能地多承担义务，“优先降低和撤除与发展中的缔约各国目前或潜在的出口利益特别有关的产品的壁垒”，“不建立新的”或“加强已有的”关税或非关税壁垒，并“积极考虑采取其他措施，为扩大从发展中的缔约各国进口提供更大的范围”。

(3) 缔约方全体“在适当的情况下，采取措施，包括通过国际安排”，“同联合国及它的附属机构……谋求适当合作”，并“建立某些必要的机构”，以促进发展中国家的贸易和发展。

7. 取消数量限制原则

数量限制是一种非关税措施，通过限制外国产品的进口数量来保护本国市场，而 WTO 规定各成员方只能通过关税来保护本国工业，因此数量限制违背了 WTO 的这一规定。

GATT1947 第十一条规定，任何缔约方除征收税捐或其他费用以外，不得设立或维持配额、进口许可证或其他措施以限制或禁止其他缔约方领土产品的输入，或向其他缔约方输出或销售出口产品。

乌拉圭回合谈判要求将既有配额转化为等效关税，然后再逐步降低关税。也就是说同意各缔约国可以把关税作为唯一的保护手段，因为关税可以使各国的保护程度一目了然，也便于对各国的保护水平进行比较和监督。当然通过关税保护的税率职能降低不能提高，最终要是想自由贸易。

5.3 中国与世界贸易组织

5.3.1 中国与 GATT 的历史回顾

第二次世界大战后期，美国、英国、加拿大就第二次世界大战后组成国际贸易组织进行过多次磋商。1945 年 12 月应美国之邀，中国参加了有英、法等国家出席的会议，商谈减税及其经济事务，事实上我国参与了关税与贸易总协定成立之前的准备工作。1946 年 2 月，联合国经济及社会理事会接受了美国关于召开世界贸易与就业会议的建议，同年 10 月在伦敦召开的世界贸易与就业会议第一次筹备会，中国当时被推为起草国际贸易组织宪章的委员会成员之一。1947 年 4 月，就中国政府派员参加了在日内瓦召开的由联合国经济及社会理事会举行的世界贸易与就业会议筹备会第二次会议以及第一回合的多边关税及贸易谈判，与美、英等达成了协议。由于国际贸易组织最终没有能够成立起来，中国参加关税与贸易总协定的第一轮多边谈判所议定的《关税与贸易总协定临时适用议定书》生效。1947 年 10 月 30 日，中国与其他 22 个国家在《关税与贸易总协定》上签了字。

1949 年 4～8 月，我国参加了在法国安纳西召开的关税与贸易总协定第三届缔约国大会，并参加了第二轮多边关税及贸易谈判。1949 年新中国成立后，中国政府发生了更迭，在很长一段时间内没能参加 GATT 的活动，主要原因可以归结为以下两点。

一是 1949 年新中国成立后，由于台湾当局占据着中国在 GATT 的位置，而国民党政府无法在中国大陆实施其在前两轮多边贸易谈判中所承诺的减让，也不愿意将其他国家对中国作出的关税减让给大陆享受。同时美国也不愿意新中国按国际法自动继承就中国在 GATT 的席位。因此，1950 年 3 月台湾当局宣布退出 GATT，也就使得中国失去了创始缔约国的席位。

二是新中国成立后，1951 年中国实施了新的关税税则，大幅度提高关税，主要是为了对付美国等西方国家的经济封锁。这一政策应该说是与 GATT 不一致的高度集中地市场经济体制，实际上等同于自己用实际行动退出了 GATT。

1979 年改革开放以来，随着中国经济的发展和国际经贸活动的广泛开展，中国与世界的经济联系加强，在 1980 年恢复了在国际货币基金组织和世界银行的合法席位。其后，中国能够开始以观察员的身份列席 GATT 的有关会议。经过充分准备，1986 年 7 月，中国政府向 GATT 正式提交了关于恢复中国在 GATT 创始国地位的申请，并阐明了中国对恢复 GATT 缔约国地位的原则立场，开始了最初的“复关”谈判。

5.3.2 中国申请“复关”和加入世贸组织的原则和进程

1. 中国申请“复关”和加入世贸组织的原则

鉴于中国恢复在 GATT 缔约国地位的特殊性，中国政府提出了如下所述的“复关”必须坚持的三项原则。

(1) 中国是恢复在关贸总协定中的席位，而不是重新加入关贸总协定。

(2) 中国政府不是以承诺承担具体进口义务为条件，而是以关税减让为“复关”基础。这主要是由于中国当时实行计划经济，而且中国没有参加以前的关税减让谈判，关税税率大大高于 GATT 的关税税率，这应该制约了中国从 GATT 缔约方的进口。以履行进口义务复关，即意味着每年以一定的增长率增加从缔约方的进口，这种方式从长期看很容易造成沉重的进口负担，所以中国承诺可以逐渐降低关税水平，使之达到 GATT 的要求。

(3) 作为发展中国家，中国必须以发展中国家身份恢复缔约国的地位。毋庸置疑，中国的人均国民生产总值和人民的生活水平，都应该是属于发展中国家。但是有的缔约方特别是美国从中国的经济总量上看，认为如果中国享受发展中国家的优惠，将使得中国的出口剧增，将对有关缔约方经济造成冲击。

1995 年世界贸易组织成立后，中国复关谈判转为加入世贸组织谈判后，实行了以下三项新的原则。

(1) 没有中国的加入，WTO 是不完整的。

(2) 中国只能按发展中国家的身份履行有关义务，最多以最大的发展中国家的身份加入 WTO。

(3) 权利和义务要对等。

2. 中国加入世贸组织谈判的阶段

(1) 1987—1992 年资格审查阶段。主要是审议中国的经济体制，包括：1987 年 2 月 13 日钱家东大使致函关税与贸易总协定总干事邓克尔先生，代表中国政府向关税与贸易总协定正式递交了恢复初始缔约国地位的重要文件《中国对外贸易制度备忘录》；1987 年 3 月 4 日 GATT 成立中国工作组，审议中国复关问题；1987 年工作组举行在日内瓦召开的第一次会议，到 1992 年共举行 10 次会议，对我国的经济体制改革、经贸体制改革、关税制度等进行答疑，并完成中国外贸体制的评估及对中国贸易制度的审议。

(2) 1992—1995 年复关议定书谈判阶段。1992 年 2 月，在中国工作组第 10 次会议上，中国复关谈判出现转机。但 1994 年 12 月第 19 次谈判中因一些西方国家反对中国复关而成为世贸组织的创始成员，中国复关没有能达成协议。

(3) 1996 年以后入世谈判阶段。1995 年 1 月 1 日世贸组织正式成立，取代了原关税与贸易总协定。从 1996 年开始，中国从“复关”谈判变成加入世贸组织的“入世”谈判。在 1995 年、1997 年、1998 年中国三次主动宣布大幅度降低进口关税，取消农产品出口补贴。1999 年中国入世步伐加快，中美就中国加入世贸组织达成双边协议。

2001 年 12 月 11 日，中国在经历了 15 年的谈判之后，终于取得了最后胜利，正式成为 WTO 成员。

5.3.3 中国加入世贸组织后可以享受的权利与应承担的义务

中国加入 WTO 后应该承担的义务主要表现在以下几个方面。

1. 削减关税

1994 年关贸总协定第二十八条附加第 1 款规定：各成员方“在互惠互利基础上进行谈判，以大幅度降低关税和进出口其他费用的一般水平，特别是降低那些使少量进口都受阻碍的高关税”，目前发达成员方的加权平均进口税已从45年前的40%下降到3.8%左右，发展中成员方也下降到10%左右。而中国由于种种原因，目前平均税率仍高于发展中国家的平均水平。所以，中国“入世”的首要义务就是要逐步将中国关税加权平均水平降到关贸总协定要求的发展中国家水平，并将最高关税一般地约束在15%以下，这将使中国许多产业更直接地面临国外产品的竞争，同时国家财政收入有可能会相应减少，但最终可使广大国内消费者受益。

2. 逐步取消非关税措施

1994年关贸总协定第十一条第1款规定：“不得设立或维持配额、进出口许可证或其他措施，以限制或禁止其他缔约方的产品的输入，或向其他缔约方输出或销售出口产品。”从而为实现自由贸易创造条件。中国本来是实行贸易管制的国家，当然除关税外，也存在种种非关税措施，因此在复关和“入世”谈判中主要议题之一就是要求中国削减如进口许可证、配额以及外汇管制、技术检验标准等非关税措施，作为“入世”费。这些非关税措施和关税一起被纳入市场准入的谈判，在市场准入的谈判中达成的任何协议都将按世贸组织的最惠国待遇原则，同等给予一切成员方。

3. 取消出口补贴

1994年关贸总协定第十六条第2节第2、3款规定：一成员方对某一出口产品给予补贴，可能对其他的进口和出口成员方造成有害的影响，对他们的正常贸易造成不适当的干扰，并阻碍本协定目标的实现。因此，各成员方应力求避免对产品的输出实施补贴。中国自1991年1月开始，在调整汇率的基础上，对所有产品，包括工业制成品和初级产品出口实行企业自主经营、自负盈亏的经营机制，已达到了世贸组织的有关要求。取消补贴后，亏损商品主要通过汇率调整和出口退税的方法获得补偿。1994年关贸总协定附件9关于第十六条的规定：“退还与所缴数量相当的关税或内地税，不能视为一种补贴。”

4. 开放服务业市场

乌拉圭回合谈成的服务贸易总协定(GATS)，要求成员方对服务贸易执行与货物贸易同样的无歧视和无条件的最惠国待遇、国民待遇、透明度和逐步地降低贸易壁垒，开放银行、保险、运输、建筑、旅游、通信、法律、会计、咨询、商业批发、零售等行业。世贸组织统计的服务行业多达150多种，都将属于开放范围。对中国来说，将逐步地、有选择地、有范围地开放一些服务业。

5. 扩大知识产权的保护范围

世贸组织实施管理的“与贸易有关的知识产权协定”要求各成员方扩大对知识产权的保护范围。中国“入世”对知识产权扩大保护范围以后(如扩大到对化工产品、药品、食品、计算机软件等)，将使中国有关企业必须通过支付专利许可证费用来合法地购买专利，政府也将严惩任何侵权行为，如假冒外国名牌商标和盗版的行为将受到法律制裁。

6. 放宽和完善外资政策

世贸组织实施管理的“与贸易有关的投资措施协议”与我国引进外资政策有密切的关系。中国引进外资法规还不够完善，特别是在给予外国投资者“国民待遇”方面，一方面在税收等重要项目上给予外国投资者“超国民待遇”，使国内企业遭受不平等竞争；另一方面在若干国内收费上实行双重作价，造成外商很大抱怨，今后在这方面的政策应作重大调整。允许外商投资的范围还要进一步扩大，“硬件”和“软件”环境也将进一步改进。特别是随着服务业市场的对外开放和人民币汇率体制改革后，修改外资“三大基本法”的工作就提到了议事日程。

7. 增加贸易政策的透明度

世贸组织建立了对各成员方贸易制度定期审查和通报的制度。中国以往除公开颁布一些重要法律、条例外，一般习惯于制定若干内部决定，因此被认为是缺乏透明度的国家。中国已分步公布或废除了以往众多的内部决定，以适应要求。此外，还要缴纳世贸组织活动费用。

中国加入 WTO 后可以享有的权利主要表现在以下几方面。

1. 享有多边的、无条件的和稳定的最惠国待遇

目前中国只能通过双边贸易协定在某些国家获得最惠国待遇，而这种双边的最惠国待遇是非常不稳定的，容易遭到双边政治关系的影响。如美国虽与中国签订了互给最惠国待遇的双边协议，但根据其国内的《1974 年贸易法》第 402 节规定，美国政府每年审查非市场经济国家的移民政策，根据该国移民政策的实施情况，决定是否对该国中止或延长最惠国待遇。

1989 年春夏之交那场政治风波以后，美国国会每年将是否延长对华最惠国待遇问题同人权、宗教、留学生政策、贸易逆差、知识产权保护等问题挂钩，对中国进行政治要挟。尽管克林顿政府从 1994 年起宣布将对华最惠国待遇问题与人权问题脱钩，但仍未从根本上改变对中国最惠国待遇一年一审的制度。可见这种双边最惠国待遇是不稳定的，而且是歧视性的、不平等的。由于中国尚未“入世”，因此无法通过世贸组织多边争端解决程序来解决贸易纠纷。一旦中国“入世”，美国再在最惠国待遇问题上发难就不仅仅是双边问题，而是破坏多边贸易体制的问题。

“入世”后，中国可以在所有的 130 多个成员方享受多边的、无条件的、稳定的最惠国待遇，这将使中国产品在最大范围内享受有利的竞争条件，从而促进出口的发展。

2. 享有“普惠制”待遇及其他给予发展中国家的特殊照顾

“普惠制”又称“普遍优惠制”，是根据关贸总协定的第四部分、东京回合的“授权条款”以及“乌拉圭回合”有关规则对发展中国家出口的制成品和半制成品所给予的单方面减免关税的特殊优惠待遇。目前世界上有 27 个给惠国，中国已从 21 个国家中获得了普惠制待遇，“入世”将使中国在更大范围内和更大程度上享受到这些优惠。如一些给惠国给中国商品的受惠程度较低，而最大的给惠国美国称按其国内法，对非市场经济国家，必须同时成为国际货币基金组织和关贸总协定缔约方，方能给予普惠制待遇，所以依理也应在中国“入世”后给予中国普惠制待遇。给予中国出口的制成品半制成品普惠制待遇，对中国扩大出口、提高出口效益都有一定好处。

除普惠制这种最重要的优惠外，在世贸组织实施管理的多边协议中都规定了对发展中

国家成员的某些特殊优惠，这些优惠是单方面给予的，发展中国家无须作出对等的回报。如 1994 年关贸总协定附件 9 关于第三十六条的规定，在减让税率方面“不应当期望发展中的成员方在贸易谈判过程中作出与他们各自的发展、财政和贸易方面的需要相抵触的贡献”。在新的世贸组织各条协议中也都规定了对发展中国家成员的特殊优惠。

3. 充分利用争端解决机制

随着中国对外开放程度的扩大，各种经济贸易上的纠纷也会逐渐增多。在双边贸易中，发达国家往往利用国内的、单边主义的、甚至过时的法律条款对中国实行歧视待遇，如美国、欧盟、澳大利亚等均以中国为“非市场经济国家”为理由，在反倾销案的处理中专横地以它们主观选定的“类比国”价格或生产成本作为测算中国出口产品倾销率的依据，而完全无视中国向市场经济体制转轨的过程业已基本完成这一事实，这种歧视性待遇，使我国劳动密集型产品成本低廉的优势得不到应有的发挥，阻碍了出口的发展。目前这类问题只能通过双边谈判来解决而不能诉诸比较公正的、多边的贸易争端解决程序。一旦中国“入世”，就可以通过世贸组织特设的贸易争端解决机构和程序，比较公平地解决贸易争端，维护中国的贸易利益。

4. 获得在多边贸易体制中“参政议政”的权利

世贸组织是“经济联合国”，目前中国在这一组织中以观察员身份参加，只有表态权，没有表决权。在“入世”后，中国可以参与各个议题的谈判和贸易规则的制定，充分表达中国的要求和关切，有利于维护中国在世界贸易中的地位和合法权益，并在建立和维护公正合理的国际经济秩序等方面发挥更大的作用。此外，还能利用世贸组织的讲台，宣传中国改革开放政策，积极发展和世界各国的经济合作、贸易和技术交流；还将得到世贸组织汇集的世界各国经济贸易的信息资料。此外，还可利用世贸组织的基本原则，享有采取例外与保护措施的权利。

本章小结

关税贸易总协定于 1948 年 1 月 1 日诞生，它是一个关于调整缔约国对外贸易政策和国际贸易关系方面的相互权利、义务的国际多边协定。中国是其创始缔约国之一。1949 年新中国成立后，我国与关贸总协定的正式关系长期中断，一直到改革开放后中国政府正式提出“复关”申请，1995 年 1 月 1 日世贸组织成立后，我国由“复关”申请转为“入世”申请。经过长达 15 年的谈判，最终于 2001 年年底加入世界贸易组织。

关贸总协定和世贸组织的宗旨都是为了提高人民的生活水平，增加就业，扩大贸易，促进资源的合理和可持续利用。为了有效贯彻其宗旨，GATT/WTO 规定了国际贸易的宗旨、基本原则和有关规则，在规范各成员方的贸易行为，协调贸易关系，促进国际贸易发展方面发挥了和正在发挥着重大作用。中国加入世界贸易组织，可以平等地享受成员方应有的权利，也要承担相应的义务，有利于为经济贸易的发展提供一个稳定的环境，对经济贸易的发展可起到积极的促进作用。

本章练习题

一、单项选择题

1．世贸组织是根据(　　)回合谈判达成的协议建立的。

A．东京　　B．乌拉圭　　C．迪龙

2．世贸组织取代了(　　)成为协调世界经贸关系的国际性组织。

A．世界银行　　B．国际货币基金

C．关贸总协定

3．乌拉圭回合谈判于(　　)年 4 月宣告正式结束。

A．1986　　B．1994　　C．1995

4．在 2001 年的(　　)会议上中国被接纳为世贸组织成员。

A．多哈　　B．坎昆　　C．东京

5．(　　)回合谈判第一次增加了服务贸易的内容。

A．多哈　　B．东京　　C．乌拉圭

6．乌拉圭回合将(　　)的非关税措施全部予以关税化。

A．汽车　　B．农产品　　C．水产品

7．参加关贸总协定的成员通常称为(　　)。

A．缔约方　　B．成员方　　C．会员方

8．世贸组织成员通常称为(　　)。

A．缔约方　　B．成员方　　C．会员方

9．关贸总协定采用(　　)方式作出决定。

A．投票　　B．协商一致　　C．表决

10．世贸组织是(　　)的国际经济组织。

A．非约束性　　B．非法人地位　　C．具有法人地位

11．世贸组织协议是国际(　　)协议。

A．双边　　B．多边　　C．临时性

12．成员方退出世贸组织，从递交退出通知被(　　)接受 6 个月后生效。

A．总干事　　B．争端解决委员会

C．总理事会

13．世贸组织豁免某一成员义务须经(　　)通过。

A．总干事　　B．全体成员方　　C．3/4 以上多数

14．WTO(　　)原则是指的一成员方将在货物贸易、服务贸易和知识产权领域给予任何其他国家的优惠待遇，立即和无条件地给予其他各成员方。

A．最惠国待遇原则　　B．国民待遇原则

C．逐步削减关税原则　　D．透明度原则

15．当一国政府对进口商品的总额不作限制，而对配额以内的商品减免税，对超过配额的进口商品则征收较高的关税，这种配额称为(　　)。

A．绝对配额　　B．绝对配额　　C．关税配额　　D．直接配额

16. 国民待遇是指一成员方保证另一成员方的公民享受(　　)本国公民的待遇。
A. 高于　　B. 等于　　C. 不低于

17. 世贸组织的目标是(　　)。
A. 贸易一体化　　B. 经济全球化　　C. 贸易自由化

18. 世贸组织坚持以(　　)作为货物贸易的主要保护手段。
A. 关税　　B. 数量限制　　C. 技术限制

19. 实行数量限制主要是采用(　　)手段限制外国产品与本国工业竞争。
A. 非行政　　B. 行政　　C. 价格

20. 世贸组织通过(　　)使一般取消数量限制取得了很大进展。
A. 减少配额和许可证　　B. 减少知识产权保护
C. 降低关税

21. 世贸组织主张的价格限制主要是通过(　　)来体现的。
A. 产品标价　　B. 装船前检验　　C. 关税

22. 纺织品服装协议《多种纤维安排》下的数量限制到(　　)年1月1日全面取消。
A. 1995年　　B. 2005年　　C. 2010年

23. WTO协议主要目的是消除或者限制(　　)对国际贸易的干预。
A. 国际组织　　B. 政府　　C. 企业　　D. 跨国公司

24. 乌拉圭回合通过建立(　　)机制使透明度原则得到加强。
A. 贸易政策审议　　B. 争端解决　　C. 诸边协议

25. 世贸组织允许发展中成员方在一定限度内可以对其出口实行(　　)。
A. 补贴　　B. 倾销　　C. 减免税

26. 世贸组织成员不应采取(　　)以对抗其发现的违反贸易规则的事件。
A. 多边行动　　B. 双边行动　　C. 单边行动

27. 世贸组织成员间发生贸易争端应当首先(　　)解决。
A. 调停　　B. 调解　　C. 磋商

28. 如果不能在(　　)内协商解决争端，可以请求争端解决机构成立专家组审查争端。
A. 1个月　　B. 60天　　C. 半年

29. 争端解决机构隶属于(　　)之下。
A. 各委员会　　B. 货物贸易委员会
C. 部长会议

30. 争端解决机构按照(　　)原则作出有关决定。
A. 协商一致　　B. 少数服从多数
C. 依法裁决

31. 配额和许可证属于(　　)。
A. 数量限制　　B. 关税限制　　C. 价格限制

32. 中国在(　　)年正式成为关贸总协定缔约方。
A. 1948　　B. 1947　　C. 1946　　D. 1950

33. 中国在(　　)年提出恢复正式关贸总协定缔约方地位的申请。
A. 1986　　B. 1987　　C. 1988　　D. 1995

34．中国在(　　)年正式成为世贸组织成员。
A．2001　　B．2000　　C．1999　　D．1998

二、多项选择题

1．世界贸易组织的基本原则中的最惠国待遇原则的例外包括(　　)。
A．一般例外　　B．安全例外
C．关税同盟或自由贸易区例外　　D．授权条款例外
E．知识产权领域的例外

2．WTO 中规定为世界贸易组织所允许的关税措施包括(　　)。
A．反倾销措施　　B．反补贴措施　　C．保障措施
D．价格承诺　　E．技术性贸易措施

3．GATS 框架协议适用的四种服务包括(　　)。
A．过境交付　　B．境外消费　　C．商业存在
D．自然人存在　　E．跨境交易

4．以下属于我国入世后在与货物贸易有关的承诺的有(　　)。
A．贸易权方面的承诺　　B．关税减让方面的承诺
C．技术性贸易壁垒　　D．商标，包括服务标志
E．卫生与植物卫生措施

5．对世界经济产生重大影响的三大国际经济组织是(　　)。
A．联合国贸易与发展委员会　　B．世界银行集团
C．WTO　　D．国际货币基金组织

6．世界贸易组织的主要机构有(　　)。
A．部长级会议　　B．总理事会
C．秘书处　　D．争端解决机制
E．贸易与发展委员会

7．一国反倾销行政主管部门对被控倾销产品从立案调查到作出裁决前，一般包括(　　)几个阶段。
A．申请　　B．立案　　C．调查
D．初步裁定　　E．最终裁定

8．WTO 中规定为世界贸易组织所允许的关税措施包括(　　)。
A．反倾销措施　　B．反补贴措施　　C．保障措施
D．价格承诺　　E．技术性贸易措施

9．《与贸易有关的知识产权协定》的基本原则有(　　)。
A．国民待遇原则　　B．发展中国家的特殊保护原则
C．互惠原则　　D．最惠国待遇原则
E．国际保护原则

10．以下关于世界贸易组织争端解决的程序中需要在当事方自愿的基础上方可进行的有(　　)。
A．磋商　　B．仲裁　　C．斡旋
D．调解　　E．调停

三、判断题

1. 逐步开放服务业市场，实现服务贸易自由化，是世贸组织的重要原则。（ ）

2.《知识产权协定》规定保护工业品外观设计是强制性的，是各成员必须履行的义务要求。（ ）

3.《服务贸易总协定》下的国民待遇适用于所有服务部门。（ ）

4. WTO《与贸易有关的投资措施协议》适用于与货物贸易有关的投资措施而不适用于其他贸易形式。（ ）

5. 一国承诺将其进口关税的加权平均水平降到12%，则在通常情况下，其关税水平不能再高于12%。（ ）

6. 不是关贸总协定的缔约方，若申请加入世界贸易组织，必须以接受诸边贸易协定为条件。（ ）

7. 最惠国待遇原则与普惠制原则一样，都是互惠的。（ ）

8. 世界贸易组织的工作组和专家小组是世贸组织的临时性机构。（ ）

9. WTO 的最惠待遇原则是有条件的。（ ）

10. 世界贸易组织目前是唯一的是世界性的贸易组织。（ ）

四、简述题

1. 试述 WTO 成立的背景及其与 GATT 的主要区别。

2. 试述乌拉圭回合谈判的特点和意义。

3. 试述 WTO 基本原则的主要内容。

4. 最惠国待遇原则和国民待遇原则在实施程度上有何不同？

5. 试述中国复关及加入世贸组织过程中所坚持的原则及理由。

6. 经济学家威廉姆斯曾指出，“GATT/WTO 规则是两方面妥协的结果，一方面是全球经济一体化、多边主义、以及依赖市场的力量；另一方面是对国内稳定、经济私利以及双边主义的要求，”“建立在 GATT/WTO 下的贸易体制是双边主义和多边主义的混合体”。如何理解威廉姆斯这番评述。

五、案例分析题

A 国是 GATT(1947 年)的缔约方，但在 1984 年因为战争原因退出了 GATT。1994 年 A 国向 GATT 提交了要求恢复其作为 GATT 缔约方的请求，未被通过。1996 年 A 国又申请加入 WTO，并最终于 1997 年 12 月 11 日成为 WTO 的正式成员。A 国在加入 WTO 时对世界贸易组织法律框架中的附件 4 中的民用航空器贸易协定和国际奶制品协定作出了保留，即拒绝加入接受这两个诸边贸易协定。两年后，A 国又向 WTO 提出了豁免其作为成员国的 3 项义务，经 WTO 决议机构决策后予以同意。根据以上案情分析并回答下列问题：

(1) A 国是 WTO 的创始成员还是加入成员？

(2) A 国对 WTO 多边贸易协定的两个诸边贸易协定选择性不加入是否违背了世界贸易组织成员对 WTO 多边贸易协定的“一揽子接受”方式？

(3) WTO 的决策机构要通过豁免 A 国的 3 项义务的请求应该经多少票通过？

第 6 章 交易磋商与合同的订立

教学目标

- 掌握交易磋商的一般程序及其内容；
- 掌握发盘和接受的概念及构成有效发盘和接受的条件；
- 掌握贸易合同的概念以及形式；
- 熟悉进口合同履行的程序；
- 熟悉出口合同履行的程序。

关键词

《联合国国际货物销售公约》 询盘 发盘 还盘 接受

案例导入

合同履行中应重视审单

2007 年 4 月广交会上 A 公司与科威特某一老客户 B 签订合同，B 客户欲购买 A 公司的玻璃餐具，名称：GLASS WARES，报价：FOB WENZHOU，中国温州出运到科威特，海运费到付。合同金额达 USD25064.24，共 1×40 高柜，支付条件为全额信用证，客人回国后开信用证到 A 公司，要求 6 月份到运货物。

A 公司按照合同与信用证的规定在 6 月份按期到了货，并向银行交单议付，但在审核过程发现 2 个不符点。①发票上：GLASS WARES 错写成 GLASSWARES，即没有空格；②提单上：提货人一栏，TO THEORDER OF BURGAN BANK，KUWAIT 错写成 TO THEORDER OF BURGAN BANK，即漏写 KUWAIT。A 公司认为这两个是极小的不符点，根本不影响提货。A 公司本着这一点，又认为客户是老客户，就不符点担保提货了。但 A 公司很快就接到了由议付行转来的拒付通知，银行就以上两个不符点作为拒付理由拒绝付款。A 公司立即与客户取得联系，原因是客户认为到付运费(2 275 美元)太贵，由于原来 A 公司报给客户为 5 月份的运费，到付运费为 1 950.00 美元，后 6 月份海运费价格上涨，但客户并不了解，导致拒付运费，因此货物滞留码头，A 公司也无法收到货款。

后来 A 公司进行各方面协调，与船公司联系要求降低海运费，船公司将运费降至 USD2100，客户才勉强接受，到银行付款赎单，A 公司被扣了不符点费用。整个纠纷得到解决使得 A 公司推迟收汇大约 20 天。

(资料来源：傅龙海．国际贸易实务．186)

一笔进出口商品交易，在整个交易过程中，包含了许多环节，这些环节按一定的顺序进行，根据这些工作环节依次进行的顺序，一般可分为四个阶段：进出口交易前的准备工作、交易磋商、合同的签订和履行合同。

6.1 国际贸易合同的磋商

6.1.1 交易前的准备工作

在进出口贸易的各种工作环节中，交易前的准备是一项重要的前期工作。不论是出口贸易还是进口贸易，准备工作完善与否，将直接影响到国际贸易的进程和最终的成果。

1. 出口交易前的准备工作

在国际贸易中，国际市场变化莫测，为了尽可能保证交易成功，充分地准备工作非常重要。出口交易前的准备工作主要包括以下几个方面。

1) 进行国际市场调研，选择理想的目标市场

在交易洽商前，应对国际市场进行调研，做到心中有数。由于各国的政治、文化风俗差异较大，消费者对商品的品质、规格和包装等也有不同的要求，应通过多种途径，广泛搜集与出口市场有关的资料，了解国外市场的容量、供求关系、商品结构、市场消费特点、消费偏好、商品价格动态、垄断程度、以及市场所在国进口商品政策等，根据市场的具体情况和经营意图，择优选择出口目标市场。

2) 选择交易对象，建立客户关系

为了保证交易顺利，做到知己知彼，应对客户的情况进行全面调查，了解国外进口商的政治背景、支付能力、资信、经营范围和经营能力等方面的状况，从中选择资信良好、经营能力较强的客户作为交易对象。在积极扩大市场的同时，也要巩固和发展与老客户的业务关系。

了解客户的途径多种多样，可通过与客户的直接接触，或通过驻外商务机构、领事馆的有关人员了解、有关国家的商会、往来银行或咨询公司进行调查。

3) 制定出口商品经营方案

在确定了目标市场了交易对象的基础上，必须制定出口商品经营方案。出口商品经营方案是根据市场需求和企业的经营意图，在一定时期对外推销某种或某类商品的具体安排，是对外商洽的依据。出口商品经营方案主要包括以下几方面。

(1) 组织出口货源。充分考虑国内生产和供应能力，注意出口商品的品质、规格、包装等情况。

(2) 关注目标市场的情况。主要是了解目标市场对商品的需求情况和该商品价格变化。

(3) 制订销售计划和措施。主要包括销售数量和金额，采取的贸易方式，对价格和商品交易条件的掌握，对佣金和折扣的掌握等。

(4) 经济效益分析。制定合理的价格，是保证卖方利益的关键，一般可通过对出口商品盈亏率、出口商品换汇和外汇增殖率等指标的核算来分析出口贸易经济效益的好坏。

4) 做好国际广告宣传

广告宣传是传递信息，加速商品流通，刺激需求，扩大商品销售的主要手段。随着国

际市场的竞争日益激烈，成功的国际广告宣传可以增进消费者对出口商品的了解，增加国外消费者对出口商品的可信度，特别是新地区、新市场，它对国际贸易的发展起着重要的促进作用。

2. 进口交易前准备工作

进口与出口相比，由于当事人所处立场不同，因此所进行的准备工作也有所不同，总体而言，进口交易前应做好以下几方面的准备工作。

1) 选择采购市场和供应商

根据用货单位对商品的要求，结合各国和地区的贸易政策，充分调研产品的价格趋势，选择适合的采购国家或地区。在选择供应商方面，应着重了解供应商的资信情况、经营能力与经营作风，以及售前和售后服务水平。

2) 制定进口商品经营方案

在正式商洽之前，要制定完善的进口商品经营方案。进口商品经营方案的内容主要包括：订货数量和时间；结合进口货物的特点、采购市场、供应商的选择，进行贸易方式与交易条件的安排；对进口商品的成本进行核算，做好经济效益分析。

根据需要还要做好向国家有关部门报批进口货单，申请进口许可证等有关事宜。

6.1.2 交易磋商的内容与程序

在做好交易前的准备工作后，就可以进行交易磋商了。交易磋商(Business Negotiation)，又称为贸易谈判，是指买卖双方就买卖商品的各项交易条件进行协商，最终达成一致并签订合同的过程。交易磋商是国际贸易合同订立的前提，是交易过程的关键。

1. 磋商的形式

交易磋商可分为口头和书面两种形式。口头磋商是通过参加展览会、代表团访问等形式，买卖双方在谈判桌上面对面地就买卖商品的各项贸易条件进行协商，最终达成协议。此外，通过国际长途电话进行磋商也属于口头磋商。口头磋商的特点在于能直接了解交易对手的态度和策略，以便及时调整对策，同时也能向对方表明我方的观点和立场，在大宗交易中，特别是涉及问题较多的交易，常采用口头磋商方式。

书面磋商是指买卖双方通过信件、电报、电传、传真和电子邮件等通信方式就买卖商品的各项贸易条件进行协商，最终达成协议。随着通信技术的发展，书面磋商简便易行，费用低廉，是日常业务中交易磋商的主要形式。

2. 交易磋商的主要内容

交易磋商的内容是关于拟签定贸易合同的各项条款，包括品名、品质、数量、包装、价格、装运、支付、保险、商品检验、不可抗力、索赔和仲裁等。其中前七项条件是主要贸易条件，只有当这七项条件达成一致的协议时，才有可能进行进一步磋商。而商检、索赔、仲裁、不可抗力等条件，内容相对固定，是一般贸易条件。

在实际业务中，对于老客户而言，在长期交易过程中已经形成了一些双方都认可的习惯做法，为了简化交易磋商的内容，加速进程，通常先将“一般贸易条件”事先印在合同中，只要对方没有异议，无须重新逐条商定。对于初次成交的客户，所有的交易条件都需要进行详细磋商。

3. 交易磋商的程序

买卖双方的交易磋商一般包括询盘、发盘、还盘和接受四个环节。其中发盘和接受是达成交易不可缺少的环节。两者构成合同的要约与承诺，缺一不可。

1) 询盘(Inquiry)

询盘是指交易的一方打算购买或出售某种商品，向对方询问买卖该项商品的有关交易条件。询盘的内容可涉及价格、品质、数量等方面，询盘可以由买方提出，也可以由卖方提出，但通常由买方主动提出询盘的较多。

由买方提出询盘，称为“邀请发盘”(Invitation to make an offer)。例如，纽约某买家向长虹彩电公司发来询盘：Pls Quote lowest price CFR New York for 500 PCS changhong brand colour TV may shipment cable promptly (请报500台长虹牌彩电成本加运费至纽约的最低价，5月装运，尽速电告)。

由卖方提出询盘，称为“邀请递盘”(Invitation to make an bid)。例如，某农产品进出口向国外某买主发出询盘：Can supply northeast soyabean October shipment Pls cable if interested(可供应东北大豆十月装运如有兴趣请电告)。

询盘是一般不直接用询盘的术语，而通用下列词句：“请告”(Please Advise)、“请报价”(Please Quote)、“请发盘”(Please Offer)等。

询盘对于询盘人和被询盘人均无法律上的约束力，有时询盘人提出询盘只是为了了解市场行情，有时是为了表达与对方成交的一种愿望。因此，一项同样的询盘可以同时向几个对象提出，有时也可未经对方询盘直接向对方发盘。但询盘往往是交易的起点，应予以重视并予以及时回复。

2) 发盘(Offer)

发盘又称为发价或报价，是指交易的一方向另一方提出购买或出售某种商品的各项交易条件，并愿意按照这些条件达成交易、订立合同的行为。发盘在法律上称为要约。在进出口业务中，发盘可以由卖方提出，也可以由买方提出，由卖方向买方发盘称为销货发盘(Selling Offer)，由买方向卖方发盘成为购货发盘(Buying Offer)，又称为Bid。

(1) 构成发盘的条件。根据《联合国际货物销售公约》(以下简称《公约》)第十四条第1款：“凡向一个或一个以上的特定人提出的订立合同的建议，如果内容十分确定并且表明发盘人在得到接受承认受约束的意旨，即构成发盘。”构成一项有效的发盘必须具备以下几个条件。

① 发盘应向一个或一个以上特定的人提出。所谓“特定的人”是指在发盘中指明个人姓名或企业名称的受盘人。提出此项要求的目的是为了把发盘同普通商业广告及商品目录及价目单区分开来。《公约》第十四条规定“非向一个或一个以上特定的人提出建议，仅视为邀请发盘，除非提出建议的人明确地表示相反的意向。”根据此项规定，商业广告本身并不是一项发盘，通常只能视为邀请对方发盘。但是，如商业广告的内容符合发盘的要求，也可视作一项发盘。

② 发盘内容必须十分确定。根据《公约》规定：“一项订立合同的建议至少应包括以下三项内容：货物名称；明示或默示地规定货物的数量，或规定如何确定数量的方法；明示或默示地规定货物的价格，或确定价格的方法。”按照《公约》的解释，发盘只要具有商品的品质、数量和价格三项主要交易条件，即可被认为内容十分确定，构成一项有效的发

盘。至于企业没有列明的主要交易条件，可根据法律或惯例来进行处理。

在实际业务中，我国将品质、数量、包装、价格、装运、支付六项作为发盘应列明的主要贸易条件。因为，这六项条件是确定买卖双方权利义务和履行合同必不可少的重要条件。

③ 表明发盘人受其约束。发盘的目的是为了与对方订立合同，一项发盘必须表明，当受盘人作出接受时，发盘人承担按照发盘条件与受盘人订立合同的责任。

④ 发盘必须传达到受盘人。按照《公约》第十五条规定："发盘无论是口头还是书面的，只有到达受盘人是才生效。"如用信件或电报向受盘人发盘，如该信件或电报在传递过程中遗失，导致受盘人未能收到，则该发盘无效。

(2) 发盘的有效期(Time of validity)。发盘的有效期是指受盘人可对发盘作出接受的期限，也是发盘人承受约束的期限。发盘通常都规定一个有效期，如果受盘人在有效期内对发盘作出接受并通知发盘人，交易即告成立，如果超过有效期，则发盘人不受约束。

在实际业务中对有效期的规定方法主要有两种，一种是规定最迟接受的期限。为了明确截止期限，在规定最迟接受期限时，还有注意以哪一方的时间为准。例如，Offer Subject reply reaching here，our time，September 15th(发盘以9月15号我方时间复到有效)。另一种是规定一段接受的时间。例如，Offer reply in 8 days(发盘8天内复)或Offer valid 4 days(发盘有效期4天)。《公约》的第二十条对此有如下规定："发盘人在电报或信件内规定的接受期间，从电报交发时刻或信件上载明的发信日期起算，如信上未载明发信日期，则从信封上所载明日期起算。发盘人以电话、电传或其他快速通信方法规定的接受期间，从发盘送达被发价人时起算。在计算接受期间，接受期间内的正式假日或非营业日应计算在内。但是如果接受通知在接受期间的最后一天因为那天在发盘人营业地正式假日或非营业日而未能送达发盘人地址，则接受期间应顺延到下一个营业日。"

采用口头发盘的，除非另有规定，受盘人只能当场接受，才能有效。

(3) 发盘的撤回和撤销。发盘的撤回(Withdrawal)是指在发盘送达受盘人之前，发盘人将其撤回，阻止它生效。《公约》第十五条规定："一项发盘即使是不可撤销的，也可以撤回。"撤回的前提条件是发盘人必须以更快地方式将撤回通知先于发盘或同时与发盘到达受盘人。

在实际业务中，如果发现发盘中内容有误或行情有变，可在发盘到达受盘人之前采取快速的通讯方式撤回该发盘。

发盘的撤销(Revocation)是指发盘达到受盘人后，即发盘已经生效，发盘人取消该项发盘的行为。对于发盘能否的撤销，各国法律解释不一。英美法系国家认为，在发盘人收到接受通知前，即使规定了有效期，发盘人也可以随时撤销。大陆法系如德国等认为，发盘达到生效后，就对发盘人有法律效力，在有效期内不能随意撤销。

《公约》对上述的不同解释进行了折中，第十六条规定："在未成立合同之前，发盘可以撤销，如果撤销通知于受盘人发出接受通知之前到达受盘人，但在下列情况下，发盘不得撤销：①发盘注明接受的有效期或以其他方式表示发盘是不可撤销；②受盘人有理由信赖该发盘是不可撤销的，并已本着对该发盘的信赖行事。"

(4) 发盘的终止(Termination of offer)。发盘的终止是指发盘法律效力的消失。一项发盘失效后，发盘人将不再受发盘约束。一般而言，发盘在以下几种情况下失效：

① 发盘规定的有效期届满。一项发盘都明确规定了有效期，在有效期内发盘未被接受，发盘自动失效。

② 受盘人拒绝。一项发盘，当受盘人对发盘口头或书面明确表示拒绝，该项发盘立即失效。如果受盘人在拒绝后又表示接受原发盘，即使是在原发盘的有效期内做出，发盘人也不再受其约束。

③ 受盘人作出还盘。在国际贸易中，还盘是对原发盘的拒绝，所以，当对方作出还盘时，原发盘则失去效力。

④ 发盘依法撤销或撤回。

⑤ 人力不可抗力造成发盘失效。即使受盘人已表示了接受，但发生了如政府颁布进口禁令等不可控因素，使发盘人与受盘人无法签订合同，也将导致发盘无效。

⑥ 当事人在发盘被接受前，丧失行为能力或死亡或破产。发盘人作为自然人，在发盘被接受前丧失行为能力(如死亡或精神失常)；作为法人，宣告破产，发盘依据法律将无效。

案例 6.1

广州 A 外贸公司欲向美国 B 公司出口服装，6 月 10 日向 B 公司发盘，于 6 月 30 日复到上海有效。6 月 20 日 A 公司发现产品的国际市场价格大幅上升，于是 A 公司立即通知 B 公司 6 月 10 日发盘无效。6 月 22 日 B 公司来电：“我方无条件接受 6 月 10 日发盘的条件”。请问 A 公司 6 月 10 日发盘仍有效吗？为什么？

案例分析： A 公司 6 月 10 日的发盘是无效的。根据《公约》第十六条规定：在未成立合同之前，发盘可以撤销，如果撤销通知于受盘人发出接受通知之前到达受盘人。本案例中 A 公司于 6 月 20 日作出撤销通知，而 B 公司于 6 月 22 日才作出接受，应视为原发盘已失效。

(资料来源：童宏祥. 新编国际贸易实务)

3) 还盘(Counter-offer)

还盘又称为还价，是指受盘人在接到发盘后，不同意或不完全同意发盘中提出的条件，以口头或书面形式提出的变更或修改意见。在法律上称为反要约。

还盘实质上是受盘人对原发盘拒绝后作出的一项新的发盘，还盘一旦作出，原发盘即失去效力，还盘的一方与原发盘的发盘人也在地位上发生了变化，还盘人成为新发盘的发盘人，而原发盘人成为新发盘的受盘人。同样，一方还盘，对方对还盘内容不同意，还可以再还盘。从法律上讲，还盘并非交易磋商的必经环节，但在实际业务中，一笔交易往往要经过多次还盘和再还盘才能达成交易。

还盘可以针对价格进行讨价环节，也可以针对品质、数量等交易条件提出变更意见。还盘通常只提出需更改的内容，因此，还盘比较简单。例如：Your offer price is too high, counter offer USD130.00 reply here 13th(你方发价太高，还盘 130 美元，14 号复到有效)。

4) 接受(Acceptance)

接受是指交易一方在接到对方的发盘或还盘后，在规定的时间内，以声明或行动向对方表示按这些条件与对方达成交易、订立合同的行为。法律上称为承诺。

(1) 构成接受的条件。《公约》第十八条规定：“被发盘人声明或做出其他行动表示同意一项发盘，即是接受；缄默或不行动本身不等于接受。”因此，构成一项有效的接受，须具备以下条件：

① 接受必须由指定的受盘人作出。发盘是向特定的受盘人作出的，因此，只能由指定的受盘人对发盘作出接受，其他第三者对发盘作出的接受都不是有效的接受。

② 必须用一定的方式明确表示出来。声明可以采取口头或书面的方式，也可以采取一些行动来表示，如卖方直接发货，买方预付货款或开立信用证等表示接受。在用行为表示接受时，必须注意这种接受方式是根据发盘人的要求或双方间确立的商业习惯行事的，并且该行为必须在有效期内作出。

③ 接受必须在发盘的有效期内达到发盘人。接受必须在有效期内作出才能生效。书面形式的接受必须在到达到发盘人时才能生效，口头发盘必须立即接受。如果接受时间迟于发盘规定的有效期，就是“逾期接受”(Late Acceptance)，又称为“迟到的接受”。

逾期接受在一般情况视为无效，但有两种情况逾期接受仍然有效。《公约》第二十一条规定：一、如果发盘人毫不延迟的用口头或书面形式通知受盘人，确认该接受有效。二、如果载有逾期接受的信件或其他书面文件是在正常传递的情况下寄发的，除非发盘人立即以口头或书面方式通知受盘人该发盘失效，否则，仍被视为有效接受。

④ 接受的内容必须与发盘的内容相符。接受必须是无条件的全部同意发盘的内容。英美法采取“镜像原则”，认为接受应当像镜子一样照出发盘的内容。因此，附有限制、修改或增加新条件的接受，不能构成对发盘的有效接受，而是对发盘的拒绝或构成还盘。

在国际贸易实务中，为了尽量促成交易，还应看所提出的条件属于实质性变更还是非实质性变更。凡对货物的价格、数量、质量、付款方式、交货地点和时间、赔偿责任或争端解决的限制、修改或添加，均视为实质性变更。非实质性变更是指所提出的限制、修改或添加条件在实质上不改变发盘的条件，对于非实质性变更的接受，除非发盘人不反对，仍然可视为有效接受。

(2) 接受的生效。接受的生效到至今尚未有统一的认定。英美法系采取投邮生效，即如果接受是采用信件或电报的形式发送，当信件投递或电报交发，接受即告生效，因此，即使接受的函电在邮递途中延误或遗失，发盘人在有效期没有及时收到或甚至不能收到，接受同样生效。除非发盘人明确规定接受必须在有效期内到达发盘人。

大陆法系采取到达生效，即接受的函电必须在发盘的有效期内到达发盘人，接受才能生效，如果由于邮递中的延误或遗失，接受的函电不能在达到发盘人，接受则无效。

《公约》采纳了达到生效原则，其中规定：“第一，双方以书面形式进行发盘和接受时，接受发盘于表示同意的通知送达发盘人时生效。第二，双方以口头方式进行磋商时，对口头发盘必须立即接受，但情况有别者不在此限。第三，如果受盘人以行为表示接受，接受于该项行为作出时生效，但该项行为必须在发盘人规定的期限内或合理的时间内作出。”

(3) 接受的撤回。接受一经达到发盘人时生效，也意味着合同宣告成立，因此已经送达的接受不能撤销。在实际业务中，在接受通知还未到达发盘人之前，如果受盘人发现行情有变，可以将接受撤回。根据《公约》第二十二条规定，接受的撤回有一定的条件，即“接受得以撤回，如果撤回的通知于接受原发盘应生效之前或同时送到发盘人。”

需要注意的是，在接受撤回上，英美法系和大陆法系有一定的分歧，《公约》与大陆法系的规定一致，而英美法系认为接受于投邮生效，因此，接受已经发出就不能撤回。

案例 6.2

我国某出口企业根据某法商询盘、发盘销售某货物，限对方 5 日复到有效。法商于 4 日发电表示接受，由于电报局投递延展，该电报通知于 6 日上午始送达我公司。此时，我方由于市价上升，当即回电拒绝。但法商认为接受通知迟到不是他的责任，坚持合同有效成立、而我方则不同意达成交易，于是诉诸法院。你认为法官应如何判决？又如我方在接电后未拒绝，法官员该如何判决？说明理由。

案例分析： 我国与法国均为《公约》缔约国。按《公约》规定，如传递正常能及时送达发盘人的情况下，寄发的逾期接受其有接受效力，除非发盘人毫不迟延此用。头或书面通知被友盘人的情况下，寄发的逾期接受其有接受效力，除非发盘人毫不迟延用口头或书面通知被发盘人，他认为他的发盘已失效。据此，我方在接到该项逾期接受，立即回电拒绝，应认为合同未达成。但如我方在接电后未予以拒绝，则应认为合同有效成立。

(资料来源：傅龙海．国际贸易实务．205)

6.2 国际贸易合同的签订

经过交易磋商，买卖双方达成交易后，一般需要签订合同。根据《公约》，销售合同既可以采用书面形式，也可以采取口头合同形式，但在国际贸易实践中，通常买卖双方将各自的权利和义务以书面合同的方式加以确定。我国《涉外经济合同法》规定，合同必须采取书面形式才有效。

6.2.1 订立书面合同的意义

在国际贸易中，订立书面合同对买卖双方具有很重要的意义，这主要表现在以下几个方面。

1. 书面合同是合同成立的证据

当双方发生争议提交仲裁或诉讼时，仲裁庭和法庭首先要确定双方是否已建立合同关系。按照各国法律的要求，要证明合同关系的成立，必须提供证据。在用信件、电报或电信进行磋商，书面证据自然不成问题。但通过口头谈判达成的交易，由于“口说无凭”，不能被证明而难以受到法律保护。因此，通过订立书面合同是证明买卖双方合同关系的最有效的方法。

2. 书面合同时履行合同的重要依据

进出口贸易履行涉及包括企业、银行、商检、海关等多个部门和单位，经过的中间环节复杂，如果仅凭口头协议或分散于往来函电的协议履行合同，将很难保证合同顺利完成。因此，在实际业务中，双方会将商定的条件、各自应享受的权利和承担的义务，全部以书面合同形式的确定下来，以作为履行合同的依据。

3. 作为合同生效的条件

一般情况下，只要接受生效，合同就宣告成立。签定书面合同时合同成立的必备条件如下所述。

(1) 在交易磋商中，买卖双方中一方曾声明并经另一方同意以书面合同的最终签署作为合同生效的条件。即使双方已就各项贸易条件协商一致，在书面合同签定前，在法律上仍不能作为有效合同。

(2) 根据国家法律或政府政策规定必须经政府部门审核的合同，也必须是正式书面合同。

6.2.2 合同有效成立的条件

买卖双方就各项交易条件达成协议后，并不意味着此项合同一定有效。根据合同法的规定，要成为一项具有法律效力的合同，除买卖双方就交易条件通过发盘和接受达成协议外，还应具有以下条件。

1. 当事人的意思表示必须真实、自愿

各国法律都认为，合同当事人的意思表示必须是真实的才能成为一项有约束力的合同，任何一方采取欺诈、威胁或暴力行为与对方订立的合同均无效。

2. 当事人必须具有订立合同的行为能力

签订合同的当事人主要为自然人或法人。按各国的法律规定，具有订立合同的能力的自然人是指精神正常的成年人，未成年人、精神病人、酗酒者订立合同必须受到限制。关于法人，必须通过其代理人，在法人的经营范围内签订合同。

3. 合同必须要有对价和约因

英美法认为，对价(Consideration)是指当事人为了取得合同利益所付出的代价。法国法认为，约因(Cause)是指当事人签订合同所追求的直接目的。按英美法和法国法的解释，合同只有在有约因和对价时，才是法律上有效的合同，无对价或无约因的合同，是得不到法律保护的。

4. 合同内容必须合法

许多国家对合同内容的合法性，往往从广义上解释，包括不得违反法律、公共秩序或公共政策以及不得违反善良风俗或道德等。我国《合同法》第五十二条规定：有下列情形之一，合同无效：①一方以欺诈、胁迫的手段订立合同，损害国家的利益；②恶意串通损害国家、集体或第三人利益；③以合法形式掩盖非法目的；④损害社会公共利益；⑤违反法律、行政法规的强制性规定。如买卖人口、贩毒以及国家禁止进出口的货物都属于违法行为，其合同不受法律保护。

5. 合同的形式必须符合法律规定

世界上大多数国家，只对少数合同的形式在法律上进行了要求，而对大多数合同，一般不从法律上规定相应的格式。《公约》对国际货物买卖合同的形式，原则上不加限制，既可以采用书面方式，也可采用口头方式，均不影响合同效力。

6.2.3 书面合同的形式和内容

1. 书面合同的形式

国际货物销售合同的书面形式没有特定的限制，一般采用正式合同(Contract)、确认书

(Confirmation)、协议(Agreement)、备忘录(Memorandum)等形式，此外，订购单(Order)和委托订购单(Indent)也可以作为合同使用。目前，在我国的进出口业务中主要采用合同和确认书两种形式。

1) 合同(Contract)

合同是一种条款完备、内容全面的法律契约。合同中除了商品的名称、规格、包装、数量、单价、运输、付款、商品检验等条款，还有索赔、仲裁、不可抗力等条款。由出口商草拟的合同，称为“销售合同”，由进口商草拟的合同成为“购货合同”。由于合同对双方的权利、义务以及争议处理均有详细规定，适用于大宗货物和金额较大的交易。

2) 确认书(Confirmation)

销售确认书是合同的简化形式。确认书中只列明主要交易条件，一般包括：货物名称、规格、数量、包装、单价、总值、交货期、运输、付款、商品检验等。对于索赔、仲裁等一般交易条款都予以省略。由卖方出具的确认书称为“销售确认书”，由买方出具的确认书称为“购货确认书”。确认书和合同具有同等法律效力，这种格式的合同，适用于成交金额不大，批次较多的土特产和轻工产品，或已订有包销、代理等长期协议的交易。

在实际业务中，我国的进出口公司通常都印有固定格式的书面合同或确认书，在与外商协商一致后，将磋商内容填写在合同中。

2. 书面合同的内容

书面合同的内容一般包括约首、正文和约尾三个部分。

1) 约首

约首即合同的首部。包括合同的包括序言、合同的名称、合同编号、签约日期、签约地点、买卖双方的名称和地址等内容。其中，当事人双方的名称应用全称，地址也要详细列明。

2) 正文

正文是合同的主体和核心。这部分详细列明交易的各项条款，包括：商品名称、规格、数量、包装、单价和总值、装运、付款方式、保险、商品检验、索赔、仲裁和不可抗力等。

3) 约尾

约尾是合同的结尾部分，包括文字效力、份数、附件的效力、订约日期和双方签字等。

案例 6.3

外 销 合 同

外贸合同 Contract

编号：No:

日期：Date :

签约地点：Signed at:

卖方：Sellers:

地址：Address: 邮政编码：Postal Code:

电话：Tel: 传真：Fax:

买方：Buyers:

地址：Address: 邮政编码：Postal Code:

电话：Tel: 传真：Fax:

买卖双方同意按下列条款由卖方出售，买方购进下列货物：

The sellers agrees to sell and the buyer agrees to buy the undermentioned goods on the terms and conditions stated below.

1. 货号：Article No:
2. 品名及规格：Description&Specification:
3. 数量：Quantity:
4. 单价：Unit Price:
5. 总值：

数量及总值均有____%的增减，由卖方决定。

Total Amount With____% more or less both in amount and quantity allowed at the sellers option.

6. 生产国和制造厂家：Country of Origin and Manufacturer:
7. 包装：Packing:
8. 唛头：Shipping Marks:
9. 装运期限：Time of Shipment:
10. 装运口岸：Port of Loading:
11. 目的口岸：Port of Destination:
12. 保险：由卖方按发票全额110%投保至____为止的____险。

Insurance: To be effected by buyers for 110% of full invoice value covering _____ up to _____ only.

13. 付款条件：

买方须于____年____月____日将保兑的，不可撤销的，可转让可分割的即期信用证开到卖方。信用证议付有效期延至上列装运期后15天在中国到期，该信用证中必须注明允许分运及转运。

Payment:

By confirmed，irrevocable，transferable and divisible L/C to be available by sight draft to reach the sellers before ___/___/_____ and to remain valid for ingotiation in China until 15 days after the aforesaid time of shipment. Tje L/Cmust specify that transhipment and partial shipments are allowed.

14. 单据：Documents:
15. 装运条件：Terms of Shipment:
16. 品质与数量、重量的异义与索赔：Quality/Quantity Discrepancy and Claim:
17. 人力不可抗拒因素：

由于水灾、火灾、地震、干旱、战争或协议一方无法预见、控制、避免和克服的其他事件导致不能或暂时不能全部或部分履行本协议，该方不负责任。但是，受不可抗力事件影响的一方须尽快将发生的事件通知另一方，并在不可抗力事件发生15天内将有关机构出具的不可抗力事件的证明寄交对方。

Force Majeure:

Either party shall not be held responsible for failure or delay to perform all or any part of this agreement due to flood，fire，earthquake，draught，war or any other events which could not be predicted，controlled，avoided or overcome by the relative party. However，the party affected by the event of Force Majeure shall inform the other party of its occurrence in writing as soon as possible and thereafter send a certificate of the event issued by the relevant authorities to the other party within 15 days after its occurrence.

18. 仲裁：

在履行协议过程中，如产生争议，双方应友好协商解决。若通过友好协商未能达成协议，则提交中国国际贸易促进委员会对外贸易仲裁委员会，根据该会仲裁程序暂行规定进行仲裁。该委员会决定是终局的，对双方均有约束力。仲裁费用，除另有规定外，由败诉一方负担。

Arbitration

All disputes arising from the execution of this agreement shall be settled through friendly consultations. In case no settlement can be reached, the case in dispute shall then be submitted to the Foreign Trad Arbitration Commission of the China Council for the Promotion of International Trade for Arbitration in accordance with its Provisional Rules of Procedure. The decesion made by this commission shall be regarded as final and binding upon both parties. Arbitration fees shall be borne by the losing party, unless otherwise awarded.

19. 备注：Remark:

卖方：Sellers: 买方：Buyers:

签字：Signature: 签字：Signature:

(资料来源：http://www.diyifanwen.com/fanwen/hetongyangben/20080702011056332.html)

本章小结

本章讲述了国际货物交易磋商的环节与合同的签订。

交易磋商是买卖双方就买卖商品的各项交易条件进行协商，最终达成一致并签订合同的过程。交易磋商可分为口头和书面两种形式。交易磋商通常包括询盘、发盘、还盘和接受四个环节，其中，发盘和接受是交易成立和订立合同必不可少的环节。

国际货物买卖合同是规定买卖双方权利和义务的法律文件，在一定的条件下有效。国际货物买卖合同既可采用书面形式，也可采用口头形式。在我国对外贸易实践中，合同必须采用书面形式，同时主要以合同和确认书为主。

本章练习题

一、单项选择题

1. 在谈判中卖方主动开盘报价称为(　　)。

   A. 报盘　　B. 递盘　　C. 还盘　　D. 受盘

2. 在谈判中买方主动开盘称为(　　)。

   A. 报盘　　B. 还盘　　C. 受盘　　D. 递盘

3. 国外某买主向我方来电“接受你方 12 日发盘请降价 5%”，此环节属(　　)。

   A. 发盘　　B. 询盘　　C. 还盘　　D. 接受

4. 外销合同的成交，按照国际贸易惯例是(　　)。

   A. 一方发的实盘为另一方有效的接受

   B. 双方在书面合同上签字

   C. 经双方有关机构批准

   D. 一方对一方的发盘默认

5. 一项发盘，经过还盘后，则该项发盘(　　)。

   A. 失效　　B. 仍然有效

   C. 对原发盘人有约束力　　D. 对还盘人有约束力

6．整个商务谈判的起点是(　　)。

A．导入阶段　B．报价阶段　C．磋商阶段　D．摸底阶段

7．英国某买方向我轻工业出口公司来电"拟购美加净牙膏大号 1 000 罗请电告最低价格最快交货期"此来电属交易蹉商的(　　)环节。

A．发盘　B．询盘　C．还盘　D．接受

8．《联合国国际货物销售合同公约》对发盘内容"十分确定"的解释是(　　)。

A．明确规定合同的有效期　B．规定交货地点和时间

C．规定责任范围和解决争端的办法　D．明确品名、规定数量和价格

9．根据《公约》的规定，合同成立的时间是(　　)。

A．接受生效的时间　B．交易双方签定的书面合同的时间

C．在合同获得国家批准时　D．当发盘送达受盘人时

10．某项发盘与某月 12 日以前有效形式送达受盘人，但在此前的 11 日，发盘人以传真通知受盘人，发盘无效，此行为属于(　　)。

A．发盘的撤回　B．发盘的修改　C．一项新发盘　D．发盘的撤销

11．根据《联合国国际货物销售合同公约》，合同成立的必要程序是(　　)。

A．询盘、发盘、还盘和接受　B．询盘、发盘、还盘、接受和签约

C．发盘、接受和签约　D．发盘和接受

12．合同法的基本原则是(　　)。

A．契约自由　B．互为有偿　C．内容合法　D．形式合法

13．在发盘生效后，发盘人以一定方式解除发盘对其的效力，这在法律上属于发盘的(　　)。

A．撤回　B．撤销　C．改发　D．取消

14．在接受迟到的情况下，决定接受是否有效的主动权在(　　)。

A．受盘人　B．邀请发盘人　C．发盘人　D．询盘人

二、多项选择题

1．根据《公约》规定，受盘人对(　　)等内容提出添加或更改，均作为实质性变更发盘条件。

A．价格　B．付款　C．品质　D．数量

2．根据《公约》的规定，在国际货物买卖中，卖方的基本义务有(　　)。

A．提交合格货物　B．提交合格的单据

C．办理运输　D．办理保险

E．转移货物的所有权

3．出口交易磋商的程序包括(　　)。

A．询盘　B．发盘　C．还盘　D．接受

4．根据《公约》发盘不能撤销的情况有(　　)。

A．发盘已送达受盘人　B．发盘已表明订立合同的意思

C．发盘中注明了有效期　D．在发盘中使用了"不可撤销"字样

E．受盘人有理由信赖该发盘是不可撤销的并采取了一定行动

5．不具备法律约束力的书面合同是(　　)。

A．正式合同　　B．确认书　　C．协议

D．备忘录　　E．意向书

三、判断题

1．在交易磋商过程中，发盘是由卖方作出的行为，接受是由买方作出的行为。(　　)

2．买方来电表示接受发盘，但要求将 D/P 即期改为 D/P 远期，卖方缄默，此时合同成立。(　　)

3．根据我国对外贸易的实践，构成一项有效发盘，必须明确规定买卖货物的品质、数量、包装、价格、交付和货款的支付等六项主要交易条件。(　　)

4．一项有效的发盘，一旦被受盘人无条件地全部接受，合同即告成立。(　　)

5．询盘又称询价，即向交易另一方询问价格。(　　)

6．《公约》规定发盘生效的时间为发盘送达受盘人时。(　　)

7．凡通过中间商进口的商品，为了发挥“货比三家”的作用，在打算进口这种商品之前，最好同时多向几家中间商发盘，以资比较，并从中择优选定合适的成交对象。(　　)

8．某工艺品公司与国外洽谈一笔玉雕交易，经过双方对交易条件往返磋商之后，已就价格、数量、交货期等达成协议，我方公司于是在 8 月 6 日致电对方：“确认售与你方玉雕一件……请先电汇 1 万美元。”对方于 8 月 9 日复电：“确认你方电报，我购玉雕一件，条件按你方电报规定，已汇交你方银行 1 万美元，该款在交货前由银行代你方保管……”这笔交易于是达成。(　　)

四、简答题

1．什么是发盘？一项有效的发盘应具备哪些条件？

2．什么是接受？一项有效的接受应具备哪些条件？

3．发盘在哪些情况下失效？

4．什么是逾期接受？《公约》对此是如何规定的？

5．一项有法律约束力的合同应具备哪些条件？

五、案例分析题

1.下面是甲乙双方往来的磋商函电，请分析它们分别属于磋商中的哪个环节，为什么？

甲：(5 月 1 日电)：“兹有 5 000 打运动衫，规格按 3 月 15 日样品，每打 CIF 纽约价 $84.5，标准出口包装，5 至 6 月装运，以不可撤销 L/C 支付，限 20 日复到。”

乙：(5 月 3 日电)：“你方 5 月 1 日电收悉，贸易条件对我方不合适，请重新报价。”

甲：(5 月 4 日电)：“4 000 打运动衫，规格按 3 月 15 日内衬 PP 装包装样品，每打 CIF 纽约价$80，新瓦楞纸箱，6 月份装运，以不可撤销 L/C 支付，限 10 日复到有效。”

乙：(5 月 10 日电)：“你方来电我方基本同意，将每打 CIF 纽约价再降至$78，限 5 月 20 日复到我方有效。”

甲：(5 月 21 日电)：“你方交易条件我方完全同意。”

乙于 5 月 3 日发出的函电属向甲方作出的邀请发盘。

甲于5月4日的函电属于向乙作出的再发盘，原因同5月1日函电，即符合发盘条件。

乙于5月10日的函电属还盘行为，因为他更改了部分主要贸易条件。

甲的5月21日的函电属于逾期接受，即无效接受。因为他的接受表示是在发盘规定的有效期之后作出的。

2. 我方甲公司拟进口一批货物，请乙公司发盘，5月1日乙公司发盘“5月31日前答复，报价为CIF NEW YORK价，每箱2美元，共200箱罐装鱼，7月份纽约港装运。”甲则发出以下还盘：“对你5月1日报价还盘为5月20日前签复，CIF NEW YORK价每箱1.8美元，共200箱罐装鱼，7月份纽约港装运。”到5月20日甲尚未受到回电。鉴于该货价看涨，甲于5月22日去电：“你5月1日电……我们接受。”请问：“乙公司原报价是否继续约束乙公司至5月31日？乙公司能否因货价看涨而不理会甲？

3. 一法国商人于某日上午走访我国外贸企业洽购某商品。我方口头发盘后，对方未置可否，当日下午法商再次来访表示无条件接受我方上午的发盘，那时，我方已获知该项商品的国际市场价格有趋涨的迹象。对此，你认为我方应如何处理为好，为什么？

4. H公司有一批羊毛待售，4月2日公司销售部以信件的形式向某市第一纺织厂发出要约，将羊毛的数量、质量、价格等主要条款做了规定，约定若发生争议将提交某仲裁委员会仲裁。并特别注明希望在15日内得到答复。但由于工作人员疏忽，信件没有说明要约的起算日期，信件的落款也没有写日期。

4月4日公司人员将信件投出，4月17日纺织厂收到信件。恰巧纺织厂急需一批羊毛，第二天即拍发电报请其准备尽快发货。邮局于4月19日送达H公司。不料H公司却在4月18日由于未收到纺织厂的回信，已将羊毛卖给另一纺织厂。第一纺织厂几次催货未果，向仲裁委员会提请仲裁，要求H公司赔偿其损失。试对此案例进行分析。

5. A向B发盘，发盘中说：“供应300公吨小麦，麻袋装，每袋净重60千克，每袋CIF香港200美元，订立合同后2个月装船，不可撤销信用证付款，请电复。”B收到发盘后，立即电复说：“我接受你的发盘，在订立合同后立即装船。”但A未作任何答复。问：根据《公约》的解释，此合同是否成立？为什么？

6. 中国C公司于2013年7月16日收到巴黎D公司发盘：“马口铁500公吨，每公吨545美元CFR中国口岸，8月份装运，即期信用证支付，限7月20日复到有效。”我方于17日复电：“若单价为500美元CFR中国口岸可接受，履约中如有争议在中国仲裁。”D公司当日复电：“市场坚挺，价格不能减，仲裁条件可接受，速复。”此时马口铁价格确实趋涨。我方于19日复电：“接受你16日发盘，信用证已由中国银行开出，请确认。”但法商未确认并退回信用证。问：合同是否成立？我方有无失误？

第 7 章　国际贸易术语

教学目标

- 了解国际贸易术语的含义与作用；
- 熟悉与贸易术语相关的主要国际惯例；
- 掌握《2010 年国际贸易术语解释通则》中对贸易术语的相关规定；
- 熟悉掌握几种常用的贸易术语的含义、内容及其应用；
- 了解合理选择不同贸易术语的重要意义与基本原则。

关键词

贸易术语　国际贸易术语惯例　《2000 年通则》　《2010 年通则》

案例导入

贸易术语选择不当致损案

某年 5 月，美国某贸易公司(以下简称“进口方”)与我国江西某进出口公司(以下简称“出口方”)签订合同购买一批日用瓷具，价格条件为 CIF Los-Angeles，支付条件为不可撤销的跟单信用证，出口方需要提供已装船提单等有效单证。出口方随后与宁波某运输公司(以下简称“承运人”)签订了运输合同。8 月初出口方将货物备妥，装上承运人派来的货车。途中由于驾驶员的过失发生了车祸，耽误了时间，错过了信用证规定的装船日期。得到发生车祸的通知后，出口方即与进口方洽商要求将信用证的有效期和装船期延展半个月，并本着诚信原则告知进口方两箱瓷具可能受损。进口方回电称同意延期，但要求货价应降 5%。出口方回电据理力争，同意受震荡的两箱瓷具降价 1%，但其余货物并未损坏，不能降价。但进口方坚持要求全部降价。最终出口方还是作出让步，受震荡的两箱降价 2.5%，其余降价 1.5%，为此受到货价、利息等有关损失共计达 15 万美元。事后，出口方作为托运人又向承运人就有关损失提出赔偿。对此，承运人同意承担有关仓储费用和两箱震荡货物的损失；利息损失只赔 50%，理由是自己只承担一部分责任，主要是由于出口方修改单证耽误了时间；但对于货价损失不予理赔，认为这是由于出口方单方面与进口方的协定所致，与己无关。出口方却认为货物降价及利息损失的根本原因都在于承运人的过失，坚持要求其全部赔偿。3 个月后经多方协商，承运人最终赔偿各方面损失共计 5.5 万美元。出口实际损失 9.5 万美元。

(资料来源：胡丹婷．国际贸易实务[M]．北京：机械工业出版社，2008．)

7.1 国际贸易术语及惯例

7.1.1 国际贸易术语

1. 国际贸易术语含义

在国际贸易中，由于货物要跨越国境进行运输，具有线长、面广、环节多、风险大的特点，交易双方在洽商交易、订立合同时，势必面临一系列风险、责任和费用方面的问题。比如：买卖双方以什么方式办理交货？交货地点在哪里？货运风险由谁承担？何时转移？由谁负责办理货物的运输、保险及通关过境的手续？由谁承担办理上述事项时所需的各种费用？买卖双方需要交接哪些有关的单据？等等。这也是交易双方在商谈中所关注的焦点问题。

为解决上述问题，人们在长期贸易实践中逐渐形成了某些习惯的做法，并赋予一定的名称被固定下来，即形成贸易术语。

国际贸易术语也称为价格术语，是以简短的概念或英文缩写来表明商品的价格构成和交易双方在交接货物过程中责任、费用和风险的划分的一种专门用语。例如“Free On Board”(装运港船上交货)或用英文字母表示的“FOB”，就具有特定的责任、费用和风险的归属要求。

2. 国际贸易术语的性质

在国际贸易中采用某种专门的贸易术语，主要是为了确定交货条件，即说明买卖双方在交接货物方面彼此承担责任、费用和风险的划分。例如，按装运港船上交货条件(FOB)成交同按目的港船上交货条件(DES)成交，由于交货条件不同，买卖双方各自承担的责任、费用和风险就有很大区别。同时，贸易术语也可用来表示成交商品的价格构成因素，特别是货价中所包含的从属费用。由于其价格构成因素不同，所以成交价应有区别。

不同的贸易术语表明买卖双方各自承担不同的责任、费用和风险，而责任、费用和风险的大小又影响成交商品的价格。一般来说，凡使用出口国国内交货的各种贸易术语，如工厂交货(EXW)和装运港船边交货(FAS)等，卖方承担的责任、费用和风险都比较小，所以商品的售价就低；反之，凡使用进口国国内交货的各种贸易术语，如运输终端交货(DAT)和完税后交货(DDP)等，卖方承担的责任、费用和风险则比较大，这些因素必然要反映到成交商品的价格上。所以，在进口国国内交货比在出口国国内交货的价格高，有时甚至高出很多。由于贸易术语体现出商品的价格构成，所以有些人便称其为“价格术语”。

由此可见，贸易术语具有两重性：一方面表示交货条件；另一方面表示成交价格的构成因素。这两者是紧密相关的。我们必须从贸易术语的全部含义来理解它的性质。

3. 国际贸易术语的作用

贸易术语是国际贸易发展到一定阶段的产物。它的出现和广泛应用，对简化交易磋商的内容、缩短成交过程、节省业务费用，都发挥了重要作用，极大地促进了世界贸易的发展。

1) 有利于买卖双方洽商交易，订立合同

由于每种贸易术语都有其特定的含义，因此，买卖双方只要商定按何种贸易术语成交，即可明确彼此在交接货物方面所应承担的责任、费用和风险。这就简化了交易手续，缩短了洽商交易的时间，节约有关费用，从而有利于买卖双方迅速达成交易和订立合同。

2) 有利于买卖双方核算价格和成本

由于贸易术语表示价格构成因素，所以，买卖双方确定成交价格时，必然要考虑采用的贸易术语中包含哪些从属费用，这就有利于买卖双方进行比价和加强成本核算。

3) 有利于妥善解决履约当中的争议

买卖双方商订合同时，如对合同条款考虑欠周，使某些事项规定不明确或不完备，致使履约当中产生的争议不能依据合同的规定解决，在此情况下，可以援引有关贸易术语的一般解释来处理。因为，贸易术语的一般解释已成为国际惯例，它是大家所遵循的一种类似行为规范的准则。

4) 有利于其他有关机构开展业务活动

业务活动中，离不开船公司、保险公司和银行等机构，而贸易术语及有关解释贸易术语的国际惯例的相继出现，便为这些机构开展业务活动和处理业务实践中的问题提供了客观依据和有利条件。

7.1.2 有关贸易术语的国际贸易惯例

1. 国际贸易惯例的含义

国际贸易惯例就是指在国际贸易的长期实践中逐渐形成的一些有较为明确和固定内容的贸易习惯和一般做法，或者说是在长期的国际贸易中约定俗成的国际行为准则。

在长期的国际贸易实践中，一些国家和地区国际贸易活动发展较早，而且有一定经验，使这些国家和地区或某一行业逐渐形成了某种被人们所承认的并采用的习惯做法或特定的方式。这些做法，不断推广开来，并在更大的范围内被越来越多的国家与地区所理解和接受，便成为国际贸易中大家都自觉遵循的一种行为规范和准则，对国际贸易业务的发展起着某种指导或制约的作用，就形成了国际贸易惯例。

2. 国际贸易惯例的特点

1) 它是在长期的国际贸易活动中逐渐形成的

国际贸易的一些习惯做法，开始只流行于一定的地区和行业，随着国际贸易的逐渐发展，它的影响不断扩大，有的甚至在世界范围内通行。例如 FOB、CIF 等贸易术语。

2) 它具有确定的内容而且被许多国家和地区认可

任何一种国际贸易惯例，都不是由法律规定的，而是把一些习惯做法归纳成条文，对有关的名词、术语给予明确的定义与解释，并为许多国家和地区接受和认可。

3) 它一般不具有强制性

国际贸易惯例是由贸易当事人自愿遵行，一方不能强制他方遵行，也不能自动地适用。只有当事人在合同中明确约定适用某项惯例时，这种惯例才对当事人具有约束力。它不同于国际公约，国际公约是有强制性的，因为它是由实体法保护的法律性文件。例如《联合国国际货物销售合同公约》等。

4) 它是国际贸易法律的重要渊源之一

许多国际贸易法律是在国际贸易惯例基础上产生的，很多国际贸易法律的裁决，也是以国际贸易惯例为依据的。

国际商会、国际法协会等国际组织以及美国一些著名商业团体经过长期努力，分别制定了解释国际贸易术语的规则。这些规则在国际上被广泛采用，因而形成一般的国际贸易惯例。习惯做法与贸易惯例是有区别的。国际贸易业务中反复实践的习惯做法只有经国际组织加以编撰与解释才成为国际贸易惯例。

3. 关于贸易术语的国际贸易惯例

贸易术语是在长期贸易实践中形成的习惯做法。最初的各种贸易术语并无统一解释，后来经某些国际组织对其加以编纂和解释，并为较多国家的法律界和工商界所认可，才成为有关贸易术语的国际惯例。目前，国际上影响较大的关于贸易术语的惯例有三个：一是《1932 年华沙—牛津规则》；二是《1941 年美国对外贸易定义修订本》；三是《2000 年国际贸易术语解释通则》。

1)《1932 年华沙—牛津规则》

《1932 年华沙—牛津规则》(Warsaw-Oxford Rules 1932) 是国际法协会专门为解释 CIF 合同而制定的。19 世纪中叶，CIF 贸易术语开始在国际贸易中得到广泛采用，然而对使用这一术语时买卖双方各自承担的具体义务，并没有统一的规定和解释。对此，国际法协会于 1928 年在波兰首都华沙开会，制定了关于 CIF 买卖合同的统一规则，称为《1928 年华沙规则》，共包括 22 条。其后，在 1930 年的纽约会议、1931 年的巴黎会议和 1932 年的牛津会议上，将此规则进行了几次修订，并在(1932 年)最后一次修改后，将此规则修订为 21 条，而且更名为《1932 年华沙—牛津规则》，沿用至今。

这一规则对于 CIF 合同的性质、买卖双方所承担的风险、责任和费用划分以及所有权转移的方式等问题都作了比较详细的解释。它在国际贸易中有一定影响。同样，此规则并无绝对的约束力，只供买卖双方自愿采用，合同可以对规则加以修改或增加，如本规则与合同发生矛盾，应以合同为准，即合同效力可优先于规则。

2)《1941 年美国对外贸易定义修订本》

《1941 年美国对外贸易定义修订本》(Revised American Foreign Trade Definitions 1941) 是由美国几个商业团体制定的。它最早于 1919 年在纽约制定，原称为《美国出口报价及其缩写条例》。后来于 1940 年在美国第 27 届全国对外贸易会议上对该条例作了修订，并于 1941 年经美国商会、美国进口商协会和全国对外贸易协会所组成的联合委员会通过，由全国对外贸易协会予以公布，命名为《1941 年美国对外贸易定义修订本》。它所解释的贸易术语共有 6 种，分别是：①Ex-Point of Origin(产地交货)；②FOB，Free on Board(在运输工具上交货)；③FAS，Free Along Side(在运输工具旁边交货)；④C&F，Cost and Freight(成本加运费)；⑤CIF，Cost Insurance and Freight(成本加保险费和运费)；⑥Ex Dock-Named Port of Importation(目的港码头交货)。

3)《国际贸易术语解释通则》

《国际贸易术语解释通则》(International Rules for the Interpretation of Trade Terms)，它是国际商会为了统一对各种贸易术语的解释而制定的。1936 年国际商会(International

Chamber of Commerce，ICC)首次公布了一套解释贸易术语的国际规则，名为《INCOTERMS 1936》，其副标题为“International Rules for Interpretation of Trade Terms”，故译为《1936年国际贸易术语解释通则》。随后，为适应国际贸易实践发展的需要，国际商会先后于1953年、1967年、1976年、1980年、1990年、2010年进行过多次修订和补充。

(1)《2000年通则》。1999年，国际商会广泛征求世界各国从事国际贸易的各方面人士和有关专家的意见，通过调查、研究和讨论，对实行60多年的《通则》进行了全面的回顾与总结。为使贸易术语更进一步适应世界上无关税区的发展、交易中使用电子信息的增多以及运输方式的变化，国际商会再次对《国际贸易术语解释通则》进行修订，并于1999年7月公布《2000年国际贸易术语解通则》(简称《INCOTERMS 2000》或《2000年通则》)，成为国际商会第560号出版物(《INCOTERMS 2000》，ICCPublication No.560)，于2000年1月1日起生效。

《2000年通则》明确了适用范围，只限于销售合同当事人的权利、义务中与交货有关的事项。其货物是指“有形的”货物，不包括“无形的”货物。《通则》只涉及与交货有关的事项，如货物的进出口清关、货物的包装、买方受领货物的义务以及提供履行各项义务的凭证等。不涉及货物所有权和其他产权的转移、违约、违约行为的后果以及某些情况的免责等。有关违约的后果或免责事项，可通过买卖合同中其他条款和适用的法律来解决。

《2000年通则》的公布和实施，使《通则》更适应当代国际贸易的实践，这不仅有利于国际贸易的发展和国际贸易法律的完善，而且起到了承上启下、继往开来的作用，标志着国际贸易惯例的最新发展。目前它已成为影响最大、应用最广的有关贸易术语的国际贸易惯例(见表7-1)。

表7-1 《2000年通则》贸易术语分类

术语名称及英文全称	中文名称
E组(启运组)	
EXW—Ex Works(…named place)	工厂交货(……指定地点)
F组(主运费未付组)	
FOB—Free on Board(…named port of shipment)	船上交货(……指定装运港)
FAS—Free Along side Ship(…named port of shipment)	船边交货(……指定装运港)
FCA—Free Carrier(…named place)	货交承运人(……指定地点)
C组(主运费已付组)	
CFR—Cost and Freight(…named port of destination)	成本加运费(……指定目的港)
CIF—Cost,Insurance and Freight(…named port of destination)	成本、保险费加运费(……指定目的港)
CPT—Carriage Paid To(…named place of destination)	运费付至(……指定目的地)
CIP—Carriage and Insurance Paid To(…named place of destination)	运费、保险费付至(……指定目的地)
D组(到达组)	
DAF—Delivered At Frontier (…named place)	边境交货(……指定地点)
DES—Delivered Ex Ship(…named port of destination)	目的港船上交货(……指定目的港)
DEQ—Delivered Ex Quay(…named port of destination)	目的港码头交货(……指定目的港)
DDU—Delivered Duty Unpaid(…named place of destination)	未完税交货(……指定目的地)
DDP—Delivered Duty Paid(…named place of destination)	完税后交货(……指定目的地)

与《1990 年通则》相同，在《2000 年通则》中，13 种术语项下买卖双方的义务均采用 10 个项目列出，但不采用原来卖方和买方的义务分别列出的规定，而是采用买卖双方义务合在同一标题下，即在卖方义务的每一个项目中“对应”买方在同一项目中的义务，这种规定使术语查阅更加方便，一目了然(见表 7-2)。

表 7-2　《2000 年通则》中买卖双方各自承担的义务

A1．提供符合合同规定的货物	B1．支付货款
A2．许可证、其他许可和手续	B2．许可证、其他许可和手续
A3．运输合同与保险合同	B3．运输合同和保险合同
A4．交货	B4．受领货物
A5．风险转移	B5．风险转移
A6．费用划分	B6．费用划分
A7．通知买方	B7．通知卖方
A8．交货凭证、运输单证或有同等作用的电子讯息	B8．交货凭证、运输单证或有同等作用的电子讯息
A9．核查、包装及标记	B9．货物检验
A10．其他义务	B10．其他义务

(2) 《2010 年通则》。《2010 年国际贸易术语解释通则》(《2010 年通则》)是国际商会根据国际货物贸易的发展，考虑到免税贸易区的不断增加，电子商务在国际贸易中的不断增多，以及被更多重视货物运输中的安全和变化等问题，对《2000 年通则》进行了修订，并于 2010 年 9 月 27 日公布，2011 年 1 月 1 日开始全球实施(见表 7-3)。

《2010 年国际贸易术语解释通则》删去了《2000 年国际贸易术语解释通则》4 个术语：DAF (Delivered at Frontier，边境交货)、DES (Delivered Ex Ship，目的港船上交货)、DEQ (Delivered Ex Quay，目的港码头交货)、DDU (Delivered Duty Unpaid，未完税交货)，新增了 2 个术语：DAT(Delivered at Terminal，在指定目的地或目的港的运输终端交货)、DAP (Delivered at Place，在指定目的地交货)。即用 DAP 取代了 DAF、DES 和 DDU 三个术语，DAT 取代了 DEQ，且扩展至适用于一切运输方式。

相对于 2000 通则，2010 通则主要有以下变化：

(1) 13 种贸易术语变为 11 种；

(2) 贸易术语分类由四组变为两类；

(3) 使用范围的扩大至国内贸易合同；

(4) 取消了“船舷”的概念；

(5) 新增了连环销售(String Sales)；

(6) 电子通信方式被 2010 通则赋予完全等同的功效。

表 7-3　《2010 年通则》贸易术语分类

组　别	贸易术语	中 文 名 称	英 文 全 称
适用任何运输方式	EXW	工厂交货	Ex Works
	FCA	货交承运人	Free Carrier
	CPT	运费付至	Carriage Paid To
	CIP	运费、保险费付至	Carriage and Insurance Paid To

续表

组　别	贸易术语	中 文 名 称	英 文 全 称
适用任何运输方式	DAP	目的地交货	Delivered at Place
	DAT	运输终端交货	Delivered at Terminal
	DDP	完税后交货	Delivered Duty Paid
适用水上运输方式	FAS	装运港船边交货	Free Alongside Ship
	FOB	装运港船上交货	Free on Board
	CFR	成本加运费	Cost and Freight
	CIF	成本加保险费、运费	Cost，Insurance，and Freight

虽然《2010 年通则》于 2011 年 1 月 1 日正式生效，但并非《2000 年通则》就自动作废。因为国际贸易惯例本身不是法律，对国际贸易当事人不产生必然的强制性约束力。国际贸易惯例在适用的时间效力上并不存在"新法取代旧法"的说法，即《2010 年通则》实施之后并非《2000 年通则》就自动废止，当事人在订立贸易合同时仍然可以选择适用《2000 年通则》甚至《1990 年通则》。

7.2 《2010 年国际贸易术语解释通则》

7.2.1 装运港交货的三种常用贸易术语

1. FOB

1) 基本含义

Free On Board (…named port of shipment)，即船上交货(……指定装运港)，是指卖方必须在合同规定的装运期内在指定装运港将货物交至买方指定的船上，并负担货物装上船为止的一切费用和货物灭失或损坏的风险。按照《通则》的解释，采用 FOB 术语成交，卖方应在约定的装运港将货物装到买方指定的船上，卖方即履行了他的交货义务。

此术语只能适用于海运和内河运输。

在我国贸易实践中，也习惯称其为离岸价。

2) 买卖双方的基本义务

(1) 卖方的基本义务。

① 负责在合同规定的日期或期间内，在指定装运港，将符合合同的货物按港口惯常方式交至买方指定的船上，并给予买方充分的通知。

② 负责办理货物出口手续，取得出口许可证或其他核准书。

③ 负担货物在装运港装上船为止的一切费用和风险。

④ 负责提供商业发票和证明货物已交至船上的通常单据。如果买卖双方约定采用电子通信，则所有单据均可被具有同等效力的电子数据交换信息(EDI message)所替代。

(2) 买方的基本主要义务。

① 负责租船或订舱，支付运费，并给予卖方关于船名、装船地点和要求交货时间的充分的通知。

② 自负风险和费用取得进口许可证或其他核准书，并办理货物进口以及必要时经由另

一国过境运输的一切海关手续。

③ 负担货物在装运港装上船后的一切费用和风险。

④ 买方应收取卖方按合同规定交付的货物，接受与合同相符的单据，并支付货款。

案例 7.1

我国某内陆出口公司于2000年2月向日本出口30吨甘草膏，每吨40箱共1200箱，每吨售价1800美元，FOB新港，共54000美元，即期信用证，装运期为2月25日之前，货物必须装集装箱。该出口公司在天津设有办事处，于是在2月上旬便将货物运到天津，由天津办事处负责订箱装船，不料货物在天津存仓后的第二天，仓库午夜着火，抢救不及，1200箱甘草膏全部被焚。办事处立即通知内地公司总部并要求尽快补发30吨。否则无法按期装船。结果该出口公司因货源不济，只好要求日商将信用证的效期和装运期各延长15天。日商同意但提出价格下降5%，经双方协商，最终降价3%。

(资料来源：http://www.yw169.com)

3) 使用FOB术语应注意的几个问题

(1) 风险转移问题。

《2000年通则》规定，FOB的风险转移点是"在装运港以船舷为界"。在实际业务中，FOB合同的卖方往往根据合同规定或双方确定的习惯做法，负责将货物在装运港实际装在船上，并提供清洁已装船提单。这实际上已将交货点从"船舷"延伸到了"船舱"。

《2010年通则》取消了"船舷"的概念，明确了FOB的风险转移点是"在装运港船上为界"。

(2) 船货衔接问题。

按照FOB含义，买方应负责租船订舱并将船期、船名及时通知对方，而卖方负责在规定期限内将货物装上买方指定的船上。但是，如果买方不按期派船，卖方有权撤销合同和要求赔偿损失，或有权代买方租船装运，或凭装运地仓库单代替提单索取货款。如果未经卖方同意，船只提前到达，则卖方不负责支付空舱费或滞期费。相反，如果买方按期派船，而卖方未能及时备货按期装船，则卖方应支付由此造成的滞期费和空舱费。

在FOB条件下，有时买方可能委托卖方代其租船订舱，但这仅属委托代办性质，卖方可以同意也可以不同意。如果卖方租不到船只或订不到舱位，其风险由买方自负，买方无权向卖方提出赔偿损失或撤销合同。

总之，按FOB术语成交，对于装运期和装运港要慎重规定，订约之后，有关备货和派船方面，也要加强联系，密切配合，以保证船货很好的衔接。

(3) 装船费用的负担问题。

按照FOB定义，卖方应负责支付货物装上船前的一切费用，而买方应负责货物上船以后的一切费用。大宗商品按FOB条件成交时，买方通常采用租船运输。由于船方通常多按不负担装卸条件出租船舶，故买卖双方容易在装船费用由谁负担问题上引起争议。为了明确有关装船费用的划分，可以在合同中用文字作出具体规定，也可以在FOB术语后加列字句或缩写，即用FOB术语的变形来表示。常见的FOB术语变形有以下几种。

① FOB班轮条件(FOB Liner Terms)。这一变形是指装船费用按照班轮运输的做法来办，即船方管装管卸，装卸费打入班轮运费之中，自然由负责租船订舱的买方承担，卖方不负担装船的有关费用。

② FOB 吊钩下交货(FOB Under Tackle)。指卖方将货物交到买方指定船只的吊钩所及之处，即吊装入舱以及其他各项费用概由买方负担。这一术语一般使用不多。

③ FOB 包括理舱(FOB Stowed，FOBS)。指卖方负责将货物装入船舱并承担包括理舱费在内的装船费用。理舱费是指货物入舱后进行安置和整理的费用。

④ FOB 包括平舱(FOB Trimmed，FOBT)。指卖方负责将货物装入船舱并承担包括平舱费在内的装船费用。平舱费是指对装入船舱的散装货物进行平整所需的费用。

⑤ FOB 包括理舱和平舱(FOB Stowed and Trimmed，FOBST)。指卖方负责将货物装入船舱并承担包括理舱费和平舱费在内的装船费用。

FOB 的上述变形只是为了表明装船费用由谁负担问题而产生的，它们并不改变 FOB 的交货地点以及风险划分的界限。

(4) 不同惯例对 FOB 术语的不同解释。

以上有关 FOB 术语的解释都是按照国际商会的《通则》作出的，然而，不同的国家和不同的惯例对 FOB 术语的解释并不完全一致。它们之间的差异在有关交货地点、风险划分界限以及卖方承担的责任义务等方面的规定上都可以体现出来。比如：《1941 年美国对外贸易定义修订本》将 FOB 术语分为六种，只有第五种“指定装运港船上交货”[FOB Vessel (named port of shipment)]与《2010 年通则》解释的 FOB 术语相近，但仍存在许多差别。

具体的讲，《定义》与《通则》两个惯例对 FOB 术语解释的区别如下所述。

① 交货地点不同。《通则》：卖方交货的地点在装运港的船上；《定义》：卖方交货的地点在所在地某处某种运输工具上。

② 办理出口手续的费用由谁承担不同。《通则》：办理出口手续的费用由卖方承担；《定义》：办理出口手续所产生的费用由买方承担。

因此，我国外贸企业在与美国和其他美洲国家出口商按 FOB 术语洽谈进口业务时，应特别注意它对贸易术语的解释及其与其他国际惯例的区别，最好在条款中注明适用的国际贸易惯例。

2. CFR

1) CFR 的基本含义

CFR-Cost and Freight (…named port of destination)成本加运费(……指定目的港)，是指卖方负责按通常的条件租船订舱，支付运费，在合同规定的装运日期内将货物装上运往指定目的港的船上，负担货物装上船以前发生的一切费用和风险，装船后及时向买方发出已装船通知。这一术语以前业务上常用“C&F”表示，1990 年通则改为 CFR，它也是国际贸易中常用的贸易术语。

这一术语也只适用于海洋和内河运输。

2) 买卖双方的基本义务

(1) 卖方的基本义务。

按照《通则》的解释，卖方承担的基本义务是在合同规定的装运港和规定的期限内，将货物装上船，并及时通知买方。货物装上船之后，风险即从卖方转移至买方。CFR 与 FOB 条件下卖方的责任除负担运输及其费用外，都完全一样。

① 负责租船或订舱，在合同规定的装运港和规定的期限内，将货物装上船并及时通知买方，支付至目的港的正常运费。

② 负担货物在装运港装上船为止的一切费用和风险。

③ 负责办理货物出口手续，提供出口国政府或有关方面签发的证件。

④ 负责提供商业发票和货物运往约定目的港的通常运输单据，如果买卖双方约定采用电子通信，所有单据可被具有同等效力的电子信息所替代。

(2) 买方的基本义务。

① 负担合同规定的货物在装运港装上船后的一切费用和风险。

② 收取卖方按合同规定交付的货物，接受卖方提供的有关装运单据，并按合同规定支付货款。

③ 办理在目的港的进口和收货手续。

3) 使用 CFR 术语应注意的问题

(1) 卖方的装运义务。

采用 CFR 贸易术语成交时，卖方要承担将货物由装运港运往目的港的义务。为了保证能按时完成在装运港交货的义务，卖方应根据货源和船源的实际情况合理地规定装运期。当装运期一经确定，卖方就应及时租船定舱和备货，并按规定的期限发运货物。按照《联合国国际货物销售合同公约》的规定，卖方延迟装运或者提前装运都是违反合同的行为，并要承担违约的责任。买方有权根据情况拒收货物或提出索赔。

(2) 装船通知问题。

按 CFR 术语订立合同，需特别注意的是装船通知问题。在 CFR 术语下，卖方负责安排在装运港将货物装上船，而买方须自己在目的港办理货物运输保险，保证货物装上船后可能遭成灭失或损坏的风险取得保障，因此，在货物装上船前，即风险转移到买方前，买方及时向保险公司办妥保险，是 CFR 合同中一个至关重要的问题。《2010 年通则》规定，卖方须给予买方关于货物已交至船上的充分通知，以便买方为收取货物采取必要的措施，并根据请求提供买方为办理保险所必需的信息。据此，可以理解为，若买方不提出请求，卖方没有为对方办理保险而主动发装船通知的义务。但是，某些国家法律规定，不负责办理运输保险的卖方须及时向买方发出装船通知，以便买方办理货运保险。若卖方没这样做，则货物在运输途中的风险应由卖方负担。因此，在 FOB 和 CFR 合同情况下，除非已确立了习惯做法，否则，应事先就有关装船通知问题达成约定。如未约定，也无习惯做法，还是应及时发出装船通知。

案例 7.2

某市一进出口公司按 CFR 贸易术语与英国一进口商签订一批服装出口合同，价值 80 000 美元。货物于 8 月 8 日上午装船完毕，当天因经办该项业务的外销员工作繁忙，待到 9 日上班时才想起给买方发装船通知。英商收到我装船通知向当地保险公司申请投保时，该保险公司已获悉“昌盛轮”已于 9 日凌晨在海上沉没而拒绝承担。于是英商立即来电表示该批货物损失应由我进出口公司承担并同时索赔 8 000 美元，且拒不赎单。由于该商是我方老客户，经我方向其申述困难并表示歉意后也就不再坚持索赔，但我方钱货两空的教训值得吸取。

(资料来源：http://www.yw169.com)

(3) 卸货费用的负担问题。

按照 CFR 条件成交，货到目的港后的卸货费由谁负担也是一个需要考虑并加以明确的问题。如果使用班轮运输，由于装卸费用已打入班轮运费中，故在卸货费由谁负担上不会引起争议，而大宗商品一般采用租船运输，在租船运输情况下，卸货费用由谁负担呢？由于各国和地区有不同的习惯做法，为避免在卸货费用负担上引起争议，则需在合同中订明卸货费用由何方负担。规定方法有两种：可以在合同中用文字具体订明，也可采用 CFR 术语的变形来表示。业务中常见的 CFR 变形有以下几种。

① CFR 班轮条件(CFR Liner Terms)。这一变形指卸货费按班轮做法处理，由支付运费的一方(即卖方)负担，买方不负担卸货费。

② CFR 吊钩下交货(CFR Ex Tackle)。这一变形是指卖方负责将货物从船舱吊起一直卸到吊钩所及之处(码头上或驳船上)的费用，船舶不能靠岸时，驳船费用由买方负责。

③ CFR 舱底交货(CFR Ex Ship's Hold)。按此条件成交，船到目的港在船上办理交接后，由买方自行启舱，并负担货物由舱底卸至码头的费用。

④ CFR 卸至岸上(CFR Landed)。这一变形是指由卖方承担卸货费，包括可能涉及的驳船费在内。

3. CIF

1) 基本含义

Cost，Insurance and Freight(…named port of destination)，即成本加保险费、运费(……指定目的港)，是指卖方负责按通常的条件租船订舱，支付运费，在合同规定的装运日期内，将符合合同的货物装上船，负担货物装上船以前发生的一切费用和风险，负责办理从装运港到目的港的海运货物保险，支付保险费。

这一术语也只适用于海洋和内河运输。

2) 买卖双方的基本义务

(1) 卖方的基本义务。

虽然在 CIF 术语后需注明目的港的名称，但它仍和 FOB 一样，是装运港交货的贸易术语。这一价格术语是现代国际贸易中应用最为普遍，其主要原因是对进出口交易所涉及的几个关系人：买方、卖方、轮船公司、保险公司和银行都有一定的好处。根据《通则》的一般解释，在 CIF 条件下，卖方的基本义务是：

① 负责租船或订舱，在合同规定的装运港和规定的期限内，将货物装上船并及时通知买方，支付至目的港的正常运费；

② 负担货物在装运港装上船为止的一切费用和风险；

③ 负责办理货物运输保险并支付保险费；

④ 负责办理货物出口手续，提供出口国政府或有关方面签发的证件；

⑤ 负责提供商业发票、保险单和货物运往约定目的港的通常运输单据，如果买卖双方约定采用电子通信，所有单据可被具有同等效力的电子信息所替代。

(2) 买方的基本义务。

在 CIF 条件下，买方的基本义务是：

① 负担合同规定的货物在装运港装上船后的一切费用和风险(运费、保险费除外)；

② 接受卖方提供的有关装运单据，并按合同规定支付货款；

③ 办理在目的港的进口和收货手续。

我国习惯上把 CIF 称作“到岸价”，这是不确切的，容易被误解为卖方承担货物自装运港至目的港的一切风险和费用。其实按 CIF 条件成交时，卖方是在装运港完成交货义务，但并不保证把货送到岸。卖方承担的风险也只限货物越过装运港船舷之前的风险，货物越过船舷之后的风险，概由买方承担。CIF 术语下的买卖合同是属于“装运合同”，不是属于“到达合同”，因此以不用“到岸价”为宜。

3) 使用 CIF 术语应注意的问题

(1) 保险险别问题。

CIF 术语中包括了保险(Insurance)因素，从卖方的责任讲，他要负责办理货运保险，办理保险须明确险别，不同险别，保险人承保的责任范围不同，收取的保险费率也不相同。那么，按 CIF 术语成交，卖方究竟应投保什么险别呢？

一般的做法是，在签订买卖合同时，在合同的保险条款中明确规定保险险别、保险金额等内容。这样，卖方就应按合同的规定办理投保手续。如果合同中未能就保险险别等问题作出具体规定，那就根据有关惯例来处理。按照《通则》对 CIF 的解释，卖方只须投保最低的险别，但在买方要求时，并由买方承担费用的情况下，卖方可加保战争险、罢工险等险别。最低保险金额应为合同规定的价款加 10%，即按 CIF 的发票金额加 10%，并以合同货币投保。为慎重起见，在实际业务中，我外贸企业按 CIF 术语与国外客户达成交易时，通常都应在合同中具体规定保险险别和保险金额。

(2) 租船订舱及装船通知问题。

采用 CIF 术语成交，卖方的基本义务之一是租船订舱，办理从装运港至目的港的运输事项。依据 CIF 术语的一般解释，卖方应按照通常条件及惯常路(航)线，租用通常类型可供装运合同货物的船舶即可。因此，买方提出限制装运船舶的国籍、船型、船龄、船级和指定装载某班轮的船只的要求，卖方均有权拒绝。但在我国对外贸易实践中，为了发展出口业务，考虑到某些国家的规定，如买方提出上述要求，也可考虑接受。关于运费一般都计入 CIF 价格内，但卖方考虑到运费在实际交货时要大幅度上涨时，也可在合同中订明运费的上涨额度由买方负担。至于装船后是否要发装船通知，国际贸易惯例解释不一。在我国出口业务中，考虑到便于买方做好准备接受货物，一般都发装船通知。

(3) 卸货费用负担问题。按 CIF 术语成交，卖方负担正常运输费用和保险费用，不包括在运输途中可能发生的额外费用。装船费用由卖方负担，但在目的地卸货费用如何负担仍未明确。为了明确买卖双方关于卸货费用的划分，可以在合同中用文字作具体规定，也可以采用 CIF 术语的变形来表示。业务中 CIF 术语的变形有以下几种。

① CIF 班轮条件(CIF Liner Terms)。这一变形指卸货费按班轮做法处理，由支付运费的一方(即卖方)负担，买方不负担卸货费。

② CIF 吊钩下交货(CIF Ex Tackle)。这一变形是指卖方负责将货物从船舱吊起一直卸到吊钩所及之处(码头上或驳船上)的费用，船舶不能靠岸时，驳船费用由买方负责。

③ CIF 舱底交货(CIF Ex Ship's Hold)。按此条件成交，船到目的港在船上办理交接后，由买方自行启舱，并负担货物由舱底卸至码头的费用。

④ CIF 卸至岸上(CIF Landed)。这一变形是指由卖方承担卸货费，包括可能涉及的驳船费在内。

课堂讨论 7.1

我方按 CIF“卸到岸上”条件对外出口，并按规定提交了全套符合要求的单据，货轮在航行途中触礁沉没，货物全部灭失，买方闻讯以“卖方需将货物运到目的港并安全卸到岸上才算完成交货任务”为由拒付货款。

请分析买方拒付的理由是否合理？我方应如何处理？

(4) 象征性交货问题。所谓象征性交货(Symbolic Delivery)是指卖方按合同规定在装运港将货物装船并提交全套合格单据，就算完成了交货义务，而不必保证到货。反之，如果卖方提交的单据不合乎要求，即使合格的货物安全运达，买方仍有权拒付货款。而实际交货(Physical Delivery)是指卖方要按照合同规定的时间和地点，将符合合同规定的货物提交给买方或其指定人。

CIF 是典型的象征性交货。在这种交货方式下，卖方凭单交货，买方凭单付款。只要卖方提供的单据及时、齐全和正确，买方就必须付款；即使在付款时货物已经损坏或灭失，买方也不得拒付货款。反之，如果卖方提交的单据不符合要求，即使货物完好无损地运达目的港，买方也有权拒收单据并拒付货款。可见，在象征性交货方式下，装运单据有着特别重要的意义。

在实际业务中，采用 CIF 术语成交，卖方在保证单据齐全和正确外，还应保证所交货物符合合同规定，否则，买方有权索赔。

由此，我们可以将 FOB、CFR、CIF 三种贸易术语总结如下。

它们的相同点：交货性质：都属于装运合同，都是象征性交货，即只要出口商按合同规定的时间、地点、将符合合同规定的货物装上买方派来的(FOB)或自己安排的(CFR、CIF)船上，提交买方符合要求的货运单据(CIF 则包括保险单)便履行了合同的义务；交货地点：都是在装运港；风险转移界限：都于货物在装运港越过船舷时由卖方转移到买方；运输方式：都仅适用于海运和内河水运；进出口清关责任与费用：卖方办理出口手续，买方办理进口手续。

它们的不同点：卖方所承担的责任与费用不同：CFR 和 CIF 下由卖方办理运输，FOB 下由买方办理；FOB、CFR 下由买方办理保险，而 CIF 下由卖方办理保险；价格构成不同：CFR 报价等于 FOB 价加上运费，而 CIF 价等于 CFR 加上保险费。

课堂讨论 7.2

我某公司按 CIF 条件向欧洲某国进口商出口一批草编制品。合同中规定采用 CIF 术语，由我方向中国人民保险公司投保一切险，并采用信用证方式支付。我出口公司在规定的期限、指定的我国某港口装船舶完毕，船公司签发了提单，然后在中国银行议付了款项。第二天，出口公司接到客户来电，称：装货的海轮在海上失火，草编制品全部烧毁，并要求我公司退回全部货款。试问：对方是否有权利作此要求？

(资料来源：http://www.yw169.com)

7.2.2 向承运人交货的三种常用贸易术语

1. FCA

1) 基本含义

FCA-Free Carrier(…named place)货交承运人(……指定地点)，是指买方必须自费订立从指定地点装运货物的运输合同并及时通知卖方有关承运人的名称和向其交货的时间。卖方必须在买卖双方同意的期限内，在指定地点将货物交给买方指定的承运人，并承担交货前的一切费用和风险。卖方负责办理出口许可证和支付出口捐税费用，买方承担卖方交货后的一切费用和风险。

根据《2010 年通则》的解释，该术语不仅适用于铁路、公路、海洋、内河、航空等运输的单一方式的运输，也适用于两种或两种以上运输方式相结合的多式联运。

2) 买卖双方的基本义务

(1) 卖方的基本义务。

① 在合同规定的交货期内在指定地点将经出口清关的货物交给买方指定的承运人监督，并及时通知买方。

② 承担货物被交由承运人监督为止的一切费用和风险。

③ 自行承担风险和费用，取得出口许可证或其他官方批准证件，并办理货物出口所需的一切海关手续。

④ 提供符合销售合同规定的货物和商业发票或有同等作用的电子信息，以及合同可能要求的、证明货物符合合同规定的其他任何凭证。

(2) 买方的基本义务。

① 签订从指定地点承运货物的合同，支付有关运费，并将承运人名称及有关情况及时通知卖方。

② 承担货物被承运人或其他人接管时起的灭失或损坏的风险。

③ 接受卖方提供的有关单据，负责受领货物并按合同规定支付货款。

④ 自负风险和费用，取得进口许可证或由官方签发的其他证件，并办理货物进口所需的海关手续。

3) 使用 FCA 术语应注意的问题

(1) 关于交货地点问题。

如前所述，《2010 年通则》的每种贸易术语都有特定的交货地点。例如，FOB 术语的交货地点为装运港载货轮船的船舷。FCA 术语的交货地点则不能如此单一。由于 FCA 适用于各种运输方式，它的交货地点需按不同的运输方式和不同的指定交货地点而定。《通则》对此有以下规定。

① 若卖方在其所在地交货，则卖方应负责装货，即卖方要负责将货物装上买方指定的承运人或代表买方的其他人提供的运输工具上，交货地点是在卖方处所由承运人提供的收货运输工具上。

② 若卖方在任何其他地点交货，卖方不负责卸货，即卖方只要将装载于运输上的货物交给买方指定的承运人处置时，卖方即完成了交货义务。交货地点为指定交货地的卖方送货运输工具上。

由此可见，交货地点的选择对于在该地点装货和卸货的义务会产生影响。若卖方在其所在地交货，则卖方应负责装货；若卖方在任何其他地点交货，卖方不负责卸货。在以上第一种情况下，FCA 的交货点是在卖方所在处所(工厂、工场、仓库等)由承运人提供的收货运输工具上；在第二种情况下，FCA 的交货点是在买方指定的其他交货地(铁路终点站、启运机场、集装箱码头或堆场、多用途货运终点站)卖方的货运工具上。当卖方按合同规定，在卖方所在处所将货物装上承运人的收货运输工具上，或者，在其他指定交货地，在卖方的货运工具上，将货物置于承运人处置之下时，货物灭失或损坏的风险，即转移至买方。

(2) 风险转移问题。

FCA 不同于装运港交货的三种贸易术语，风险转移不是以船舷为界，而是以货交承运人处置时为界。这不仅是在海运以外的其他运输方式下如此，即使在海洋运输方式下，卖方也是在将货物交给海洋承运人时即算完成交货，风险就此转移。但 FCA 术语是由买方负责订立运输合同，并将承运人名称及有关事项及时通知卖方，卖方才能如约完成交货任务。但如果由于买方的责任，使卖方无法按时完成交货，只要货物已划归买方，那么风险转移的时间可以前移。

(3) 明确有关责任和费用的划分问题。

FCA 适用于包括多式联运在内的各种运输方式。卖方的交货地点因采用的运输方式不同而异。但不论在何处交货，根据《通则》的解释，卖方都要自负风险和费用，取得出口许可证或其他官方证件，并办理货物出口所需的一切海关手续。

按照 FCA 术语成交，买卖双方承担费用的划分与风险划分相同，都是以货交承运人为界。即卖方负担货物交给承运人控制之前的有关费用，买方负担货交承运人之后所发生的各项费用。但是买方委托卖方代办一些本属自己义务(如订立运输合同)范围内的事项所产生的费用，以及由于买方的过失所引起的额外费用均应由买方负担。

随着我国对外贸易的发展，内地省份的出口货物越来越多，有些可以不用在装运港交货，而采取就地交货和交单结汇的 FCA 术语。

2. CPT

1) 基本含义

CPT-Carriage Paid To (...named place of destination)运费付至(……指定目的地)，是指卖方必须自费订立将货物运至指定目的地的运输合同，在规定的时间和地点将货物交给指定的承运人，并提供通常的运输单据，支付运费。买方承担交货后所发生的一切费用和风险。根据《通则》解释，该术语适用于各种运输方式，包括多式联运。

2) 买卖双方的基本义务

(1) 卖方的基本义务。

① 订立将货物运往指定目的地的运输合同，并支付有关运费。

② 在合同规定的交货期内在指定地点将经出口清关的货物交给买方指定的承运人监督，并及时通知买方。

③ 承担货物被交由承运人监督为止的一切费用和风险。

④ 自行承担风险和费用，取得出口许可证或其他官方批准证件，并办理货物出口所需的一切海关手续。

⑤ 提供符合销售合同规定的货物和商业发票或有同等作用的电子信息，以及合同可能要求的、证明货物符合合同规定的其他任何凭证。

(2) 买方的基本义务。

① 接受卖方提供的有关单据，负责受领货物并按合同规定支付货款。

② 承担货物被承运人或其他人接管时起的灭失或损坏的风险。

③ 自负风险和费用，取得进口许可证或由官方签发的其他证件，并办理货物进口所需的海关手续。

3) 使用 CPT 术语应注意的问题

(1) 注意风险划分的界限问题。

CPT 的字面意思是运费付至指定目的地，然而卖方承担的风险并没有延伸到指定目的地。因为，根据《通则》的解释，货物自交货地点运至目的地的运输途中的风险是由买方承担，而不是卖方，卖方只承担货物交给承运人控制之前的风险。在多式联运情况下，卖方承担的风险自货物交给第一承运人控制时即转移给买方。

(2) 注意明确责任和费用的划分。

按 CPT 术语成交时，首先应由买卖双方在合同中规定装运期和目的地，以便于卖方选定承运人，自费订立运输合同，将货物运往指定的目的地。如果双方约定由买方确定交货时间和目的地时，买方应及时给予卖方充分的通知，以利于卖方履行交货义务。卖方将货物交给承运人后，应向买方发出货已交付的充分通知，以利于买方在目的地受领货物。如果具体交货地点未确定或习惯上未确定，卖方可在指定目的地选择最适合其要求的地点。除正常运费之外的其他有关费用，一般由买方负担。货物的装卸费用可以包括在运费之中，统一由卖方负担，也可由双方在合同中另行规定。

(3) 注意 CPT 与 CFR 的异同点。

CPT 与 CFR 有相似之处，这主要表现在它们都是风险转移在先、责任费用转移在后。卖方承担的风险都是在交货地点随着交货义务的完成而转移。但卖方都要负责安排自交货地至目的地的运输，负担运费，并在价格构成中体现出来。另外，按这两种术语成交的合同，都属于装运合同，卖方只须保证按时交货，并不保证按时到货。

CPT 与 CFR 的不同之处在于 CFR 只适用于水上运输方式，因此交货地点只能是在装运港；CPT 适用于各种运输方式，交货地点根据运输方式的不同，由双方加以约定。CFR 条件下，风险划分以装运港船舷为界；CPT 则以货交承运人为界。另外，在不同术语下，因运输方式、交货地点的不同，卖方承担的责任、费用以及需提交的单据等也自然不同。

3. CIP

1) 基本含义

CIP-Carriage Insurance Paid to (…named place of destination)运费、保险费付至(……指定目的地)，是指卖方负责订立运输契约并支付将货物达指定目的地的运费，办理货物运输险并支付保费，卖方在合同规定的装运期内将货物交给承运人或第一承运的处置之下，即完成交货义务。卖方交货后要及时通知买方，风险也于交货时转移给买方。买方要在合同规定的地点受领货物，支付货款，并且负担除运费、保险费以外的货物自交货地点直到运达定目的地为止的各项费用，以及在目的地的卸货费和进口税捐。在 CIP 条件下，交货地点、风险划分的界限都与 CPT 相同，差别在于采用 CIP 时，卖方增加了保险的责任和费用。所以，卖方提的单据中增加了保险单据。

根据《2010 年通则》的解释，该术语适用于各种运输方式，包括多式联运。

2) 买卖双方的基本义务

(1) 卖方的基本义务。

① 订立将货物运往指定目的地的运输合同，并支付有关运费。

② 在合同规定的时间、地点，将合同规定的货物置于承运人的控制之下，并及时通知买方。

③ 承担将货物交给承运人控制之前的风险。

④ 负责办理货物运输保险，支付保险费。

⑤ 自负风险和费用，取得出口许可证或其他官方批准证件，并办理货物出口所需的一切海关手续，支付关税及其他有关费用。

⑥ 提交商业发票和在约定目的地提货所需的通常的运输单据或具有同等作用的电子信息，并且自费向买方提供保险单据。

(2) 买方的基本义务。

① 接受卖方提供的有关单据，负责受领货物并按合同规定支付货款。

② 承担货物被承运人或其他人接管时起的灭失或损坏的风险。

③ 自负风险和费用，取得进口许可证或由官方签发的其他证件，并办理货物进口所需的海关手续。

3) 使用 CIP 术语应注意的问题

(1) 正确理解风险与保险问题。

按照 CIP 术语成交的合同，卖方要负责办理货运保险，并支付保险费，但是货物在从交货地运往目的地运输途中的风险却由买方承担。所以，卖方的投保仍属代办性质。根据《通则》的解释，一般情况下，卖方应按双方约定的险别投保。如果未约定险别，则由卖方按惯例投保最低的险别。保险金额一般是在合同价格的基础上加成 10%办理。并应采用合同中的货币投保。卖方一般无义务加保战争、罢工、暴乱及民变险。但是在买方的要求下，并由买方承担额外费用的情况下，卖方也可以办理。

因此，CIP 术语中买卖双方的风险与保险出现分离，是使用这一价格术语时应特别注意的问题。

(2) 核算成本，合理报价。

与 FCA 相比，CIP 条件下卖方要承担较多的责任和费用。要负责办理从交货地至目的地的运输，承担有关运费；办理货运保险，并支付保险费。这些都反映在货价之中。所以，卖方对外报价时，要认真核算成本和价格。在核算时，应考虑运输距离、保险险别、各种运输方式和各类保险的收费情况，并要预计运价和保险费的变动趋势等方面问题。从买方来讲，也要对卖方的报价进行认真的核算，做好比价工作，以免接受不合理的报价。

(3) CIP 与 CIF 的异同点。

CIP 与 CIF 有很多相同点，这表现在，它们的价格构成中都包括了通常的运费和约定的保险费。这是卖方都要承担的。另外 CIP 和 CIF 合同均属于装运合同。风险转移和责任费用的转移问题都是分离的。

CIP 与 CIF 的不同点，主要是适用的运输方式。CIF 仅适用于水上运输方式，而 CIP 则适用于包括多式联运在内的各种运输方式。其交货地点、风险划分界限以及有关责任和费用的划分自然因运输方式不同而存在差异。例如，在办理货运保险、支付保险费用方面，CIF 只办理水上运输险，而 CIP 货运险可能要包括各种运输险(多式联运情况下)，而不仅仅是水上运输险。

至此，我们应该认识到，FCA、CPT、CIP 三种术语分别是从 FOB、CFR、CIF 三种常用贸易术语的基础上为了适应多种运输方式的需要而产生的，其责任划分的基本原则是相同的，所不同的是适用的运输方式、交货地点和风险转移点等。两类贸易术语的比较见表 7-4。

表 7-4　FOB、CFR、CIF 与 FCA、CPT、CIP 的比较

比较项目	FOB、CFR、CIF	FCA、CPT、CIP
合同性质	装运合同	装运合同
适用的运输方式	海运及内河运输	各种运输方式
出口手续的办理	卖方	卖方
进口手续的办理	买方	买方
交货地点	装运港	出口国内地或港口
风险转移点	装运港船上	货交承运人处置时
装卸费用	采用术语变形或在合同中明确	由支付运费的一方承担
运输单据	海运提单或内河运单	视运输方式而定

由此可见，FCA、CPT 和 CIP 三种贸易术语事实上涵盖了 FOB、CFR 和 CIF 这三种贸易术语，我们可以把 FCA、CPT、CIP 看成是 FOB、CFR、CIF 方式从海运向各种运输方式的延伸。随着运输技术的革新，适用于多种运输方式的 FCA、CPT 和 CIP 术语将得到更广泛应用。由于 FCA、CPT 和 CIP 术语的交货点和风险转移点通常比 FOB、CFR 和 CIF 术语要早，所以，在实际贸易业务中能够灵活运用这三种贸易术语，就可以更好地促进对外贸易的发展。

7.2.3　其他贸易术语

1. EXW

Ex Works(…named place)工厂交货(……指定地点)，是指卖方在其所在处所(工厂、工场、仓库等)将货物提供给买方时，即履行了交货义务。EXW 术语适合于各种运输方式。这一贸易术语代表了在商品的产地和所在地交货的各种交易条件，例如：Ex Plantation(农场交货)、Ex Mine(矿山交货)、Ex Warehouse(仓库交货)等。按 EXW 术语达成的交易，在性质上类同于国内贸易。

按照《2010 年通则》的解释：EXW 术语下，卖方必须按照合同约定的日期或期限，在其所在地或其他指定地点(如工场、工厂或仓库)将货物交由买方处置，并承担交货之前的一切风险和费用，其并不负责将货物装到任何运输工具上，也不负责办理出口清关手续，但要提供商业发票或有同等作用的电子信息，以及合同可能要求的、证明货物符合合同规定的其他任何凭证；而买方则需要承担受领货物之后的一切风险和费用，并支付价款。若

双方希望在起运时由卖方负责装载货物并承担装载货物的费用和风险，则须在销售合同中予以明确。

由此可见，EXW 术语是卖方承担责任最小、同时也是买方承担责任最大的贸易术语。

2. FAS

Free Along side Ship(…named port of shipnent)装运港船边交货(……指定装运港)，是指卖方要在规定的交货期内将符合合同规定的货物交到约定的装运港买方指派的船边，在此完成交货任务，买卖双方负担的费用和风险都以船边为界。如果买方所派船只不能靠岸，卖方要由驳船把货物驳运到船边，仍在船边交货，装船责任与费用要由买方负担。

该术语仅适用于海运或内河运输。

应用 FAS 术语应注意以下问题。

1) 对 FAS 的不同解释

FAS 只适用于水上运输(包括海运)，与《美国对外贸易定义》的解释不同，美国定义中 FAS-Free Along Side，指交到各种运输工具旁边，只有在 FAS 后面加上 Vessel 字样，才能表示“船边交货”。对此要加以注意。

2) 办理出口手续的问题

按照《1990 年通则》的规定，在 FAS 条件下，卖方本身并无义务办出口结关手续和提供出口国政府签发的有关证件。只有当买方要求，并由买方承担风险和费用的前提下，卖方才可协助办理。《2000 年通则》中对这一问题作出了修改。按照《2000 年通则》的规定，采用 FAS 术语成交时，办理货物出口报关的风险、责任和费用由卖方承担。这是考虑到原先的规定在实际操作时，给买方带来多困难或不便。《2010 年通则》对此规定没有新变化。

3) 要注意船货衔接问题

因为 FAS 条件下，从装运港至目的港的运输合同要由买方负责订立，买方要及时将船名和要求装货的具体时间、地点通知卖方，以便卖方按时做好备货出运工作。如果买方未能按时派船或未能按时接运货物或派船后未能及时通知卖方，只要货物已被清楚地分开，或被确定为供应本合同之用，由此发生的风险与损失，均由买方承担。

3. DAP

Delivered At Place(…named place of destination)目的地交货(……指定目的地)，指卖方在指定的目的地交货，卖方应承担将货物运至指定的目的地的一切风险和费用(除进口费用外)；卖方不负责将货物从到达的运输工具上卸下，但要保证货物可供卸载。

本术语适用于任何运输方式、多式联运方式及海运。

使用 DAP 术语成交，卖方必须签订运输合同，支付将货物运至指定目的地或指定目的地内的约定地点所发生的运费；在指定目的地将符合合同约定的货物放在已抵达的运输工具上交给买方处置时即完成交货；卖方必须向买方发出所需通知，以便买方采取收取货物通常所需的措施；承担在指定目的地运输工具上交货之前的一切风险和费用；自负风险和费用取得出口所需的许可或其他官方授权，办理货物出口和交货前从他国过境运输所需的一切海关手续；提供商业发票或相等的电子信息。

买方承担在指定目的地运输工具上交货之后的一切风险和费用；自负风险和费用取得

进口所需的许可或其他官方授权，办理货物进口所需的一切海关手续；按合同约定收取货物，接受交货凭证，支付价款。

4. DAT

Direct Antiglobulin Test 指定的目的地或目的港的“运输终端”的一切风险和费用(除进口费用外)，并且卖方要负责将货物从到达的运输工具上卸下，所以卖方在签订运输合同时应注意运输合同与买卖合同相关交货点的协调。

本术语适用于任何运输方式、多式联运方式及海运。

“运输终端”指任何地方，包括但不限于码头，仓库，集装箱堆场，公路，铁路或者空港。

采用 DAT 术语，卖方没有订立保险合同的义务，但运输过程中的风险要由卖方承担。

5. DDP

Delivered Duty Paid(…named place of destination)完税后交货(……指定目的地)。

DDP 术语是 13 个术语中卖方承担风险、责任和费用最大的术语。以 DDP 价格条件成交，卖方负责的义务要比 DDU 还要多。即还要交纳进口关税，卖方不但负责出口手续与费用，而且还要办理进口手续和承担相应的费用。这实质上是卖方已将货物运进了进口方的国内市场，与其他在当地市场就地销售货物的卖方并无多大区别，只是买方已经确定。

以 DDP 术语成交，卖方服务到家，最具竞争性，但若卖方不能直接或间接地取得进口许可证或进口通关手续，则不应使用该术语。如果双方当事人同意由买方办理货物的进口手续和支付相关费用，则应采用 DDU 术语。

另外，若双方当事人同意排除卖方在办理进口时应承担的某些费用，如增值税，则应在术语后注明，如 DDP，VAT unpaid(…named place of destination)，完税后交货，增值税未付(……指定目的地)。

7.3 常用贸易术语的选用

在国际贸易中，贸易术语是确定合同性质、决定交货条件的重要因素，选定适当的贸易术语对促进合同的订立和履行、提高企业的经济效益具有重要意义。在实际业务中，买卖双方在成交时选用何种贸易条件，还需要根据交易的具体情况仔细斟酌，做到既有利于达成交易，又互惠互利。

一般而言，出口尽量采用 CFR、CIF、CPT 和 CIP 等术语；进口业务则争取采用 FOB、FCA 等术语。这不仅有利于我方安排运输、衔接船运，也有利于促进我国对外运输事业和保险事业的发展，增加外汇收入。但这不是绝对的，作为交易的当事人，在选择贸易术语时还应考虑以下因素。

7.3.1 运输条件

买卖双方采用何种贸易术语，首先应考虑采用何种运输方式运送。在本身有足够运输能力或安排运输无困难，而且经济上又合算的情况下，可争取按由自身安排运输的条件成交(如按 FCA、FAS 或 FOB 进口，按 CIF、CFR 或 CIP 出口)。各装卸港口的设备不同，装卸能力、装卸速度和装卸费用等也不同。国外有些港口还有特殊的惯例和规定。因此，选择贸易术语时应考虑港口的装卸条件及其费用。如果港口偏僻或拥挤，装卸条件差、费用较高时，应尽量争取选用由对方租船订舱、支付装卸费用的一些贸易术语。

7.3.2 货源情况

国际贸易中货物品种很多，不同类别的货物具有不同的特点，它们在运输方面各有不同要求，故安排运输的难易不同，运费开支大小也有差异。这是选用贸易术语应考虑的因素。此外，成交量的大小，也直接涉及安排运输是否有困难和经济上是否合算的问题。当成交量太小，又无班轮通航的情况下，负责安排运输的一方势必会增加运输成本，故选用贸易术语时也应予以考虑。

7.3.3 运费因素

运价和商品价格一样，也是经常波动的，往往波动幅度还很大，因而有必要根据货物经由路线的运费收取情况和运费变化的趋势考虑选择适当的贸易术语，以避免运费风险。一般来说，当运价看涨时，为了避免承担运价上涨的风险，可以选用由对方安排运输的贸易术语成交，但如因某种原因不得不采用按由自身安排运输的条件成交(多数情况如此)，则应将运价上涨的风险考虑到货价中去，以免遭受运价变动的损失。另外，一些体积大、价值小的产品，相对于成交货物的价值来说运费较高，出口应尽量选用 FOB、FAS 等由买方自己支付运费的术语。

7.3.4 运输途中的风险

在国际贸易中，交易的商品一般需要通过长途运输，货物在运输过程中可能遇到各种自然灾害、意外事故等风险，特别是在遇到战争或正常的国际贸易遭到人为障碍与破坏的时期和地区，则运输途中的风险更大。出口货物运输途中风险较大时，要尽量选用由买方承担运输中风险的属于装运的术语，而不宜采用实际交货的术语。因此，买卖双方洽商交易时，必须根据不同时期、不同地区、不同运输路线和运输方式的风险情况，并结合购销意图来选用适当的贸易术语。

7.3.5 支付方式的选用

选择贸易术语时还应与支付方式结合考虑。如采用货到付款或托收等商业信用的收款方式时，尽量避免采用 FOB 或 CFR 术语。因为这两种术语下，按照合同的规定，卖方没有办理货运保险的义务，而由买方根据情况自行办理。如果履约时行情对买方不利，买方拒绝接收货物，就有可能不办保险，这样一旦货物在途中出险就可能导致钱货两空。如不得已采用这两种术语成交，卖方应在当地投保卖方利益险。

即使采用信用证支付时，也应注意对托运人的规定，特别是 FOB 条件下，有些国外买方常在信用证中要求卖方提交的提单要以买方作为托运人(Shipper)，这种做法也同样会给卖方带来收汇的风险。按照《汉堡规则》的解释，托运人有两种：一种是与承运人签定海上运输合同的人，另一种是将货物交给与海上货物运输有关的承运人的人。根据上述解释，

FOB 合同下，买方或卖方均符合作为托运人的条件。如果买方资信好，又有转售在途货物的要求，以买方作为托运人未尝不可。但为安全起见，还是以卖方作为托运人为好。

7.3.6 通关情况

一般来说，通关事务由通关所在国一方的当事人安排或代为办理较为方便。贸易术语选择时应考虑卖方一般应为出口货物通关，买方应为办理进口货物通关，这样可以避免因为不了解对方国家通关的有关规定而产生的不必要的损失。

总之，在实际业务中，买卖双方都希望选用对自身有利的贸易术语。因此，我们要根据形势、任务和政策的要求，结合我方的经营意图，在尊重贸易客户的传统习惯的基础上，充分考虑运输条件和货源情况，运价动态、港口因素与风险程度合理地选用。

本章小结

本章介绍了国际贸易术语的含义、作用和目前常用的、影响较大的三个关于贸易术语的国际惯例，其中以《2010 年通则》是本章教学的重点。本章详细介绍了《2010 年通则》中 11 种贸易术语的含义，特别是在各自条件下买卖双方的风险、责任和费用划分问题，同时指出在使用每种贸易术语时的注意事项。在这些贸易术语中要重点掌握装运港交货(FOB、CFR、CIF)和货交承运人(FCA、CPT、CIP)6 种贸易术语，在弄清每个贸易术语含义的基础上能综合选用各种贸易术语。

本章练习题

一、单项选择题

1. 《1932 年华沙—牛津规则》是有关(　　)的统一规则。

   A. CIF 术语　　B. FOB 术语　　C. CFR 术语　　D. EXW 术语

2. 根据《INCOMTERMS 2000》，C 组共包括(　　)种贸易术语。

   A. 2　　B. 3　　C. 4　　D. 5

3. 采用(　　)条件时，买方承担的责任最大。

   A. FOB　　B. CFR　　C. EXW　　D. FCA

4. 采用(　　)条件时，卖方承担的责任最大。

   A. CIF　　B. CFR　　C. CIP　　D. 以上都不对

5. (　　)只适用于水上运输。

   A. FCA　　B. CPT　　C. DDU　　D. FOB

6. (　　)是贸易术语所应规定的核心问题。

   A. 交货地点　　B. 风险划分　　C. 责任划分　　D. 确定所需要交接的单据

7. 出口商所承担的风险与货价有着(　　)的关系。

   A. 不相关　　B. 风险越大，价格越高

   C. 风险越大，价格越低　　D. 价格越低，风险越大

8．CIF 价格条件与外商达成一笔出口合同。当我按规定制好全套单据提交买方时，获悉货物在海运途中全部灭失。在这种情况下(　　)。

A．外商因货未到岸，可以不付款

B．因由我方向保险公司索赔

C．外商仍因向我付款赎单，并向保险公司索赔

9．国际贸易中，以 CFR 目的港价格术语成交应由(　　)。

A．买方租船订舱并办理保险

B．卖方租船订舱并办理保险

C．卖方租船并负担到目的港的运费，买方自办保险并负担保险费

10．FCA 与 FOB 交货地点和风险界限是(　　)。

A．不同的　　B．有时相同　　C．相同的

11．FAS 由(　　)办理出口报关手续。

A．卖方　　B．买方　　C．买方卖方兼可

12．CFR 中(　　)对卖方尤为重要。

A．保险　　B．租船订舱　　C．发出装船通知

13．CIF 与 DES 的区别，除前者为凭单交货，后者为实物交货外(　　)。

A．只是风险划分的地点不同

B．只是费用负担不同

C．不仅风险划分的地点不同，还有费用负担不同

14．DDU 是由(　　)办理进口手续，负担进口捐税。

A．卖方　　B．买方　　C．两者都可

15．CIF Ex Ship’s Hold 与 DES 相比，买方风险(　　)。

A．前者大　　B．相同　　C．后者大

16．DES 条件下，卸货费应由(　　)负担。

A．卖方　　B．买方　　C．买卖各承担一半

17．按照《1941 年美国对外贸易定义修订正本》解释，FOB 纽约是指卖方(　　)。

A．在纽约船上交货　　B．在纽约船边交货

C．可在纽约市内任何地方交货

18．在国际贸易中，最常见的贸易术语有 FOB、CIF 和 CFR 三种，按正常贸易做法，我出口方按合同把一批货物装上船，这时(　　)。

A．若该批货是采用 CIF 价格成交的，我出口方仍须负担其风险

B．若该批货是采用 FOB 或 CFR 成交，我出口方仍须负担其风险

C．不管采用哪种价格成交，我出口方都不负担起风险

二、多项选择题

1．(　　)条件属于在出口国交货的贸易方式。

A．DDU　　B．EXW　　C．CIF

D．FAS　　E．DDP

2．(　　)条件属于在进口国交货的贸易术语。

A．FOB　　B．FAS　　C．DAT

D．FCA　　E．DAP

3．(　　)术语只适用于水上运输方式。

A．FCA　　B．FAS　　C．DAF

D．DES　　E．DDP

4．(　　)条件下出口报关的责任和费用由卖方负担。

A．FCA　　B．FOB　　C．CFR

D．CIF　　E．DDP

5．(　　)风险和费用的划分点是分离的。

A．CIF　　B．FCA　　C．CIP

D．CPT　　E．CFR

6．(　　)条件下进口报关的责任和费用由买方负担。

A．DDP　　B．DEQ　　C．CIP

D．EXW　　E．CIF

7．常用贸易术语的国际贸易惯例包括(　　)。

A．《国际贸易术语解释通则》　　B．《美国对外贸易定义1941年修订本》

C．《ISO 9000》　　D．《跟单信用证统一惯例》

8．在(　　)术语下，交货地点与风险转移的地点都是在出口国国内。

A．EXW　　B．FCA　　C．FAS

D．DDU　　E．DDP

9．(　　)术语下风险的转移是以装运港口货物装上船为界。

A．FCA　　B．FAS　　C．FOB

D．CFR　　E．DAT

10．(　　)术语适用于任何运输方式。

A．FOB　　B．CIF　　C．CFR

D．CPT　　E．CIP

三、判断题

1．国际贸易术语一经采用便具有法律效力，对合同的双方都具有强制性。(　　)

2．合同双方不可在合同中做出与某项惯例不符的规定。(　　)

3．FCA条件下属于象征性交货。(　　)

4．国际贸易术语中规定，一旦货物的所有权发生转移，风险也同时转移。(　　)

5．之所以称CIF价为“到岸价”，是因为在货物目的港并越过船舷后，货物的所有权和风险即从卖方转移到买方。(　　)

6．在DDP条件下卖方所承担的责任是最大的。(　　)

7．CIF Liner Terms，是指按CIF成交并以卖方必须租用班轮装运为条件。(　　)

8．国际贸易术语不是法律，因而它不具有法律的强制。(　　)

9．所谓“象征性交货”是指卖方按合同规定在装运港口将货物装船并提交全套合格单据，就算完成了交货义务，而无须保证到货。(　　)

10．按照CFR含义卖方负责将合同规定的货物运到指定的目的港并支付运费但在采用

程租船的方式下，货物运达目的港后，由谁负责卸货费用问题，并无统一的解释。（　）

11．FOB 吊钩下交货是指货进舱，脱离吊钩，置于舱底。（　）

12．我方按 FOB 旧金山从美国购买一批小麦，卖方理应将货物装到旧金山的船上。（　）

13．为了避免货物中途转船延误时间，增加费用开支和造成货损货差，在按 FOB 条件进口时最好争取在合同中订上“不准转船”的条款。（　）

14．CIF 是装运港交货价，而 DES 是目的港交货价，它们是两种性质不同的贸易术语。（　）

15．FOB 是卖方在装运港完成交货义务，而 CIF 是卖方在目的港完成交货义务。（　）

16．我方从日本进口货物，如按 FOB 条件成交，需我方派船到日本口岸接运货物；如按 CIF 条件成交，则由日本洽租船舶将货物运往中国港口。可见，我方按 FOB 进口承担的货物运输风险，比按 CIF 进口承担的风险大。（　）

17．采用 FCA 时，如果在机场交货，则卖方交货责任至货物交给航空承运人或其代理人为止。（　）

18．在 CIF 价格条件下，卖方凭单据履行交货义务，买方凭单据付款。（　）

19．按照国际贸易惯例，在 CFR 条件下如卖方未及时装船通知而使买方漏保，则卖方应对货物在运输途中的损坏及灭失负赔偿责任。（　）

20．以 FOB 价格条件出口货物到新加坡，卖方要负责到新加坡交货。（　）

四、简答题

1．简述国际贸易术语的含义与作用。

2．比较 FOB、CFR 和 CIF 三种贸易术语的异同。

3．试述贸易术语变形的作用，并举例说明。

4．试述 FOB、CFR、CIF 与 FCA、CPT、CIP 术语的异同。

5．在实际业务中选用贸易术语时应考虑哪些因素？

五、案例分析题

1．我某公司以 FOB 条件出口一批冻鸡。合同签订后接到买方来电，称租船较为困难委托我方代为租船，有关费用由买方负担。为了方便合同履行，我方接受了对方的要求。但时至装运期我方在规定装运港无法租到合适的船只，且买方又不同意改变装运港。因此，到装运期满时货仍未装船，买方因销售季节即将结束便来函以我方未按期租船履行交货义务为由撤销合同。试问：我方应如何处理？

2．我某出口公司与外商按 CIF Landed London 条件成交出口一批货物，合同规定，商品的数量为 500 箱，以信用证方式付款，5 月份装运。买方按合同规定的开证时间将信用证开抵卖方。货物顺利装运完毕后，卖方在信用证规定的交单期内办好了议付手续并收回货款。不久，卖方收到买方寄来的货物在伦敦港的卸货费和进口报关费的收据，要求我方按收据金额将款项支付给买方。试问：我方是否需要支付这笔费用，为什么？

3．我方以 FCA 贸易术语从意大利进口布料一批，双方约定最迟的装运期为 4 月 12 日，由于我方业务员疏忽，导致意大利出口商在 4 月 15 日才将货物交给我方指定的承运人。当我方收到货物后，发现部分货物有水渍，据查是因为货交承运人前两天大雨淋湿所致。据此，我方向意大利出口商提出索赔，但遭到拒绝。请问：我方的索赔是否有理，为什么？

4．我方与荷兰某客商以 CIF 条件成交一笔交易，合同规定以信用证为付款方式。卖方收到买方开来的信用证后，及时办理了装运手续，并制作好一整套结汇单据。在卖方准备到银行办理议付手续时，收到买方来电，得知载货船只在航海运输途中遭遇意外事故，大部分货物受损。据此，买方表示将等到具体货损情况确定以后，才同意银行向卖方支付货款。问：(1)卖方可否及时收回货款，为什么？(2)买方应如何处理此事？

5．我某出口公司就钢材出口对外发盘，每吨 2 500 美元 FOB 广州黄埔，现外商要求我方价格改为 CIF 伦敦。问：(1)我出口公司对价格应如何调整？(2)如果最终按 CIF 伦敦条件签订合同，买卖双方在所承担的责任、费用和风险方面有何不同？

6．某进出口公司以 CIF 汉堡向英国某客商出售供应圣诞节的杏仁一批，由于该商品的季节性较强，买卖双方在合同中规定：买方须于 9 月底以前将信用证开抵卖方，卖方保证不迟于 12 月 5 日将货物交付买方，否则，买方有权撤销合同。如卖方已结汇，卖方需将货款退还买方。请问：该合同是否还属于 CIF 合同？为什么？

7．某年某进口公司从美国进口特种异型钢材 200 吨，每吨按 900 美元 FOBVessel New York 成交，支付方式为即期信用证并应于 2 月 28 日前开达，装船期为 3 月份。我方于 2 月 20 日通过中国银行开出一张 18 万美元的信用证。

2 月 28 日美商来电称：“信用证已收到，但金额不足，应增加 1 万美元备用。否则，有关出口税捐及各种签证费用，由你另行电汇。”我方接电后认为这是美方无理要求，随即回电指出：“按 FOB Vessel 条件成交，卖方应负责有关的出口税捐和签证费用，这在《INCOTERMS 2000》中已有规定。”美方又回电称：“成交时并未明确规定按《INCOTERMS 2000》办，根据我们的商业习惯和《1941 年美国对外贸易定义修订本》的规定，前电所述的费用应由进口方承担，我方歉难按《INCOTERMS 2000》办理，速复。”恰巧这时国际市场钢材价格上扬，我方又急需这批钢材投产，只好通过开证行将信用证金额增至 19 万美元。

请问：美商的要求是否合理？从中你得到哪些启示？

第 8 章 合同的标的

教学目标

- 了解品名、品质、数量和包装条款在国际贸易合同中的重要作用；
- 能正确缮制合同中的品名、品质、数量和包装条款；
- 懂得在制定上述条款时如何规避风险。

关键词

品名 品质 数量 包装

案例导入

我某出口公司与匈牙利商人订立了一份出口水果合同，支付方式为货到验收后付款。但货到经买方验收后发现水果总重量缺少 10%，而且每个水果的重量也低于合同规定，匈商既拒绝付款，也拒绝提货。后来水果全部腐烂，匈海关向中方收取仓储费和处理水果费用 5 万美元。我出口公司陷于被动。

商品的数量是国际货物买卖合同中不可缺少的主要条件之一。按照某些国家的法律规定，卖方交货数量必须与合同规定相符，否则，买方有权提出索赔，甚至拒收货物。此案中显然我方陷于被动，但仍可据理力争，挽回损失。首先应查明短重是属于正常途耗还是我方违约没有交足合同规定数量，如属我方违约，则应分清是属于根本性违约还是非根本性违约一。如不属根本性违约，匈方无权退货和拒付货款，只能要求减价或赔偿损失；如属根本性违约，匈方可退货，但应妥善保管货物，对鲜活商品可代为转售，尽量减轻损失。《联合国国际货物销售合同公约》(以下简称《公约》)第八十六条第 1 款明确规定：“如果买方已收到货物，但打算行使合同或本公约任何权利，把货物退回，他必须按情况采取合理措施，以保全货物，他有权保有这些货物，直至卖方把他所付的合理费用偿还给他为止”。而匈方未尽到妥善保管和减轻损失的义务，须对此承担责任。因此，我公司可与匈牙利商人就商品的损失及支出的费用进行交涉尽可能挽回损失。

(资料来源：国际贸易实务案例评析．湖北人民出版社，1999．)

由于进入国际贸易领域的货物种类繁多，即使是同一种商品，其品种、花色、质量、产地、外形等也会有所不同。标的物及其品质的不同，不仅会影响商品的用途、运输方式，而且会造成商品价格上的差异。再者，合同的商品必须以一定的量来表示，数量的约定是一项有效的买卖合同所不可缺少的内容。此外，在国际贸易中，商品的包装也是一项不可忽视的重要内容，按照有关国家的法律，合同中有关包装的规定是商品说明的组成部分。这些交易条件都直接关系到当事人双方的权益，因此，均须在买卖合同中做出具体规定以明确责任。

8.1 品名条款

品名即商品的名称是国际货物买卖当事人双方首先需要确定的交易条件，是买卖双方进行交易的物质基础。如果商品的名称不明确，买卖双方就也就失去了洽商的依据，无法开展交易。若卖方交付的货物不符合约定的品名或说明，买方有权提出损害赔偿要求，直至拒收货物或撤销合同。因此，列明成交商品的具体名称，具有重要的法律和实践意义。

商品的品名是指能使某种商品区别于其他商品的一种称呼或概念。商品的名称在一定程度上体现了商品的自然属性、用途以及主要的性能特征。

8.1.1 商品品名命名方法

(1) 以其主要用途命名，这主要是突出商品的用途，便于消费者按其需要购买。如消毒液、电风扇、旅游鞋等。

(2) 以其所使用的主要原材料命名，这种方法能通过突出所使用的主要原材料反映出商品的质量。如羊毛衫、玻璃杯等。

(3) 以其主要成分命名，可以使消费者了解商品的有效内涵，有利于提高商品的身价。一般适用于一些名贵原材料制造的商品。如人参珍珠霜等。

(4) 以其外观造型命名，有利于消费者从字义上了解该商品的特征，如喇叭裤、绿豆等。

(5) 以其制作工艺命名，主要是要提高商品的威望，增强消费者对该商品的信任，如酿造酱油、精制油等。

(6) 以人物命名，即以著名的历史人物或传说中的任务命名，其目的在于引起消费者的注意和兴趣，如王致和豆腐乳、孔府家酒等。

8.1.2 品名条款的基本内容

国际货物买卖合同中的品名条款并无统一的格式，通常都在“商品名称”或“品名”(Name of Commodity)的标题下列明交易双方成交商品的名称，也可不加标题，只在合同的开头部分，列明交易双方同意买卖某种商品的文句。

品名条款的规定，还取决于成交商品的品种和特点。就一般商品来说，有时只要列明商品的名称即可，但有的商品，往往具有不同的品种、等级和型号。因此，为了明确起见，也会把有关具体品种、等级或型号的概括性描述包括进去，作为进一步的限定。此外，有的甚至把商品的品质规格也包括进去，这实际是把品名条款与品质条款合并在一起。

8.1.3 规定品名条款的注意事项

国际货物买卖合同中的品名条款，是合同中的主要条件，因此，在规定此项条款时，应注意下列事项。

① 内容必须明确、具体、避免空泛、笼统的规定。

② 条款中规定的品名，必须是卖方能够供应而买方所需要的商品，凡做不到或不必要的描述性的词句，都不应列入。

③ 尽可能使用国际上通用的名称，若使用地方性的名称，交易双方应事先就含义取得共识，对于某些新商品的定名及译名应力求准确，易懂，并符合国际上的习惯称呼。

④ 注意选用合适的品名，以利减低关税，方便进出口和节省运费开支。

8.2 品质条款

8.2.1 商品品质的含义

商品的品质(Quality of Goods)是指商品的内在素质和外在形态的综合。前者包括商品的物理性能、机械性能、化学成分和生物的物性等自然属性，后者包括商品的外形、色泽、款式或者透明度等技术指标或要求。

提高商品的品质具有十分重要的意义，因为品质的优劣直接影响商品的使用价值和价值，它是决定商品使用效能和影响商品价格的重要因素。在当前国际竞争空前激烈的条件下许多国家都把提高商品的品质，力争以质取胜，作为非价格竞争的一个主要组成部分，它是加强对外竞销的重要手段之一。因此，在出口贸易中，不断改进和提高出口商品的品质，不仅可以增强出口竞争能力，扩大销路，提高销价，为国家和企业创造更多的外汇收入，而且还可以提高出口商品在国际市场的声誉，并反映出口国的科学技术和经济发展水平，在进口贸易中，严格把好进口商品质量关，使进口商品适应国内生产建设，科学研究和消费上的需要，是维护国家和人民利益，并确保提高企业经济效益的重要问题。

为了使进出口商品的品质适应国内外市场的需要，在出口商品的生产、运输、存储及销售过程中，必须加强对品质的全面管理，在进口商品的订货，运输，接受等环节中，应当切实把好质量关。

由于国际贸易的商品种类繁多，即使是同一种商品，在品质方面也可能因自然条件，技术和工艺水平以及原材料的使用等因素的影响而存在着种种差别。这就要求买卖双方在商订合同时首先就品质条件作出明确规定。

合同中的品质条件，是构成商品说明的重要组成部分，是买卖双方交接货物的依据，英国货物买卖法把品质条件作为合同的要件(Condition)。《公约》规定卖方交货必须符合约定的质量，如卖方交货不符约定的品质条件，买方有权要求损害赔偿，也可要求修理或交付替货物，甚至拒收货物和撤销合同，这就进一步说明了品质的重要性。

8.2.2 对进出口商品品质的要求

1. 对出口商品品质的要求

我国出口商品要面向全世界广大用户和消费者，为了适应其需求，我们必须贯彻“以销定产”的方针和坚持“质量第一”的原则，大力提高出口商品质量，使其符合下列具体要求。

1) 针对不同市场和不同消费者的需求来确定出口商品质量

由于世界各国经济发展不平衡，各国生产技术水平、生活习惯、消费结构、购买力和各民族的爱好互有差异，因此，要从国外市场的实际需要出发，搞好产销结合，使出口商品的品质、规格、花色、式样等适应有关市场的消费水平和消费习惯。

2) 不断更新换代和精益求精

凡质量不稳定或质量不过关的商品，不宜轻易出口，以免败坏名誉。即使质量较好的商品，也不能满足现状，要本着精益求精的精神不断改进，提高出口商品质，加速更新换代，以赶上和影响世界的消费潮流，增强商品在国际市场上的竞争能力。

3) 适应进口国的有关法令规定和要求

各国对进口商品的质量都有某些法令规定和要求，凡质量不符合法令规定和要求的商品，一律不准进口，有的还要就地销毁，并由货主承担由此引起的各种费用。因此，我们必须充分了解各国对进口商品的法令规定和管理制度，以便使我国商品能顺利地进入国际市场。

4) 适应国外自然条件、季节变化和销售方式

由于各国自然条件和季节变化不同，销售方式各异，商品在运输、装卸、存储和销售过程中，其质量可能起某种变化。因此，注意自然条件，季节变化和销售方式的差异，掌握商品在流通过程中的变化规律，使我国出口商品质量适应这些方面的不同要求也有利于增强我国出口商品的竞争能力。

2. 对进口商品品质的要求

进口商品质量优劣，直接关系到国内用户和消费者的切身利益，凡品质、规格不符合要求的商品，不应进口。对于国内生产建设、科学研究和人民生活急需的商品，进口时要货比三家，切实把好质量关，使其品质、规格不低于国内的实际需要，以免影响国家的生产建设和人民的消费与使用。但是，也不应超越国内的实际需要，任意提高对进口商品品质、规格的要求，以免造成不应有的浪费。在货物到达时，严格质量检验，杜绝不符合合同规定质量的商品进入国门。总之，对进口商品品质的要求，要从我国现阶段的实际需要出发，分别不同情况，实事求是地予以确定。

8.2.3 品质的表示

国际贸易中买卖的商品种类繁多、特点各异，表示商品品质的方法要根据商品的特点进行选择。根据国际贸易实践，表示商品品质的方法可以归纳为以实物表示和以文字说明表示两大类。

1. 以实物表示商品品质

以实物表示品质，包括凭成交商品的实际品质(Actual Quality)和凭样品(Sample)两种表示方法，前者即指看货买卖，后者即指凭样品买卖。

1) 看货买卖

这是以商品目前的实际品质进行交易的一种做法。当买卖双方采用看货成交时，则买方或代理人通常先在卖方存放货物的场所验看货物，一旦达成交易，卖方就应按对方验看

过的商品交货，只要卖方交付的是验看过的货物，买方就不得对品质提出异议。这属于现货交易方式。

在国际贸易中，由于交易双方远离两地，交易洽谈多靠函电方式进行，买方到卖方所在地验看货物诸多不便，即使卖方有现货在手，买方也是由代理人代为验看货物，但看货时也无法逐件查验，所以采用看货成交的场合有限，这种做法多用于寄售、拍卖和展卖业务中。

2) 凭样品买卖

样品通常是从一批商品中抽出来的或由生产，使用部门设计，加工出来的，足以反映和代表整批商品品质的少量实物，凡以样品表示商品品质并以此作为交货依据的，称为“凭样品买卖”(Sale by Sample)。

在国际贸易中，按样品提供者的不同，可分为以下几种：

(1) 卖方样品买卖(sale by seller's sample)。当样品由卖方提供时，称为“凭卖方样品买卖”。在此情况下，卖方所能提供的能充分代表日后整批交货品质的少量实物，可称之为代表性样品(representative sample)。代表性样品也就是原样(original sample)，或称标准样品(type sample)。在向买方送交代表性样品时，应留存一份或数份同样的样品，即复样(duplicate sample)或留样(keep sample)，以备将来组织生产、交货或处理质量纠纷时作核对之用。留存的复样要妥善保管，对于那些易受环境影响而改变质量的样品，还应采取适当措施，如密封、防潮等，以保证样品质量的稳定。

在凭卖方样品买卖时，要注意以下几方面的问题。

① 卖方所提供的样品必须足以代表整批货物的平均品质，不应过高或过低。样品的品质过高会给交货带来困难，容易引起纠纷，而品质过低则会使卖方在价格上受到损失。

② 凭卖方样品成交的商品，多数属于品质难于规格化、标准化的商品，交货品质一般不可能做到同样品完全一致。因此，在以样品表示商品的品质时，一般均在合同中规定“交货品质与样品大体相符(Quality to be considered as being about equal to the sample)”，以便合同的顺利履行。

(2) 凭买方样品买卖(sell by buyer's sample)。“凭买方样品买卖”是指买卖双方凭买方提供的样品磋商交易和订立合同，并以买方样品作为交货品质的最后依据。在我国也称为“来样成交”或“来样制作”。由于买方熟悉目标市场的需求状况，买方提供的样品往往更能直接地反映出当地的消费者的需求。凭买方样品买卖时要注意为避免与对方国家厂商发生专利纠纷，应在合同中明确规定：“如果日后因此而发生有关工业产权的纠纷，概由买方负责。”

(3) 对等样品(Counter Sample)。在国际贸易中，谨慎的卖方往往不愿意承接凭买方样品交货的交易，以免因交货品质与买方样品不符而招致买方索赔甚至退货的危险，在此情况下，卖方可根据买方提供的样品，加工复制出一个类似的样品交买方确认，这种经确认后的样品，称为“对等样品”或“回样”也有称之为“确认样品”(Confirming Sample)，当对等样品被买方确认后，则日后卖方所交货物的品质，必须以对等样品为准。

此外，买卖双方为了发展贸易关系和增进彼此对方商品的了解，往往采用互相寄送样品的做法，这种以介绍商品为目的而寄出的样品，最好标明“仅供参考”(for reference only)字样，以免与标准样品混淆。

2. 字说明表示品质

所谓凭说明表示品质，即指用文字、图表、图片等方式来说明成交商品的品质，在这类表示品质方法中，可细分为如下几种。

1) 凭规格买卖(Sale by Specification)

商品规格(Specification)是指一些足以反映商品品质的主要指标，如化学成分、纯度、性能、容量、长短粗细等。在国际贸易中，买卖双方洽谈交易时，对于适于规格买卖的商品，应提供具体规格来说明商品的基本品质状况，并在合同中订明规格买卖时，说明商品品质的指标因商品不同而异，即使是同一商品，也会因用途不同，而对于规格的要求也就有了差异，由于这种表示品质的方法，明确具体，简单易行，故在国际贸易中被广泛的运用。如买卖东北大豆时，如果是用于加工食用油，就要将含油量作为一项表示品质的主要指标；而若是用于食用，则要将蛋白质含量作为表示品质的一项主要指标。

2) 凭等级买卖(Sale by Grade)

商品的等级(Grade Goods)是指同一类商品，按规格上的差异，分为品质优劣各不相同的若干等级。如特级、一级、二级；大号、中号、小号等。

同一类商品不同等级的产生是长期生产与贸易实践的结果，等级不同的商品规格不同。买卖双方对交易商品等级理解一致时，只需在合同中明确等级即可。但对于双方不熟悉的等级内容，则最好明确每一等级的具体规格。

3) 凭标准买卖(Sale by Standard)

商品的标准是指将商品的规格和等级予以标准化，商品的标准，有的由国家或有关政府主管部门规定，也有由同业公会、交易所或国际性的工商组织规定，有些商品习惯于标准买卖，人们往往使用某种标准作为说明和评定商品品质的依据。国际贸易采用的各种标准，有些具有法律上的约束力，凡品质不合标准要求的商品，不许进口或出口。但也有些标准不具有法律上的约束力，仅供交易双方参考使用，买卖双方洽商交易时，可另行商定对品质的具体要求。

国际标准化组织质量管理和质量保证技术委员会为适应国家间贸易发展的需要，在总结工业发达国家质量管理、质量保证理论和实践经验的基础上，经过十年的反复讨论和修改，与 1987 年正式发布《质量管理和质量保证》国际系列标准(即 ISO 9000 系列标准)。这套标准具有很强的实践性、科学性和广泛的指导性，为国际社会广泛尊重。因此，要提高企业的技术水平和市场占有率，就必须建立以国际系列标准 ISO 9000 为基础的质量保证体系，这也有助于企业扩大产品在发达国家的销售。

在国际贸易中，对于某些品质变化较大而难以规定统一标准的农副产品，往往采用“良好平均品质”(Fair Average Quality，FAQ)这一术语来表示其品质，所谓“良好平均品质”是指一定时期内某地出口货物的平均品质水平，一般是指中等货而言，在我国实际业务中，用 FAQ 来说明品质，一般是指大路货而言，在标明大路货的同时，通常还约定具体规格作为品质依据。

除了 FAQ 表示商品品质外，针对原木、冷冻鱼虾等商品的品质难以以文字说明、又无法用样品表示的情况，还可以用 GMQ(Good Merchantable Quality)说明其品质。GMQ 是指“上好可销品质”，它要求商品的品质上好，适于销售。由于这种规定方法比对 FAQ 的规定更加笼统，所以在国际贸易买卖中一般很少使用。

4) 凭说明书和图样买卖(Sale by Descriptions)

在国际贸易中，有些机器、电器和仪表等技术密集型产品，因结构复杂，对材料和设计的要求严格，用以说明性能的数据较多，很难用几个简单的指标来表明品质的全貌，而且有些产品，即使其名称相同，但由于所使用的材料、设计和制造技术的某些差别，也可能导致功能上的差异。因此，对这类商品的品质，通常以说明书并附以图样、照片、设计图纸、分析表及各种数据来说明具体性能和结构特点。按此方式进行交易，称为“凭说明书和图样买卖”。按这种表示品质的方法成交，卖方所交货物必须符合说明书和图样的要求，但由于对这类产品的技术要求较高。有时同说明书和图样相符的产品，在使用时不一定能发挥设计所要求的性能，买方为了维护自身的利益，往往要求在买卖合同中加订卖方品质保证条款和技术服务条款。

5) 凭商标或品牌买卖

商标(Trade Mark)是指生产者或商号用来识别所生产或出售的商品的标志，它可由一个或几个具有特色的单词、字母、数字、图形或图片等组成。品牌(Brand Name)是指工商企业给制造或销售的商品所冠的名称，以便与其他企业的同类产品区别开来，一个品牌可用于一种产品，也可用于一个企业的所有产品。

当前，国际市场上销售的许许多多商品，尤其是日用消费品、加工食品、耐用消费品等都标有一定的商标或品牌。各种不同商标的商品都具有不同的特色，一些在国际上久负盛名的名牌产品，都因其品质优良稳定，具有一定的特色并能显示消费者的社会地位，故售价远远高出其他同类产品。这种现象特别是在消费水平较高，对品质要求严格的所谓“精致市场”(Sophisticated Market)表现得尤其突出，而一些名牌产品的制造者为了维护商标的声誉，对产品都规定了严格的品质控制，以保证其产品品质达到一定的标准，因此，商标或品牌自身实际上是一种品质象征，人们在交易中就可以只凭商标或品牌进行买卖，无须对品质提出详细要求。但是，如果一种品牌的商品同时有许多种不同型号或规格，为了明确起见，就必须在规定品牌的同时，明确规定型号或规格。因此，在这种方法下，卖方一定要注意保证交货品质，把维护名牌产品的信誉放在首位；而买方则要注意防止卖方提供假冒产品，给自己造成损失。

6) 凭产地名称买卖

在国际货物买卖中，有些产品，因产区的自然条件、传统加工工艺等因素的，在品质具有其他产区的产品所不具有的独特格和特色，对于这类产品，一般也可用产地名称来表示品质。

采用这种方式表示商品的品质时，卖方应保证所交货物必须具有为国内外消费者所周知的、该产品所应具有的特定品质，否则卖方就构成品质违约，买方可以拒收货物并提出索赔。在实际业务中买卖双方经常将产地名称与规格或等级相结合来表示商品的品质，以便使合同得到顺利履行。

上述各种表示品质的方法，一般是单独使用，但有时也可酌情将其混合使用。

案例 8.1

某出口公司与国外的买方订了一份 CIF 合同合同规定：“番茄酱罐头 200 箱，24 罐×100 克/箱”，即每箱装 24 罐，每罐 100 克。但卖方在出货时，却装运了 200 箱，每罐 200 克。国外买方见货物的重量比合同多了一倍，拒绝收货，并要求撤销合同。

从本案例可以看出买方有权拒收货物并撤销合同。因为买卖双方在合同中规定的商品规格为每罐100克，而卖方交付的是每罐200克，与合同规定的规格条件明显不符，违反合同中的品质规定。尽管卖方交付给买方的罐头重量高出一倍，对于买方来说，也并非好事。如果此规格的罐头不适销，还会给买方带来损失。另外，假设进口国是实行进口贸易管制比较严格的国家，如果重量比进口许可证的重量多一倍，就可能遭到行政当局质询，甚至被怀疑有逃避进口管制、偷税等行为而追究责任，其后果是相当严重的。

8.2.4 品质条款

表示商品质量的方法不同，合同中质量条款的内容也各不相同。在凭样品买卖时，合同中除了要列明商品的名称外，还应订明凭以达成交易的样品的编号，必要时还要列出寄送的日期。在凭文字说明买卖时，应针对不同交易的具体情况在买卖合同中明确规定商品的名称、规格、等级、标准、牌名、商标或产地名称等内容。品质条款的内容及繁简，应视商品特性而定，规定品质条款，需要注意下列事项。

1. 对某些商品可规定一定的品质机动幅度

在国际贸易中，为了避免因交货品质与买卖合同稍有不符而造成违约，以保证合同的顺利履行，可以在合同品质条款中做出某些变通规定．常见的有下列一些变通规定办法。

1) 品质公差(Quality Tolerance)

品质公差使指被国际同行业所公认的或买卖双方所认可的产品品质差异。如果交易的商品具有国际公认的品质公差，则即便不在合同中对这种品质差异作明确规定，只要卖方所交货物的品质是在公认的误差范围内，就可以被认为使符合合同的要求。如果商品没有国际公认的公差，而买卖双方又觉得有必要为交易的商品规定一个品质差异范围，双方就需要通过协商，在合同中明确规定一个双方都愿意接受的品质差异标准。

2) 品质机动幅度

品质机动幅度是指在合同中规定的、允许卖方所交货物的品质出现差异的幅度，通常可以采取以下几种规定方法。

(1) 规定一定的范围。即对品质指标的规定允许有一定的差异范围。卖方交货，只要在此范围内都算合格。例如：漂布，幅度35/36英寸。

(2) 规定一定的极限，指对所交货物的品质规格，规定上下极限，即最大、最高、最多为多少，最小、最低、最少为多少，卖方交货只要没有超过规定的极限，买方就无权拒收。

例如：鱼粉　蛋白质 55%以上
　　　脂肪　最高9%
　　　水分　最高11%
　　　盐分　最高4%
　　　砂分　最高4%

(3) 规定上下差，即规定允许上下差异的幅度。

例如：灰鸭毛　含绒量18%　允许上下1%

3) 品质增减价条款

为了体现按质论价，在使用品质机动幅度时，有些货物，也可根据交货情况调整价格，即所谓品质增减价款，即对约定的机动幅度内的品质差异，可按照实际交货品质规定予以增价减价。根据我国对外贸易的实践，品质增减价条款通常有以下三种规定方法。

(1) 规定在品质机动幅度的范围内，根据交货的实际品质与合同规定品质的差异予以相应的增价或减价。如，买卖东北大豆，可以在合同的品质条款中规定："水分±1%，价格±1%；含油量±1%，价格±1.5%。"

(2) 规定在品质机动幅度范围内，实际交货品质若低于合同规定的品质，买方要予以扣价；而如果交货品质高于合同规定，仍按合同价格结算货款，不予增价。这种方法对约束卖方按规定质量交货比较有效，买方也比较愿意接受。

(3) 在品质机动幅度的范围内，买方按品质差异程度的不同采用不同的折扣办法。如，在合同的品质条款中规定："若实际交货品质低于合同规定的 1%，扣价 1%；低于合同规定的 1%~2%，扣价 3%。"

2. 正确运用各种表示品质的方法

品质条款的内容，必须涉及表示品质的方法，采用何种表示品质的方法，应视商品特性而定。一般来讲，凡能用科学的指标说明质量的商品，则适于规格、等级或标准买卖。有些难以规格化和标准化的商品，如工艺品，则适于凭样品买卖；某些性能复杂的机器、电器和仪表，则适于凭说明书和图样买卖。凡具有地方味和特色的产品，则可凭产地名称买卖。上述这些表示品质的方法，不能随意滥用，而应当合理选择。

在规定品质的各项指标是要合理，对于一些与品质无关紧要的条件，不宜订入。品质条件应明确具体，不宜采用诸如"大约""左右"之类的笼统含糊字眼，以避免在交货的品质上引起争议。

8.3 数量条款

商品的数量是国际货物买卖合同中不可缺少的主要条件之一。按照某些国家的法律规定，卖方交货数量必须与合同规定相符，否则，买方有权提出索赔，甚至拒收货物。《联合国国际货物销售合同公约》也规定，按约定的数量交付货物是卖方的一项基本义务。如卖方交货数大于约定的数量，买方可以拒收多交的部分，也可收取多交部分中的一部分或全部。但应按合同价格付款，如卖方交货数少于约定的数量，卖方应在规定的交货期届满前补交，但不得使买方遭受不合理的不便或承担不合理的开支，即使如此，买方也有保留要求损害赔偿的权利。

由于交易双方约定的数量是交接货物的依据，因此，正确掌握成交数量和订好合同中的数量条款，具有十分重要的意义。买卖合同中的成交数量的确定，不仅关系到进出口任务的完成，而且还涉及对外政策和经营意图的贯彻，正确掌握成交数量，对促进交易的达成和争取有利的价格，也具有一定的作用。

8.3.1 常用的度量衡制度和计量单位

在国际贸易中，由于商品的种类、特性和各国度衡制度的不同，所以计量单位和计量方法也多种多样，了解各种度量衡制度，熟悉各种计量单位的特定含义和计量方法，是从事对外经贸人员所必须具备的基本常识和技能。

1. 度量衡制度

要说明交易中商品的数量，就必须采用一定的计量单位来表述，而计量单位又是与特定的度量衡制度相联系的。在不同的度量衡制度下，同一计量单位所表示的数量也有所差异。目前，世界各国所采用的度量衡制度不尽相同，在国际贸易中使用比较广泛的度量衡制度有公制(The Metric System)、英制(The British System)、美制(The U. S. System)和国际单位制(The International System of Unit)四种。上述不同的度量衡制度导致同一计量单位所表示的数量有差异。例如，就表示重量的吨而言，实行公制的国家一般采用公吨，每公吨为1 000 公斤，实行英制的国家一般采用长吨，每长吨为 1 016 公斤。实行美制有国家一般采用短吨。每短吨 907 公斤。此外，有些国家对某些商品还规定有自己习惯使用的或法定的计量单位。

因此，为消除度量衡制度方面的障碍，促进国际贸易的发展，国际标准计量组织在1960 年在第十一届国际计量大会上颁布了以公制为基础的国际单位制，并在随后的时间里被许多国家所采用。我们国家从 1991 年 1 月 1 日起，除个别特殊领域外，不得再使用非法定计量单位，我国的法定计量单位以国际单位制为基础。在外贸业务中，出口商品，除合同规定需采用公制、英制或美制计量单位者外，应该使用法定计量单位。一般不进口非法定计量单位的仪器设备。如有特殊需要，须经有关标准计量管理机构批准，才能使用非法定计量单位。

案例 8.2

大连某进出口公司向日本出口一批大米，在洽谈时，谈妥出口 2 000 公吨，每公吨 280 美元 FOB 大连。但在签定合同时，只是笼统地写了 2 000 吨，我方当事人认为合同上的吨就是公吨，而发货时日商要求按长吨供货。

本案例中我方进出口公司只能答应外商要求长吨交货。虽然在洽谈时是 2 000 公吨，但在合同中并未具体规定使用哪种度量衡，只笼统规定 2 000 吨，而不同的度量衡制度所代表的量是不同的。这让外商有机可乘。我方应接受的教训是：在签订合同时，必须写明计量单位并明确度量衡制度。

(资料来源：http://zhidao.baidu.com/question/43296620.html)

2. 计量单位

国际贸易中使用的计量单位很多，究竟采用何种计量单位，除主要取决于商品的种类和特点外，也取决于交易双方的意愿。国际贸易中的不同商品，需要采用不同的计量单位，通常使用的有下列几种。

(1) 按重量(weight)计算，按重量计算是当今国际贸易中广为使用的一种。例如，许多农副产品，矿产品和工业制成品，都按重量计量，按重量计量的单位有公吨、长吨、短吨、千克、克、盎司等。

(2) 按数量(number)计算，大多数工业制成品，尤其是日用消费品、轻工业品、机械产品以及一部土特产品，均习惯于按数量进行买卖，所使用的计量单位有件、双、套、打、卷、令、罗，以及个、台、组、张、袋、箱、桶、包等。

(3) 按长度(length)计算，在金属绳索、丝绸、布匹等类商品的交易中，通常采用米、英尺、码等长度单位来计量。

(4) 按面积(area)计算、在玻璃板、地毯等商品的交易中，一般习惯于以面积作为计量单位，常用的有平方米、平方尺、平方码等。

(5) 按体积(volume)计算，按体积成交的商品不多，仅限于木材、天然气和化学气体等。属于这方面的计量单位有立方米、立方尺、立方码等。

(6) 按容积(capacity)计算，各类谷物和液体货物，往往按容积计量，其中，美国以蒲式耳(Bushel)作为各种谷物的计量单位。另外还有常见的公升、加仑等。

3. 计算重量的方法

在国际贸易中，按重量计量的商品很多，根据一般商业习惯，通常计算重量方法有下列几种。

1) 毛重(Gross Weight)

毛重是指商品本身的重量与内、外包装物的重量之和，这种计重办法一般适用于低值商品，如粮食、饲料等农副产品等，因其包装价值同商品价值相差不大，有时也以毛重作为计算商品总价的基础。通常将此种方法称为“以毛作净”(Gross for Net)。

2) 净重(Net Weight)

净重是指商品本身的重量，去除包装物后的商品实际重量。净重是国际贸易中最常见的计重办法，如果在合同中没有明确规定交货的数量是按毛重还是按净重计算，习惯上也是按净重计算。净重=毛重-皮重。

皮重即商品内外包装的总重量。在采用净重计重时，对于如何计算包装重量，国际上有下列几种做法。

(1) 按实际皮重计算，实际皮重即指包装的实际重量，它是指对包装逐件衡量后所得的总和。这种方法计算皮重结果最精确，但最麻烦，费用耗费也最多。因此，只有在单位价值较高的商品的交易中才采用这种方法求得皮重。

(2) 按平均皮重计算，如果商品所使用的包装比较统一，重量相差不大，就可以从整批货物中抽出一定的件数，称出其皮重，然后求出平均重量，再乘以总件数，即可求得整批货物的皮重。近年来，随着技术的发展和包装用料及规格的标准化，用平均皮重计算的做法已日益普遍，有人把它称为标准皮重。

(3) 按习惯皮重计算，一些商品由于其所使用的包装材料和规格已比较定型，皮重已为市场所公认。因此，在计算其皮重时，就无须对包装逐件过秤，按习惯上公认皮重乘以总件数即可。例如，装运粮食时所使用的机制麻袋，国际上公认的重量为每只 2.5 磅，在粮食交易中被作为习惯皮重而直接使用。

(4) 按约定皮重计算，即以买卖双方事先约定的包装重量作为计算的基础。国际上有多种计算皮重的方法，究竟采用哪一种计算方法来求得净重，应根据商品的性质，所使用的包装的特点，合同中交易的数量以及交易习惯，由双方当事人事先约定并列合同，以免事后引起争议。

3) 公量(Conditioned Weight)

公量是一种相对比较特殊的计算商品重量的方法，是指用科学方法抽出商品中的实际水分，然后再加上买卖双方在合同中约定的标准的含水量所求得的商品重量，一般只在计量经济价值较高但含水量极不稳定的商品的重量时使用。如棉花、羊毛、生丝等有比较强的吸湿性，所含的水分受客观环境的影响较大，重量也就很不稳定，为了准确计算这类商品的重量，国际上通常采用按公量计算，其计算办法是以商品的干净重(即烘商品水分后的重)加上国际公定回潮率与干净重的乘积所得出的重量，即为公量。

4) 理论重量(Theoretical Weight)

对于一些按固定规格生产和买卖的商品只要重量一致，每件重量大体是相同的，所以一般可以从件数推算出总量。但是，这种计重方法是建立在每件货物重量相同的基础上的，重量如有变化，其实际重量也会发生差别，因此，只能作为计重时的参考。如钢板、马口铁等。

5) 法定重量(Legal Weight)和净净重(Net Net Weight)

按照一些国家海关法的规定，在征收量税时，商品的重量是以法定重量计算的，所谓法定重量是商品加上直接接触商品的包装物料，如销售包装等的重量，而除这部分重量及其他包括杂物(如水分、尘芥)所表示出来的纯商品的重量，则称为净净重，净净重的计量方法主要也为海关征税时使用。

8.3.2 数量条款的规定

买卖合同中的数量条款，主要包括成交商品的数量和计量单位，按重量成交的商品，还需订明计算重量的方法，数量条款的内容及繁简，应视商品的特性而定，规定数量条款，需要注意下列事项。

1. 正确掌握成交数量

在洽商交易时，应正确掌握商品成交数量，防止心中无数，盲目交易。

1) 对出口商品数量的掌握

卖方在出口业务中要适度把握出口商品的数量。如果出口商品的数量偏少，就会造成出口国商品在世界市场的占有率偏低；而如果出口商品数量过大，也会引起出口商品国际市场价格下跌，给出口商与出口国带来损失。另外，决定出口商品的数量还要考虑到国外客户的情况，应尽量使出口商品数量与国外客户的经营能力与经营作风相适应，以使我国出口商品在国外市场保持经常、稳定的销售。总的来说对出口商品数量的掌握要注意以下几个方面：①国外市场的供求状况；②国内货源的供应情况；③国际市场的价格动态；④国外客户的资信状况和经营能力。

2) 对进口商品数量的掌握

买方在进口业务中，主要根据我国市场上的实际需求与外汇支付能力确定进口商品的数量。另外，进口方也应考虑进口商品国际市场行情的变化趋势，以防进口数量巨大的商品价格未来出现下降，给自己造成无形的价格损失。为了合理地确定进口商品的成交数量，一般考虑下列因素：①实际需要；②支付能力；③市场行情变化。

2. 数量条款应当明确具体

为了便于履行合同和避免引起争议，进出口合同中的数量条款应当明确具体，比如，在规定成交商品数量时，应一并规定该商品的计量单位。对按重量计算的商品，还应规定计算重量的具体方法，如“中国大米 1 000 公吨，麻袋装，以毛作净”。某些商品，如需要规定数量机动幅度时，即数量机动幅度是多少，由谁来掌握这一机动幅度，以及溢短装部分如何作价，都应在条款中具体订明。此外，合同中的成交一般不宜采用“大约”“近似”“左右”等带伸缩性的字眼来表示。

3. 合理规定数量机动幅度

在粮食、矿砂、化肥和食糖等大宗商品的交易中，由于受商品特性、货源变化、船舱容量、装载技术和包装等因素的影响，要求准确地按约定数量交货，有时存在一定困难，为了使交货数量具有一定范围内的灵活性和便于履行合同，买卖双方可在合同中合理规定数量机动幅度，只要卖方交货数量在约定的增减幅度范围内，就算按合同规定数量交货买方就不得以交货数量不符为由而拒收货物或提了索赔。数量机动幅度一般有两种规定方式。

(1) 在合同的数量条款中的具体数量之前加“约”字，以此来表示卖方交货的数量可以有一定的灵活性。但应该注意，不同国家、不同行业对“约”字的含义有不同的解释，如，有的解释为2%，有的解释为5%，而国际商会在《跟单信用证统一惯例》中规定，如果信用证上商品的数量前有“约”字，则应解释为允许有不超过10%的增减幅度。因此，这种采用“约数”的方式在具体执行时，买卖双方容易因解释上的差异而产生纠纷，最好在合同中作出书面说明。

(2) 在合同中规定卖方交货数量的具体差异幅度，表现为合同数量条款下的溢短装条款(more or less clause)。例如：

Quality:1000 metric tons with 2% more or less at seller’s option，such excess or deficiency to be settled at contracted price.(数量：1 000 公吨，2%增减幅度，由卖方决定，多交或少交部分按合同价格计算。)

完整的溢短装条款由三部分组成：机动幅度，即允许多交或少交货物的百分比；选择权，即约定何方有权决定多交或少交；超过或不足部分的计价方法。

在溢短装条款中，可以根据不同的具体情况规定选择权，决定是买方还是卖方或船方选择多交或少交货物。通常由履行交货义务的一方即卖方选择的比较多见。但如果采用海运，交货数量的机动幅度应由负责安排船舶运输的一方选择，也可规定由船长根据舱容和装载情况作出选择。此外，当成交某价格波动激烈的大宗商品时，为了防止卖方或买方利用数量机动幅度条款，根据自身的利益故意增加或减少装船数量，也可在机动幅度条款中加订：“此项机动幅度，只是为了适应船舶实际装载量的需要时，才能适用。”

溢短装数量的计价方法要公平合理。目前，对机动幅度范围内超出或低于合同数量的多装或少装部分，一般是按合同价格算，这是比较常见的做法。但是，数量的溢短装在一定条件下关系到买卖双方的利益。就卖方而言，在市场价格下跌时，大都按照最高约定数量交货；相反，在市场价格上涨时，则往往尽量争取少交货物。很明显，按合同价格计算多交或少交货款，应该对买方不利。而如果让买方决定的话，根据市场价格情况，选择上限还是下限交货，则对卖方不利。因此，为了防止有权选择多装或少装的一方当事人利行市的变化，有意多装或少装以获取额外的好处，也可以合同中规定，多装或少装的部分，不按合同价格计价而按装船时或货到时的市价计算，以体现公平合理的原则。

案例 8.3

中国某公司从国外进口小麦，合同规定：数量 200 万公吨，每公吨 100 美元。而外商装船时共装运了

230 万公吨，对多装的 30 万公吨，我方应作如下处理：根据 CISG 规定，如卖方交付的货物数量大于合同规定的数量，买方可以收取也可以拒绝收取多交部分的货物。如果买方收取多交部分货物的全部或一部分，它必须按合同价格付款。本案例中，我方对外商多交的 30 万公吨，可以拒收也可以全部收下，还可以只收下其中的一部分，如果我方收取多交小麦的全部或一部分，要按每公吨 100 美元付款。

(资料来源：http://zhidao.baidu.com/question/68632881.html)

如果外商只装运了 180 万公吨，处理结果应该为：我方无权拒收全部小麦。CISG 规定：如果卖方交货数量少于约定的数量，卖方应在规定的交货期满前补交，但不得使卖方遭受不合理的不便或承担不合理的开支，即使如此，买方也有保留要求损害赔偿的权利。在本案例中外商只比合同规定少交 20 万公吨，我方可以要求外商在交货期内补交，没有权拒收全部小麦，如在补交期间，外商给我方带来不合理的开支，我方有保留要求损害赔偿的权利。

8.4 包装条款

8.4.1 商品包装概述

1. 商品包装的意义

商品种类繁多，性质特点和形状各异，因而它们对包装的要求也各不相同，除少数商品难以包装，不值得包装或根本没有包装的必要，而采取裸装或散装的主式外，其他绝大数商品都需要有适当的包装。

商品包装是商品生产的继续，凡需要包装的商品，只有通过包装，才算完成生产过程，商品才能进入流通领域和消费领域，才能实现商品的使用价值和价值。这是因为，包装是保护商品在流通过程中完好和数量完整的重要措施，有些商品甚至根本离下不开包装，它与包装成为不可分割的统一整体。

经过适当包装的商品，不仅便于运输、装卸、搬运、储存、保管、清点和携带，且不丢失或被盗，为各方面提供了便利。

在当前国际市场竞争十分激烈的情况上，许多国家都把改进包装作为加强外销的重要手段之一，因为良好的包装，不仅可以保护商品，而且还能宣传美化商品，提高商品身价，吸引顾客，扩大销路，增加售价，并在一定程度上显示出口国家的科学、文化、艺术水平。鉴于包装如此重要，所以生产企业和销售部应共同搞好包装工作，使我国出口商品的包装符合科学、经济、牢固、美观、适销和多创汇的要求。

此外，在国际货物买卖中，包装还是说明货物的重要组成部分，包装条件是买卖合同中的一项主要条件，按照某些国家的法律规定，如卖方交付的货物未按照规定的条件包装，或者货物的包装与行业习惯不符，买方有权拒收货物，如果货物按约定的方式包装，但与其他货物混杂在一起，买方可以拒收违反约定包装的那部分货物，甚至可以拒收整批货物。由此可见，搞好包装工作和按约定的条件包装，具有重要的意义。

2. 包装方式的种类

进出口商品的包装方式各不相同，一般可以进行如下的分类。

(1) 散装(In Bulk)：是指不加任何其他包装，而直接将货物置于舱体、车体或船体的一定部位内的做法，它特别适用于大宗的、不易碰损的商品。这些商品一般不容易包装或不值得包装，如煤炭、矿砂等。散装要求商品在流转过程中有特定的运输工具、特定的港口装卸设备和特定的仓储条件。如果这一切条件都具备，散装运输可以加快货物的装卸速度，节省运费和包装费用，从而降低交易成本。

(2) 裸装(Nude Packed)：是指将商品用铁丝、绳索等加以捆扎或以商品自身捆扎成捆、堆或束，而不再添加任何额外的包装物料的包装方式。裸装特别适用于钢材、铁丝、橡胶等品质比较稳定、可以自成件数、能抵抗外界影响、难于包装或不需要包装的商品。

(3) 包装：是国际贸易中最常见的货物包装方式，指针对货物的特性选择适当的物料、采用特定的方法对商品进行覆盖、包裹和捆绑等处理，以达到在流转过程中保护商品、在销售时宣传商品等目的。

8.4.2 包装的分类

根据包装在流通过程中所起作用的不同，可分为运输包装(即外包装)和销售包装(即内包装)两种类型，前者的主要作用在于保护商品和防止出现货损货差，后者除起保护商品的作用外，还具有促销的功能。

1. 运输包装

运输包装又称为大包装或外包装，是为了方便商品的运输而进行的包装。多数情况下，运输包装由许多独立的小包装集合而成，不与商品直接接触，如食用油、香烟等商品的包装；也有一些运输包装，是直接与商品接触的，如装谷物的麻袋。

1) 对运输包装的要求

运输包装最主要的作用是在运输、装卸和储存过程中很好的保护商品，与此同时，它还可以发挥方便运输、装卸和储存，提高物流效率以及传达信息、方便管理的作用，所以运输包装具有一定的牢固性和方便运输的基本特性。并且运输包装的使用要符合进口国家的有关规定和惯例。例如，有些国家在包装材料、包装重量、危险品包装的防毒、防爆技术标准等方面有严格对定。由此可见，国际贸易商品的运输包装比国内贸易商品的运输包装要求更高，应当体现下列要求：①必须适应商品的特性；②必须适应各种不同的运输方式的要求；③必须考虑有关国家的法律规定和客户的要求；④要便于各环节有关人员进行操作；⑤在保证包装牢固的前提下节省费用。

2) 运输包装的分类

运输包装的方式和造型多种多样，用料和质地各不相同，包装程度也有差异，这就导致运输包装具有下列多样性。

(1) 按包装方式，可分为单件运输包装和集合运输包装。前者是指货物在运输过程中作为一个计件单位的包装；后者是指将若干单件运输包装组合成一件大包装，以利更有效地保护商品，提高装卸效率和节省运输费用。

在现代单件运输包装容器中最常见的主要有瓦楞纸箱和木箱。瓦楞纸箱富有弹性，具有良好的防震缓冲性能，且密封性好，能防尘，有助于保持产品的清洁卫生，且瓦楞纸箱自身重量轻，空箱能折叠，便于储存，如蔬菜水果、加工食品、化妆品及其自行车、家用电器等很多商品都使用这种包装材料。

在国际贸易中，常见的集合运输包装有集装箱、集装架、集装包和集装袋。而集装箱是各种集合运输包装中最常见的一种。

(2) 按包装造型不同，可分为箱袋、桶和捆不同形状的包装。

(3) 按包装材料不同，可分为纸制包装，金属包装，木制包装，塑料包装，麻制品包装，竹、柳、草制品包装，玻璃制品包装和陶瓷包装等。

(4) 按包装质地来分有软性包装，半硬性包装和硬性包装，究竟采用其中哪一种，须视商品的特性而定。

(5) 按包装程度不同，可分为全部包装和局部包装。

在国际贸易中，买卖双方究竟采用何种运输包装，应在合同中具体订明。

案例 8.4

2002 年我出口公司出口到加拿大一批货物，共值人民币 128 万元。合同规定用塑料袋包装，每件要使用英、法两种文字的贴头(粘纸)。但我公司实际交货时，因塑料袋无货擅自改用纸袋代替，并只使用有英文贴头。货运到后，加拿大商人为了适应当地市场的销售要求，不得不雇人重新更换包装和贴头，后向我方提出索赔，我方理亏认赔。本案例中，我出口公司的错误有二：①擅自更换包装材料，合同规定用塑料袋包装而我公司擅自改用纸袋包装代替；②未按合同规定使用贴头，合同规定每件用英、法两种文字的贴头，我公司只使用英文贴头。根据 CISG 规定，卖方须按照合同规定的方式装箱或包装。我公司违反了此规定，应给予外商赔偿。

(资料来源：www.jgxysx.net/jxpg_new/admin/webedit/uploadfile/2005528165745156)

3) 运输包装的标志

运输包装标志是在进出口货物的运输、交接、仓储及商检等流转过程中，为了便于有关方面识别货物、核对单证，而在商品的运输包装上刷制的标志。按作用的不同，运输包装标志可以分为运输标志、指示性标志和警告性标志。

(1) 运输标志 (Shipping Mark)。运输标志又称唛头，它通常书写、压印或刷制在外包装上的由一个简单的几何图形和一些字母，数字及简单的文字组成的符号，以便承运人和收货人识别货物。其主要内容包括以下几项。

① 目的地的名称或代号。目的地一般不能使用简称或代号。如果有重名的地点，还应在此加列国家的名称，以免错运。

② 收、发货人的代号。

③ 货物的件号、批号。一般用 m/n 的形式表示，其中 n 为该批货物的总件数，m 为该件货物在整批货物中的编号。

此外，有的运输标志还包括原产地，合同号，许可证号和体积与重量等内容。运输标志的内容繁简不一，由买卖双方根据商品特点和具体要求商定。

鉴于运输标志的内容差异较大，有的过于繁杂，不适应运量增加、运输方式变革和电子计算机在运输与单据方面应用的需要，因此联合国欧洲经济委员会简化国际贸易程序工作组在国际标准化组织和国际货物装卸协调协会的支持下，制定了一项运输标志向各国推荐使用，该标准运输标志包括以下几项。

① 收货人或买方名称的英文缩写字母或简称。

② 参考号，这个号码必须是交易中最重要的号码，如运单号，订单号或发票号，由买

卖双方共同协商确定。

③ 运输目的地，即货物的最终目的港或目的地的名称；如果需要转运，还要标明转运港或转运地点的名称，并在它前面加“VIA”，如“汉堡 VIA 香港”(目的地是汉堡，经由香港转运)。

④ 件号，即要标明货物的总件数和每一件货物的顺序号。

这四项内容是货物安全运抵目的地交货所必需的。至于根据某种需要而须在运输包装上刷写的其他内容，如许可证号等，则不作为运输标志必要组成部分，必须把它们清楚地与运输标志分隔开来。现列举标准化运输标志实例如下：

ABC	收货人代号
1234	参考号
NEW YORK	目的地
1/25	件数代号

案例 8.5

国内某出口公司与日本某公司达成一项出口交易，合同指定由我方出唛头。因此，我方在备货时就将唛头刷好。但在货物即将出运时，国外开来的信用证上又指定了唛头。在此情况下，我方可以通知买方要求其修改信用证，使信用证内容与合同相符，如买方同意改证，卖方应坚持在收到信用证修改通知后再对外发货；或者我方在收到信用证以后，按信用证规定的唛头重新更换包装，但所花费的额外费用应由买方负担。切记，在收到信用证发现与合同不符后，不要作出既不通知买方要求其改证也不重新更换包装而自行按原唛头出口的错误行为。

(资料来源：http://i.cn.yahoo.com/winnydu2003/blog/p_13/)

(2) 指示性标志。指示性标志是提示人们在装卸，运输和保管过程中需要注意的事项，一般都是以简单，醒目的图形和文字在包装上标出，有人称其为注意标志。如在易碎商品的外包装上标以“小心轻放”；在受潮后易变质的商品的外包装上标以“防止潮湿”等文字，并配以图形指示。

(3) 警告性标志。警告性标志又称危险货物包装标志，凡在运输包装内装有爆炸品、有毒物品、腐蚀物品、氧化剂和放射性物资等危险货物时，都必须在运输包装上标明用于各种危险品的标志，以示警告，使装卸、运输和保管人员按货物特性采取相应的防护措施，以保护物资和人身的安全。

我国进出口贸易中遇见的警告性标志主要有两套：一套是由我国有关部门制定的《危险品货物包装标志》中规定的危险品标志，这是我国政府规定危险品货物包装上必需使用的；另一套是联合国政府间海事协商组织规定的《国际海运危险品标志》，这套规定在国际上已有许多国家采用，有的国家进口危险品时要求在运输包装上标明该组织规定的危险品标志，否则，不准靠岸卸货。因此，在我国危险货物的运输包装上，要标明我国和国际上所规定的两套危险品标志。

2. 销售包装

1) 对销售包装的要求

销售包装又称内包装，它是直接接触商品并随商品进入零售网点和消费者直接见面的包装，这类包装除必须具有保护商品的功能外，更应具有促销的功能。销售包装的合理、美观有助于引起消费者的购买欲望，增加消费者的购买信心。因此，对销售包装的造型，装潢画面和文字说明等方面，都有较高的要求。

为了使销售包装适应国际市场的需要，在设计和制作销售包装时，应体现下列要求：①便于陈列展销；②便于识别商品；③便于携带和使用；④要有艺术吸引力。

2) 销售包装的分类

销售包装可采用不同的包装材料和不同的造型结约与式样，这就导致销售包装的多样性，究竟采用何种销售包装，主要根据商品特性和形状而定，常见的销售包装有下列几种。

(1) 挂式包装：可在商品货架上悬挂展示的包装，其独特的结构如吊钩、吊带、挂孔、网兜等，可充分利用货架的空间陈列商品。

(2) 堆叠式包装：这种方式稳定性强，大量堆叠而节省货位，常用于听装的食品罐头或瓶装、盒装商品。

(3) 携带式包装：包装造型和长宽高比例的设计均适合消费者携带使用的包装，如塑料拎包等。

(4) 易开包装：包装容器上有严密的封口结构，使用者不需要另备工具即可容易地开启。分为易开罐、易开瓶和易开盒等。

(5) 喷雾包装：在气密性容器内，当打开阀门或压按钮时，内装物由于推进产生的压力能喷射出来的包装。如香水等就使用的这种包装。

(6) 配套包装：将消费者在使用上有关联的商品搭配成套，装在同一容器内的销售包装。如成套茶具的包装、工具配套袋等。

(7) 礼品包装：专门作为送礼用的销售包装。包装的造型美观大方，有较高的艺术性，有的还使用彩带、花结等。这除了给消费者留下深刻印象外，还必须具有保护商品的良好性能。使用礼品包装的范围很广，如糖果、化妆品、工艺品和滋补品等。

(8) 一次用量包装：以使用一次为目的的较简单的包装。如一次用量的药品、饮料等。

3) 销售包装的标示和说明

在销售包装上，一般都附有装潢画面和文字说明，有的还印有条形码的标志，在设计和制作的销售包装时，应一并做好以下几个方面的工作。

(1) 包装的装潢画面 。销售包装的装潢画面要美观大方，富有艺术上的吸引力，并突出商品特点，图案和色彩应适应有关国家的民族习惯和爱好。在设计装潢画面时，应投其所好，以利扩大出口。

(2) 文字说明。在销售包装上应有必要的文字说明，如商标、品牌、品名、产地、数量、规格、成分、用途和使用方法等，文字说明要同装潢画面紧密结合，互相衬托，彼此补充，以达到宣传和促销的目的。使用的文字必须简明扼要，并让销售市场的顾客能看懂，必要时也可以中外文同时并用。

在销售包装上使用文字说明或制作标签时，还应注意有关国家的标签管理条件的规定。很多国家对食品、药品和服装等进口商品都制定有标签管理条例，对标签内容提出具体要求，不符合这些规定的商品，就会被禁止进入该国市场。如日本、美国都规定，销往该国的药品必须在标签上说明其成分、功能和服用方法；瑞士规定，销往该国的衬衫，必须有标明洗涤、熨烫图示的标签等。

(3) 条形码。条形码是商品流通于国际市场的一种通用的国际语言，是商品“身份证”的国际统一编号。它是由一组带有数字的黑白及粗细间隔不等的平行条纹所组成，这是利用光电扫描阅读设备为计算机输入数据的特殊的代码语言。目前，世界许多国家都在商品包上使用条形码，只要将条形码对准光电扫描器，计算机就能自动地识别条形码，只要将条形码对准光电扫描器，计算机就能自动地识别条形码的信息，确定品名、品种、数量、生产日期、制造厂商、产地等，并据此在数据库中查询其单价，进行货款结算，打出购货清单，这就有效地提高了结算的效益和准确性，也方便了顾客。

目前，许多国家的超级市场都使用条形码技术进行自动扫描结算，如商品包装上没有条形码，即使是名优商品，也不能进入超级市场而只能当作低档商品进入廉价商店。加之，随着欧洲物品编码协会(EAN)、美国统一代码委员会(UCC)会员在世界范围内的迅速发展，有些国家对某些商品包装上无条形码标志，即不予进口，为此，为了适应国际市场的需要和扩大出口，1988 年 12 月我国建立了“中国特品编码中心”负责推广条形码技术，并对其进行统一管理。1994 年 4 月我国正式加入国际物品编码协会。

在国际上广泛使用的 EAN 条码的标准型为 13 位码，其前 3 位为国别码，即生产地的标志，此号码由各国专属的条码机构向 EAN 总会申请后确定，我国的国别码为“690”“691”“692”；中间 5 位为制造厂商码，即生产厂家的标志，由厂家向当地条码机构申请取得；后 4 位是产品码，即商品属性和制造日期等的标志，由厂商自行设定；第 13 位码则为计算机检验码，用以检验前面的码是否被正确读取。此外，还有一种缩短型的 8 位码，前 3 位为国别码，中间 4 位为产品码，第 8 位是检验码。

8.4.3 中性包装和定牌生产

采用中性包装和定牌生产，是国际贸易中常有的习惯做法。

1. 中性包装

中性包装是指既不标明生产国别，地名和厂商名称，也不标明商标或品牌的包装，也就是说，在出口商品包装的内外，都没有原产地和厂商的标记。采用中性包装，是为了打破某些进口国家与地区的关税和非关税壁垒以及一些特殊需要(如转口销售等)，它是出口国家厂商加强对外竞销和扩大出口的一种手段。尤其是对那些暂无直接外交关系、正在交战之中或正处于对方经济制裁中的国家或地区，中性包装成为各自向对方出口商品的一种必要手段。

中性包装包括无牌中性包装和定牌中性包装两种。定牌中性包装是指卖方按照合同中的约定，在商品的包装上使用买方指定的商标和牌号，但不注明原产地和制造厂商的包装方式；无牌中性包装是指商品的包装上既无原有商标、原制造国别和厂商名称，也无买方的商标、牌号，需经买方重新对商品进行包装后再销往最终的销售市场的包装方式。

我国法律明确规定，在国内销售的商品不得使用中性包装。在商品包装上未用中文标明商品名称、生产者和产地的，即被视为伪劣商品。1993 年 9 月 1 日正式实施的《中华人民共和国产品质量法》规定：“产品或其包装上应当有中文标明的产品名称、生产厂名和厂址。”在出口商品时，如果买方无特殊要求，在商品的包装上都要用中英文注明“中国制造”以及制造厂家、生产代号和商检代号等。

2. 定牌包装

定牌是指卖方按买方要求在其出售的商品或包装上标明买方指定的商标或牌号，这种做法叫定牌生产。当前，世界许多国家的超级市场、大百货公司和专业商店，其经营出售的商品，都要在商品上或包装上标有商店使用的商标或品牌，以扩大其知名度和显示该商品的身价。许多国家的出口厂商，为了利用买主的经营能力及其商业信誉和品牌声誉，提高商品售价和扩大销路，也愿意接受定牌生产。

在我国出口贸易中，如外商订货较大，具需求比较稳定，为了适应买方销售的需要和有利于扩大我国出口的销路，也可酌情接受定牌生产。

3. 无牌包装

无牌包装是指买方要求在我出口商品和/或包装上免除任何商标或牌名的做法。它主要用于一些尚待进一步加工的半制成品，如供加工成批服装用的呢绒、布匹和绸缎等。其目的主要是避免浪费，降低费用成本。国外有的大百货公司、超级市场向我方订购低值易耗的日用消费品时，也有要求采用无牌包装方式的。其原因是，无牌商品无须广告宣传，可节省广告费用，降低销售成本，从而可达到薄利多销的目的。

8.4.4 包装条款的规定

与品质条款和数量条款相同，包装条款也是合同的主要条款之一。依据有些国家的法律规定，合同中有关包装的规定是商品说明的组成部分，如果卖方未按合同规定的包装条件向买方提供货物，就属于违约，买方可以要求损失赔偿。因此，买卖双方必须在合同中合理规定包装条款。包装条款通常有具体规定与笼统规定两种方式。

1. 具体规定方法

这是指买卖双方在合同的包装条款中对包装材料、包装方式、包装费用和运输标志等项内容作出明确规定。如：包装：单层新麻袋，每袋净重 100 公斤，皮重不少于 1 公斤。

采用这种方式规定包装条款时应注意以下几个方面。

(1) 在包装方式方面。一般都要说明包装的内含量；对于需要根据花色或尺寸的不同而搭配装箱的商品，买卖双方应具体约定搭配方式及搭配量，以免日后发生异议。

(2) 在包装材料方面。多数情况下，包装材料都由卖方提供，并随商品一起交付给买方。如果买方要求由自己提供包装材料，则买卖双方须在条款中约定买方提供包装材料的时间和方式。若买方逾期提供包装材料，使卖方不能按时交货并由此而产生了其他额外费用，买方应承担一切责任。

(3) 在包装费用方面。包装费用通常都包括在货价之内，买卖双方在合同中不另行约定。但是，如果买方要求特殊包装，导致了超出正常包装费用的额外包装费用的发生，则这部分额外的包装费用应由买方承担，对此须在合同中作出具体规定。

(4) 在运输标志方面。按照惯例运输标志一般由卖方自行确定。但在有些情况下，买方要求指定运输标志，此时买卖双方须在合同中对买方提供运输标志的时间作出规定。若买方逾期尚未指定，则卖方可以自行决定运输标志。此外，有些国家对进口商品的运输包装所使用的唛头和标记有严格规定，此时卖方应向买方取得详细指示，从而保证合同的顺利履行。

2. 笼统规定方法

在实际业务中，买卖双方有时在合同中仅对包装条件作笼统规定。例如："按卖方一般出口包装。"

由于此类规定缺乏统一解释，容易引起纠纷与争议，因此，除非买卖双方对包装方式的具体内容经事先充分交换意见或由于长时期的业务交往已取得一致认识，在合同中不宜采用笼统的规定方法。

本 章 小 结

本章着重介绍国际货物买卖合同的标的即商品的品名、品质、数量、包装的有关知识和相关合同条款的内容。针对交易商品的特点，既可以用实物表示商品品质，也可以用文字说明表示商品品质，即在品质条款中对商品的规格、等级、适用标准、商标、牌号、产地或说明书作出确切的规定。在规定品质条款时，既要具体明确，也要注意灵活性，对某些特定的产品规定品质公差或品质机动幅度。再者，合同的标的必须以一定的量来表示，数量的约定是一项有效的买卖合同所不可缺少的内容。在对商品数量进行约定时，要明确数量的计量方法与计量单位，对一些散装货物还应在数量条款中规定适当的机动幅度，以便合同顺利履行。商品的包装条款也是国际货物买卖合同中的主要条款，包装不仅可以保护商品在流通过程中品质完好，而且会对货物的运输和销售产生影响。这些交易条件都直接关系到双方当事人的权益，因此，都必须在买卖合同中作出明确的规定。

本章练习题

一、简答题

1. 表示商品品质有哪些方法？
2. 什么是规格、等级和标准？
3. 什么是 F.A.Q.和 G.M.Q.？
4. 什么是商标和牌号？
5. 订立品质条款时应注意哪些问题？
6. 什么是品质公差和品质机动幅度？
7. 什么是毛重、净重、公量、理论重量和法定重量？
8. 如何计算商品的皮重？
9. 什么是溢短装条款？它包括哪些内容？
10. 什么是运输包装与销售包装？它们各起什么作用？
11. 什么是运输标志？标准化的运输标志包括哪几部分内容？
12. 什么是指示性标志和警告性标志？
13. 什么是中性包装？应注意哪些问题？

二、案例分析

1. 2000 年 3 月 15 日，我国 A 公司与国外某商人洽谈铜搭扣的来样订货业务，双方达成合同规定，按买方来样成交确定合同品质，卖方试制的对等样品经买方确认后，作为交货品质依据；5 月 5 日前装运，不可撤销即期信用证付款，付款时须提供由开证申请人授权的指定代理人在装运前签发的检验证书。4 月 5 日，买方开来信用证，信用证规定装运期为 5 月 5 日，信用证有效期为 5 月 15 日。卖方认为自己的工厂颇具规模，有多年的翻砂、铸造、冷轧经验，生产加工铜搭扣这类小商品没有问题，但在试制过程中，买方对寄去的对等样品一再认为不符合要求，不予确认。卖方经过多次试制，再将样品寄去，终获对方认可，但此时国际市场价格开始下降。4 月 30 日，卖方将对等样品按来样加工就绪，发传真请买方派员前来验收。5 月 2 日买方答复却是“检验员在国外，不能来华”。卖方再去传真，“如不来检验，请修改信用证装船期限”。5 月 4 日，买方传真称，“合同的装运期即到，来不及修改信用证”。卖方去传真，要求索赔，买方置之不理。此时，卖方才想起买方开来的信用证中的软条款“付款时须提供由开征申请人授权的指定代理人在装运前签发的检验证书”，没有信用证中规定的检验证书，卖方就无法装船、向银行交单议付。卖方只得“哑巴吃黄连——有苦说不出”。

试分析我国 A 公司应该从中吸取哪些教训？

2．2001 年 1 月，我国 A 公司与埃及 B 公司签订一份机床买卖合同，A 公司根据埃及 B 公司所提供的图纸生产(该合同产品上拥有的技术已在德国取得专利权)，出售机床一批，埃及 B 贸易公司将该机床转售给德国 C 公司。机床进入德国后，德国 C 公司被德国 D 专利权人起诉，该机床侵犯了德国有效的专利权。

德国法院判令德国 C 公司向 D 专利权人赔偿损失，随后德国 C 公司向埃及 B 公司索取赔偿，而埃及 B 公司赔偿后又找我国 A 公司要求赔偿，被 A 公司拒绝。

试分析该案例中我国 A 公司应不应该赔偿？对于类似贸易应该注意哪些问题？

3．2002 年 3 月，广西某粮油进出口公司向南非出口食糖。合同规定：食糖，数量 500 公吨，每公吨 120 美元，可有 3%增减，由卖方选择；增减部分按合同价格计算。如果在交货前食糖市场价格上涨，在不违反合同的情况下，卖方要想获利，可装多少公吨？如果市场价格下降呢？

同年 5 月，此公司又向俄罗斯出口小麦，合同规定：数量 1000 公吨，每公吨 100 美元，以信用证支付。合同签定后，俄罗斯开来信用证，金额为 100000 美元，问我方最多、最少可交多少公吨小麦？为什么？

第9章　价格条款与出口报价

教学目标

- 了解国际贸易商品作价方法、商品单价的构成部分；
- 掌握佣金和折扣的运用和计算方法；
- 掌握出口商品成本核算的方法；
- 掌握不同计价货币的报价换算和常用贸易术语的报价换算、价格条款的制定。

关键词

计价货币　支付货币　佣金　折扣　含佣价　折扣价　净价　单价　总值

案例导入

国内某公司向国外出口女士衬衫，单价为每件2.10美元，共2 000件。国外开来的信用证中规定的金额为“about USD4 200，CIF London，less 5% commission and 5% discount (约4 200美元，CIF伦敦，减5%佣金和5%折扣)。该公司将衬衫装船发运后、向银行交单议付时，需要缮制出口商业发票。该公司的经办人员认为信用证规定了“减5%的佣金和5%的折扣”，那么CIF净价就是在4 200美元的总价上直接减10%就可以了，于是将发票缮制为：

	Unit Price	Amount
Ladies Blouses		
2 000 pieces	USD2.10	USD4 200.00
Less 5% commission and 5% discount		USD420.00
	CIF London net:	USD3 780.00

该公司蒙受了损失，为什么？

因为这张发票是错误的。这个公司的经办人员由于对国际贸易中的商品价格表示方法以及计算方法缺乏了解，所以在这笔业务中该公司有损失。

按商业习惯做法，在缮制出口发票时，它在总金额(单价×数量)中先扣除5%优惠(折扣)得出一个毛净价；然后在此基础上再扣除5%佣金，得出净价。在既有折扣又有佣金的交易中，应先扣除折扣，然后再扣佣金，因为折扣部分是不应支付佣金的。

该公司应该缮制发票：

Ladies Blouses 2 000 pieces Less 5%	Unit Price USD2.10	Amount USD4 200.00 USD210.00
Less 5% Commission		3 990.00 199.50
	CIF London net:	USD3 790.50

两种计算方法相比较，该公司由于业务员的业务不精，致使公司损失了 10.5 美元。根据国际商会的《跟单信用证统一惯例(UCP600)》第三十九条 a 款规定，凡“约”“大概”“大约”或类似的词语用于信用证金额、货物数量和单价时，应解释为有关金额、数量或单价不超过10%的增减幅度。该公司发票金额没有超过信用证规定的 USD4200 增减 10%的幅度，所以银行不会拒付，但使公司造成不应该有的损失还是非常遗憾的。

9.1 进出口商品的价格

在国际货物买卖中，如何确定进出口商品价格和规定合同中的价格条款，是交易双方最为关心的一个重要问题。因为，成交价格的高低直接关系到交易双方的经济利益。卖方希望能高价出售商品，而买方则希望能够廉价购进商品。所以，讨价还价往往成为买卖双方交易磋商的焦点，价格条款便成为买卖合同中的核心条款。在进出口业务中，有些交易洽谈失败，也往往是由于在价格问题上买卖双方难以达成共识。加之，价格条款与贸易术语和合同中的其他交易条件密切相关，有着不可分割的内在联系。因此，买卖双方在磋商成交价格时，往往会涉及合同中的其他交易条件，即价格条款的内容会对其他条款产生影响。反过来，买卖双方在其他条款上的利害与得失，一般又会在商品价格上反映出来。这就表明，价格条款在买卖合同中占有十分重要的地位，是合同中的核心条款。

9.1.1 价格制定的基本原则

我国进出口商品的作价原则是：在贯彻平等互利的原则下，根据国际市场价格水平，结合国别(地区)政策，并按照我们的赊销意图确定适当的价格。

1. 参考国际市场价格水平作价

大宗商品或主要商品在国际贸易中主要的集散地或交易场所是我们通常说的国际市场，国际货物买卖应按照国际市场价格水平作价。国际市场价格是以国际价值为基础，反映国际市场供求关系，在市场竞争中形成并为交易双方所接受的价格。有些国际市场是无形的，只能通过一些机构或组织了解商品价格的水平和变化趋势。我们可以将商品交易所的价格、国际组织或国际公司在媒体上公布的价格、各国外贸部门和海关统计的价格作为参考依据。

2. 要贯彻国际市场经营战略

企业开展国际贸易不应是一种单纯的做一笔算一笔的出口或进口交易，而应有长期的经营发展规划，为此，要制定经营战略，并伴随着时间的推移和环境的变化调整经营战略。其中，价格制定是贯彻既定经营战略的一个重要方面。为了贯彻经营战略，价格制定要注意符合经营战略的各个方面的需要。例如，要符合国际市场定位的需要。产品以什么样的形象出现在国际市场上，是高档产品还是中档或低档产品；价格应与产品档次相匹配，或是说要体现产品的档次。再如，要符合国际市场竞争的需要。在出口贸易中，当需要击败和挤走竞争对手时，可制订低价；当需要与竞争对手和平共处，避免两败俱伤时，则要防止制订低价。

3. 要考虑商品的质量

在国际市场上有一个通行的原则，即按质论价。商品质量好，定价可高；商品质量差，定价就低。按照这一原则，在一定的销售数量下，要提高售价，获得较高的销售收入，就要设法提高商品的质量。从我国的出口贸易实际情况来看，提高商品质量的意义尤为重要。

4. 要与商品的成交数量相联系

国际贸易中的一个习惯做法是，交易数量大，成交价格就低；交易数量少，成交价格就高。价格降低的方法是按成交数量确定价格上的折扣。这是买卖双方都愿意接受的做法。价格降低当然买方欢迎，但前提是购买需达到一定的数量。卖方愿意以较低的价格成交，是因为随着交易数量的扩大，可以达到规模经济，即增加销售额，降低单位商品的成本，从而提高效益。因此，买卖双方都可以利用数量作为价格谈判的筹码。

5. 要结合支付条件

支付条件中包括支付方式和支付货币。价格的制定应与其相结合。对于出口方来说，如果确定的支付方式对自己不利，要么价格可制定得高些。例如，支付方式确定为赊销、托收等。反之，价格可制定得低些。例如，支付方式确定为预付货款、信用证付款等。对于进口方来说，采用的原则应相反。其中的原理是不同的支付方式意味着承担的风险不同。承担的风险大，所获得的贸易利益就相应多些；承担风险小，贸易利益就相应少些。另外，价格还应与使用什么支付货币相结合。因为，货币的币值随着汇率的变化而变化，汇率是不稳定的，付出或收取的货币币值可能会上升或下降，贸易商由此就面临着汇率风险。因此，汇率风险的承担应在价格上得到较多的利益。

6. 要依据不同的贸易术语

贸易术语用来规定买卖双方的义务。不同的贸易术语意味着各方承担的义务是不同的。就三种常用的贸易术语 FOB、CFR、CIF 而言，在贸易各方承担的义务上，不同的地方在于办理运输和支付运费，以及办理保险和支付保险费这两个方面。虽然运费和保险费最终的实际承担者都是买方，但由哪一方先去向承运人和承包人支付的义务规定则是不同的，因而价格的金额也就不同。价格制定时，CIF 的价格金额应该最高，CFR 的价格其次，FOB 的价格最低，所以，价格制定要明确是何种贸易术语的价格。

9.1.2 价格制定的方法

如何规定进出口商品的价格，有多种作价方法可以选择。常用的方法是固定价格、非固定价格，此外还可以将这两种方法结合起来作价的。

1. 固定价格作价

固定价格即固定作价法。通常是指货物的单价，也叫“一口价”。买卖双方订立合同后，任何一方不得擅自改动。双方都要承担从订约到交货付款期间国际市场价格变动的风险。即使市场价格发生很大变化，该价格也不再变动，买卖双方必须按该价格进行货款结算。如果合同中没有其他特殊约定，一般应理解为固定价格。

固定作价法举例：

单价为每套 100 美元 CIF 伦敦。此价格不得调整。

Unit price USD100 per set CIF London. No price adjustment shall be allowed.

固定价格的做法明确具体，便于核算，因此是一种常规做法。但由于国际市场行情多变，采用固定价格方式会使买卖双方承担从订约至交货乃至销售期间价格变动的风险。有时，在价格剧烈波动下，还会影响到合同的顺利执行。为了减少价格风险，在采用固定价格作价法时，应事先认真确定市场供求关系变化的趋势，并对价格前景作出判断，以此作为定价的依据。另外，还应对客户的资信情况进行了解和研究，慎重选择交易对象。这种固定作价的方法比较适合交易量大，市场价格变动不大、交货期较短的商品交易，在大宗商品交易时要慎重选用。

2. 非固定价格作价

非固定价格即一般业务上所说的“活价”，适用于行情频繁变动、价格涨落不定但交货期较长的合同，可以使买卖双方避免承担市价变动的风险。从我国进出口合同的实际做法看，主要有以下几种。

1) 具体价格待定

它是指价格条款中不规定出具体价格，而是规定定价时间和定价方法或只规定作价时间而不规定作价方法。例如：在合同中规定，以某月某日某地的有关商品交易所中该商品的收盘价为准或以此为基础再加或减若干美元。待定价格的使用，主要是由于某些货物的国际市场价格变动频繁，浮动幅度较大，或者交货期较远，买卖双方对市场趋势难以预测。

2) 暂定价格

订立一个初步价格，作为开证和初步付款的依据，双方确定最后价格之后再进行清算，多退少补。在我国的出口业务中，有时在与信用可靠、业务关系密切的客户洽商大宗货物的远期交易时，偶尔也有采用这种暂定价格的做法。例如，在合同中规定如下：“每公吨 200 美元 CIF 纽约。备注：该价格以装船月的 3 个月期货平均价加 8 美元计算，并以此开立信用证。”

3) 部分固定价格，部分非固定价格

近期交货的商品采取固定价；远期交货的商品采取非固定价，可以在交货前一定时期内由双方另行商定。这种方法主要用于分期分批交货或者外商长期包销的商品。相对于固定价格来说，非固定价格是先订约后作价，双方均不承担市场变动的风险，这给合同的履行带来了较大的不稳定性。

非固定作价方式对于交货期长、市场行情上波动的商品交易而言，有利于减少风险，促成交易。但是，由于这种方式是先订约后作价，带有较大的不确定性，如果事后双方在作价时不能取得一致意见，就有可能导致合同无法执行。因此，合理明确规定作价标准是一个关键问题。

4) 价格调整条款

价格调整条款通常适合加工周期较长的机械设备合同，双方在订约时只规定初步价格，同时规定如原料价格、工资发生变化，卖方保留调价格的权利。例如，有的合同规定：如交货前所使用的原料或零部件成本发生变化，卖方保留调整合同价格的权利。

The seller reserves the right to adjust the contract price if prior to delivery there is any substantial variation in the cost of raw materials or component parts used.

最后价格与初步价格之间的差额不超过约定的范围(如 5%)，初步价格可不作调整。例如：如果卖方与其他客户的成交价高于或低于合同价格的 5%，对本合同未执行的数量，双方可协商调整价格。此种做法旨在把价格变动的风险固定在一定范围内，联合国欧洲经济委员会已将此项条款订入一些标准合同，且应用范围已从加工周期较长的机械设备交易扩展到一些初级产品交易。

9.1.3 价格调整条款

价格调整条款，又成为滑动价格。在国际货物贸易中，有些货物的买卖合同除规定具体的成交价格外，还规定有各种不同的价格调整条款。例如：“如卖方对其他客户的成交价高于或低于合同价格 5%，对本合同未执行的数量，双方协商调整价格。”这种做法的目的是把价格变动的风险规定在一定范围之内，以提高客户经营的信心。

值得注意的是，在国际上，随着一些国家通货膨胀的加剧，这些国家的一些商品买卖合同，特别是加工周期较长的机器设备合同以及大宗初级产品交易合同，和合同签订到合同履行完毕需要较长时间，可能因原材料、工资等变动而影响生产成本，导致价格的波动幅度较大。为避免承担过大的价格风险，保证合同的顺利履行，都普遍采用所谓“价格调整条款”，即在订约时只约定初步价格，同时规定，如日后原材料价格、工资指数发生变化，双方再据此相应地调整价格。在价格调整条款中，通常使用下列公式来调整价格：

$$P = P_0\left(A + B\frac{M}{M_0} + C\frac{W}{W_0}\right)$$

式中：P(price)；M(material)；W(wage)；

P——代表商品交货时的最后价格；

P_0——代表签订合同时约定的初步价格，也称基础价格；

M——代表计算最后价格时用的有关原材料的平均价格或指数；

M_0——代表签订合同时引用的有关原材料的价格或指数；

W——代表计算最后价格时引用的有关工资的平均数或指数；

W_0——代表签订合同时引用的工资平均数或指数；

A——代表经营管理费用和利润在价格中所占的比重；

B——代表原料在价格中所占的比重；

C——代表工资在价格中所占的比重；

A、B、C 所分别代表的比例签合同时确定后固定不变，并有 $A+B+C=1$。

如果买卖双方在合同中规定，按上述公式计算出来的最后价格与约定的初步价格相比，其差额不超过约定的范围(如百分之若干)，初步价格可不予调整，合同原定的价格对双方当事人仍有约束力，双方必须严格执行。

上述“价格调整条款”的基本内容，是按原材料价格和工资的变动来计算合同的最后价格。在存在通货膨胀的条件下，它实质上是出口厂商转嫁国内通货膨胀，确保利润的一种手段。但值得注意的是，这种做法已被联合国欧洲经济委员会纳入它的制定的一些“标准合同”之中，而且其应用范围已从原来的机械设备交易扩展到一些初级产品交易，因而具有一定的普遍性。

合同中的价格调整条款规定方法如下：以上基础价格按合同中的调整公式根据××机构)公布的200×年××月的工资指数和物价指数予以调整。

由于这些条款是以工资和原料价格的变动作为调整价格的依据。因此，在使用这类条款时，就必须注意工资指数和原材料价格指数的选择，并在合同中予以明确。

此外，在国际贸易中，人们有时也应用物价指数作为调整价格的依据。如合同期间的物价指数发生的变动超出一定的范围，价格即作相应调整。

【例题 9.1】

在一份成套机械设备的进出口合同中，买卖双方商定整套设备的初步价格为200万美元。双方同意按双方认可的某机构公布的工资指数和物价指数在交货时对基础价格进行调整，买房按调整后的价格支付货款。双方在合同中约定：原材料在价格中的比重为50%，工资在价格中的比重为30%，管理费和利润在价格中的比重为20%。签订和同时约定的基期物价及工资指数均为100，交货时物价指数上升到110，工资指数上升到112。试问：该笔交易调整后的价格应为多少？

解：根据题中给定条件，可知：

P_0=200万美元　$M_0=W_0=100$　$M=110$　$W=112$

$A=20\%$　$B=50\%$　$C=30\%$

代入公式：

$P=P_0(A+B\times M/M_0+C\times W\div W_0)$

$=200(200\%+50\%\times 110/100+30\%\times 112\div 100)$

$=217.2$(万美元)

所以，该笔交易调整后的价格为217.2万美元，比签约时所定价格增加了17.2万美元。

9.1.4　计价货币的选择

计价货币(Money of Account)，是指合同中规定用来计算价格的货币。如合同中的价格是用一种双方当事人约定的货币(美元)来表示的，没有规定用其他货币支付，则该货币既是计价货币，又是支付货币(Money of Payment)。如在计价货币之外，还规定了用其他货币(如欧元)支付，则其他货币就是支付货币。

计价货币的选择，一般来说有三种情况：使用卖方国家货币；使用买方国家货币；使用第三国货币。对任何一方来说，使用本国货币，承担的风险较小，但如果使用外币则可能要承担外汇汇率变动所带来的风险，因为当今国际金融市场普遍实行浮动汇率制，汇率上下浮动是必然的，任何一方都有可能因汇率浮动造成损失。

如果我国与对方国家之间有贸易支付协定，则应使用协定中的货币。如我国与一些发展中国家签订有贸易支付协定，协定货币为瑞士法朗。我国与对方国家无支付协定，一般应选用“可兑换性货币”，即可以在国际外汇市场上自由买卖的货币，也称自由外汇。可兑换性货币根据币值是否稳定，也有软、硬之分。所谓硬货币，是指币值比较稳定且呈上浮趋势；软货币是指币值比较疲软且呈下浮趋势。我国出口商品原则上应选用硬货币，而进口商品原则上应争取软货币支付。当然在选用货币问题上，我国还是应遵循平等互利的原则，双方协商，按照促进出口或进口交易的实际情况，全盘考虑，灵活机动。

9.1.5 价格条款

1. 价格条款的主要内容

合同中的价格条款，一般包括商品单价和总值两项基本内容。单价(Unit Price)是指单位商品的价格，总值(Total Value)是单价与成交商品数量的乘积，即成交总金额或合同总金额。我们在本章中所讲的进出口商品的价格，是指单价。在国际贸易中单价包括四项必不可少的内容，即计价货币名称、单价金额、计量单位、贸易术语。

例如：每公吨 100 美元 CIF 伦敦

USD	100	Per Meric Ton	CIF London
计价货币	单价金额	计量单位	贸易术语

2. 制定价格条款的注意事项

1) 根据商品质量和档次定价

贯彻按质论价原则。优质优价，次质次价，良好的包装装潢及品牌的知名度直接影响着商品的价格。

2) 根据成交数量定价

成交数量的大小影响着价格的高低。一般来说，商品的价格随着购买数量的增加而下降；随着数量的减少而提高。因此，对外报价必须言明数量基础。

3) 根据时间差调整定价

交货的时间不同，直接影响着价格的高低。交货期越近，卖方加紧备货需要增加的费用越多，价格也必然高一些；相反，交货期越远，价格可适当下调(根据具体情况定夺)。另外，有些商品季节性很强，赶在节日之前交货，适应市场需求，能卖上好价；但如果货物在节后才到，不但卖不是那个好价，还有可能遭受买方拒收货物的厄运。

4) 根据付款方式调整定价

在出口业务中，付汇、托收、信用证是三种最主要的付款方式。采用不同的付款方式对双方的利益有不同的影响，在收款的安全性、及时性上均有所不同。比如，同一种商品出口，分别采用预付货款和托收两种方式，对卖方资金回流的快慢显然是不一样的，前者的卖价比后者的卖价要低一些。因此，不同的付款方式，应有不同的价格。

5) 根据品质、数量动机幅度制定相应条款

品质增减价条款。经买卖双方协商同意，对品质机动幅度，按比例计算增减价格。例如，销售二氧化锰，合同规定最低含量为 80%，每降低 1%单价减少若干美元，每提高 1%单价增加若干美元。

溢短装部分定价条款。一般来说，对溢短装条款规定的多装或少装部分均按合同价格

计算。但是，有时为了避免当事人乘市价涨落之机，故意多装或少装(多收或少收)，特规定溢短部分按照装运时的市价计算。

6) 密切关注市场价格动态

随时掌握市场的变动趋势，供不应求时，该涨则涨；供过于求时，该降则降。既不要盲目要价，吓跑客户或让竞争者占先，错过成交机会，也不能随意砍价，影响出口收益。

3. 订立价格条款时应注意的问题

1) 写明计价货币的名称

因为世界上有很多种货币，所以，在合同条款中必须写明是使用的那一个国家(地区)的货币。有时，不同国家(地区)使用的货币名称相同，但其币值不同。如“元”有“美元”“欧元”“港元”“加元”“人民币元”等。

2) 正确填写单价金额

如在出口合同中把金额写错使之低于原来商定的金额或在进口合同中错写成高于原来商定的金额，都可能被外商所利用，将错就错，使我方遭受损失。因为写错单价金额或书面合同中其他条款，如经当事人双方签署确定，按国际贸易法律是可以否定或改变磋商时谈定的条件的。

3) 计价单位应与数量条款中的计量单位一致

如计价数量单位为公吨，则数量和单价中均应用“公吨”，而不要一个用“公吨”，另一个用“长吨”或“短吨”。

4) 贸易术语的表示要准确、完整

如FOB后的港口名称就是卖方交货地点，卖方所承担的责任、费用和风险以此为界，此时也就为卖方售价，称之为“离岸价”。CFR、CIF后的港口名称就是目的港名称，虽然不是交货地点，但也要列明，否则，运费、保险费无法计算。

价格制定是指在国际贸易中经过核算后，向对方报价或接受对方的报价，确定商品的成交价格。价格制定是一个复杂的问题，必须遵循一定的原则，采用科学的方法。

9.2 佣金和折扣

佣金或折扣是价格构成因素之一。货价中是否包含佣金和折扣，以及佣金和折扣的比率大小，不仅直接影响到商品的价格，而且也影响买卖双方或第三方的经济利益。佣金和折扣是国际贸易中普遍采用的习惯做法。在价格条款中，有时规定佣金与折扣，用来达到促销的目的。

9.2.1 佣金

1. 佣金的含义与表示方法

佣金(Commission)又称手续费(Brokerage)，是买方(如由他委托第三者采购)或卖方(如由他委托第三者推销)付给“第三者”的报酬。在国际贸易中，有的交易是通过中间代理商进行的，这就需要向中间商支付一定的酬金，这个酬金可由卖方支付，也可由买方支付。如果卖方委托中间商推销商品，佣金则由卖方支付；如果买方委托中间商采购商品，佣金便由买方支付。佣金分“明佣”和“暗佣”两种，在价格中体现佣金的为明佣，在价格中看不出含佣，但实际上含佣的为暗佣，两者统称为含佣价。

凡价格中含有佣金的叫“含佣价”。佣金有“明佣”“暗佣”两种。如明确表示佣金的百分比的，叫作“明佣”；如不标明佣金的百分比，甚至连“佣金”字样也不表示出来，有关佣金问题，由双方另行约定，这种做法叫作“暗佣”。

明佣的表示方法有两种：一是文字说明，如“USD100per M/T CIF London including 3% Commission”(每公吨 100 美元，CIF 伦敦，包括 3%佣金)。二是在贸易术语后边加注 Commission 的缩写字母“C”和所付佣金率，如“USD100 per M/T CIF C3%London”。

暗佣的表示方法，从贸易条件本身看不出来，双方就具体内容可签订“付佣协议”或“代理协议”加以规定。为了明确区分净价和暗佣价，一般可在贸易术语后加注“净价”字样。

含佣价(Price including Commission)是指包括佣金在内的价格。在合同中表示含佣价时有两种方法。

举例说明：

(1) 在价格条件后加上代表佣金的缩写字母“C”和佣金率。例如：

每公吨 200 美元 CIFC3%伦敦。

这就是表示每公吨 200 美元，但价格中包还了 3%的佣金。

(2) 以文字说明来表示。例如：

每公吨 200 美元 CIF 伦敦包括 3%佣金。

USD200 per metric ton CIF London，including 3% commission

净价(Net Price)是指不包括佣金(或折扣)的实际价格，为了明确说明成交的价格是净价，可在价格条款中加上净价字样。例如：

每件 25 美元 CIF 纽约净价。

USD25 per piece CIF New York net.

暗佣表面上与净价没有区别，除非买卖双方事先另有约定，如果有关价格对含佣未作表示，通常应理解为不含佣的价格。不含佣金的价格称为“净价”，即卖方可照价全数收款，不另支付佣金。有时为了明确起见，一般在净价的贸易术语后加“net”字样。例如：

每箱 25 美元 CFR 伦敦净价。

US $25 per case CFR London net.

2. 佣金的计算方法

佣金计算有关应用在实际业务中，一般按成交额为计算佣金的基数，用公式表示：

$$佣金=含佣价\times佣金率$$

由此又可以得出两个公式：

$$净价=含佣价\times(1-佣金率)$$

$$含佣价=净价\div(1-佣金率)$$

具体到某一贸易术语：

$$FOB\ 含佣价=FOB\ 净价\div(1-佣金率)$$

$$CFR\ 含佣价=CFR\ 净价\div(1-佣金率)$$

CIF 含佣价=CIF 净价÷(1−佣金率)

(1) 净价改报佣金价：

例：某商品 CFR 价 2 000 美元，试改为 CFRC4%价，并保持卖方的净收入不变。

解：含佣价=净价÷(1−佣金率)=2 000÷(1−4%)=2 083.33(美元)

(2) 调整含佣价的佣金率：

例：已知 CFRC3%为 1 200 美元，保持卖方净收入不变，试改报为 CFRC5%。

解：先把 CFRC3%价改为 CFR 净价

佣金=含佣价×佣金率=1 200×3%=36(美元)

CFR 净价=CFRC3%价−佣金=1 200−36=1 164(美元)

再把 CFR 净价改为 CFRC5%

因为：CFR 含佣价=CFR 净价÷(1−佣金率)

所以：CFRC5%=CFR 净价÷(1−5%)=1 225.26(美元)

3. 佣金的支付

佣金的支付要根据中间商提供服务的性质和内容来定，一般有以下三种方法。

第一种是出口商收清货款之后，再按事先约定的期限和佣金比率，将佣金另行付给中间代理商。这种做法有利于合同的履行，因为合同顺利履行时中间商获得佣金的前提条件，中间商为了取得佣金，他会尽力促成交易，督促买卖双方认真履行合同。在我国出口业务中，常用的佣金支付方式就是这种，即收到全部货款后再另行支付。可以再合同履行后支付，也可以按月、按季、按半年或一年汇总支付。

第二种是由中间代理商在支付货款时直接从货价中扣除佣金。在这种情况下，出口企业收到的货款时出去佣金后的部分，所以应注意防止重复支付佣金。

第三种是有的中间商要求出口企业在交易达成后就支付佣金。

为了避免与中间商发生争议，甚至影响合同的履行，出口商应与中间商事先商定佣金的支付方法，并按约定的方法按时支付佣金，同时要防止错付、漏付和重复支付等事故发生。

按照一般惯例，在独家代理情况下，如委托人同约定地区的其他客户达成交易，即使未经独家代理过手，也得按约定的比率付给其佣金。

9.2.2 折扣

1. 折扣的含义及表示方法

折扣(Discount)是指卖方按原价给予买方一定百分比的减让，一般由卖方在付款时预先扣除。使用折扣主要是为了照顾老客户，确保销售渠道和扩大销售等目的。在实际业务中应根据具体情况，针对不同客户，灵活运用折扣方法，国际贸易中常用的折扣形式有品质折扣、数量折扣、季节折扣、现金折扣、特别折扣等。

在价格条款中，一般用文字明确表示出给予折扣的比例。例如，每公吨 1 000 美元，CIF 伦敦，折扣 2%；或者写成：每公吨 1 000 美元，CIF 伦敦，减 2%折扣。

折扣也可以用绝对数表示。例如，每公吨折扣 6 美元。

在合同中，通常用文字说明的方法表示折扣，例如：

每公吨 2 500 港元 CIF 香港减 2%折扣。

HK$2 500perM/T CIF Hong Kong less 2% Discount.

与佣金一样，如果有关价格对折扣未表示，通常应理解为不给折扣的价格。有时为明确起见，特地加列“净价”字样。

例如：

每公吨 2 500 港元 CIF 香港净价

HK $2 500 per M/T CIF Hong Kong net.

2. 折扣的计算方法

折扣=金额×折扣率

折实售价=原价×(1−折扣率)

例：某出口商品对外报价为 FOB 上海价每打 50 美元，含 3%折扣，如出口该商品 1 000 打，试计算其折扣额和实收外汇各位多少？

解： 折扣=含折扣总金额×折扣率=1 000×50×3%=1 500(美元)

折实售价=原价×(1−折扣率)=50×(1−3%)=48.5(美元)

实收外汇=1 000×50−1500=48 500(美元)

3. 佣金与折扣的支付方法

佣金是中间商因为提供服务而收取的报酬，其所提供的服务是促成交易或协助买卖双方圆满地履行合同。佣金支付要根据中间商提供服务的性质和内容而定。佣金的支付方法，一般是由卖方收到货款后，再另行付给中间商，也可以在付款中扣除。但暗佣的支付有所不同，一般情况下，暗佣是在卖方收到货款以后另行支付，在所有的支付凭证中都不表明“暗佣”或“含佣”字样。支付的方法有两种：在交易达成时就向中间商支付佣金；卖方在收到全部货款后，再另行支付佣金。

在前一种情况下，只要交易一达成，即使合同无法履行，委托人仍要向中间商支付佣金；而后一种情况只有当合同履行后，才对中间商支付佣金，因此对委托人比较有利。为了避免和防止误解，要明确规定委托人与中间商之间的权利与义务，此外，委托人最好事先与中间商达成书面协议，明确规定出支付佣金的方法。佣金通常可以在合同履行后逐笔支付，也可按月、按季、按半年，甚至一年汇总计付。

折扣一般可在买方支付货款时预先扣除。但有时当事人出于各种考虑，对折扣虽然已经达成协议，但不在合同价格条款中表示出来，折扣的金额由一方当事人按约定另行支付。

9.3 主要贸易术语的价格换算

在国际贸易中，不同的贸易术语表示其价格构成因素不同，即包括不同的从属费用。例如，FOB 术语中不包括从装运港至目的港的运费和保险费；CFR 术语中则包括从装运港至目的港的通常运费；CIF 术语中除包括从装运港至目的港的通常运费外，还包括保险费。在对外洽商交易过程中，有时一方按其某种贸易术语报价，希望以此报价来达成加以，对方则可能要求改报其他贸易术语所表示的价格。例如，一方按 FOB 条件报价，对方要求改按 CIF 或 CFR 条件报价，这就涉及价格的换算问题。了解贸易术语的价格构成及其换算方法，是从事外贸业务人员所必须掌握的基本知识和技能。

9.3.1 最常用的 FOB、CFR 和 CIF 三种贸易术语的价格构成

FOB=进货成本(或生产费用)+国内费用+净利润

CFR=进货成本(或生产费用)+国内费用+国外运费+净利润

CIF=进货成本(或生产费用)+国内费用+国外运费+国外保险费+净利润

另外三种贸易术语：FCA、CPT、CIP 的价格构成与以上三种术语类似，只是因采用的运输方式不同，所包含的费用也有所不同。

9.3.2 主要贸易术语的价格换算方法

1. FOB 价换算为其他价

(1) CFR 价=FOB 价+运费

(2) CIF 价=(FOB 价+运费)/(1−保险费费率×投保加成)

2. CFR 价换算为其他价

(1) FOB 价=CFR 价−运费

(2) CIF 价=CFR 价/(1−投保加成×保险费费率)

3. CIF 价换算为其他价

(1) FOB 价=CIF 价×(1−投保加成×保险费费率)−运费

(2) CFR 价=CIF 价×(1−投保加成×保险费费率)

其中，投保加成=1+投保加成率

在国际保险市场上，按惯例做法，国际货物运输保险的投保金额通常是按 CIF 或 CIP 价值的 110%来计算，即在 CIF 或 CIP 金额上再加一成(即 110%)投保，这 10%就被称为“保险加成率”，主要作为买方的预期利润。而公式中所谓的投保加成就是 110%。

例：我某公司出口货物 1 000 公吨，出口价格为每公吨 2 000 美元 CIF 纽约，现客户要求改报 FOB 上海价。已知该种货物每公吨出口运费为 150 美元，原价 CIF 价中，投保险别为一切险，保险费率为 1%，按 CIF 价的 110%投保。求应报的 FOB 上海价。

FOB 价=CIF 价×(1−投保加成×保险费费率)−运费

=2 000×(1−110%×1%)−150

=1 828(美元)

所以应报 FOB 上海价为每公吨 1 828 美元。

9.4 出口报价核算

9.4.1 出口货物的价格构成

在国际货物买卖中，货物的价格包括成本、费用(人民币费用、外币费用)和预期利润三大要素。

1. 成本

出口货物的成本主要是指采购成本。它是贸易商向供货商采购商品的价格，也称进货成本。它在出口价格中所占比重最大，是价格中的主要组成部分。对外贸企业而言，成本系指其从生产厂家进货的成本扣除出口退税后的实际采购成本。退税公式：

实际采购成本=出口商品购货成本(含增值税)−出口退税收入

出口退税收入=出口商品购货成本(含增值税)÷(1+增值税)×退税率

对生产企业而言，此处的成本指其生产成本扣除出口退税(如符合出口退税的条件)后的实际成本。退税公式：

出口退税收入=FOB 价格×银行外汇买入价格×退税率

2. 费用

出口货物价格中的费用主要是指商品流通费。比重虽然不大，但内容繁多，且计算方法不尽相同，因此，是价格核算中较为复杂的因素。业务中经常出现的费用有如下几种。

(1) 包装费(packing charges)：通常包括在进货成本中，如果客户有特殊要求，则须另加。

(2) 仓储费(warehousing charges)：提前采购或另外存仓的费用。

(3) 国内运输费(inland transport charges)：装货前发生的内陆运输费用，如卡车、内河运输费、路桥费、过境费及装卸费等。

(4) 认证费(certification charges)：出口商办理出口许可证、配额、产地证以及其他证明所支付的费用。

(5) 港杂费(port charges)：货物装运前在港区码头支付的各种费用。

(6) 商检费(inspection charges)：出口商品检验机构根据国家有关规定或进出口商的请求对货物进行检验所发生的费用。

(7) 捐税(duties and taxes)：国家对出口商品征收、代收或退还的关税费，通常有出口关税、增值税等。

(8) 垫款利息(interest)：出口商买进卖出期间垫付资金支付的利息。

(9) 业务费用(operating charges)：出口商经营过程中发生的有关费用，也称经营管理费，如通信费、交通费、交际费等。出口商可根据商品、经营、市场等情况确定一个费用率，这个比率为 5%～15%不等，一般是在进货成本基础上计算费用定额率。定额费用=进货价×费用定额率。

(10) 银行费用(banking charges)：出口商委托银行向国外客户收取货款、进行资信调查等所支出的手续费。

(11) 出口运费 (freight charges)：货物出口时支付的海运、陆运、空运及多式联运费用。

(12) 保险费(insurance premium)：出口商向保险公司购买货运保险或信用保险支付的费用。

(13) 佣金(commission)：出口商向中间商支付的报酬。

3. 预期利润(expected profit)

预期利润是出口商的收入，是经营好坏的主要指标。

利润部分通常是由企业自定利润率，可按以下三种方法计算。

(1) 以生产成本或进货成本为基数：

利润=生产成本(或进货成本)×利润率

(2) 以出口成本(生产成本或进货成本加国内费用)为基数：

利润=出口成本×利润率

(3) 以成交价格为基数

利润=成交价格×利润率

实践中，通常以成交价格为利润计算基数，由此可得出成交价格的计算公式：

出口成交价格=(成本+费用)÷(1−利润率)

具体为以下核算公式：

FOB 价=(退税后成本+国内出口费用)÷(1−预期利润率)

CFR 价=(退税后成本+国内费用+国外费用)÷(1−预期利润率)

CIF 价=(退税后成本+国内费用+国外费用) ÷(1−投保加成×保险费率−预期利润率)

如对方为中间商，要求佣金，则公式为：

FOB 含佣价=(退税后成本+国内费用)÷(1−预期利润率−佣金率)

9.4.2 出口成本核算

为了实现企业的经济效益，避免不计成本、不计盈亏、单纯追求成交量的偏向，应对每笔进出口交易进行成本核算。尤其是我们的出口业务，为了确保盈利，应该在对外成交前，依据所报价格将出口总成本、出口外汇净收入、出口人民币净收入等数据一一确定，进行盈亏核算。

出口总成本是指出口企业为出口商品支付的国内总成本，包括进货成本(或生产成本)和国内费用(出口前的一切费用和税金)，但要扣除出口退税。

出口成本价格是指以出口总成本为基础计算出来的单位成本价格，它不涉及任何国外费用，是出口定价的基础。

出口外汇净收入是指出口外汇总收入中扣除劳务费用如运费、保险费、佣金等非贸易外汇后的外汇收入，即以 FOB 价成交所得的外汇收入。如以 CFR 或 CIF 术语成交，价格中去除国外运费、保险费后，为出口外汇净收入。以含佣价成交，还要去除佣金。

出口人民币净收入是指出口外汇净收入按当时外汇牌价折算的人民币数额。

根据出口商品的这些数据，可以计算出出口商品盈亏率、出口换汇成本、外汇增值率等指标。

1. 出口换汇成本

出口换汇成本是指出口商品净收入一单位外汇所需的人民币成本。在我国，一般是指出口商品每净收入一美元所耗费的人民币成本，即用多少人民币换回一美元。其计算公式如下：

出口换汇成本=出口总成本(人民币)/出口销售外汇净收入(美元)

出口换汇成本衡量外贸企业和进出口盈亏的重要指标，与外汇牌价相比较能直接反映出商品出口是否盈利。换汇成本如高于银行外汇牌价说明出口为亏损；换汇成本低于银行外汇牌价，则说明出口盈利。

2. 出口盈亏率

出口所得人民币净收入扣除出口总成本，即为出口盈亏额。出口盈亏率是指出口盈亏额与出口总成本的比例，用百分比表示。它是衡量出口盈亏程度的重要指标，其计算公式为：

出口盈亏率=出口盈亏额/出口总成本×100%

=(出口销售人民币净收入-出口总成本)/出口总成本×100%

3. 外汇增值率

外汇增值率也称“出口创汇率”“出口收汇率”，是指加工后成品出口的外汇净收入与原料外汇成本的比率。

外汇增值率=(成品出口外汇净收入-原料进口外汇成本)/原料进口外汇成本×100%

本 章 小 结

本章讲授了国际贸易商品价格的构成、商品价格包括单价和总值两项基本内容，其中单价条款是重点。单价通常由计量单位、单位金额、计价货币和贸易术语四部分组成，根据贸易需要还可以包括佣金和折扣。在规定合同价格时要注意商品价格的作价原则、计价货币的选择、价格的换算方法以及出口价格的核算，以保障出口商品“有利可图”。在贸易中，在制定价格条款时要注意结合经营意图、研究市场价格的变动情况并将价格条款正确表示。价格是交易双方谈判的焦点，报价前应对拟交易商品的价格的影响因素进行分析，并对商品的成本和价格进行核算。在分析价格构成的基础上，运用出口换汇成本、出口盈亏率和出口汇率确定谈判时价格减让的底线。计价货币、佣金和折扣也是影响价格的因素，因此本章介绍了它们在报价中的应用。合同中的作价方法有固定作价法、非固定作价法和价格调整条款，在实践中应根据具体情况作出选择。

本章练习题

一、单项选择题

1. 适用于在造型上由特殊要求或具有色、香、味方面特征的商品，表示品质的方式是(　　)。

A. 凭等级买卖　　B. 凭说明书买卖

C. 凭商品买卖　　D. 凭样品买卖

2. 凭样品买卖时，如果合同中无其他规定，那么卖方所交货物(　　)。

A. 可以与样品大致相同　　B. 必须与样品完全一致

C. 允许有合理公差　　D. 允许在包装规格上有一定幅度的差异

3. 商品的毛重是指(　　)。

A. 商品的包装重量　　B. 商品自重加内包装的重量

C. 商品的自重　　D. 商品自重加内外包装的重量

4．国际标准化组织针对制造业及服务业制定了品质管理及品质保证标准是(　　)系列标准。

A．ISO 4000　　B．ISO 8000　　C．ISO 9000　　D．ISO 14000

5．根据《公约》规定，卖方多交货物后，买方若收取了超出部分，则要按(　　)支付。

A．合同价格　　B．装船时或货到时的市价

C．买卖双方议定的价格　　D．仲裁裁定的价格

6．按重量买卖的商品，若合同中未规定计算重量的方法时，习惯上按(　　)计重。

A．毛重　　B．净重　　C．公量　　D．毛、净重各50%

7．出口羊毛计算重量，通常采用的计量方式法是(　　)。

A．毛重　　B．净重　　C．公量　　D．理论重量

8．买卖合同中规定溢短装条款，是允许卖方(　　)。

A．在交货质量上有一定幅度的差异

B．在交货数量上有一定幅度的差异

C．在包装规格上有一定幅度的差异

D．在交货品质上有一定幅度的差异

9．根据《UCP600》，除非信用证规定货物的数量不得有增减外，在所支付款项不超过信用证金额的条件下，货物数量准许有(　　)的增减幅度。

A．4%　　B．5%　　C．8%　　D．10%

10．我方向国外出口商品50公吨，每公吨300美元，合同数量可增减10%。国外开来信用证金额为15 000美元，数量约50公吨。我方在交货时，最多交货(　　)。

A．40公吨　　B．45公吨　　C．50公吨　　D．55公吨

11．在买卖合同的包装条款及有关运输的单据中，涉及的运输包装上的标志是(　　)。

A．警告性标志　　B．指示性标志　　C．运输标志　　D．条形码标志

二、多项选择题

1．符合FAQ标准的商品，称为(　　)。

A．中等品　　B．精选货　　C．大路货

D．低等品　　E．良好平均品质

2．按照买方提供的样品，卖方复制后寄买方确认，确认后的样品被称为(　　)。

A．复样　　B．回样　　C．对等样

D．参考样　　E．确认样品

3．计算重量的方法有(　　)。

A．净重　　B．以毛作净　　C．公量

D．理论重量　　E．法定重量

4．国际贸易中使用的计量单位主要有(　　)。

A．高度　　B．数量　　C．长度

D．宽度　　E．体积和容器

5．有关名词的概念，正确的有(　　)。

A．公量是指在计算货物重量时，用科学仪器抽去商品中所含的水分，再加上标准含水量所求得的重量

B. 净重是指除去包装物后的商品实际重量，即商品本身的重量

C. 法定重量是指商品加上直接接触商品的包装物料，如销售包装等的重量

D. 运输标志是由一个简单的几何图形和一些字母、数字及简单的文字组成

E. 包装标志又称防伪标志

6. 合同中的数量条款为“1 000M/T With 5% more or less at Seller’s option”，则卖方交货数量可以是(　　)。

A. 950M/T　　B. 1 000M/T　　C. 1 500M/T

D. 1 050M/T　　E. 950M/T 到 1 050M/T

7. 国际标准化组织推荐的标准运输标志，应包括的内容是(　　)。

A. 收货人名称的缩写或简称　　B. 参考号(订单号、发票号)

C. 目的地　　D. 件号或箱号　　E. 产地标志

8. 出口商品采用中性包装就是(　　)。

A. 包装上仅有外商指定的商标或牌号，但无生产地名和厂商名称

B. 包装上既无商标、牌号，又无生产地名和厂商名称

C. 在采用外商指定的商标或牌号同时，标示“中国制造”字样

D. 包装上无商标或牌号，仅注明“中国制造”字样

E. 习惯包装

三、判断题

1. 皮重是指包装的重量。(　　)

2. 在出口贸易中，表示品质的方法很多，最好采用既凭样品又凭文字。(　　)

3. 在品质公差范围内的品质差异，买方不得拒收货物，也不得要求调整价格。(　　)

4. 按买方来样，卖方复制一样品寄对方确认，该样品称为复样。(　　)

5. 运输包装上的标志就是指运输标志，也就是通常所说的唛头。(　　)

6. 包装费用通常在单价以外另行计价。(　　)

7. 对于警告性标志，各国一般都有统一规定。但我国出口危险品货物除印刷我国的危险品标志外，还应标明国际上规定的危险品标志。(　　)

8. 进出口商品包装上的包装标志，都要在运输单据上表明。(　　)

9. 采用定牌出口商品时，除非买卖双方另有规定，一般都应在商品包装上注明“中国制造”字样。(　　)

10. 指示性标志又称警告性标志，通常用图形或文字表示。(　　)

11. 溢短装条款是指在装运数量上可增减一定幅度，该幅度可由卖方决定也可由买方决定，但应视合同中的具体规定而定。(　　)

12. 根据《跟单信用证统一惯例(UCP600)》的规定，只要支付金额不超过信用证的规定金额，货物交付数量可以有 5%的伸缩。(　　)

13. 如果卖方交货数量超过买卖合同规定数量，买方有权拒收全部货物。(　　)

14. 根据《UCP600》出版物的规定，如果信用证中没有禁止分批装运和转运，则允许分批装运和转运。(　　)

四、简答题

1. 表示品质的方法有哪些？

2. 签订国际货物买卖合同中的品质条款应注意的问题是什么？

3. 何谓品质机动幅度和品质公差？在买卖合同中约定品质机动幅度和品质公差的意义何在？

4. 国际贸易中常用的度量衡制度有哪些？

5. 何谓溢短装条款？它一般包括哪些主要内容？溢短装的选择权由谁掌握合适？

6. 国际货物买卖合同中数量条款应注意哪些问题？

7. 订立国际货物买卖合同中的包装条款应注意哪些问题？

8. 什么是运输包装与销售包装？它们各起什么作用？

9. 什么是运输标志？标准化的运输标志包括哪几部分内容？

10. 什么是指示性标志和警告性标志？

五、案例分析题

1. 我某公司向德国出口一批农产品，合同规定其所含水分最高为 15%，杂质不超过 3%，但在成交前，我方曾向买方寄过样品，订约后我方又电告对方成交货物与样品相似，货到德国后，买方验货后提出货物的质量比样品差的检验证明，并据此提出索赔 6 000 英镑，我方是否应该赔偿，为什么？

2. 我某公司出口一批货物，合同中约定用牛皮纸包装，但在履约时，卖方没有找到足够的包装材料，于是用价格较贵的塑料纸包装，货物完好无损地到达了目的地，此时恰逢该商品价格暴跌。对方在检查货物后，以我方违反包装条件为由，拒收货物。问对方拒收是否合理？为什么？

3. 一批出口到阿拉伯国家的冻鸡，合同中的品质条款规定由出口地伊斯兰协会出具证明书，证明该批冻鸡是按伊斯兰教的方法屠宰的，但货物到达目的港后，经检验发现，冻鸡的颈部没有任何刀口痕迹，不符合伊斯兰教的屠宰方法。因此，买方拒绝收货，并要求解除合同，问买方的行为是否合理？

4. 中国某公司从国外进口某农产品，合同数量为 100 万吨，允许溢短装 5%，而外商装船时共装运了 120 万吨，对多装的 15 万吨，我方应如何处理？

5. 国内某公司出口至俄罗斯一批黄豆，合同的数量条款规定：每袋净重 100 公斤，共 1 000 袋，合计 100 公吨。货抵俄罗斯后，经检验，黄豆每袋仅重 96 公斤，1 000 袋合计 96 公吨。适值黄豆价格下跌，俄罗斯客户以单货不符为由提出降价 5%的要求，否则拒收。请问买方的要求是否合理，为什么？

6. 大连某出口公司向日本出口一批大米，在洽谈时，谈妥出口 2 000 公吨，每公吨收 US$280FOB 大连口岸。但在签订合同时，在合同上只是笼统地写了 2 000 吨，我方当事人认为合同上的吨就是指公吨而言，而发货时日商却要求按长吨供货。请问外商要求是否合理，应如何处理此项纠纷？

7. 如果卖方按每箱 150 美元的价格售出某商品 1 000 箱，合同规定“数量允许有 5%

上下，由卖方决定”。问：(1)这是一个什么条款？(2)最多可装多少箱？最小可装多少箱？(3)如实际装运 1 040 箱，买方应付款多少？

8．2001 年 1 月，我国 A 公司与埃及 B 公司签订一份机床买卖合同，A 公司根据埃及 B 公司所提供的图纸生产(该合同产品上拥有的技术已在德国取得专利权)，出售机床一批，埃及 B 贸易公司将该机床转售给德国 C 公司。机床进入德国后，德国 C 公司被德国 D 专利权人起诉，该机床侵犯了德国有效的专利权。

德国法院判令德国 C 公司向 D 专利权人赔偿损失，随后德国 C 公司向埃及 B 公司索取赔偿，而埃及 B 公司赔偿后又找我国 A 公司要求赔偿，被 A 公司拒绝。

试分析该案例中我国 A 公司是否应该赔偿？对于类似贸易应该注意哪些问题？

操作实训

1．大华贸易公司收到日本森山商事株式会社求购 17 公吨冷冻海产品(计一个 20 英尺集装箱)的询盘，经了解该级别海产品进货价格为 5 600 元(含增值税 17%)；出口包装费每公吨 500 元；该批货物国内运杂费共计 1 200 元；出口商品商检费 300 元；报关费 100 元；港区杂费 950 元；其他各种费用 1 500 元；出口退税率为 3%；海洋运费从装运港青岛(Qingdao)至神户(Kobe)一个 20 英尺冷冻集装箱的包箱费率是 2 200 美元，客户要求按成交价的 110%投保，保险费率 0.85%；森山商事株式会社要求报价中包括 3%的佣金，若大华贸易公司的预期利润是 10%(以成交金额计)，人民币对美元汇率假定为 6.85∶1。请分别报出每公吨海产品的 FOB、CFR 和 CIF 价格。

2．佳丽进出口公司向孟加拉国 soul brown 公司出口货号为 AQL186 的高级海藻香皂，每块进货成本是 9.30 元人民币，其中包括 17%增值税，退税率 9%，纸箱包装，数量 450 件，每件装 72 块，外箱体积 36cm×27.5cm×28cm，毛重 12.5kg，净重 10.8kg，交货日期 2007 年 6 月底之前，L/C 支付，起运港梧州，成交条件 CFR 吉大港 USD1.50/pc，海运费 2 800 美元，定额费用率为进货成本的 16%。美元兑人民币汇率 1∶7.70。根据上述资料，求：(1)退税金额；(2)实际成本；(3)费用总额(包括海运费)；(4)利润；(5)换汇成本；(6)填写出口货物价格核算单。

出口货物价格核算单

公 司 名 址			客 户 名 址		
商品名称	货号规格	成效数量	计量单位	购货价格	出口价格
包装件数	包装细数	毛重	净重	长×宽×高	尺码(cm)
价格术语	装运港	目的地	国别	交货日期	付款方式
货柜数量	20’包箱费率	40’包箱费率	佣金率	退税率	定额费用率
利润率			保险费率		
币别	人民币		币别	人民币	美元

续表

公 司 名 址		客 户 名 址		
购货成本		出口运费		
退税金额		出口保险费		
实际成本		佣金额		
国内费用		销售净收入		
出口总成本		换汇成本		
汇率		出口盈亏率		
备注：				

第10章 国际贸易货物运输

教学目标

- 掌握国际贸易货物运输的基本方式与特点;
- 掌握装运条款的订立，运输费用的计算;
- 掌握各种运输单据的性质与作用，及主要单据的制作。

关键词

国际货物运输　运输方式　装运条款　运输单据

案例导入

国内A公司从香港B公司进口德国设备，合同价格条件为CFR广西梧州，装运港是德国汉堡，装运期为开出信用证后90天内，提单通知人是卸货港的外运公司。

合同签订后，A公司于7月25日开出信用证，10月18日香港B公司发来装船通知，11月上旬B公司将全套议付单据寄交开证行，A公司业务员经审核未发现不符并议付了货款。

船运从汉堡到广西梧州包括在香港转船正常时间应在50天以内。12月上旬，A公司屡次查询梧州外运公司都无货物消息，公司怀疑B公司倒签提单，随即电询B公司，B公司答复却已如期装船。

12月下旬，A公司仍未见货物，再次电告B公司要求联系其德国发货方协助查询货物下落。B公司回电说德国正处圣诞节假期，德方无人上班，没法联络。A公司无奈只好等待。

元月上旬，圣诞假期结束，B公司来电，称货物早已在去年12月初运抵广州黄埔港，请速派人前往黄埔办理报关提货手续。此时货物海关滞报已40多天，待A公司办好所报关提货手续已是次年元月底，发生的滞箱费、仓储费、海关滞报金、差旅费及其他相关费用达十几万元。

造成上述结果的原因分析:

(1) 合同未列明转运港。A公司按经验想当然认为转运港定是香港，卸货港定是梧州。可德国发货方并不知道香港—梧州有船来往，他们安排了汉堡—香港—广州—梧州的运输路线。而上述路线是合理的。

(2) 原合同规定提单通知人为卸货港的外运公司较笼统。货抵黄埔后，黄埔外运不知货主是谁。按原外贸公司进口合同标准，提单"收货人"通常为"凭指定"，"通知人"为"目的港外运公司"。A公司认为合同目的港是梧州，因此他们只和梧州外运联系，根本没想到黄埔外运。

解决办法:

今后对采用《INCONERMS》由卖方安排运输支付运费条款时，如目的港是内河或内陆口岸，或装运港与目的港间无直达航线需要周转的：

(1) 可允许转船但要明确规定转船的地点。转船地点的选择要考虑经济和便捷的原则，最好在中国关区以外(如香港、新加坡等)，以避免在异地办理报关或转关手续。

(2) 合同和信用证最好要求在提单“通知人”栏打上收货人或外贸代理公司的名字，联系人姓名、电话号码等，以便联系。

(3) 如有可能，进口合同尽可能采用FOB价格术语，由买方自行寻找船公司安排运输。

(资料来源　中华考试网 2012-05-24)

成交、运输、结汇是外贸业务上的三大环节，外贸运输比国内运输复杂。外贸运输一般是国际长途运输，涉及问题复杂，牵涉面广，沿途情况一般也复杂多变，不仅由于自然原因(如气候变化)，还有社会原因，如战争、罢工等。沿途各国的情况也不一样，要做好外贸工作是很不容易的，它有以下要求：一是安全，安全地把货物运到；二是迅速，货物经过长途运输，要环环紧扣，快速地把货物运到目的地，特别是对一些季节性强的商品，按时迅速地把货物运到，就显得非常重要了；三是准确，运输牵涉的面比较多，环节也比较多，容易造成错发、错运，如全世界有许多重名的港口，维多利亚港(Victoria)世界上有12个之多；四是节约，若由我方负责运输，应注意运费的节省。

对外贸易货物的运输涉及运输方式的选择、运输费用的计算、各项装运条款的规定以及装运单据的运用等内容。

10.1　运 输 方 式

国际贸易中的运输方式有：海洋运输(采用最多)、铁路运输、航空运输、公路、内河、邮政和管道运输、集装箱运输、国际多式运输和大陆桥运输。其中最重要的是海洋运输方式，国际货运量的80%以上通过海运完成，我国85%以上通过海运完成。由于不同的运输方式各有不同特点，因此在对外贸易中必须合理地选择运输方式。

10.1.1　海洋运输

海洋运输的优点是运量大、运费低、海洋的通过能力大，不受道路或轨道的限制。缺点是速度慢、风险大，易受自然条件的影响，如海啸、暴风巨浪等，可能会导致船舶的沉没。

按照船舶的经营方式的不同，海洋运输分为班轮运输(Liner Transport)和租船运输(Shipping by Chartering)。

1. 班轮运输

也称定期船运输，是指按照固定的船期表，在一定航线上，以既定的港口顺序，经常地从事航线上各港口间运输的船舶。

1) 班轮运输的特点

(1) “四固定”。班轮公司船舶按照固定的船期表(Sailing Schedule)，沿着固定的航线和港口进行运输，并按相对固定的费率收取运费，因此，具有“四固定”的特点。

(2) 管装管卸。由船方负责配载装卸，装卸费包括在运费中，船货双方不计算滞期费和速遣费。

(3) 船、货双方权利与义务以船方签发的提单条款为依据。

(4) 承运货物的品种和数量都很灵活。班轮有各种各样的船舱结构来适应各种各样的货物，而且是比较好的。因此，班轮可接受各类货物，货物运输的质量也比较好；一般采取在码头仓库交货，也为货主提供了比较便利的条件。

2) 班轮运费的计收

班轮运费即班轮的运价，是指班轮公司为运输货物而向货主收取的费用。班轮公司是按照班轮运价表(liner’s freight tariff)的规定计算运费的。不同的班轮公司或班轮公会有不同的班轮运价表。班轮运价表一般包括货物分级表、航线费率表、附加费率表、冷藏货及活牲畜费率表等。目前，我国海洋运输公司使用的是等级运价表，即将货物分成 20 个等级，每一等级的货物有一个基本费率，其中 1 级费率最低，20 级费率最高。

班轮运费包括基本运费加附加运费。基本运费即班轮航线内基本港之间对每种货物规定的必须收取的运费，是构成全程运费的主要部分；附加运费是指一些需要特殊处理的货物，或者由于突然事件的发生，或客观情况发生变化等原因而需另外加收的费用。

班轮运价表中，通常运费的计算标准如下：

(1) 按货物的毛重计收。在运价表中，以“W”字母(英文 weight 的缩写)表示。一般以一公吨为一重量吨来计算，吨以下取二位小数，但也有按长吨或短吨计算的。

(2) 按货物的体积计收。在运价表中，以“M”字母(英文 Measurement 的缩写)表示。一般以一立方米为计算单位，但也有按 40 立方英尺为一尺码吨计算的。重量吨和尺码吨统称为运费吨。

(3) 按货物的毛重或体积计收运费，计收时取其数量较高者。在运价表中以 W/M 字母表示。按惯例凡一重量吨货物的体积超过一立方米或 40 立方英尺者即按体积收费；一重量吨货物其体积不足一立方米或 40 立方英尺者，按毛重计收。

(4) 按货物的价格计收运费，又称从价运费。在运价表中以“Ad Val”(拉丁文 Ad Valorem 的缩写)表示。一般按商品 FOB 货价的百分之几计算运费。按从价计算运费的，一般都属高值货物。

(5) 按货物重量或体积或价值三者中最高的一种计收，在运价表中以“W/M or Ad Val”表示。也有按货物重量或体积计收，然后再加收一定百分比的从价运费。在运价表中以“W/M plus Ad Val”表示。

(6) 按货物的件数计收。如汽车、火车头按辆(per unit)；活牲畜如牛、羊等按头(per head)计费。

(7) 大宗低值货物按议价计收运费(Open Rate)。如粮食、豆类、煤炭、矿砂等。大宗货物一般在班轮费率表内未被规定具体费率。在订舱时，由托运人和船公司临时洽商议定。议价运费比按等级运价计算运费为低。

应当注意的是，如果不同商品混装在同一包装内，则全部运费按其中较高者计收。同一票商品如包装不同，其计费标准及等级也不同。托运人应按不同包装分列毛重及体积，才能分别计收运费，否则全部货物均按较高者收取运费。同一提单内如有两种或两种以上不同货名，托运人应分别列出不同货名的毛量或体积，否则全部将按较高者收取运费。

班轮公司收取的附加运费名目繁多，可能因商品特点不同而增收附加费，如超重附加费(Extra Charges on Heavy Lifts)、超长附加费(Extra Charges on Over Lengths)、洗舱费等；

或因港口的不同情况而增收的附加费，如港口附加费(Port Additional)、港口拥挤费(Port Congestion Surcharge)、选港费(Additional on Optional Discharging Port)、直航附加费(Additional on Direct)、绕航附加费(Deviation Sur-charge)、转船附加费(Transhipment Additional)等；或因其他原因而临时增加的附加费，如燃油附加费(Bunker Sur-charge)、贬值附加费(Devaluation Sur-charge)等。

附加运费不仅名目繁多，而且变动频繁，有时占基本运费的 10%～20%、70%～80%或 100%，甚至 200%以上。因此，在计算运费时要掌握它的最新变动情况，以免造成经济损失。

3) 班轮运费的计算程序

(1) 选择相关的船公司的运价表。

(2) 根据商品的英文名称的字母顺序在货物分级表(Classification of Commodities)中找到相应的货名，并查出该商品所属等级(Class)及其计费标准(Basis)。货物分级表是班轮运价表的组成部分，它有“货名”“计算标准”和“等级”三个项目(见表 10-1)。

表 10-1 货物分级表

货 名	计 算 标 准	等 级
农业机械(包括拖拉机)	W/M	9
棉布及棉织品	M	10
小五金及工具	W/M	10
玩具	M	20

(3) 根据商品的等级和计费标准，在航线费率中查出这一商品的基本费率，基本费率乘以货物数量(W，M，FOB)，即得基本运费。

(4) 查出该商品本身所经航线和港口的有关附加费率，以该商品的基本运费乘以附加费率得附加费。

(5) 以该商品的基本运费加附加费得总运费金额。即附加费+基本运费=总运费。

例：

上海运往肯尼亚蒙巴萨港口的门锁 (小五金)一批计 100 箱。每箱体积为 20 厘米×30 厘米×40 厘米。每箱重量为 25 公斤。当时燃油附加费为 40%，蒙巴萨港口拥挤附加费为 10%。试计算该货物的运费。

解：

(1) 查阅货物分级表。门锁属于小五金类，其计收标准为 W/M，等级为 10 级。

计算货物的体积和重量。

100 箱的体积为：(20 厘米×30 厘米×40 厘米)× 100 箱=2.4(立方米)

100 箱的重量为：25 公斤×100 箱=2.5(公吨)

由于 2.4<2.5，因此计收标准为重量。

(2) 查阅“中国—东非航线等级费率表”，当时 10 级费率为 443 港元，则基本运费为：

$$443.00 \times 2.5=1\ 107.50(\text{港元})$$

(3) 附加运费为：

$$1\ 107.50 \times (40\%+10\%)=553.75(\text{港元})$$

(4) 上海运往肯尼亚蒙巴萨港100箱门锁，其应付运费为：

1 107.50+553.75=1 661.25(港元)

2. 租船运输

又称为不定期船运输，是指租船人向船东租赁船舶用于运输货物的业务。对于大量成交的大宗货物，如粮食、矿砂、煤炭、石油等，一般都是用包租整船的方式来完成运输的。

租船运输的特点是没有预定的船期表、航线、港口等；有关船舶的经营须由租船人和船方签订的租船合同来规定；运费或租金由双方进行议定。

1) 租船运输的方式

租船运输方式主要分为定程租船和定期租船两种，不论是按航程或按期限租船，船、租双方都要签订租船合同，以明确双方的权利和义务。

(1) 定程租船 (Voyage Charter)。又称航次租船，即按照航程租赁船舶。它是由船舶所有人提供一艘船舶，在指定港口之间进行一个航次或数个航次，承运指定货物的租船运输。定程租船根据租赁方式的不同可分为：单程租船，又称单航次租船；来回航次租船；连续航次租船；包运合同。

在定程租船方式下，船方必须按租船合同规定的航程完成货物的运输任务，并负责船舶的经营管理，承担船舶在航行中的一切开支。现在国际上大宗货物的运输多使用程租船，承担的货运量一般比较大。

定程租船的装卸费用的划分，有以下四种方式：

① 船方负担装货费和卸货费条件(Gross Terms 或 Liner Terms)，又称“班轮条件”。

② 船方管装不管卸(Free Out，FO)条件。

③ 船方管卸不管装(Free In，FI)条件。

④ 船方不负责货物的装卸费用(Free In and Out，FIO)条件。为进一步明确船舱内货物装载以及散装货平舱的责任和费用划分，就需使用FIOST(Free In and Out Stowed Trimmed)条件，即船方不负责货物的装卸、理舱和平舱。

(2) 定期租船 (Time Charter)。又称期租船，即按照期限租赁船舶。它是船舶所有人将船舶出租给承租人，供其使用一定时期的租船运输，承租人可以在此时期内将所租船舶充作班轮或程租船使用。

租船时，也要签订租船合同。在期租船方式下，租船人可以根据租船合同规定的航行区域自行使用和调度船舶，在各航次中产生的燃料费、港口费、装卸费等费用，均由租船人负担，船方只负担船员的薪金、伙食等费用，以及为保持船舶在租赁期间具有适航价值而产生的有关费用。

租船合同里应规定好船舶的交接时间、交接地点，以及租金。租金一旦在合同里规定好，以后一般不轻易改变。

2) 定程租船与定期租船的异同点

(1) 定程租船是按航程租用船舶，以定程租船合同为准；定期租船是按期限租用船舶，以定期租船合同为准。

(2) 定程租船是船方负责船舶的经营管理；定期租船是租船方负责调度和运营。

(3) 定程租船是运费按照装运货物的数量计算或按照航次包租总金额计算；定期租船按租期内每月每吨若干金额。

(4) 定程租船是由租船合同规定装卸时间和装卸率，凭以计算滞期费和速遣费；定期租船的船租双方不规定滞期费和速遣费。

10.1.2 铁路运输

在国际货物运输中，铁路运输(Rail Transport)是一种仅次于海洋运输的主要运输方式，陆地接壤的国家之间大量运用这种方式进行货物的运输，海洋运输的进出口货物，也大多是靠铁路进行货物的集中和分散的。我国在解放初期主要采用铁路运输方式运送外贸的货物，因为当时的贸易对象主要是苏联与东欧国家。铁路运输的特点是不受气候条件影响，运量大，速度快，风险小，手续简单，连续性强。

按运输方式的不同，铁路运输分为国际铁路货物联运和国内铁路货物运输两种。

1. 国际铁路货物联运

凡是使用一份统一的国际联运票据，由铁路负责经过两国或两国以上铁路的全程运送，并由一国铁路向另一国铁路移交货物时，不需要发货人和收货人参加的运输方式，称为国际铁路货物联运。

采用国际铁路货物联运，有关当事国事先必须有书面的约定。1890 年欧洲各国在瑞士首都伯尔尼举行的各国铁路代表大会上制定了《国际铁路货物运送规则》，以后在 1938 年修改为《国际铁路货物运送公约》(简称《国际货约》)，又称《伯尔尼货运公约》。1951 年 11 月，苏联和东欧各国签订《国际铁路货物联运协定》(简称《国际货协》。1954 年 1 月，我国参加了《国际货约》，开办了国际间的铁路联运。目前，我国对朝鲜、俄罗斯的大部分进出口货物以及东欧一些国家的小部分进出口货物，都是采用国际铁路联运的方式运送的。1980 年，我国成功地通过西伯利亚大陆桥实行国际铁路联运。1992 年，我国连云港到荷兰鹿特丹的新欧亚大陆桥铁路运输正式运营，为我国开展国际铁路联运创造了更为便利的条件。

2. 国内铁路运输

国内铁路运输是指仅在本国范围内按《国内铁路货物运输规程》的规定办理的货物运输。我国出口货物经铁路运至港口装船及进口货物卸船后经铁路运往各地，均属国内铁路运输的范畴。

供应香港地区货物的铁路运输，由国内段运输和港段铁路运输两部分构成。具体做法：国内段运输是货物从发货地至深圳北站，收货人为中国对外贸易运输公司深圳分公司。经深圳分公司接货，向深圳铁路局租车后，报关出口，经查验后放行，将货物运输至九龙港。货车过轨后，由深圳外运分公司在香港的代理人——香港中国旅行社向香港九广铁路公司办理港段铁路运输的托运、报关等工作，货车到达九龙目的站后，由香港中国旅行社将货物卸交给香港收货人。对港运输是一种特殊的租车方式的两票运输。

10.1.3 航空运输

航空运输(Air Transport)是一种现代化的运输方式，它与海洋运输、铁路运输相比，具有运输速度较快、货运质量高且不受地面条件的限制等优点。因此，它最适宜运送急需物资、鲜活商品、精密仪器和贵重物品。 主要运输方式有以下几种。

(1) 班机运输(Scheduled Airline)：是具有固定时间、航线、始发站、途经站和终到站的飞机运输。类似于班轮运输，一般为客货两用的混合型飞机。

(2) 包机运输(Chartered Carrier)：包机又分为整包机和部分包机两种形式，前者适用于运送数量较大的商品，后者适用于多个发货人，但货物到达站又是同一地点的货物运输。类似于租船运输，可以由一个或几个发货人联合租一架飞机。

(3) 集中托运(Consolidation)：使用一份总运单将若干个货主的货物运至目的地后，再由航空公司的代理人办理收货、报关、分拨后交给实际收货人。

(4) 航空急件传送方式(Air Express Service)：最快捷的运输方式，快递公司与航空公司密切合作，实现桌到桌运输(Desk to Desk Service)。

航空运输的承运人分为航空运输公司(实际承运人)，主要负责空中运输；航空货运代理公司(货主和/或航空公司的代理)，主要负责地面的揽货、报关、送货等工作。

航空运价一般按照货物的实际重量(公斤)或体积重量(以 6 000 立方厘米体积折合一公斤)计算，两者之中以较高者为准。空运货物是按一般货物、特种货物和货物的等级规定运价标准。

10.1.4 集装箱运输

1. 集装箱运输的特点

集装箱(Container)又称“货柜”或“货箱”，是一种柜形容器，可以把货物集中装入其内。货物装入集装箱后，以集装箱为单位进行运输，称作集装箱运输。

集装箱运输(Container Transport)是一种先进运输方式，可适用于海洋运输、铁路运输和多式联运等，这种方式产生后迅速得到广泛应用。它使用的优点是提高了装卸效率和加快了船舶周转；提高了运输质量和减少货损货差；节省各项费用和降低货运成本；简化货运手续和便利货物运输；把传统单一运输变成连贯的成组运输，促进了国际多式联运的发展。

2. 集装箱运输的货物交接

集装箱托运方式，按货运数量可分为整箱货(Full Container Load，FCL)和拼箱货(Less Than Container Load，LCL)。整箱货是指凡一批货运达到一个或一个以上集装箱内容积的75%及以上或集装箱负荷重量的 95%及以上，即可作为整箱货。整箱货由货方在工厂或仓库进行装箱，货物装箱后直接运交集装箱堆场(Container Yard，CY)等待装运，货到目的地(港)后，收货人直接从目的港 (地)集装箱堆场提走；拼箱货是指不足整箱货的容积或重量的货载，需由承运人在集装箱货运站(Container Freight Station，CFS)将不同发货人的少量货物拼在一个集装箱内，货到目的地(港)后，由承运人拆箱分拨给各收货人。

3. 集装箱运输的费用

费用构成是内陆或装运港市内运输费、拼箱服务费、堆场服务费、海运服务费、集装箱及其设备使用费等。

目前，集装箱货物海上运价体系较内陆运价成熟。基本上分为两个大类。

1) 件杂货基本费率加附加费(俗称散货价)

(1) 基本费率是指参照传统件杂货运价，以运费吨为计算单位，多数航线上采用等级费率。

(2) 附加费是指除传统杂货所收的常规附加费外，还要加收一些与集装箱货物运输有关的附加费。

2) 包箱费率(俗称包箱价 Box Rate)

这种费率以每个集装箱为计费单位，常见的包箱费率有以下三种表现形式。

(1) FAK 包箱费率(Freight for All Kinds)。即对每一集装箱不细分箱内货物种类，不计货量(在重量限额之内)统一收取的运价。

(2) FCS 包箱费率(Freight for Class)。按不同货物等级制定的包箱费率，集装箱普通货物的等级划分与杂货运输分法一样，仍是 1～20 级，但是集装箱货物的费率差级大大小于杂货费率级差。

(3) FCB 包箱费率(Freight for Class & Basis)。这是按不同货物等级或货类以及计算标准制订的费率。

10.1.5 美国 OCP 运输

OCP 是 Overland Common Points 的缩写，译作“陆路共通点”，是指美国西海岸有陆路交通工具与内陆区域相联通的港口。美国内陆区域，是以落基山脉为界，即除紧临太平洋的美国西部九个州以外，其以东地区均为适用 OCP 的地区范围。OCP 的运输过程就是我出口到美国的货物海运到美国西部港口(旧金山、西雅图或者洛杉矶)卸货，再通过陆路交通(主要是铁路)向东运至指定的内陆地点。OCP 是我国对美国签订贸易合同，在运输条款中经常见到的一个词语，是用来说明海上运输目的地的术语。

OCP 运输是一种特殊的国际运输方式。它虽然由海运、陆运两种运输形式来完成，但它并不是也不属于国际多式联运。国际多式联运是由一个承运人负责的自始至终的全程运输；而 OCP 运输，海运、陆运段分别由两个承运人签发单据，运输与责任风险也是分段负责。

OCP 是一种成熟的国际航运惯例。美国 OCP 运输条款规定，凡是经过美国西海岸指定港口转往内陆地区的货物，如果按照该条款运输，可以享受海运与内陆地区运输的优惠运费率，陆运可享受陆路共通点运费率(OCP Rate)，比当地运费率(Local Rate)约低 3%～5%。这样，出口商按优惠海运运费率把货物托运到指定的西海岸港口，即完成交货义务，以后由进口商委托港口转运代理人持提单向船公司提货，并由其自行按 OCP 费率将货物陆运至目的地。因此，采用 OCP 运输，对进出口双方都有利。相反方向运输也可享受到优惠的运费率。

采用 OCP 运输条款，货物的最终目的地必须属于 OCP 地区范围，签订贸易合同时应在运输条款中予以明确 OCP 运输方式，同时也要明确是集装箱运输；货物必须经由美国西海岸港口中转，以 CFR/CIF 美国西岸港口作为价格条款。为方便制单结汇，信用证也要作出相应规定：“自×××(装运港)至×××(美国西部港口)OCP×××(内陆地点)”。

在 OCP 运输单据中必须注明 OCP 字样。以卸货港为美国西雅图(Seattle)，最终目的地是底特律(Detroit)为例。提单中卸货港栏填制 Seattle OCP，目的地栏填制 OCP Detroit，货物品名、唛头及货物包装上也应注明 Seattle OCP Detroit，在提单中间空白处也要加打 OCP Detroit，以便在装卸、转运时识别。

采用 OCP 方式运输，即使货物的最终目的地分散在美国内陆区域的几个地方，只要把所有货物品名并列在一份提单上，且在最终目的地处注明 OCP 陆路共通点，承运人将合并安排装卸、仓租、码头及内陆转运工作，收货人在指定目的地提货，从而大大方便了收货。

在实际的信用证业务中，有的信用证明确了 OCP 条款，要求提单注明 OCP×××，但在有的来证中并没有明确规定，而提单中常常标注 OCP×××，议付银行也不会以单证不一致而拒付。

总之，全面而正确地理解 OCP，无论是对进出口商拓展贸易，还是对承运人合理安排运输都是有益的。

10.1.6 国际多式联运

1. 国际多式联运的概念

国际多式联运(International Multimodal Transport 或 International Combined Transport，美国称为 International Intermeddle Transport)是在集装箱运输的基础上产生和发展起来的一种综合性的连贯运输方式，它一般是以集装箱为媒介，把海、陆、空各种传统的单一运输方式有机地结合起来，组成一种国际间的连贯运输。《联合国国际货物多式联运公约》对国际多式联运所下的定义是："国际多式联运是指按照多式联运合同，以至少两种不同的运输方式，由多式联运经营人把货物从一国境内接运货物的地点运至另一国境内指定交付货物的地点。"

2. 构成多式联运应具备的条件

(1) 必须有一个多式联运合同，合同中明确规定多式联运经营人和托运人之间的权利、义务、责任和豁免。

(2) 必须是国际间两种或两种以上不同运输方式的连贯运输。

(3) 必须是使用一份包括全程的多式联运单据，并由多式联运经营人对全程运输负总的责任。

(4) 必须是全程单一运费率，其中包括全程各段运费的总和、经营管理费用和合理利润。

3. 国际多式联运的优点

开展国际多式联运是实现"门到门"运输的有效途径，它简化了手续，减少了中间环节，加快了货运速度，降低了运输成本，并提高了货运质量。

10.2 装运条款

国际贸易的绝大部分货物都是通过海运完成，而且贸易合同中的装运条款比较复杂，它牵涉到装运期的规定，装卸港的规定，是否允许分批装运与转船，以及装运通知、滞期、速遣条款等，合理规定这些条款，是保证合同顺利履行的重要条件。

10.2.1 装运时间

装运时间(Time of Shipment)又称装运期。是指出口方将合同规定的货物装上运输工具或交给承运人的期限。如 9 月份装运。装运期条款属于合同的主要条款。

在以FOB、CIF、CFR、FCA、CIP、CPT成交时，装运与交货同属一个概念。装运时间即为交货时间，装运地点即为交货地点。但是，在其他术语下，装运与交货不是一个概念，如以D组术语成交，出口方在目的地或目的港才能完成交货，装运是在出口方所在地或者装运港完成的。

1. 装运期的规定方法

实际业务中，规定装运期的方法有以下几种。

1) 规定明确、具体的装运时间

(1) 规定某月或某几个月内装运。

例如：Shipment during March 2010

Shipment during Feb./Mar. 2010

(2) 规定在某月底或某月某日以前装运。

例如：Shipment at or before the end of May 2010

Shipment on or before July 15th, 2010

Latest Date of Shipment: July 15th, 2010

Shipment not later than July 31st，2010

这种方法在国际贸易中运用得最多最广。

2) 规定在收到信用证后若干天内装运，如30天、45天、60天、90天等

例如：Shipment within 45 days after receipt of L/C

这种方法用在当对进口方资信不了解或进口方资信欠佳时，或为买方特制的商品，或对某些进口管制比较严格的国家或地区出口时，为防止买方不履行合同而造成损失，可采用此种规定方法。注意：在采用这种装运期规定时，必须同时规定有关信用证开到的期限(开证日期)。

2. 规定装运时间应注意的问题

(1) 买卖合同中装运时间的规定，应明确具体。应尽量避免采用近期装运的表示方式，如迅速装运(prompt shipment)、立即装运(immediate shipment)、尽快装运(shipment as soon as possible)等。由于这些术语在各国、各行业中解释为一，不宜使用。《UCP600》第三条规定，采用此种术语，银行将不予置理。

(2) 装运期限应当适度。既不能规定的太长，也不能规定的太短。

(3) 应注意货源情况、商品的性质和特点以及交货的季节性等。

(4) 应结合考虑装运港、目的港的特殊季节因素。

(5) 为保证按期装运，应考虑装运期是否与开证日期相衔接了。

10.2.2 装运港和目的港

装运港(Port of Shipment)是指货物起始装船的港口；目的港(Port of Destination)是指最终卸货的港口。

1. 装运港和目的港的规定方法

(1) 在一般情况下，只规定一个装运港或目的港。

(2) 在大宗交易情况下，可以规定两个或两个以上的装运港或目的港。

(3) 在磋商交易时，如果明确一个或几个装运港或目的港有困难，可以采用选择港的规定方法，即允许收货人在预先提出的两个或两个以上的卸货港中，在货轮驶抵第一个备选港口前，按船公司规定的时间(如提前 48 小时等)，将最后确定的卸货港通知船公司或其代理人，船方负责按通知的卸货港卸货。按一般航运惯例，如果货方未在规定时间将选定的卸货港通知船方，船方有权在任何一个备选港口卸货。

采用选择港时，应注意以下问题。

(1) 合同中规定选择港的数目一般不超过 3 个。

(2) 备选港口在同一条班轮航线上，而且是班轮公司的船只都能停靠的港口。

(3) 在核定价格和计算运费时，应按备选港口中最高的费率加上选港附加费计算。

(4) 在合同中应明确规定因选择港而增加的运费、附加费均由买方负担。

选择港实例：

CIF London/Hamburg/Rotterdam optional

CIF London，optional Hamburg/Rotterdam. Optional additionals for buyer’s account

2. 规定国内外装卸港时，应注意的问题

1) 规定国外装卸港时，应注意的问题

(1) 不能接受我国政策不允许往来的港口为装卸港。

(2) 对装卸港的规定，应力求明确具体，不能过于笼统。

(3) 不能接受以国名或内陆城市作为装卸港的条件。

(4) 要考虑港口装卸等具体条件。

(5) 要注意港口有无重名的问题。

(6) 在我方负责运输的情况下，如运往目的港无直达班轮或航次较少，合同中应规定允许转运。

2) 规定国内装卸港时，应注意的问题

在出口业务中，对国内装运港的规定，一般以接近货源地的港口为宜，同时考虑港口和国内运输的条件和费用水平。在进口业务中，对国内目的港的规定，原则上应选择以接近用货单位或消费地区的港口较为合理。

10.2.3 分批装运和转运

1. 分批装运(Partial Shipment)

分批装运(Partial Shipment)是指一笔成交的货物，分若干批装运。在国际贸易中，有的交易因为成交数量较大，或是由于备货、运输条件、市场需要或资金的限制，有必要分期分批交货时，可在合同中规定允许分批装运的条款，如 Partial Shipment to be allowed。

按照《UCP600》的规定，运输单据表面注明同一运输工具、同一航次、同一目的地的多次装运，即使其表面上注明不同的装运日期及/或不同的装运港、接受监管地或发运地，将不视作分批装运。根据《跟单信用证统一惯例》，除非信用证明示不准分批装运，卖方即有权分批装运；如果信用证中规定了每批装运的时间和数量，若其中任何一期未按规定的时间或数量装运，则本期及以后各期信用证均告失效。

2. 转运

转运(Transhipment)是指从装运港(地)至卸货港或目的地的货运过程中进行转装或重装，包括从一运输工具或船只移至另一同类运输工具或船只，或由一种运输方式转为另一种运输方式的行为。对于没有直达船的目的港口，或者对虽有直达船而无固定船期或者每月、每两个月才有一个航次的港口，也应订上“允许转船”，如 Transhipment to be allowed。

根据《跟单信用证统一惯例》，除非信用证明示不准转运，卖方即有权转运。另外，《跟单信用证统一惯例》中的禁止转运，实际上仅是禁止海运港至港，除集装箱以外的货物运输的转运。但该解释仅适用于信用证业务的处理而不涉及买卖合同条款的解释。

实际业务中，转船会增加货物受损或其他风险，而且还会因为等候换装船舶而延误到货时间。因此，进口方为了保障自己的利益，一般都争取直达运输，并在合同和信用证内规定不允许转船。

10.2.4 装卸时间、装卸率、滞期费和速遣费

在使用程租船运输业务中，货物在装卸港口的装卸时间的长短直接关系到船舶的使用周期和船方的利益，因此规定一个许可的装卸时间(Lay Days/Times)、装卸率、滞期和速遣条款，作为租船合同的重要条款。

装卸时间(装卸期限)是指租船人承诺在一定期限内完成装卸作业，一般以天数或小时数来表示。它是程租船合同的一项重要内容。装卸时间的规定有各种不同的方法，由于现代化的港口基本都能够昼夜作业，因此我国各进出口公司一般都采用连续 24 小时晴天工作日计算，目前国际上也普遍采用这种规定方法。采用此方法计算时，只要港口气候条件适于进行正常装卸作业，则昼夜 24 小时都应算作装卸时间。关于装卸时间的起算时间，一般以船长向租船人或其代理人递交了“装卸准备就绪通知书”(Notice of Readiness，N/R)之后，经过一定的规定时间后，开始起算。

装卸率是指每日装卸货物的数量，它一般按照港口习惯的正常速度来确定。因此，规定装卸率时，应从港口实际出发，掌握实事求是的原则。

滞期费(Demurrage)是指在规定的装卸期间内，如果租船人未能完成装卸作业，为了弥补船方的损失，对超过的时间租船人应向船方支付一定的罚款，称为滞期费。

速遣费(Dispatch Money)是指如果租船人在规定的装卸期限内，提前完成装卸作业，缩短了船舶的使用周期，则所节省的时间船东应给租船人一定金额的奖励，称为速遣费。相同的时间下，通常速遣费一般为滞期费的一半。

负责运输的进出口商与船方订立租船合同时，必须注意租船合同与进出口合同有关装运时间的一致性。

10.3 运输单据

在国际贸易中，货物装运后，卖方必须向买方提供有关的运输单据，作为履行合同的依据。

运输单据是承运人收到承运货物后签发给托运人的证明文件，它是交接货物、处理索

赔与理赔以及向银行结算货款或进行议付的重要单据。

运输单据的种类很多，如海运提单、铁路提单、承运货物收据、航空运单、多式联运单据和邮包收据等，其中最重要的是海运提单。

10.3.1 海运单据

1. 海运提单

海运提单(Ocean Bill of Lading，B/L)，简称提单，是指证明海上运输合同和货物由承运人接管或装船，以及承运人据以保证交付货物的凭证。

1) 海运提单的性质与作用

(1) 货物收据。它是承运人应托运人的要求所签发的货物收据，表明承运人已按提单所列内容收到货物。

(2) 物权凭证。它是一种货物所有权的凭证。正本提单具有物权凭证的作用，如一式三份。

(3) 运输契约的证明。它是承运人与托运人之间订立的运输契约的证明。

2) 海运提单的内容

海运提单包括班轮提单和租船合同项下的提单两种，这两种提单的格式与内容都不同。

各个船公司的班轮提单格式有所不同，但是基本内容大致相同，有正面记载事项与背面运输条款，包括：

(1) 提单正面的内容。通常包括提单号(B/L.NO.)、托运人(Shipper)、收货人(Consignee)、被通知人(Notify Party)、船名(Name of Vessel)、装货港(Port of Lading)、卸货港(Port of Discharge)、唛头(Shipping Marks)、件数和包装种类，货名(Number and Kind of Packages，Description of Goods)、毛重和尺码(Gross Weight and Measurement)、运费和其他费用(Freight and Charges)、运费支付地点(Freight Payable at)、签单地点和日期(Place and Date of Issue)、正本提单份数(Number of Original B/Ls)等。正面内容分别由托运人和承运人或其代理人填写。

(2) 提单背面内容。提单背面条款主要用于确定承运人与托运人、收货人以及提单持有人之间的权利和义务。通常包括定义条款(Definition Clause)、管辖权条款(Jurisdiction Clause)等。

有关提单的国际公约：

1924 年签署的《关于统一提单的若干法律规则的国际公约》，简称《海牙规则》(The Hague Rules)。此公约在实际业务中应用较广泛。

1968 年签署的《布鲁塞尔议定书》，简称《维斯比规则》(The Visby Rules)。

1978 年签署的《联合国海上货物运输公约》，简称《汉堡规则》(The Hamburg Rules)。

租船提单仅在提单正面列有简单的记载事项，并标明：“所有其他条款、条件和例外事项按某年某月某日租船合同办理”，而提单背面则无印就的条款。

3) 海运提单的种类

(1) 根据货物是否已经装船，分为已装船提单与备运提单。已装船提单(On Board B/L；Shipped B/L)是指提单上签发装船完毕的日期，并有船名。备运提单(Received for Shipment B/L)是指货物等待装船时，船公司签发的提单。按国际惯例，银行和进口方接受的是已装船提单，对备运提单拒付。事后如果货物装船，并注明上船名和装船日期，可以接受。

(2) 根据提单上对货物外表状况有无不良批注，分为清洁提单与不清洁提单。清洁提单(Clean B/L)是指承运人对货物外表状况无不良批注的提单。不清洁提单(Unclean B/L; Foul B/L)是指承运人对货物外表状况有不良批注的提单。如：包装不固(Insufficiently Packed)，某件损坏(...Packages in damaged condition)，某纸箱遭水浸(...Cartons wet stained)。按照国际惯例，银行和进口方一般不接受不清洁提单。

(3) 根据提单收货人抬头方式，分为记名提单、不记名提单与指示提单。记名提单(Straight B/L)是指在提单收货人栏内填写具体的收货人名称。它只能由提单上指定的收货人提货，不能转让。此种提单用得较少，一般只有在运送贵重的货物、展览品以及援外物资等场合才使用。

不记名提单(Bearer B/L)是指在提单收货人栏内不填写具体的收货人名称，只写 Bearer 字样。这种提单可以转让，不需要背书。但是使用中风险比较大。因此，国际贸易中用的比较少。

指示提单(Order B/L)是指在提单收货人栏内填写“凭某人指定”(To order of...)或“凭指定”(To order)字样的提单。“凭某人指定”可以是凭托运人指定(To order of Shipper)；或凭开证行指定(To order of Issuing Bank)；或凭开证人指定(To order of Applicant/Consignee)。凭指定(To order)称为“空白抬头”，同凭托运人指定抬头。指示提单可以通过空白和记名背书方式转让。国际贸易中大量使用指示提单。我国还常用“空白抬头，空白背书”的提单。

(4) 按运输方式分类，可分为直达提单、转船提单和联运提单。直达提单(Direct B/L)是指货物在中途不经过转船，直接运达目的港，此种情况下，船公司签发的提单，称为直达提单。提单上通常出现两个港口名称，即装运港与目的港。转船提单(Transhipment B/L)是指货物在中途经过转船的提单。注明“转船”或“在××港转船”字样。提单上至少出现三个以上港口名称，即装运港、中转港与目的港。联运提单(Through B/L)是指经过海运和其他运输方式联合运输时，由第一承运人签发的包括全程运输的提单。签发提单者只对第一程运输负责。

(5) 按船舶营运方式的不同，可分为班轮提单和租船提单。班轮提单(Liner B/L)是指班轮公司承运货物后所签发给托运人的提单。租船提单是指承运人根据租船合同而签发的提单。租船提单(Charter Party B/L)上注明“一切条件、条款和免责事项按照×年×月×日的租船合同”或批注“根据××租船合同出立”字样。银行或买方在接受这种提单时，通常要求卖方提供租船合同的副本。

(6) 根据提单内容的繁简，可分为全式提单和略式或简式提单。全式提单(Long From B/L)是指提单背面列有承运人和托运人权利、义务的详细提单。简式提单(Short Form B/L)是指提单上只有全式提单正面的内容，并注明：“本提单货物的收受、保管、运输和运费等项，均按本公司提单上的条款办理”字样。

(7) 根据提单使用效力，可分为正本提单和副本提单。正本提单(Original B/L)上必须标明“正本”(Original)字样。正本提单一般签发一式两份或三份，凭其中的任何一份提货后，其余的即作废。

根据《跟单信用证统一惯例》规定，银行接受仅有一份的正本提单，如签发一份以上正本提单时，应包括全套正本提单。买方与银行通常要求卖方提供船公司签发的全部正本提单，即所谓“全套”(Full Set)提单。

副本提单(Copy B/L)是指没有承运人、船长或其代理人签字盖章，在副本提单上标明“Copy”或“Non-negotiable”(不作流通转让)字样。

(8) 其他种类提单。集装箱提单(Container B/L)是指包括集装箱联运提单(Combined Transport B/L，CTB/L)及多式联运单据(Multimodal Transport Document，MTD)等。

舱面提单(On Deck B/L)是指加批“货装甲板”字样。由于货物放在甲板上，风险比较大，一般向保险公司投保舱面险。

过期提单(Stale B/L)是指错过规定的交单日期或者晚于货物到达目的港日期的提单。银行将拒绝接受在运输单据签发日后超过 21 天才提交的单据。近洋运输容易出现过期提单，此时，信用证应该规定：过期提单可以接受。

2. 海运单

海运单(Sea waybill，Ocean waybill)是证明海上运输合同和货物由承运人接管或装船，以及承运人保证据以将货物交付给单证所载明的收货人的一种不可流通的单证，因此又称“不可转让海运单”(Non-negotiable sea waybill)。收货人不凭海运单提货，而是凭到货通知提货。这样可以方便进口商及时提货，简化手续，节省费用，还可以在一定程度上减少以假单据进行的诈骗。这种海运单在欧洲、北美和某些远东、中东地区使用得越来越多。1990 年国际海事委员会《1990 年国际海事委员会海运单统一规则》更适用于电子数据交换信息。

3. 电子提单

近年来，随着通信技术的发展，国际货物运输领域已开始利用现代化的计算机技术，通过电子数据交换系统，来实现运输途中货物所有权的转移。随着科学技术的进步，船舶航行速度的提高与单证流转相对缓慢的矛盾日益突出。尤其在航程比较短的情况下，单证流转比较缓慢，无法先期寄送到目的港，致使船舶抵岸早于运输单证到达。在这种情况下，诸如凭副本提单、凭保函提货等现象大量存在。如此无正本提单放货引起的纠纷也层出不穷，继而产生一系列的尖锐问题，船公司也常常为此遭受不应有的损失，而应用电子数据交换 (Electronic Data Interchange，EDI)技术所产生的电子提单(Electronic Bill of Lading，e-B/L)为提高提单运转的速度提供了解决方案。

1) 电子提单的含义

电子提单是一种利用 EDI 系统对海运途中的货物支配权进行转让的数据信息。EDI 技术运用到国际贸易以后，有关租船订舱及货物支配权的转让都可以通过计算机网络，使用专用密码将一定的标准信息在有关当事人之间进行传递。

2) 电子提单的运作

电子提单有多种运作模式，其中具有代表性的是 BOLERO(Bill of Lading Electronic Registry Organization)模式电子提单。在该模式下，系统建立名为“登记处”的 EDI 服务中心，其服务是基于 EDI 信息在“登记处”和用户之间或用户之间进行报文传送。每项报文都经数字签名，EDI 服务中心会监控每份电讯并进行记录备查(电讯的摘要最长可以保存 20 年)。假设买卖双方约定一项交易条件为 CIF 和跟单信用证，BOLERO 模式中一份电子提单(简称 EBL)的运转大致可以分为以下几个步骤。

(1) 卖方确定承运人后，使用 BOLERO 系统向承运人发出订舱指示，在该指示中对货物进行描述，提供收货人资料。

(2) 承运人确认订舱后，通过BOLERO向卖方进行确认。

(3) 确认货物装船后，承运人向权利注册系统发出一个指令，依据卖方(发货人)提供的资料创建一份BOLERO提单，同时指定卖方(发货人)作为提单持有人。

(4) 卖方(发货人)将其电子化的单证(如商业发票、装箱单等)发给议付行，同时给权利注册系统发出指令，指定议付行作为提单的质押持有人。

(5) 议付行在收到单证后进行审核，确认单证与信用证要求相符后，向卖方付款。

(6) 付款后，议付行将单证发给开证行，并指示权利注册系统将开证行指定为提单的新质押持有人。

(7) 开证行收到单证后向议付行付款，然后通知买方(收货人)赎单。

(8) 买方(收货人)向开证行付款后，开证行指定买方(收货人)为提单持有人。

(9) 作为提单持有人和收货人，买方向承运人交回提单，要求提取货物，一份BOLERO提单的流程就此结束。此后任何向权利注册系统发出的有关此提单的指令将不被执行。

使用不记名提单或指示提单时，作为提单持有人(不记名提单)或提单持有人的指示人(指示提单)可以用指定新的提单持有人和指示人(仅在指示提单中)的方式转让提单。

3) 电子提单的优点

与传统提单相比，电子提单具有以下优点。

(1) 迅速。电子提单可以通过计算机网络进行迅速传递。电子提单的及时到位使承运人可以及时收单放货，不仅可以避免以副本提单加保函提货的风险，而且可以避免由于等待提单的到来在港口长期停泊造成的巨额滞期费。

(2) 节省成本。提单无纸化之后最显著的特点是节省了大量的纸张，即节省了投入成本。

(3) 增加了贸易的安全性。传统提单的制定、流转、接收过程都需要经过手工完成，该过程中容易产生各种欺诈行为。而电子提单数据电文的传递要经过第三方独立的授权机构认证，如此可以鉴别交易对方的真实身份，并且电子提单都设定密匙，这大大提高了贸易的安全性。

(4) 减少了潜在的单证错误。电子提单的采用使得电子数据不需要重复录入，并可以避免单证分次、分散缮制过程中发生不一致的错误。

4) 关于电子提单的国际规则

为了适应信息时代电子资料交换系统的广泛应用，联合国设计制定了《联合国贸易资料指南》(UNTDED)、《联合国行政、商业、运输电子资料交换规则》(UN/EDIFACT)和《电讯贸易资料交换实施统一规则》(UNCID)。国际海事委员会在这些规则的基础上，制定了《国际海事委员会电子提单规则》(Committee Maritime International Rules for Electronic Bills of Landing)，并在其第34届大会上通过了《国际海事委员会电子提单规则》(以下简称《规则》)。

《规则》的运用基于当事人自愿的原则，规则运用下的电子数据应符合联合国行政、商业、运输电子数据交换规则的有关标准。规则运用中不改变现行的法律适用，其所产生的法律问题将由各国国内立法解决。

《规则》共11条，主要内容有：适用范围；定义；程序规则；收讯的形式和内容；运输合同条款；适用法律；支配和转让权；密码；交货；要求书面单证的选择与电子数据与书写效力等同等。

《规则》对电子密码的运用，使作为物权凭证的电子提单的转让成为可能。按照规则规定，在采用电子提单时，发货人和承运人必须事先约定，他们将用电子方式进行通信，并将使用电子提单而不使用书面提单，这是使用该规则的前提条件。当事人通过对电子提单的密码的转让来代替传统提单的背书转让，可以达到同样的目的。

10.3.2 铁路运输单据

1. 国际铁路联运运单

国际铁路联运运单是国际铁路联运的主要运输单据，是参加联运的发送国铁路与发货人之间订立的运输契约，是铁路承运货物出具的凭证，也是铁路与货主交接货物、核收运杂费和处理索赔与理赔的依据。收货人凭到货通知提货。

运单正本随货走，在到达站连同货物到达通知单(到货通知)及货物一并交给收货人，作为交接货物和结算费用的依据。

运单副本用于卖方结汇。在运输合同缔结后交给发货人，是卖方凭以向收货人结算货款的主要证件。

2. 承运货物收据(Cargo Receipt)

特定运输方式下所使用的一种运输单据。运往港、澳地区的出口货物运输经常使用。当货物装车后，由外运公司签发一份承运货物收据给托运人，作为办理结汇的凭证。它还是收货人凭以提货的凭证。此种单据不仅适用于铁路运输，也可用于其他运输方式。

10.3.3 航空运单

航空运单(Air Way Bill)是承运人与托运人之间签订的运输合同，也是承运人或其代理人签发的货物收据。航空运单还可作为承运人核收运费的依据和海关查验放行的基本单据。但航空运单不是代表货物所有权的凭证，也不能通过背书转让。在航空运单的收货人栏内，必须详细填写收货人的全称和地址。收货人提货不是凭航空运单，而是凭航空公司的提货通知单。

依签发人的不同可分为主运单(Master Air Waybill)和分运单(House Air Waybill)。前者由航空运输公司签发，是航空运输公司与航空货运代理公司之间的货物运输合同；后者由航空货运代理公司签发，是航空货运代理公司与托运人之间的运输合同。货主与航空运输公司之间没有直接的契约关系。

航空运单正本一式三份："Original for the Shipper"应交托运人；"Original for the Issuing Carrier"，由航空公司留存；"Original for the Consignee"，由航空公司随机带交给收货人；其余副本则分别注明"For Airport of Destination"等。签发日期即为装运日期，如信用证要求实际发运日期(Actual Date of Dispatch)。

10.3.4 多式联运单据

多式联运单据(Multimodal Transport Document，MTD)是多式联运合同的证明，也是多式联运经营人收到货物的收据和凭以交付货物的凭证。根据发货人的要求，它可以做成可转让的，也可以做成不可转让的。

多式联运单据如签发一套一份以上的正本单据，应注明份数，其中一份完成交货后，其余各份正本即失效。

即使信用证禁止转运，银行将接受表明可能转运或将要转运的多式联运的单据，但同一多式联运单据需包括全程运输。

多式联运单据与联运提单在形式上有相同之处，但在性质上不同。

1) 签发人不同

多式联运单据由多式联运经营人签发，全程运输均安排各分承运人负责；而联运提单由承运人或其代理人签发。

2) 签发人责任不同

多式联运单据签发人对所有各个运程负责；而联运提单签发人只对第一运程负责，在后续运程中，提单签发人只是托运人的代理。

3) 运输方式不同

多式联运单据项下的运输可以是各种运输方式的联运；而联运提单是由海运与其他运输方式组成，但是第一程必须是海运。

4) 已装运证明不同

多式联运单据可以不表明货物已装上运输工具；而联运提单必须是已装船提单。

10.3.5 邮政收据

邮政收据(Parcel Post Receipt)是邮政运输的主要单据，它既是邮局收到寄件人的邮包后所签发的凭证，也是收件人凭以提取邮件的凭证，当邮包发生损坏或丢失时，它还可以作为索赔和理赔的依据，但邮包收据不是物权凭证。

邮寄证明(Certificate of Posting)是邮政局出具的证明文件，据此证实所寄发的单据或邮包确已寄出和作为邮寄日期的证明，也作为结汇的一种单据。

专递数据(Courier Receipt)是特快专递机构收到寄件人的邮件后签发的凭证。银行将接受由任何专递或快递机构开立的单据。

本 章 小 结

本章主要讲述了国际货物运输中的几种主要运输方式，包括海洋运输、铁路运输、航空运输、集装箱运输、美国 OCP 运输与国际多式联运；买卖合同中装运条款的订立，包括装运时间、装运港与目的港、分批装运和转船等条款；各种运输单据。

本章重点：海洋运输、装运条款和海运单据。

本章难点：运费的核算以及分批装运和转船的相关国际规则。

本章练习题

一、单项选择题

1．小件急需品和贵重货物，其有利的运输方式是(　　)。

A．海洋运输　　B．邮包运输　　C．航空运输　　D．公路运输

2．仅次于海洋运输的一种主要运输方式是(　　)。

A．铁路运输　　B．公路运输　　C．航空运输　　D．管道运输

3．20英尺集装箱的载重量一般为17.5公吨，有效容积一般为(　　)立方米。

A．20　　B．22　　C．25　　D．30

4．在进出口业务中，经过背书能够转让的单据有(　　)。

A．铁路运单　　B．海运提单　　C．航空运单　　D．邮包收据

5．我国出口到朝鲜的石油，一般采用的运输方式是(　　)。

A．公路运输　　B．河流运输　　C．管道运输　　D．铁路运输

6．承运人收到托运货物，但尚未装船时向托运人签发的提单是(　　)。

A．已装船提单　　B．指示提单　　C．备运提单　　D．舱面提单

7．下列装运港和目的港的规定方法中，叙述不正确的是(　　)。

A．一般只规定一个装运港和目的港

B．无需列明港口名称

C．可规定选择港

D．可酌情规定两个或两个以上的装运港和目的港

8．某出口商品每件净重30千克，毛重34千克，体积为每件40厘米×30厘米×20厘米(0.024)，如果班轮运价计算标准为W/M，船公司应按货物的(　　)计收班轮运费。

A．净重　　B．毛重　　C．体积　　D．件数

9．在定程租船方式下，对装卸费收取较为普遍采用的办法是(　　)。

A．船方不负担装卸费

B．船方负担装卸费

C．船方只负担装货费，而不负担卸货费

D．船方只负担卸货费，而不负担装货费

10．国际贸易中最主要的运输方式是(　　)。

A．航空运输　　B．铁路运输　　C．海洋运输　　D．公路运输

11．在班轮运价表中用字母“M”表示的计收标准为(　　)。

A．按货物毛重计收　　B．按货物体积计收

C．按商品价格计收　　D．按货物件数计收

12．在定程租船方式下，对装卸费的收取办法中FO的含义是(　　)。

A．船方不负担装卸费

B．船方负担装卸费

C．船方只负担装货费，而不负担卸货费

D．船方只负担卸货费，而不负担装货费

13．按提单收货人抬头分类，在国际贸易中被广泛使用的提单有(　　)。

A．记名提单　　B．不记名提单　　C．指示提单　　D．班轮提单

14．在规定装卸时间的办法中，使用最普遍的是(　　)。

A．日或连续日　　B．累计24小时好天气工作日

C．连续24小时好天气工作日　　D．24小时好天气工作日

15．班轮运输的运费应该(　　)。
A．包括装卸费，但不计滞期费和速遣费
B．包括装卸费，但应计滞期费和速遣费
C．不包括装卸费
D．不包括装卸费，也不计滞期费和速遣费

二、多项选择题

1．海洋运输的优点是(　　)。
A．通过能力大　B．载运量大　C．运输成本低
D．风险大　E．速度快
2．规定国内装运港和目的港时，应注意(　　)。
A．不能接受内陆城市作为装运港或目的港的条件
B．应考虑货物的合理流向并贯彻就近装卸的原则
C．对港口的规定，应明确具体，不宜过于笼统
D．应考虑港口的设施、装卸条件等实际情况
E．应注意国外港口有无重名的问题
3．买方一般不愿接受的提单有(　　)。
A．已装船提单　B．备货提单　C．清洁提单
D．不清洁提单　E．指示提单
4．过期提单是指(　　)。
A．货物实际装船时间晚于提单签发时间
B．晚于提单上所载明货物到达目的港
C．晚于货物实际装运日期 21 天签发
D．交单时间超过提单签发日期 21 天
5．按照提单收货人抬头分类，提单有(　　)。
A．清洁提单　B．不清洁提单　C．记名提单
D．不记名提单　E．指示提单
6．按运输方式分，提单有(　　)。
A．直运提单　B．转船提单　C．联运提单
D．舱面提单　E．集装箱提单
7．按提单有无不良批注，可分为(　　)。
A．清洁提单　B．不清洁提单　C．记名提单
D．不记名提单　E．指示提单
8．装运时间的规定办法通常有(　　)。
A．明确规定具体装运期限　B．规定在收到信用证后若干天
C．规定在某一天装运完毕　D．规定在某一天内若干小时装运
E．笼统规定近期装运
9．在国际贸易中很少使用的提单是(　　)。
A．联运提单　B．指示提单　C．记名提单

D. 直达提单　　E. 不记名提单

10. 规定装运通知的目的在于(　　)。

A. 选定何种运输方式　　B. 明确买卖双方责任

C. 促使买卖双方共同搞好船货衔接　　D. 便于办理货运保险

E. 加快货运速度

11. 在定程租船方式下，对装卸费的收取办法有(　　)。

A. 船方不负担装卸费

B. 船方负担装卸费

C. 船方只负担装货费，而不负担卸货费

D. 船方只负担卸货费，而不负担装货费

12. 国际多式联运有利于(　　)。

A. 简化货运手续　　B. 降低运输成本

C. 加快货运速度　　D. 节省运杂费用

E. 节省包装费和保险费

三、判断题

1. 海运提单、铁路运单、航空运单都是物权凭证，都可通过背书转让。　　(　　)

2. 凡装在同一航次及同一条船上的货物，即使装运时间与装运地点不同，也不作为分批装运。　　(　　)

3. 空白抬头、空白背书提单是指既不填写收货人，又不需要背书的提单。　　(　　)

4. 班轮运费的计费标准若为“W/M or A. V.”是表示运费按“W”“M”及“A. V.”中任意一个计收都可以。　　(　　)

5. 装运期就等于交货期。　　(　　)

四、计算题

1. 我公司出口到海湾国家 A 商品 100 箱，每箱体积 40cm×30cm×20cm，毛重 30 千克，我应付给船公司运费多少？又知货装外轮，查得《中租表》：A 商品按货物分级表规定计算标准为 M/W，货物等级为 10 级；又查“中国—海湾地区航线等级费率表”，10 级每运费吨的基本费率为 222 港元，另收燃料附加费 10%。

2. 某公司对日出口某商品的报价为每公吨(以毛作净)180 美元 FOB 广州，日方来函要求我方改报 CFR 东京。如该商品每短吨运费为 60 美元的话，我方应报什么价才较为有利？

3. 我公司出口商品 200 件，每件毛重 95 公斤，体积 100cm×40cm×25cm，查轮船公司运费表，该商品计费标准为 W/M，等级为 8 级每运费吨运费为 80 美元，另收港口附加费 10%，直航附加费 15%。问：该批货物共计运费多少？我原报 FOB 上海每件 400 美元，客户要求改报 CFR，我应报多少？

4. 上海运往肯尼亚蒙巴萨港口一批门锁计 200 箱，每箱体积为 20cm × 30cm × 40 cm，毛重为 25 公斤。当时燃油附加费为 30%，蒙巴萨港口拥挤附加费为 10%。门锁属于小五金类，计收标准是 W/M，等级为 10 级，基本运费为每运费吨 443.00 港元，试计算应付运费多少？

五、案例分析题

1．我国向科威特出口茶叶 600 箱，合同和信用证均规定“从 4 月份开始，连续每月 200 箱”，问：我方于 4 月份装 200 箱，5 月份没装，6 月份装 200 箱，7 月份装 200 箱，可否？

2．我国对日本按 CFR 合同出口一批化工原料，合同规定 3～4 月份装运，国外来证也如此，别无它字样，但我方在租船订舱时发生困难，因出口量大一时租不到足够的舱位，须分三次装运。问在这样情况下，是否需要国外修改信用证的装运条款？

3．我方出口到新加坡 2 000 公吨大米，国外开来信用证规定：不允许分批装运。如果我们在规定的期限内分别在烟台、连云港各装 1 000 公吨于同一航次的同一船上，提单也注明了不同的装运地和不同的装船日期。请问这是否违约？银行能否议付？

4．大连某进出口公司与日本某公司签定了一份出口 150 公吨冷冻食品的合同，合同规定：3～7 月份，每月平均装运 50 公吨，凭即期信用证支付，后来证规定装运前由港口商检局出具船边测温证书作为协议单据之一。我方 3 月～5 月交货正常，顺利结汇。但到 6 月份，由于船期延误，拖迟到 7 月 6 日才装运出口，而海运提单则倒签为 6 月 30 日，而送银行的商检证书在船边的测温日期为 7 月 6 日，议付银行也未发现弊端，在 7 月 10 日，同船由装运出 30 公吨，我方所交商检证书上在船边的测温日期为 7 月 10 日。但开证行收到单证后来电表示拒付这两笔货款。请问，开证行拒付的依据是什么？我方的失误在哪里？

5．我国某出口公司与某外商按 CIF 某港口，即期信用证方式付款的条件达成交易，出口合同和收到的信用证均规定不准转运。我方在规定的装运期内将货物装上直始目的港的班轮，并以直达提单办理了议付。但承运船只在途径某港时，船公司为接载其他货物，擅自将我方托运的货物卸下，换装其他船只继续始往目的港，由于中途耽搁，加上换装的船舶设备陈旧，使抵达目的港的时间比正常的时间晚了 2 个多月，影响了买方对货物的使用。为此，买方向我出口公司提出索赔，理由是我方提交的是直达提单，而实际上是转船运输，是弄虚作假行为。我方有关业务员认为，合同用的是“到岸价”，船舶的舱位亦是我方租定的，船方擅自转船的风险应由我方承担，因此，按对方要求进行了索赔。你认为这样做是否妥当？为什么？

第 11 章 国际货物运输保险

教学目标

- 了解伦敦保险协会现行的《协会货物条款》的基本内容，了解保险单征的种类及其法律效力；
- 熟悉办理投保的手续及基本流程；
- 掌握国际货物运输保险的各种险别的范围与有关保险条款的具体内容。

关键词

海上风险　外来风险　保险险别　基本险　附加险　ICC

案例导入

国际货物运输中投保人的保险利益如何认定

2006 年 9 月 27 日，某技术进出口公司代理某通信公司与阿尔卡特网络(亚洲)有限公司签订了一份数字数据网络设备国际货物买卖合同，约定的总价款为 851 108 美元，以 FOB 加拿大渥太华离岸价为价格条件。合同签订后，技术进出口公司与某运输公司联系运输事宜，某运输公司委托海外运输商 Secure 公司负责海外运输。2006 年 11 月 15 日、技术进出口公司与某保险公司签署了一份《国际运输预约保险启运通知书》，载明：被保险人是技术进出口公司；保险货物项目是一套数字数据网络设备，包装及数量是纸箱 48 件；价格条件是 EX-Work，货价(原币)851 108 美元；运输路线自 Ottawa，Canada 至中国湖北武汉；投保险种为一切险；保险金额为 978 774 美元；保险费为 3 915 美元；落款栏中盖有某保险公司业务专用章和技术进出口公司发票专用章；备注栏载明：(公路运输)Kanata(阿尔卡特公司工厂所在地)——渥太华机场；空运：渥太华机场—北京机场—天河机场(货物离开机场及武汉市内通知保险公司)。2006 年 11 月 15 日，技术进出口公司向保险公司支付了保险费人民币 32 417 元，并收到保险公司出具的收据，渥太华时间 2006 年 11 月 15 日 19 时即北京时间 2006 年 11 月 16 日 08 时，被保险货物在渥太华 Secure 公司仓库被盗。2006 年 12 月 7 日，技术进出口公司将出险情况告知了保险公司，同年 12 月 21 日，技术进出口公司向保险公司提出索赔，保险公司以技术进出口公司不具有保险利益而主张合同无效并拒赔，技术进出口公司遂向法院起诉。

法院经审理后认为，本案的焦点问题是保险利益的认定问题，本案中技术进出口公司是否具有保险利益取决于其对买卖合同项下货物承担的风险，而对货物承担的风险及其起始时间又取决于买卖合同约定的价格条件。本案买卖合同约定的价格条件是FOB加拿大渥太华，意为货物在渥太华越过船舷或装机后，货物的风险才发生转移。在此之前，货物的风险则仍由卖方承担。因此，本案技术进出口公司购买的货物在海外运输公司Secure公司仓库被盗时，技术进出口公司不具有保险利益。同时，法院还认定，保险合同载明的工厂交货对确定投保人对保险标的物是否具有保险利益没有法律意义，技术进出口公司以保险合同为据主张以工厂交货并移转风险的观点不能成立。法院最终判定保险公司与技术进出口公司的保险合同因投保人对保险标的物不具有保险利益而无效。技术进出口公司无权要求保险公司承担赔偿责任，而保险公司也应退还保险费。

(资料来源:http://logistics.nankai.edu.cn/bbs/showtopic-6117.aspx)

在国际货物运输保险中，投保人(被保险人)对投保货物是否具有保险利益，取决于货物风险是否转移，而货物风险的转移又与买卖双方采取的价格条件密切相关。在FOB价格条件下，货物风险自货物越过船舷之时由卖方转移给买方，因此，只有在货物越过船舷之后，买方(投保人、被保险人)才能对货物享有保险利益。本案中，法院对投保人(被保险人)是否具有保险利益作出了正确的认定，并依据《保险法》第十二条关于“投保人对保险标的不具有保险利益的，保险合同无效”的规定作出合同无效的判决，这无疑是正确的。

在国际货物买卖中，有很多价格条件是由买方负责办理货物运输保险的、但买方在办理保险的时候，货物往往尚未开始运输，更谈不上风险的转移，这时，是否都可以以投保人不具有保险利益而认定保险合同无效呢？这就牵涉到保险利益的时间问题，即投保人(被保险人)应在何时对投保货物具有保险利益。按照国外的通常做法，人身保险合同投保人在投保时必须具有保险利益，但在出险时并不要求该保险利益继续存在；财产保险合同并不要求投保人在投保时就具有保险利益，但要求出险时投保人或被保险人必须具有保险利益。

我国《保险法》第十二条也只是要求“投保人对保险标的应当具有保险利益”，但并未明确规定投保人应在投保时就对保险标的具有保险利益。因此，如果在出险时，投保人或被保险人对投保货物具有保险利益，就应当认定合同有效。

本案中，作为投保人，同时也是被保险人的技术进出口公司无论是在投保时，还是在出险时，均不享有投保货物的保险利益，自然应当认定其保险合同无效。

11.1 概　　述

11.1.1 货物运输保险含义

我国《保险法》规定：保险(Insurance)是指投保人根据合同约定，向保险人支付保险费，保险人对于合同约定的可能发生的事故所造成的财产损失承担赔偿保险金责任。

货物运输保险就是投保人对某一特定的运输货物，按一定的险别和规定的费率，向保险公司办理投保手续，并缴纳保险费，保险公司依约承保并发给投保人保险单作为凭证。保险公司对所承保的风险损失承担赔偿责任。

11.1.2 货物运输保险的作用

建立保险基金，补偿经济损失，是保险的基本职能，也是国际货物运输保险的基本职能。保险的作用是保险的职能在实际业务中发挥出来的具体效果。在国际货物运输中，保险的作用主要表现在以下几个方面。

1. 转移风险

买保险就是把自己的风险转移出去，而接受风险的机构就是保险公司，它为众多有危险顾虑的人提供保险保障。

2. 均摊损失

转移风险并非灾害事故真正离开了投保人，而是保险人借助众人的财力，给遭受损失的投保人补偿经济损失。自然灾害、意外事故造成的经济损失一般都是巨大的，是受灾个人难以应付和承受的。保险人以收取保险费用和支付赔款的形式，将少数人的巨额损失分散给众多的被保险人，从而使个人难以承受的损失，变成多数人可以承担的损失，这实际上是把损失均摊给有相同风险的投保人。

3. 实施补偿

实施补偿要以双方当事人签订的合同为依据，其补偿的范围主要有：投保人因灾害事故所遭受的财产损失；投保人因灾害事故依法对他人应付的经济赔偿；灾害事故发生后，投保人因施救保险标的所发生的一切费用。

11.1.3 保险的基本原则

1. 最大诚信原则

最大诚信原则指投保人和保险人在签订保险合同以及在合同有效期内，必须保持最大限度的诚意，双方都要守信用，互不欺骗隐瞒。主要有以下几点要求。

(1) 保险人应当向投保人说明保险合同的条款内容，并可以就保险标的或被保险人的有关情况提出询问，投保人应如实告之。

(2) 重要事实的申报。我国《海商法》规定如被保险人故意未将重要情况告之保险人的，保险人有权解除合同，并不退还保险费。

(3) 对有关事项进行保证。被保险人在保险合同中所作要做或不做某种事情的保证，如货物不用三年以上船龄的旧船、货物必须合法等。

2. 可保利益原则

可保利益又称保险权益即指投保人对保险标的具有法律上承认的利益。投保人应该对保险标的具有保险利益。投保人对保险标的不具有保险利益的，保险合同无效。这就是保险利益原则。

对货物运输保险，反映在运输货物上的利益，主要是货物本身的价值，但也包括与此相连的费用，如运费、保险费、关税和预期利润等，当保险标的未能安全到达时，被保险人就受到损害或负有经济责任。但国际货运保险不同于有的保险(如人寿保险)要求被保险人在投保时便具有保险利益。它仅要求在保险标的发生损失的时候必须具有保险利益。如以 FCA、FOB、CFR、CFR 等条件交易，货物风险的转移以在装运港越过船舷或在出口国发货地或装运地货交承运人为界。显然，货物在越过船舷或货交承运人风险转移之前，仅卖方有保险利益，而买方并无保险利益，如硬性规定被保险人在投保时就必须有保险利益，则按这些条件达成合同，买方便无法在货物装船或货交承运人之前及时对该货物办理保险，所以在实际业务中，保险人可视为买方具有预期保险利益而允许承保。

3. 补偿原则

补偿原则是指当保险标的遭受保险责任范围内的损失时，保险人应当依照保险合同约定履行赔偿义务。

保险赔偿不应该使保险人获得额外利益。按照补偿原则，如果发生重复投保行为，即被保险人将同一标的就同一风险在两个或两个以上保险公司多次投保，在保险期限相同的情况下，保险金额之和超过保险标的的价值的行为，则应该由几个保险公司分摊赔偿，按比例分摊或按顺序分摊，赔偿总金额不超过保险标的的损失。

11.1.4 近因原则

近因原则指保险人只对承保风险与保险标的损失之间有直接因果关系的损失负赔偿责任，而对保险责任范围外的风险造成的保险标的的损失，不承担赔偿责任。

例如，包装食品投保水渍险，运输途中遭海水浸泡，外包装受潮后食品发生霉变损失。在这种情况下，食品受损有两个原因：一个是承保范围内的海水浸泡，另一个是承保范围外的霉变，因为前者直接导致了后者，所以前者是食品损失的近因，它在承保责任范围内，保险公司应该给予赔偿。

又如，战争期间，某企业将投保一切险的出口商品运至码头仓库待运，适逢敌机轰炸，引起仓库着火，该批货物受损，当被保险人要求保险公司赔偿时，保险公司予以拒绝，理由是造成货物损失有两个原因，投弹和火灾，而投弹是造成损失的直接原因，由于造成损失的近因不是保险公司责任范围，保险公司可以拒赔。

11.1.5 代位追偿原则

代位追偿原则是指当保险标的发生了保险责任范围内的由第三者责任方造成的损失，保险人履行了损失赔偿责任后，有权在其已赔付的金额的限度内取得被保险人在该项：损失中的向第三者责任方要求索赔的权利，保险人取得该项权利后，即可在被保险人的地位上向责任方进行追偿。如茶叶与樟脑配载在相邻货位上，茶叶投保了一切险。发货人提货时发现茶叶严重串味，无法饮用而退货。茶叶串味损失属于一切险范围内的损失，又是船方责任。该损失就构成了代位追偿的条件。保险公司赔付后，卖方有权以被保险人的名义要求船方对茶叶损失赔偿。

11.2 海洋货物运输保险

11.2.1 承保的风险、损失和费用

1. 风险

海上货物运输保险有特定含义。一方面，它并非包括所有发生在海上的风险；另一方

面，也并非局限于海上发生的灾害和事故，那些与海上航行有关的、发生在储上或海陆、海河或与驳船相连接之处的灾害和事故，如地震、海轮与驳船或码头碰撞也属于海上风险。海上运输货物保险所保障的风险主要包括以下两大类：海上风险和外来风险。

1) 海上风险

海上风险又称为基本风险或海难，是运输过程中发生的自然灾害和意外事故。

(1) 海上自然灾害。海上自然灾害是指，不以人的意志为转移的自然力量所引起的灾害。如恶劣气候、雷电啸、洪水等。

(2) 海上意外事故。海上意外事故指由于偶然的、难以预料的原因造成的事故。如火灾、爆炸、碰撞、触礁、沉没等。

2) 外来风险

外来风险是指海上风险以外的各种风险。货物运输中的外来风险必须是意外的、事先难以预料的，而不是必然发生的。外来风险包括一般外来风险和特殊外来风险。

(1) 一般外来风险。一般外来风险指偷窃、破碎、雨淋、短量、玷污、钩损、提货不着等外来原因引起的风险。

(2) 特殊外来风险。特殊外来风险主要是指由于军事、政治及行政法令等原因造成货物损失的风险，如战争、罢工、交货不到等。

2. 损失

1) 全部损失

全部损失又称全损，指整批或不可分割的一批被保险货物在运输途中全部受到损失，根据情况不同，又可以分为实际全损和推定全损。

(1) 实际全损。实际全损是指被保险货物在运输过程中全部灭失或等同于全部灭失。构成实际全损的情况有以下几种：①保险标的物完全灭失(如沉入海底)；②虽末遭损毁，但被保险人已无法得到(如被海盗劫走，或被敌方扣押等)；③已丧失商业价值或失去原有用途(如茶叶或水泥经水浸泡)；④船舶失踪达半年以上仍无音讯。

(2) 推定全损。推定全损是指被保险货物道遇保险事故后，认为实际全损已不可避免，或者为避免发生实际全损所需支付的费用与继续将货物运抵目的地的费用之和超过保险价值的损失。构成推定全损的情况有以下几种：①保险货物受损后，修理费用已超过货物修复后的价值；②保险货物受损后，整理和续运到目的地的费用超过货物到达目的地的价值；③为避免实际全损需要花费的施救费用将超过获救后保险货物的价值；④被保险人失去所保货物的所有权，而收回这一所有权花费的代价将超过收回后保险货物的价值。

但是要注意，被保险货物发生推定全损时，被保险人可要求保险人按部分损失赔偿，也可要求按全部损失赔偿。如要求按全部损失赔偿，被保险人必须向保险人发出委付通知。委付指被保险人表示愿意将保险标的的一切权利和义务转移给保险人，并要求保险人按全部损失赔偿的一种行为，委付必须经保险人同意后才生效，但是保险人应当在合理的时间内将接受委付或不接受委付的决定通知被保险人，委付一旦经被保险人接受不得撤回。

国际上对全损掌握的界限是：一张保险单所保全部货物的完全损失；一张保险单上分类货物的全部损失；装卸时整件货物的全部损失；保险货物如果以驳船驳运时，每条驳船全部货物的完全损失。

2) 部分损失

不属于实际全损和推定全损的损失为部分损失。按照造成损失的原因，部分损失可分为共同海损和单独海损。

(1) 共同海损。共同海损是指载货的船舶在海运途中遭到自然灾害或意外事故，船长为解除船与货的共同危险使航程得以继续，有意而合理地作出特殊牺牲；或采取合理救难措施而引起的特殊损失和合理的额外费用。共同海损的损失和费用由受益方按比例分摊。

构成共同海损必须具备以下几个条件：①危险是真实存在，而不是主观臆断伪；②危险威胁到船、货及其他各利益方的共同安全；③所采取的措施必须是有意的、合理的；④作出的牺牲必须是共同海损行为的直接结果、支付的费用必须是额外的。

共同海损的牺牲和费用，应由受益的船方、货方和运费收入方按最后获救价值的多少，按比例进行分摊。这种分摊叫共同海损的分摊(G. A. Contribution)。

(2) 单独海损。单独海损是指运输过程中，由于保险范围内的风险所造成的货物的部分损失。由于，单独海损只危害到某个或某些当事人的利益，而对他人利益不构成威胁，所以单独海损应由受损方或其保险人承担。

共同海损与单独海损的区别在于：单独海损是由海上风险直接造成的货物损失，没有人为因素在内，而共同海损则是因采取人为的故意的措施而导致的损失；单独海损的损失由受损方自行承担，而共同海损的损失是由各受益方按获救财产价值的多少按比例共同分摊。

3. 海上费用

海上费用是指由海上风险造成的由保险人承保的费用损失。海上费用包括施救费用和救助费用。

(1) 施救费用。施救费用是指在被保险货物遇到保险范围内的风险时，被保险人或其代理人、雇佣人和受让人为避免或减少损失，采取抢救措施所支出的合理的、直接的、额外的费用。

(2) 救助费用。救助费用是指运输过程中，保险标的遭遇保险责任范围内的灾害事故时由保险人和被保险人以外的第三方实施救助行为并获成功，由被救方向救助方支付的劳务报酬。

11.2.2 我国海洋运输货物保险的险别

保险险别是确定保险人所承担责任大小和被保险人应缴保险费多少的依据。中国人民保险公司于 1981 年 1 月 1 日修订的《海洋运输货物保险条款》(Ocean，Marine Cargo Clauses)将海运货物保险险别分为基本险和附加险两大类。

1. 承保的责任范围

1) 基本险

基本险可以单独投保，被保险人投保时，必须选择一种基本险投保。海洋货运保险的基本险包括平安险、水渍险、一切险。

(1) 平安险(Free from Particular Average，FPA)。平安险的承保范围包括除了由自然灾害造成的单独海损以外的海上风险所造成的一切损失和费用。具体包括以下几项。

① 在运输途中，由于自然灾害造成被保险货物的实际全损或推定全损。

② 由于运输工具遭搁浅、触礁、沉没、互撞、与其他物体碰撞以及失火、爆炸等意外事故造成被保险货物的部分损失。

③ 只要运输工具曾经发生搁浅、触礁、沉没、焚毁等意外事故，不论这个意外事故发生之前或者以后曾在海上遭恶劣气候、雷电、海啸等自然灾害所造成的被保险货物的部分损失。

④ 在装卸转船过程中，被保险货物一件或数件落海所造成的全部损失或部分损失。

⑤ 发生了保险责任范围内的危险，被保险人对货物采取抢救、防止或减少损失措施所支付的合理费用。但不能超过这批被救货物的保险金额。

⑥ 发生共同海损所引起的牺牲、分摊费和救助费用。

⑦ 运输工具遭自然灾害或意外事故，需要在中途的港口或者在避难港口停靠，因而引起的卸货、装货、存仓以及运送货物所产生的特别费用。

⑧ 运输契约订有“船舶互撞责任”条款，按该条款规定应由货方偿还船方的损失。

(2) 水渍险(With Particular Average，W. P. A. or With Average)。水渍险的承保范围，包括海上风险所造成的一切费用和损失。即在平安险的基础上，加上自然灾害造成的单独海损。

(3) 一切险(All Risks)。一切险除包括平安险和水浸险的各项责任外，还包括货物在运输途中由于一般外来风险所造成的被保险货物的全部或部分损失。

2) 附加险

附加险是只有加保了基本险的基础上才能投保附加的险种。有一般附加险、特殊附加险和特别附加险三类。

(1) 一般附加险。一般附加险承保由一般外来风险造成的损失，主要有以下几种险别。

① 交货不到险(Theft，Pilferage and Non-delivery，TPND)。保险有效期内，保险货物被偷走或窃走，以及货物运抵；目的地以后，整件未交的损失，由保险公司负责赔偿。

② 淡水雨淋险(Fresh Water Rain Damage，FWRD)。主要承担由于淡水、雨水以至雪融所造成的损失。

③ 短量险(Shortage)。负责保险货物数量短少和重量的损失。通常包装货物的短少，保险公司必须要查清外包装是否发生异常现象，如破口、破袋、扯缝等。如属散装货物，往往以装船和卸船重量之间的差额作为计算短量的依据。

④ 混杂、玷污险(Risk of Intermixture & Contamination)。保险货物在运输过程中，混进了杂质所造成的损失，例如矿石等混进了泥土、草屑等因而使质量受到影响。

⑤ 渗漏险(Leakage)。主要负责赔偿流质、半流质货物以及用液体盛装运输的货物，因容器损坏而造成的货物损失。如以液体装存的湿肠衣，因为液体渗漏而使肠发生腐烂、变质等损失，均由保险公司负责赔偿。

⑥ 碰损、破碎险(Clash & Breakage)。碰损主要是对金属、木质、陶瓷、玻璃器皿等货物来说的，主要承担在运输途中，因为受到震动、颠簸、挤压而造成货物损失。

⑦ 串味险(Risk of Odour)。例如，茶叶、香料等在运输途中受到一起堆储的皮革、樟脑等异味的影响使品质受到损失。

⑧ 受热、受潮险(Heating & Sweating)。船舶在航行途中，由于气温骤变，或者因为船上通风设备失灵等使舱内水汽凝结、发潮、发热引起货物的损失。

⑨ 钩损险(Hook Damage)。保险货物在装卸过程中因为使用手钩、吊钩等工具所造成的损失。

⑩ 包装破裂险(Breakage of Packing)。主要负责包装破裂造成物资的短少、玷污等损失，以及为了续运安全修补、更换包装的费用。

⑪ 锈损险(Risk of Rust)。主要负责保险货物在运输过程中因为生锈造成的损失。不过这种生锈必须在保险期内发生，如原装时就已生锈，保险公司不负责任。

(2) 特殊附加险(Special Additional Risks)。特殊附加险包括战争险(War Risk)和罢工险(Strikes Risk)两种，它们不包括在一切险范围内。

(3) 特别附加险。特别附加险包括交货不到险(Failure to Delivery Risk)、进口关税险(Import Duty Risk)、舱面险(On Deck Risk)、拒收险(Rejection Risk)、黄曲霉素险(Aflatoxin Risk)、出口货物到香港(包括九龙)或澳门存仓火险责任扩展条款(Fire Risk Extension Clause for Storage of Cargo at Destination Hong Kong，Including Kowloon or Macao，FREC)六种。这六种不包括在一切险范围内。

案例 11.1

有一份 CIF 合同，出口大米 50 公吨，卖方在装船前投保了一切险加战争险，自南美内陆仓库起，直至英国伦敦的买方仓库为止。货物从卖方仓库运往码头装运途中，发生了承包范围内的货物损失。当卖方凭保险单向保险公司提出索赔时，保险公司以货物未装运，货物损失不在承包范围内为由，拒绝给予赔偿。问：在上述情况下，卖方有无权利向保验公司索赔？为什么？

(资料来源：国际贸易实务. 冷柏军. 高等教育出版社)

【分析提示】

根据本案的案情，卖方是有权凭保险单向保险公司索赔的。因为本案中，保险公司在货物装船前已按“仓至仓”条款承保了买卖双方成交的货物，所以，保险公司对货物从卖方仓库运往码头装运途中发生的承包范围内的风险应给予赔偿。

2. 保险责任起讫及期限

1) 基本险责任的起讫期限

在正常运输的情况下，基本险承保责任的，起讫期限通常采用国际保险业惯用的“仓至仓条款”(Warehouse to Warehouse Clause，W/W)。即保险责任自被保险货物运商保险单所载明的启运地发货人仓库开始，一直到达保险单所载明的目的地收货人仓库为止。但如果在卸货港货物卸离海轮，不进入收货人仓库，只要满 60 天，其责任也告终止。另外，如果被保险货物在运至保险单所载明的目的地或目的地前的某一仓库被分配分派，则保险责任在分派分配开始即终止。

2) 海运战争险的责任

海运战争险的责任期限只限于水上危险或运输工具上的危险，其责任自货物在起运港装上海轮或驳船时开始，直到目的港卸离海轮或驳船时为止。如不卸离，则在当地是否卸离，保险责任以海轮到达该港或卸货地点的当日午夜起算 15 天为止，到再装上海轮时保险责任恢复有效。

案例 11.2

某公司以 CIF 条件出口大米 1 000 包，共计 100 000 千克。合同规定由卖方投保一切险加战争险，后应买方的要求加附罢工险，保险公司按仓至仓条款承保。货抵目的港卸至码头后，恰遇码头工人罢工与警察发生冲突，工人将大米包垒成掩体进行对抗，罢工历时 15 天才结束。当收货人提货时发现这批大米损失达 80%，因而向保险公司索赔。问：保险公司应否给予赔偿？为什么？

(资料来源：国际贸易实务. 冷柏军. 高等教育出版社)

【分析提示】

保险公司应给予赔偿。罢工险是保险人承保罢工者，被迫停工工人，参加工潮、暴动的民众，战争的人员采取行动所造成的承保货物的直接损失。本案中，卖方应买方的要求，在战争险基础上加附罢工险，保险公司按仓至仓条款承保。货抵目的港卸至码头后，由于遇码头工人罢工与警方发生冲突，工人将大米包垒成掩体进行对抗，导致 80%的货物损失是属于罢工险承保范围内的直接损失，故买方可向保险公司提出索赔。

3. 除外责任

除外责任(Exclusions)是保险公司明确规定不予承保的损失和费用。除外责任中所列的各项致损原因，一般都是非意外的、偶然性的，或者是比较特殊的风险，由保险公司明确作为一种免责规定。除外责任还起到划清保险人、被保险人和发货人各自应负责任的作用。

基本险规定了下列除外责任：

(1) 被保险人的故意行为或过失所造成的损失；

(2) 属于发货人责任所引起的损失；

(3) 在保险责任开始前，被保险货物已存在的品质不良或数量短缺所造成的损失；

(4) 被保险货物的自然损耗、本质缺陷、特性以及市价跌落、运输延迟所引起的损失或费用；

(5) 属于海洋运输货物战争险条款和货物运输罢工险条款规定的责任范围和除外责任。

11.3 其他运输方式的货物保险

由于陆上货物运输、航空运输以及邮包运输等方式下保险均脱胎于海运货物保险，因此，在很多方面均与海运货物保险相似。

11.3.1 陆上运输货物保险

中国人民保险公司 1981 年 1 月 1 日修订的《陆上运输货物保险条款》规定：陆上货物的运输险分为陆运险和陆运一切险两种基本险。其责任范围仅限于火车和汽车运输，也采用“仓至仓”条款。

1. 陆运险(Overland Transportation Risks)的保险责任范围

保险责任范围与海洋运输保险条款中的“水渍险”相似。

1) 自然灾害

被保险货物在运输过程中遭受暴风、火灾、雷电、地震、洪水等灾害而造成的全部或部分损失时，保险公司负责赔偿。

2) 意外事故

火车或汽车等陆上运输工具发生碰撞、倾覆、出轨、隧道坍塌、崖崩等事故造成被保险货物的全部或部分损失时，保险公司负责赔偿。

陆运险对陆上运输过程中的驳运阶段的损失也有规定。驳运工具(如渡轮)由于搁浅、触礁、沉没、碰撞等造成被保险货物的全部或部分损失时，保险公司也负赔偿责任。

对由于发生在保险责任范围内的事故而采取抢救、防止或减少货损措施支付的合理费用，保险公司也负责赔偿，但以不超过被保险货物的保险金额为限。

2. 陆运一切险(Overland Transportation all Risks)的保险责任范围

与海洋运输货物保险条款中的“一切险”相似，陆运一切险比陆运险的责任范围大。它除了上述属于陆运险的责任范围外，还对一切外来原因造成被保险货物的短少、短量、损坏损失以及偷窃、提货不着、破碎、渗漏、碰损、钩损、淡水雨淋、生锈、受潮受热、霉烂、玷污、串味等，也负责赔偿。

3. 陆上货物运输保险的除外责任

陆上货物运输保险条款也规定，如因被保险人的故意行为、过失行为或属于发货人的责任、被保险货物本质特性以及市价跌落、运输延迟等所引起的损失和费用，保险公司不负责赔偿；对未加投保战争险、罢工险而由战争或罢工所造成的损失也不负责赔偿。

4. 陆上货物运输保险的责任起讫

陆上货物运输保险也采取“仓至仓”条款，保险责任从被保险货物运离保险单所载明的起运地的发货人仓库或贮存处所时开始，包括正常陆运和运输过程中的水上驳运在内，直到被保险货物运交保险单所载明的目的地的收货人仓库或贮存处所为止。被保险货物运抵保险单所载明的目的地后，如果没有及时送交收货人的仓库或贮存处所，则保险责任期限最长不能超过被保险货物到达最后卸载车站全部卸离陆上运输工具后 60 天。

5. 陆运附加险

包括陆运一般附加险和陆运特殊附加险，需要注意以下问题。

(1) 在投保陆运险的基础上可加保一种或若干种一般附加险和特殊附加险。

(2) 投保陆运一切险时，如加保战争险则仅以铁路运输为限，其责任起讫不是“仓至仓”条款，而是以货物置于运输工具时为限，从货物装上车开始至卸车时为止。如果不卸车，则从货物到站当日午夜起满 48 小时为止，如路途转车，不论卸车与否，以 10 天为限，装上车续运则继续有效。

(3) 运输活家禽时投保陆运一切险，装上运输工具开始至卸离运输工具为止如不卸离，则从运输工具抵达目的地起 15 天为限。

6. 陆上运输冷藏货物险

1) 承保责任范围

陆上运输冷藏货物险是陆上运输货物险中的一种专门险。其主要责任范围除负责陆运险所列举的自然灾害和意外事故所造成的全部或部分损失外，还负责赔偿由于冷藏机器或隔温设备在运输途中损坏所造成的被保险货物解冻融化而腐败的损失。但对于因战争、罢工或运输延迟而造成的被保险冷藏货物的腐败或损失以及被保险冷藏货物在保险责任开始时未能保持良好状态，整理、包扎不妥或冷冻不合规格所造成的损失则除外。一般的除外责任条款也适用于本险别。

2) 责任起讫

陆上运输冷藏货物险的责任起讫自被保险货物运离保险单所载起运地点的冷藏仓库装上运送工具开始运输时生效，包括正常陆运和与其有关的水上驳运在内，直到货物到达目的地收货人仓库为止。但是以被保险货物到达目的地车站后 10 天为限。

11.3.2 航空运输货物保险

中国人民保险公司 1981 年 1 月 1 日修订的《航空运输保险条款》规定：航空运输货物保险分为航空运输险(Air Transportation Risks)和航空运输一切险(Air Transportation all Risks)两种基本险别。

1. 保险责任范围

航空运输险的保险责任范围，包括被保险货物在运输途中遭受雷电、火灾、爆炸，由于飞机遭受恶劣气候或其他危难事故而被抛弃，由于飞机遭受碰撞、倾覆、坠落或失踪等意外事故所造成的全部或部分损失。对发生在保险责任范围内的事故采取抢救、防止或减少货损的措施而支付的合理费用也负责赔偿，但以不超过被救货物的保险金额为限。航空一切险的责任范围扩大为：被保险货物在运输途中由于自然灾害和意外事故等外来原因如偷窃、短少、破碎、渗漏等所致的全部或部分损失。

2. 保险责任起讫

航空货物运输保险责任起讫期限也采用“仓至仓”条款原则。所不同的是如果货物运达保险单所载明的目的地而货物未进仓，以货物在最后卸载地卸离飞机后满 30 天为止。如在上述 30 天内，该保险货物需转运到非保险单所载明的目的地时，保险责任以该项货物开始转运时终止。

3. 航空运输货物战争险

航空运输货物战争险是航空运输货物险的一种附加险，只有在投保了航空运输险或航空运输一切险的基础上方可加保。

加保航空运输货物战争险后，保险公司承担赔偿在航空运输途中由于战争、敌对行为或武装冲突以及各种常规武器和炸弹所造成的货物损失，但不包括因使用原子或热核制造的武器所造成的损失。

航空运输货物战争险的起讫责任：从被保险货物装上飞机开始，直到卸离保险单所载明的目的地的飞机时为止。如不卸机，则以载货飞机到达目的地的当日午夜起计算满 15 天为止。如被保险货物在路途转机，保险责任以飞机到达转运地当日起满 15 天为止。重新装上飞机，保险责任恢复有效。

11.3.3 邮包运输风险

中国人民保险公司 1981 年 1 月 1 日修订的《邮包险条款》规定：邮包险分为邮包险(Parcel

Post Risks)和邮包一切险(Parcel Post all Risks)两种基本险。

1. 邮包险的保险责任范围

邮包险的保险责任范围是被保险邮包在运输途中由于恶劣气候、雷电、海啸、地震、洪水等自然灾害或由于运输工具遭受搁浅、触礁、沉没、碰撞、倾覆、出轨、坠落、失踪或由于失火、爆炸意外事故所造成的全部或部分损失。另外，还负责被保险人对遭受保险责任范围内风险的货物采取抢救、防止或减少货损的措施而支付的合理费用，但以不超过被救货物的保险金额为限。

2. 邮包一切险的保险责任范围

邮包一切险的保险责任范围是除上述邮包险的各项责任外，还负责被保险邮包在运输途中由于一般外来原因所致的全部或部分损失。

3. 邮政包裹运输险的责任起讫

邮政包裹运输险的责任起讫是从邮包离开保险单所载起运地寄件人处所运住邮局开始，直至被保险邮包运达保险单所载明的目的地邮局，自邮局签发到货通知书当日午夜起算满 15 天终止，但在此期限内邮包一经递交至收件人的处所时，保险责任即行终止。

邮包险、邮包一切险的除外责任与海洋运输货物险条款中基本险的除外责任相同。在附加险方面，除战争险外，海洋运输货物保险中的一般附加险和特殊附加险险别和条款均可适用于陆、空、邮运输货物保险。

11.4 我国进出口货物保险实务

在国际货运保险业务中，被保险人通常会碰到选择投保险别、确定保险金额、具体办理保险并交付保险费、审核保险单以及在货损时办理保险索赔等问题。

11.4.1 选择保险险别

保险人承担的保险责任，是以保险险别为依据的。在不同险别情况下，保险人承担的责任范围不同，被保险货物在遭受风险损失时可能获得的补偿不同，保险资率也不同，所以，投保时应选择适当的险别，以保证货物获得充分的经济保障，并节省保险费开支。选择保险险别时应考虑以下几个因素。

1. 货物的性质和特点

不同种类的货物，由于其性质和特点不同，在运输时即使遭遇同一风险事故，所致的损失后果往往并不相同。因此，投保人在投保时应充分考虑货物的性质和特点，选择适当的险别。例如粮谷类商品(大米、豆类、玉米等)的特点是含有一定的水分，经过长途运输，可能会因水分蒸发而导致短量损失；如果途中被水浸湿，或是船上通风设备不良，船舱中湿气过大，则可能导致霉烂。因此，对于这类商品，海运时一般需投保一切险，或在水渍险的基础上加保受潮受热险及短量险，陆运时则需投保陆运一切险，或在陆运险的基础上加保短量险。又如服装等纺织品，容易受到水湿及玷污损失，所以海运需投保一切险，或在水渍险的基础上加保淡水雨淋险和混杂玷污险，陆运同样应投保与海运相当责任的险别。再如玻璃器皿、家具、大理石、水磨石的特点是比较容易碰损、破碎，因而可在投保平安险的基础上加保碰损破碎险、此外，对某些大宗货物(如散装桐油、原煤、天然橡胶)以及某些特殊的货物(如冷藏货物)，则需按不同货物的特点选择保险人提供的特定的或专门的保险条款进行投保，以求能得到充分保障。

2. 货物的包装

货物的包装方式会直接影响到货物的完好情况。散装货物，例如大宗的矿石、矿砂。在装卸时容易发生短量损失，散装的豆类等还可能因混入杂质而受损；裸装金属物，例如卡车等，容易因碰撞或挤擦而出现表面凹瘪、油漆掉落等损失；包装货物会因包装材料的不同而可能产生不同的损失，例如袋装大米可能因在装卸时使用吊钩而使外包装破裂，大米漏出而致损。因此，投保人应根据不同包装方式的特点选择适当的险别。

3. 货物的用途与价值

货物的用途各有不同。一般而言，食品、化妆品及药品等与人的身体、生命息息相关的商品，由于其用途的特殊性，一旦发生污染或变质损失，就会全部丧失使用价值，因此，在投保时应尽量考虑能得到充分全面的保障。例如，茶叶在运输途中一旦被海水浸湿或吸收异味就无法饮用，失去其使用价值，故应当投保一切险。

4. 运输方式、运输工具、运输路线、运输季节和港口(车站)

货物通过不同运输方式、采用不同的运输工具进行运输，途中可能遭遇的风险并不相同，可供选择的险别也因运输方式而异。根据我国的货物运输保险条款，货物采用的运输方式不同，其适用的保险险别也不同，例如海运保险的主险包括一切险、水渍险和平安险，陆运保险的主险则包括陆运一切险和陆运险。所以应根据不同的运输方式和运输工具等选择不同的保险险别。常见货物种类及险别选择见表 11-1。

表 11-1　常见货物种类及险别选择

货 物 种 类	常 见 危 险	险 别 选 择
粮谷类	短量、霉烂、受热受潮	一切险 水渍险+短量险+受热受潮
粮食类	包装破碎、包装生锈、被盗	一切险 平安险+盗窃提货不着险+包装破裂险
酒、饮料	破碎、被盗	一切险 平安险+盗窃提货不着险+碰损破裂险
玻璃、陶瓷制品、家电、工艺品、仪器仪表	破碎、被盗	一切险 平安险+盗窃提货不着险+碰损破裂险
毛绒类、纺织纤维类	水湿导致色变、霉烂	一切险 水渍险+混杂和玷污险

续表

货物种类	常见危险	险别选择
杂货类	水湿、被盗	水渍险+盗窃提货不着险+淡水雨淋险
散装矿石类	散落、短量	平安险+短量险
木材、车辆(舱面险)	浪击落海或被抛弃	平安险+舱面险
活牲畜、家禽、活鱼	死亡	活牲畜、家禽海陆空运输保险条款
原糖	溶解短量、吸湿、被盗、可能发生爆炸、油渍玷污	一切险

11.4.2 出口合同中的保险条款

在我国的外贸实践中，目前采用 FOB、CFR、CIF、FCA、CFR 与 CIP 这 6 种贸易术语的买卖合同居多，而在国际货运保险中，保险金额一般是以 CIF 或 CIP 的发票价格为基础加成确定的，除应包括商品的价值、运费和保险费外，还应包括被保险人在贸易过程中支付的经营费用，例如开证费、电报费、借款利息、税款和分摊到本笔交易中的日常管理费用等，此外还应包括在正常情况下可以获得的预期利润。如果出口合同采用 CIF 和 CIP 条件时。保险由我方办理，出口企业在向当地的保险公司办理投保时，应根据买卖合同的规定和信用证的规定，在备妥货物并确定装运日期和运输工具后，按规定格式逐笔填制投保单，具体列明被保险人名称、被保险货物名称、数量、包装及标志、保险金额、起讫地点、运输工具名称、起航日期、投保险别等，送交保险公司投保，并交付保险费，保险公司凭此出具保险单或保险凭证。

保险金额一般由买卖双方商订。关于保险加成率，在《跟单信用证统一惯例》(《UCP600》)和《2000 年国际贸易术语解释通则》(《INCOTKRMS2000》)中均规定，最低保险金额应为货物的 CIF 或 CIP 价格加 10%，如果以其他 4 种贸易术语成交，则应先折算成 CIF 或 CIP 再加成。根据惯例，通常按照 CIF 值的 110%投保，如果买方要求较高的加成率计算投保金额，在保险公司同意的情况下我方可以接受，但是超出部分的保险金额应由买方负担。投保金额是保险公司所承担的最高赔偿金额，也是计算保险费的基础。可按照以下公式计算：

$$保险金额=CIF\ (CIP)价\times(1+投保加成率)$$

如果以 CFR 或 CPT 成交，

$$CIF(CIP)价=CFR(CPT)价\div(1-投保加成\times保险费率)$$

$$保险金额=CIF(CIP)价\times(1+投保加成率)$$

$$保险费=保险金额\times保险费率$$

案例 11.3

北京某货运公司出口一批货物到日本，原报 CFR 日本大阪，总金额为 80 000 美元，现进口商来电要求改报 CIF 价格，目的地不变，并按 CIF 价加成 10%投保海运一切险，假设运至日本大阪的该项货物海运一切险的保险费率为 0.5%。

解：应按如下方法计算保险金额：

CIF 价=80 000 美元/[1−0.5%×(1+10%)]=80 442.43(美元)

保险金额=80 442.43×(1+10%)=88 486.68(美元)

案例 11.4

某批出口至新加坡的货物。CIF 发票总金额为 45 万元人民币，如按发票总金额 110%投保一切险和战争险，应付多少保险费？(注：一切险保险费率为 0.3%，战争险的险费率为 0.04%)

解：计算方法如下：保险费=CIF(CIP)价×(1+投保加成率)×保险费

=450 000×110%×(0.3%+0.04%)

=1 683(元)

即应付 1 683 元的保险费

11.4.3 进口合同中的保险条款

签订进口合同时，我国进口货物多由我方自办保险。因此，进口合同中保险条款一般只规定“装船后保险由买方负责”。我国进口一般采用 FOB、CFR、CFR 术语，由买方办理保险，为防止来不及投保，一般采用预约保险方法。可按以下公式投保：

FOB(FCA)进口合同的保险金额=FOB(FCA)价×(1+平均运费率+平均保险费率)

CFR(CPT)进口合同的保险金额=CFR(CPT)价×(1+平均保险费率)

保险费=保险金额×平均保险费率

11.4.4 保险单据的类别

交付保险费后，保险公司即可对被保险人发放保险单。保险单据既是保险公司对被保险人的承保证明，又是双方之间权利和义务关系的契约。

1) 保险单

保险单(Insurance Po1icy)俗称大保单，是保险人和被保险人之间成立保险合同关系的正式凭证。保险单是被保险人索赔或对保险人上诉的正式文件，也是保险人理赔的重要依据。保险单可转让，通常是被保险人向银行进行押汇的单证之一。

2) 保险凭证

保险凭证(Insurance Certificate)俗称小保单。是保险人签发给被保险人，证明货物已经投保和保险合同已经生效的文件。保险凭证具有与保险单同等的效力，但在信用证规定提交保险单时，一般不能以保险凭证代替。

3) 联合凭证

联合凭证(Combined Certificate)是一种将发票和保险单相结合的，比保险凭证更为简化的保险单据。这种单据极少使用，目前仅适用于对中国港、澳地区客商和少部分东南亚地区的出口业务。

4) 预约保险单

预约保险单(Open Policy)又称预约保险合同，是被保险人与保险人之间订立的总合同。预约保险范围内的进出口货物一经起运即自动按预约保险单所列条件承保。订立预约保险合同的目的是为了简化手续，同时也能避免由于漏保和迟保而造成无法弥补的损失。

在实际业务中，凡属预约保险单规定范围内的进口货物，一经起运，我国保险公司即自动按约定保单所订立的条件承保，，但被保险人在获悉每批货物装运时，应及时将装运通知书(含货名、船名、数量等)送交保险公司，并按约定办法缴纳保险要，即完成了投保。事先订立预保合同，可防止因漏保或迟保而造成的，损失无法弥补。因货物未保前出险，再向保险公司投保，照例不能接受，当损失发生，得不到保险赔款。

5) 批单

其批改内容如涉及保险金额增加和保险责任范围扩大，保险公司只有在证实货物未发生出险事故的情况下才同意办理，批单原则上须粘贴在保险单上，并加盖骑缝章，作为保险单不可分割的一部分。

注意货运保险单和保险凭证可以经背书或其他方式转让，保险单据的转让无须取得保险人的同意，也无须通知保险人．即使在保险标的发生损失之后，保险单据也可有效转让。在CIF和CIP条件下，保险单据的形式和内容，必须符合买卖双方约定的要求。特别是在信用证支付条件下，必须符合信用证的有关规定，保险单据的出单日期不得迟于运输单据所列货物装船或发运或承运人接受监督的日期，办理投保手续的日期也不得迟于货物装运日期。

11.4.5　保险索赔

保险索赔是指当进出口货物遭受承保责任范围内的损失时，具有保险利益的人应在分清责任的基础上确定索赔对象，备好索赔单证，并在索赔时效内(一般为两年)向相关保险公司提出赔偿要求。

在索赔工作中，被保险人必须作好下列工作。

1) 损失通知与残损检验

货物运抵目的港后，被保险人或其代理人应及时查看，发现属于保险责任范围内的损失时，应立即通知保险人在卸货港的检验人或其理赔代理人。这种通知是向保险人请求损失赔偿的必备手续。对于遭受损失的货物应尽可能保留现状，以便保险人及有关各方进行检验，确立责任。检验报告是被保险人向保险公司索赔的重要证件，同时保险人与被保险人均应及时采取施救措施，以防止损失继续扩大。

2) 索赔证据及时效

索赔证据是指被保险人除以书面提出索赔申请，开列索赔清单外，还需提供下列文件：

(1) 货物残损检验报告；

(2) 保险单或保险凭证；

(3) 发票、提单、装箱单或重量单和运输单据；

(4) 海事报告；

(5) 施救费用及检验费用的开支清单；

(6) 向承运人或其他第三者索赔的有关文件和来往函电。

索赔时效一般为2年，但被保险人一旦获悉或发现货物遭受损失要立即通知保险公司，只要一旦提出索赔，说明索赔已经开始，从而就不再受索赔时效的限制。

3) 代为追偿

在保险业务中，为防止被保险人双重获益，保险人在履行全损赔偿或部分损失赔偿后，在其赔付金额内，要求被保险人转其对造成损失的第三者责任方要求全赔或相应部分赔偿的权利。这种权利称为代位追偿权(Right of Subrogation)，或称代位权。

在实际业务中，保险人需首先向被保险人进行赔付，才能取得代位追偿权，具体做法：被伤险人在获得赔偿的同时签署一份权益转让书，作为保险人取得代位权的证明。保险人凭此向第三者责任方追偿。

案例 11.5

某货代公司接受货主委托，安排一批茶叶海运出口。货代公司在提取了船公司提供的集装箱并装箱后，将整箱货交给船公司。同时，货主自行办理了货物运输保险。收货人在目的港拆箱提货时发现集装箱内异味浓重，经查明，该集装箱前一航次所载货物为精萘，致使茶叶受精萘污染。请问：

(1) 收货人可以向谁索赔？为什么？

(2) 最终应由谁对茶叶受污染事故承担赔偿责任？

【分析提示】

(1) 可向保险人或承运人索赔。因为根据保险合同，在保险人承保期间和责任范围内，保险人应承担赔付责任。因为根据运输合同，承运人应提供“适裁”的 COC，由于 COC 存在问题，承运人应承担赔偿责任。

(2) 由于承运人没有提供“适载”的 COC，而货代在提空箱时没有履行其义务，即检查箱子的义务. 并且在目的港拆箱时异味还很浓重，因此，承运人和货代应按各自过失比例承担赔偿责任，如承运人承担 60%，货代承担 40%的责任。

11.4.6 合同中的保险条款

保险条款是国际货物买卖合同的重要组成部分之，必须订得明确、合理。保险条款的内容依选用不同的术语而有所区别。

采用不同的贸易术语，办理投保的人就不同。以 FOB、CFR 或 FCA、CFR 条件成交的合同，应订明由买方负责投保；采用 CIF 或 CIP 成交的合同，应标明由卖方负责投保，并明确规定投保险别、保险金额的确定方法以及按什么保险条款保险，并注明该条款的生效日期。

保险条款举例：

“保险由买方自理。” (Insurance：To be covered by the buyer.)

“保险由卖方自理。” (Insurance：To be covered by the seller.)

“保险由卖方按发票金额的 110%投保一切险和战争险，以中国人民保险公司 1981 年 1 月 1 日的有关海洋运输货物保险条款为准。” (Insurance is to be covered by the seller for 110% of the invoice value against All Risks and War Risks as per Ocean Marine Cargo Clause of the People’s Insurance Company of China dated Jan. 1. 1981．)

本 章 小 结

在国际货物运输中，由于自然灾害和意外事故可能会给货方带来风险和损失，为降低风险和损失带来的费用，可根据货物性质、运输方式及线路等具体情况，选择合适的保险险别，向保险公司投保。

中国保险条款包括海运基本险(平安险、水渍险、一切险)、陆运基本险、空运基本险、邮包险以及战争险、罢工险等附加险别。保险单是保险索赔的主要依据。保险条款是国际买卖合同的重要组成部分，保险条款的内容包括选择投保险别、办理保险手续、确定保险金额、支付保险费、保险人和被保险人的义务等。

本章练习题

一、单项选择题

1. 在海洋运输货物保险业务中，共同海损(　　)。
   A. 是部分损失的一种
   B. 是全部损失的一种
   C. 有时为部分损失，有时为全部损失
   D. 是推定全损
2. 根据我国“海洋货物运输保险条款”规定，“一切险”包括(　　)。
   A. 平安险加 11 种一般附加险　　B. 一切险加 11 种一般附加险
   C. 水渍险加 11 种一般附加险　　D. 11 种一般附加险加特殊附加险
3. 预约保险以(　　)代替投保单，说明投保的一方已办理了投保手续。
   A. 提单　　B. 国外的装运通知
   C. 大副收据　　D. 买卖合同
4. 按国际保险市场惯例，投保金额通常在 CIF 总值的基础上(　　)。
   A. 加一成　　B. 加二成　　C. 加三成　　D. 加四成
5. “仓至仓”条款是(　　)。
   A. 承运人负责运输起讫的条款　　B. 保险人负责保险责任起讫的条款
   C. 出口人负责交货责任起讫的条款　　D. 进口人负责付款责任起讫的条款
6. 我某公司出口稻谷一批，因保险事故被海水浸泡多时而丧失其原有用途，货到目的港后只能低价出售，这种损失属于(　　)。
   A. 单独损失　　B. 共同损失　　C. 实际全损　　D. 推定全损
7. CIC“特殊附加险”是指在特殊情况下，要求保险公司承保的险别，(　　)。
   A. 一般可以单独投保
   B. 不能单独投保
   C. 可单独投保两项以上的“特殊附加险”
   D. 可以单独投保
8. 某批出口货物投保了水渍险，在运输过程中由于雨淋致使货物遭受部分损失，这样的损失保险公司将(　　)。
   A. 负责赔偿整批货物
   B. 负责赔偿被雨淋湿的部分
   C. 不给予赔偿
   D. 在被保险人同意的情况下，保险公司负责赔偿被雨淋湿的部分

9．有一批出口服装，在海上运输途中，因船体触礁导致服装严重受浸，如果将这批服装漂洗后再运至原定目的港所花费的费用已超过服装的保险价值，这批服装应属于(　　)。

A．共同海损　　B．实际全损　　C．推定全损　　D．单独海损

10．我方按 CIF 条件成交出口一批罐头食品，卖方投保时，按下列(　　)投保是正确的。

A．平安险+水渍险　　B．一切险+偷窃提货不着险

C．水渍险+偷窃提货不着险　　D．平安险+一切险

二、多项选择题

1．共同海损分摊时，涉及的受益方包括(　　)。

A．货方　　B．船方　　C．运费方　　D．救助方

2．在我国海洋运输货物保险业务中，下列(　　)险别均可适用“仓至仓”条款。

A．ALL RISKS　　B．WA or WPA　　C．FPA　　D．WAR RISK

3．在发生以下(　　)的情况下，可判定货物发生了实际全损。

A．为避免实际全损所支出的费用与继续将货物运抵目的地的费用之和超过了保险价值

B．货物发生了全部损失

C．货物完全变质

D．货物不可能归还被保险人

4．某载货船只载着甲货主的 3 000 箱棉织品、乙货主的 50 公吨小麦、丙货主的 200 公吨大理石驶往美国纽约。货轮起航的第二天不幸遭遇触礁事故，导致船底出现裂缝，海水入侵严重，使甲货主的 250 箱棉织品和乙货主约 5 公吨的小麦被海水浸湿。因裂口太大，船长为解除船、货的共同危险，使船舶浮起并及时修理，下令将丙货主的 50 公吨大理石货物抛入海中，船舶修复后继续航行。货轮继续航行的第三天又遭遇恶劣气候，使甲货主另外 50 箱货物被海水浸湿，此时，以下答案中(　　)是正确的。

A．因触礁而产生的船底裂缝及甲、乙货主的货物损失属于单独海损

B．为使船舶浮起并及时修理而抛人海中的丙货主货物的损失属于共同海损

C．因恶劣气候而导致的甲货主 50 箱货物的损失属于单独海损

D．本案中各货主若都投保了平安险，保险公司将对以上 A、B、C 的损失给予赔偿

5．运输工具在运输途中发生了搁浅、触礁、沉没等意外事故，不论意外发生之前或之后货物在海上遭遇恶劣气候、雷电、海啸等自然灾害造成的被保险货物的部分损失，属于以下(　　)的承保范围。

A．平安险　　B．水渍险　　C．一切险　　D．附加险

6．共同海损与单独海损的区别是(　　)。

A．共同海损属于全部损失，单独海损属于部分损失

B．共同海损由保险公司负责赔偿，单独海损由受损方自行承担

C．共同海损是为了解除或减轻风险而人为造成的损失，单独海损是承保范围内的风险直接导致的损失

D．共同海损由受益各方按受益大小的比例分摊，单独海损由受损方自行承担

7．我国对外贸易货运保险可分为(　　)。

A．海上运输保险　　B．陆上运输保险

C．航空运输保险　　D．邮包运输保险

8．伦敦保险协会海运货物保险条款所规定的险别中可单独投保的是(　　)。

A．ICC(A)、ICC(B)、ICC(C)　　B．协会战争条款

C．协会罢工条款　　D．恶意损害险条款

9．共同海损的构成条件有(　　)。

A．必须确有共同危险　　B．采取的措施是有意的、合理的

C．牺牲和费用支出是非常性质的　　D．牺牲和费用的开支最终必须是有效的

10．根据我国海运货物保险条款规定，海洋运输货物保险中的基本险可分为(　　)。

A．平安险　　B．水渍险　　C．一切险　　D．附加险

三、判断题

1．在保险单出具后，如需要补充或变更保险内容，保险公司可根据投保人的请求出具修改保险内容的凭证，该项凭证称为批单。(　　)

2．保险公司对陆运战争险的承保责任起讫与海运战争险的承保责任起讫都是“仓至仓”。(　　)

3．按国际保险市场惯例，大保单与小保单具有同等法律效力。(　　)

4．如果被保险货物运达保险单所载明的目的地，收货人提货后即将货物转运，则保险公司的保险责任于转运到达目的地仓库时终止。(　　)

5．海运提单的签发日期应早于保险单的签发日期。(　　)

6．按 CFR 术语进口时，我方在国内投保了一切险，我方承担的风险起讫应为“仓至仓”。(　　)

7．在国际贸易中，向保险公司投保了一切险后，货物运输途中由于任何外来原因造成的一切货损，均可向保险公司索赔。(　　)

8．按照中国人民保险公司现行的保险条款规定，凡已投保了战争险，若再加保罢工险，保险公司不另行增收保险费。(　　)

9．根据 CIC 条款，平安险是指保险公司对单独海损不负赔偿责任。(　　)

10．伦敦保险协会制定的“协会货物条款”中的 A 险、B 险和 C 险，其保险公司承保的范围与我国海运货物保险的 FPA、WA 和 ALL RISKS 三种险别的承保范围大致相当。(　　)

四、计算题

1．设我方以 50 美元/袋 CIF 新加坡出口某商品 1 000 袋，货物出口前，由我方向中国人民保险公司投保水渍险、串味险及淡水雨淋险，水渍险、串味险及淡水雨淋险的保险费率分别为 0.6%、0.2%和 0.3%，按发票金额 110%投保，问：该批货物的投保金额和保险费各是多少？

2．某货主在货物装船前，按发票金额的 110%办理了货物投保手续，投保一切险加保战争险。该批货物以 CIF 成交的总价值为 20.75 万美元，一切险和战争险的保险费率合计为 0.6%。问：(1)该货主应交的保险费是多少？(2)若发生了保险公司承保范围内的风险，导致该批货物全部灭失，保险公司的最高赔偿金额是多少？

3．我某公司对外报价某商品每公吨 10 000 美元 CIF 纽约，现外商要求将价格改报为

CFR 纽约，问：我方应从原报价格中减去的保险费是多少？(设该商品投保一切险，保险费率为 1%)

4．我出口某商品净重 100 公吨，装 5 000 箱，每箱单价为 89 美元，加一成投保一切险。货到目的港后，买方发现除短少 5 箱外，还短量 380 千克，问：保险公司负责赔偿的金额是多少？

五、案例分析题

1. 我某外贸公司与澳大利亚某进口商达成一项皮手套出口合同，价格条件为 CIF 悉尼，支付方式为不可撤销即期信用证，投保协会货物保险条款 ICC(A)险。生产厂家在生产的最后一道工序将手套的湿度降低限度，然后用牛皮纸包好装入双层瓦楞纸箱，再装入集装箱。货物到达目的港后，检验结果表明，全部货物湿、霉、玷污、变色，损失价值达 8 万美元。据分析，该批货物出口地不异常热，进口地不异常冷，运输途中无异常，完全属于正常运输。问：(1)保险公司对该批货物是否负责赔偿？为什么？(2)进口商对受损货物是否支付货款？为什么？

2．我方按 CIF 纽约出口冷冻羊肉一批，合同规定投保一切险加战争险、罢工险。货到纽约后适逢码头工人罢工，货物因港口无法作业不能卸载。第二天货轮因无法补充燃料，以致冷冻设备停机。等到第五天罢工结束，该批冷冻羊肉已变质。问：进口商向保险公司索赔是否有理？

3．某货轮在某港装货后，航行途中不慎发生触礁事故，船舶搁浅，不能继续航行。事后船方反复开倒车强行浮起，但船底划破，致使海水渗入货舱，造成船货部分损失。为使货轮能继续航行，船长发出求救信号，船被拖至就近港口的船坞修理，暂时卸下大部分货物。前后花了 10 天，共支出修理费 5 000 美元，增加各项费用支出(包括员工工资)共 3 000 美元。当船修复后继续装上原货起航。次日，忽遇恶劣气候，使船上装载的某货主的一部分货物被海水浸湿。(1)试从货运保险义务方面分析，以上所述的各项损失，各属于什么性质的损失？(2)在投保了平安险的情况下，被保险人有权向保险公司提出哪些赔偿要求？为什么？

4．某合同出售一级小麦 150 公吨，按 FOB 条件成交，装船时货物经检验，符合合同规定的品质条件，卖方在装船后及时向买方发出装运通知。但船舶在航行途中，由于遭遇触礁事件，小麦被海水浸泡，品质受到严重影响。当货物到达目的港后，只能降价出售，买方因此要求卖方赔偿其差价损失。问：卖方对上述情况下产生的货物损失是否要承担赔偿责任？为什么？

5．一份 CIF 合同，出售大米 50 公吨，卖方在装船前投保了一切险加战争险，自南美内陆仓库起，直至英国伦敦的买方仓库为止。货物从卖方仓库运往码头装运途中，发生了承保范围内的货物损失。当卖方凭保险单向保险公司提出索赔时，保险公司以货物未装运，货物损失不在承保范围内为由，拒绝给予赔偿。问：在上述情况下，卖方有无权利向保险公司索赔？为什么？

6．我某进出口公司以 CIF 条件进口货物一批，合同中的保险条款规定："由卖方按发票金额的 130%投保一切险。"卖方在货物装运完毕以后，已凭结汇单据向买方收取了货款。而货物在运输途中遇险导致全部灭失。当买方凭保险单向保险公司要求赔付时，卖方却提出，超出发票金额 20%的赔付部分，应该是买卖双方各得一半。问：卖方的要求是否合理？为什么？

7．某笔业务的 A 方向 B 方以 CFR 条件出口散装货物共 2 000 公吨，A 方同时也以相同条件向 C 方出口同种货物 1 500 公吨，货物出运时，A 方将 B、C 两方的货物装运在同一艘货运船只上，并与船公司联系好，在货物运抵目的港后，由船公司负责分拨，A 方在货物装船后及时向 B、C 两方发出了装运通知。不巧，受载船舶在运输途中遇到风险，使该批货物当中的 1 500 公吨货物全部灭失。事件发生以后，A 方致电 C 方，告知其所进口的 1 500 公吨货物，已在运输途中全部灭失，且风险在 CFR 条件下由 C 方承担。问：在上述情况下，A 方对这 1 500 公吨的货物有无交货责任？为什么？

第12章 货款的支付

教学目标

- 熟悉汇票的含义、内容及汇票的票据行为；
- 掌握汇付和托收、方式的支付流程和特点；
- 掌握信用证的概念、特点、种类、支付流程及信用证风险防范；
- 了解银行保函和国际保理等支付方式的使用。

关键词

汇票　支票　本票　汇付　托收　信用证　银行保函

案例导入

2003年3月11日，中国甲公司与印度尼西亚乙公司签订一笔20 000美元的出口合同，乙公司要求以D/P at sight(即期付款交单)为付款方式。在货物装船起运后，乙公司又要求国内出口商将提单上的托运人和收货人均注明为乙公司，并将海运提单副本寄给乙公司。货到目的港后，乙公司便以暂时货款不够等原因不付款赎单，并要求出口商甲公司将付款方式更改为D/A，并允许自己先提取货物，否则乙公司将拒绝收货。由于提单的收货人记名为乙公司，使国内出口商甲公司无法将货物再转卖给其他客户，便只能答应乙公司的要求。之后乙公司以货物是自己的为由，以保函和营业执照复印件为依据，向船公司凭副本海运提单办理提货手续。货物被提走转卖后，乙公司不但不按期向银行付款而且此后再也无法取得联系，使甲公司货款两空。

本案中，乙公司使用一个连环套方式欺骗甲公司的货款，即D/P(付款交单)—记名提单—D/A(承兑交单)。甲公司以为持有正本提单乙公司会见票后立即付款，收汇有一定保证，没想到提单的托运人与收货人均为乙公司，甲公司已受制于对方只得接受D/A付款方式。托收的性质为商业信用。银行办理托收业务时，只是按委托人的指示办事，并不承担对付款人必然付款的义务，乙公司在汇票到期后不向银行付款，银行不承担责任，而甲公司对乙公司的信誉没有把握好，风险只能由甲公司自行承担。

(资料来源：梁迪．趋利避害慎用托收．进出口经理人[J]，2008(5)：54)

国际贸易是国与国之间的商品交换，买卖双方属于不同国家，涉及不同的货币制度、外汇管理、以及货款支付的法令和惯例，使得国际贸易的货款支付较国内贸易更为复杂。因此，在国际贸易中，货款的安全和及时收付是关系到买卖双方利益的问题，往往成为双方在交易磋商时斗争的焦点，并在合同中要加以明确规定。它在很大程度上决定买卖关系能否建立及能否进一步发展。国际贸易的货款支付主要涉及支付工具、支付方式、支付货币、支付时间和支付地点等内容，其中最主要的是支付工具和支付方式。

12.1 支付工具

总的来说，作为支付工具使用的主要是货币和票据。货币用于计价、结算和支付。票据用于结算和支付。从发展的趋势来看，非现金结算已取代现金结算，即在国际贸易中货款收付主要以代替现金的各种票据的转让流通来实现。

在国际贸易中，当货款支付从现金货币结算过渡到非现金结算时，其使用的信用工具就是票据。票据的概念因各国法律差异而不一致，但通常认为，票据是出票人自己承诺或委托付款人在指定日期无条件支付一定款项给收款人或持票人的一种凭证。简言之，票据是一种代表一定金额给付的、可以流通转让的有价证券。国际贸易中使用的票据主要包括汇票、本票和支票。其中以汇票的使用为主，本票和支票使用日益减少。

12.1.1 汇票

汇票(Bill of Exchange / Draft)是国际贸易货款支付中使用最广泛的一种支付工具。在使用票汇、托收和信用证的支付方式中，通常要提交汇票，在承兑信用证和议付信用证业务中是必须出具的单据，显得尤其重要。

1. 概念

《英国票据法》规定，汇票是由一个人向另一个人签发的，要求即期或于一定日期或在可以确定的将来时间，向某人或其指定人或持票人无条件支付一定金额的书面支付命令。

《日内瓦统一票据法》规定，汇票必须包括下列内容：票据必须注明“汇票”字样、无条件支付一定金额的命令、付款人(受票人)姓名、付款期限、付款地点、受款人或其指定人姓名、开立汇票日期和地点以及出票人的签名。

我国《票据法》规定，汇票是由出票人签发的、委托付款人在见票时或在指定日期无条件支付确定的金额给收款人或者持票人的票据。

也就是说，虽然关于汇票概念的表述不一，但其核心含义一致，汇票就是出票人以书面命令受票人立即或在将来的指定日期无条件支付确定金额给指定受款人，或持票人的一种凭证。

从以上定义我们可以看出汇票的基本当事人有三个：一是出票人(Drawer)，即开立汇票的人，在国际贸易中通常是出口商。二是受票人(Drawee)，即汇票付款人(Payer)，在国际贸易中通常是进口商或其指定银行。三是受款人(Payee)，即受领汇票所规定金额的人，在国际贸易中通常是出口商或其指定人。

2. 汇票的内容

各国各出口商开具的汇票格式并不完全相同，但其基本栏目和内容是一致的。汇票必须记载以下事项。

(1) 必须写明“汇票”字样(Bill of Exchange / Draft)。表明票据的种类，以区别于其他票据。

(2) 书面无条件支付命令(Unconditional Order in Wrinting)。汇票必须采用书面形式，包括印刷、手写和打字等，但不能以铅笔或类似书写工具做成。无条件的意思是付款行为不能以某个事件的发生或某个行为的履行作为先决条件。支付命令指应该用祈使和命令的语气。

(3) 确定的金额(Amount)。汇票金额及币种应该写清楚，不能用大约或选择性的表达方式。汇票金额用数字小写和英文大写分别标明。小写金额位于 Exchange for 后，可保留 2 位小数，由货币名称缩写和阿拉伯数词组成。大写金额位于 The sum of 后，习惯上句首加“SAY”，即“计”；句尾有“ONLY”字样，即“整”；小数点用 POINT/CENTS 表示。如 1 580.2 美元表示为“SAY U.S. DOLLARS ONE THOUSAND FIVE HUNDRED AND EIGHTY POINT TWO ONLY”。金额大小写要一致，不能涂改。通常汇票金额等同于发票金额。汇票金额不能超过信用证金额，除非信用证另有规定。金额中含有利息时，应该注明利息的具体金额，否则为金额不明确，汇票无效。

(4) 出票地点和日期(Place and Date of Issue)。出票地点和日期通常并列于汇票右上方。出票地点关系到汇票的法律适用问题，一般以出票地国家的法律来确定。我国《票据法》规定：汇票上没有记载出票地的，以出票人的营业场所、住所或者经常居住地为出票地。出票日期即为汇票签发日期。出票日期具有法律意义：①确定汇票到期日，如汇票付款期限为出票日后 30 天付款，出票日为 2009 年 1 月 12 日，则汇票付款到期日为 2 月 11 日。②确定汇票提示期限，《日内瓦统一票据法》规定，见票即付的汇票，必须自出票日起 1 年内提示汇票，否则汇票失效，受票人可以拒付。③判定票据行为人能力。如汇票出票前出票人已经破产，则该汇票不能成立；如果汇票出票以后出票人因故破产，则持票人在受票人拒付后可以持汇票作为一般债权人进入出票人的破产清算。对于出票日期，不宜过早，一般应同于或晚于提单日期，如使用信用证支付方式，出票日期不能晚于信用证内规定的议付期限。在实际业务中，为了使工作方便主动，缮制汇票时一般不填写汇票日期，由议付行在寄出单据时代替出口公司在汇票上加盖日期。不过，英美票据法认为出票日期不是必要事项。

(5) 付款人(受票人)(Drawee/Payer)。付款人一栏通常在汇票的右下角。付款人是受出票人的委托而支付汇票金额的人，受票人是出票人出票指向的汇票付款人或承兑人。两者通常一致。付款人在汇票中以 TO…(致……)表示，包括付款人名称和地址。受款人不能强迫付款人付款或承担到期付款的责任。但付款人一旦对汇票承兑，则成为汇票的主债务人，承担汇票到期付款责任。

(6) 受款人(Payee)。又称为汇票抬头。受款人是汇票第一债权人。英美法系国家准许汇票不记载受款人名称，我国《票据法》规定不记载受款人名称的汇票是无效的。

汇票抬头有以下三种写法。

① 限制性抬头(Restrictive Order)。即仅限于受款人，不能转让给他人。如“仅付××”(Pay to ×× only)；“付给××，不得转让”(Pay to ××，not transferable；或 Pay to ××，not negotiable)。使用这种方式多数是因为付款人不愿意将债权债务关系转移给第三者。

② 指示性抬头(Demonstrative Order)。以某特定人或该特定人制定的人为受款人，这种汇票经背书可以转让。如“付××或其指定人”(Pay to the order of ×× only；或 Pay to the order of ××；或 Pay to ×× or order)。

③ 持票人或来人抬头(Bearer Order)。这种汇票不记载受款人名称，而只写“付给持票人或来人”(Pay to bearer)；“付给××公司或来人”(Pay to ×× company or bearer)。这种汇票无须背书，只凭交付即可转让。所以风险较大，极少使用。《日内瓦统一票据法》和我国《票据法》不允许以来人作为受款人，英国则允许，但都不允许留空。

(7) 付款期限和地点(Tenor and Place of Payment)。付款期限又称为付款到期日，是付款人履行付款的日期。汇票的付款期限由即期和远期之分。目前使用的汇票，大部分已经印上了“At...sight”(付款日期)字样。即期付款在 At 和 Sight 之间填上虚线或“*”，防止填写具体日期，表示见票即付。远期付款则在付款期限处填写远期天数和起算期。远期付款主要有见票后若干天付款(At ×× days after sight)，出票日后若干天付款(At ×× days after date of draft，将 sight 划掉)，提单日后若干天付款(At ×× days after date of B/L，将 sight 划掉)和定日付款(On July 11，2009)。如果没有明确，则视为付款人见票即付。付款地点是持票人提示汇票要求付款的地点。如果没有明确，则视为付款人的营业场所或住所。

(8) 出票人签章(Drawer's Signature)。在国际贸易中，出票人就是出口商，通常在汇票的右下方填写出口公司的名称。出票人是签发汇票和交付汇票的人。一旦他在汇票上签字或盖章，表明承认自己的债务责任，就确定了他主债务人的地位，他要对汇票负付款责任。

以上是汇票的要项，但并不一定是汇票的全部内容。各国汇票的式样大同小异，一般都规定汇票的要项必须齐全，否则受票人有权拒付。

另外，汇票在开立时还有其他一些项目内容。例如，有些信用证要求出具一份或三份汇票。无论份数多少，每一份都具有同等效力，并不是正本与副本的关系，其中一份付讫，其余各份自动失效。在国际贸易中，通常开立一式两份，分别寄发，目的是防止遗失。汇票上一般在醒目的位置上印上“1”和“2”字样，分别表示第一联和第二联。付款人只对其中一份承兑或付款，另一份在承兑或付款后自动作废，因此，在汇票第一联中写明“付一不付二”，在汇票第二联中写明“付二不付一”。还有的汇票会标明出票依据(Drawn Under)，即汇票上的出票条款。如果是信用证方式下的汇票按信用证规定填写，如注明信用证开证行、信用证号码、日期等内容。如果是托收方式下的汇票则注明有关销售合同号码。汇票上还会表明汇票号码(Draft Number)，一般使用发票号，便于单证查询。有时还有其他记载项目如禁止转让(Not Transferable)、免于追索(Without Recourse)等。

3. 汇票行为

汇票行为是围绕汇票所发生的，以确立一定权利义务关系为目的的行为。一般包括出票、提示、承兑和付款；汇票如需转让或遭到拒付时，还包括背书、退票、追索、保证等行为。

1) 出票

出票(Issuance/Draw)是指出票人在汇票上填写付款人、付款金额、付款日期和地点以及受款人等项目，经签字后交给受款人的行为。一旦出票行为完成，出票人负担汇票到期承兑或付款的责任，如付款人拒付，出票人有对受款人偿还的义务。出票在汇票诸多行为中是主要的票据行为，其他的行为都是在出票的基础上进行的。

2) 提示

提示(Presentation)指持票人(Holder)将汇票交付付款人要求承兑或付款的行为。持票人即现在正持有汇票的人，可以是汇票的受款人，也可以是汇票流通过程中的被背书人。提示是持票人为行使和保全票据权利所必须做的一种行为。付款人见到汇票叫作“见票”。提示分为以下两种。

① 付款提示(Presentation for Payment)：持票人将即期汇票或已到期的远期汇票提交付款人，要求付款的行为。

② 承兑提示(Presentation for Acceptance)：持票人将远期汇票提交给付款人，要求付款人承诺到期付款的行为。对于远期汇票，一般由持票人先作承兑提示，再于到期日作付款提示。见票后若干天付款的远期汇票需及时向付款人作承兑提示，以便从承兑日起推算付款的到期日。出票后若干天付款的远期汇票也需要向付款人作承兑提示，因为付款人承兑后成为汇票的主债务人，承担首要的付款责任。持票人必须在规定的时效内进行承兑提示。我国《票据法》规定：定日付款和出票后若干天付款的汇票，持票人可以在到期日前提示承兑，也可以不提示承兑而于到期日直接请求付款；见票后若干天付款的汇票，持票人应当自出票日起 1 个月内向付款人提示承兑；见票即付的汇票(即期汇票)无须承兑提示。《日内瓦统一票据法》对见票后若干天付款的规定提示承兑期限为出票日起 1 年；英国《票据法》规定为“合理时间”，通常理解为半年左右。

3) 承兑

承兑(Acceptance)指远期汇票的付款人签章于汇票的正面，明确表示承担到期付款责任的行为。

付款人一定要在汇票上签字，并写明“承兑”字样及承兑日期。汇票一经承兑，付款人即成为承兑人(Acceptor)，承兑人即成为汇票的主债务人，出票人则从主债务人变成了从债务人。

4) 付款

付款(Payment)指持票人提示即期汇票或已承兑的到期的远期汇票，付款人或承兑人履行付款责任的行为。付款后，汇票上的一切债权债务即告终止。

5) 背书

背书(Endorsement)指持票人在汇票背面签上自己的名字，或再加上受让人的名字，并将汇票交给受让人的行为。此时，持票人称为背书人(Endorsor)。接受汇票背书转让的受让人称为被背书人(Endorsee)。

背书行为的适用范围是指示性抬头的汇票，不适用于限制性抬头和持票人或来人抬头汇票。来人抬头汇票只需要交付不需要背书即可转让权利；限制性抬头汇票不能进行汇票权利的转让。指示性抬头汇票经过背书和交付之后，汇票的收款权利由背书人转让给被背书人。背书实际上是转让汇票的一种手续。背书人对票据所负的责任与出票人相同，不过背书人属于次债务人或说从债务人，只有在主债务人即出票人或承兑人拒付时才会被追索。

汇票经背书可以不断转让下去。受款人将汇票背书转让给他人后成为第一背书人，受让人依次将会票背书再转让，相应成为第二背书人、第三背书人等。对受让人来说，所有在他以前的背书人及原出票人都是他的“前手”；对于出让人来说，所有在他以后的受让人都是他的“后手”。“前手”对“后手”负有担保汇票必然会被承兑或付款的责任。

背书的种类有以下几种。

① 记名背书(Special Endorsement)，又称为完全背书、特别背书。背书人在汇票背面记有背书人的名称并作签章，此外，还有被背书人的名称。被背书人可以继续进行汇票的背书转让。

② 空白背书(Endorsement in Blank)，又称不完全背书、无记名背书。背书人在汇票背面只记载背书人名称并作签章，但没有记载被背书人的名称。空白背书在国际上比较盛行。但我国《票据法》规定不允许空白背书。

③ 限制性背书(Restrictive Endorsement)。背书人在汇票背面记载带有限制流通的文义，禁止汇票继续转让的背书。只有限制性背书的被背书人才能向付款人要求付款。

6) 贴现

贴现(Discount)指远期汇票承兑后，持票人如想在汇票到期前取得票款，可以将未到期的汇票背书转让给银行，银行从票面金额中扣减按照一定贴现率计算的贴现息后，将余款付给持票人。

银行对其贴现的汇票仍可通过背书的形式继续转让，或到期向付款人索取票款。

7) 拒付

拒付(Dishonor)指持票人提示汇票要求承兑或要求付款时遭到拒绝，也称为退票。

除了拒绝承兑和拒付货款外，付款人拒不见票，破产或死亡等，也视为拒付。

汇票遭拒付后，持票人立即产生追索权。持票人可以向背书人或出票人追索票款，为了行使追索权，持票人一般需要作出拒付证书，拒付证书是由拒付地点的法定公证人或法院、银行公会作出的证明拒付事实的文件。另外，持票人须按规定向前手作拒付通知，以便前手作偿还准备，前手背书人再通知他的前手，一直通知到出票人。

汇票的出票人或背书人可以在出票时或背书时加注“不受追索”字样，避免承担被追索的责任。

4. 汇票的种类

汇票可以按照不同的标准分为很多种。

1) 按出票人不同划分

(1) 银行汇票(Banker’s Draft)：由银行签发的汇票，其出票人和付款人都是银行。

(2) 商业汇票(Trader’s Draft)：由企业或个人签发的汇票，其付款人可以是企业、个人，也可以是银行。

2) 按是否附有货运单据划分

(1) 光票(Clean Bill)：不随附货运单据的汇票。银行汇票多为光票。

(2) 跟单汇票(Documentary Bill)：附带有货运单据的汇票。商业汇票多为跟单汇票。

3) 按付款时间不同划分

(1) 即期汇票(Sight Bill/Demond Draft)：在提示或见票时付款人立即付款的汇票。常见的表述方法有：“At sight pay to the order of…”；“On demand pay to the order of…”；“On presentation pay to the order of…”。

(2) 远期汇票(Time Blill / Usance Bill / Tenor Bill)：在一定期限或特定日期付款的汇票。远期汇票的付款时间有几种规定方法：见票后若干天付款，如“At ×× days after sight pay to the order of…”；出票后若干天付款，如“At ×× days after date pay to the order of…”；提单签发日期后若干天付款，如“At ×× days after Bill of lading date pay to the order of…”；指定日期付款，如“On 20 AUG. 2009 pay to the order of…”

我国《票据法》规定，汇票上没有记载付款日期的，为见票即付。

4) 按承兑人不同划分

(1) 银行承兑汇票(Banker's Acceptance Bill)：由企业或个人开立的以银行为付款人并经银行承兑的远期汇票。

(2) 商业承兑汇票(Trader's Acceptance Bill)：以企业或个人为付款人并由企业或个人进行承兑的远期汇票。

12.1.2 本票

1. 概念

本票(Promissory Note)也称为期票，指一个人向另一个人签发的，保证于见票时(即期)或定期或在可以确定的将来的日期，支付一定金额给某人或某指定人或持票人的无条件的书面承诺。

从定义中可以看出，本票的基本当事人有两个，一个是出票人，本身就是付款人，本票出票后，出票人始终处于主债务人的地位，承担无条件的，绝对的，最终的付款责任；另一个是受款人。

2. 内容

本票应具备的几个必要的项目：写明“本票”字样；书面的无条件支付承诺；受款人或其指定人；出票人签字；出票日期及地点；付款期限(如未记载，则视为见票即付)；付款地点(如未记载，则以出票地或出票人住所为付款地)；一定金额。

3. 票据行为

汇票中关于出票、背书、提示、付款、追索和保证等票据行为，基本上都适用于本票。但本票没有承兑行为。

本票的持票人必须在法定期限内提示票据，我国《票据法》规定，本票自出票日起，付款期限最长不得超过 2 个月。本票的持票人如果未在规定的期限内提示本票，则丧失对出票人以外的前手的追索权。本票持票人的前手仅指背书人或者保证人，不包括出票人。

4. 种类

1) 按签发人不同划分

(1) 商业本票：由工商企业或个人签发的本票，也称为一般本票。

(2) 银行本票：由银行签发的本票。通常被用于代替现金支付，银行本票多为即期。

2) 按付款期限不同划分

(1) 即期本票：指见票即付的本票，银行本票都是即期本票。

(2) 远期本票：指在一定期限或特定日期付款的本票。商业本票可以是远期的。

12.1.3 支票

1. 概念

支票(Check / Cheque)是银行的活期存款账户向银行签发的授权银行对某人或其指定人或持票人即期支付一定金额的无条件书面支付命令。

从支票概念中可以看出支票的当事人有三个：出票人：必须是在付款银行设有存款的存户。付款人：银行。受款人。

2. 支票内容

支票应具备几个项目：写明“支票”字样；无条件支付一定金额的书面命令；付款人名称；付款地点；出票日期及地点；出票人签字。

3. 空头支票

出票人在签发支票时，应在付款银行存有不低于票面金额的存款。除非银行允许透支，否则如果存款不足，支票持有人在向付款银行提示支票，要求付款时，就会遭到拒付，这种支票叫作“空头支票”。

12.2 支付方式

在国际贸易实务中，出口商是债权人，进口商是债务人，无论是进口商付款，还是出口商收款，都必须通过一定的方式，办理国际支付才能完成货款从进口商向出口商的转移。支付方式直接决定买卖双方的权利、义务、风险，最终影响到各自利益的实现。现有的支付方式包括汇付、托收、信用证、银行保函和国际保理等。这些方式如果按资金的流向与支付工具的传递方向是否相同可以分为两种：一种是顺汇方式，即资金的流动方向与支付工具的传递方向相同，也就是说，债务人主动将款项交给本国银行，委托其使用某种支付工具，汇付给国外债权人或收款人。汇付方式属于顺汇方式。另一和是逆汇方式，即资金的流动方向与支付工具的传递方向相反，也就是说，由债权人出具票据，委托本国银行向国外的债务人收取款项。托收和信用证属于逆汇方式。如果按照信用形式划分支付方式，也可以分为两种：一种是商业信用，即买卖双方根据贸易合同相互提供信用，银行参与办理，但不承担进口人付款和出口人提供货运单据的义务。汇付和托收属于商业信用。另一种是银行信用，即银行有条件的保证付款。信用证属于银行信用。

12.2.1 汇付

1. 概念

汇付(Remittance)，又称汇款，指付款人按照约定的条件和时间通过银行或其他途径将货款汇交收款人的支付方式。

2. 当事人

在汇款业务中，一般有四个当事人。

1) 汇款人

汇款人(Remitter)指委托银行付出款项的人，是债务人或付款人(预付款)，国际贸易中通常是进口商。

2) 收款人

收款人(Payee/Beneficiary)指接受款项的人，是债权人，国际贸易中通常是出口商。

3) 汇出行

汇出行(Remitting Bank)又称为委付行，是受汇款人委托，汇出款项的银行，国际贸易中通常是进口商所在地银行。

4) 汇入行

汇入行(Paying Bank)又称为解付行，是受汇出行委托解付汇款的银行，国际贸易中通常是出口商所在地银行。汇入行的职责是证实汇出行委托付款指示的真实性，通知收款人取款并付款。

3. 汇付的种类及业务流程

以汇出行和汇入行之间委托付款指令的传递方式不同来划分，汇付方式可以分为信汇、电汇和票汇三种形式。

1) 信汇

信汇(Mail Transfer，M/T)指由汇款人将款项交给当地银行，由该银行用信件委托收款人所在地银行付款给收款人的支付方式。这种方式的特点在于费用较为低廉，但收款人收到汇款的时间较迟，适用于一些金额不大或收款不急的汇款。

2) 电汇

电汇(Telegraphic Transfer，T/T)指由汇款人要求当地银行用电报通知收款人所在地银行付款给收款人。收款人可迅速收到汇款，但因银行不能占用资金，所以费用较高。银行与银行之间使用加押电报、电传或 SWIFT(全球银行金融电讯协会)等电讯方式直接通信，快速准确，是目前使用较多的一种汇付方式。

信汇和电汇支付流程基本一致，区别只在于汇出行和汇入行之间通讯方式不同。如图 12.1 所示。

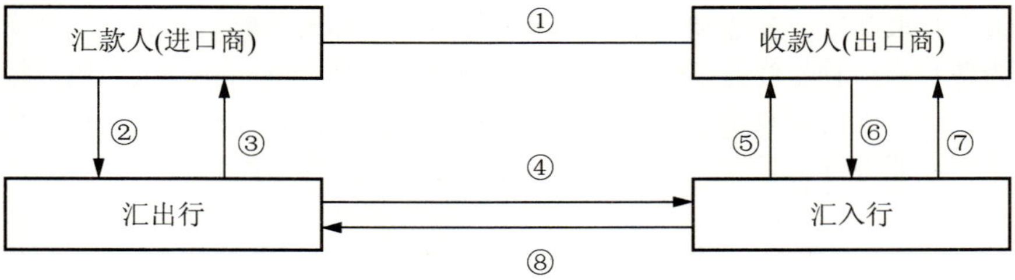

图 12.1 电汇/信汇业务程序图

① 进出口双方签订合同，在合同中约定以电汇或信汇方式结算。

② 汇款人到进口商所在地银行填写电汇或信汇申请书，交付汇费。

③ 汇出行如接受汇款人的申请，在收到汇款和银行费用后，在汇款申请书上签章，退回一份给汇款人，以次表明接受了汇款人的委托。

④ 汇出行缮制汇款委托书，根据汇款人要求的传送方式——电讯方式下使用加押电

报、电传或 SWIFT 等电讯方式；信汇方式下采用航空挂号信方式邮寄——向汇入行发出汇款委托书，委托汇入行将款项支付给收款人。

⑤ 汇入行收到汇款委托书，并收妥汇款后，向收款人发出电汇或信汇到帐通知书，通知收款人前来收款。

⑥ 收款人到汇入行提交有关收据。

⑦ 汇入行付款给收款人。按照我国现行银行结算制度，银行按当日外汇牌价结汇汇入收款人账户。

⑧ 汇入行向汇出行发出付讫通知。

3) 票汇

票汇(Remittance by Banker Demand Draft，D/D)是由汇款人向当地银行购买银行汇票并直接寄送给收款人，收款人凭汇票向汇票上指定的银行取款。票汇方式取款方便、灵活、银行手续节省，一定条件下，可以转让流通。

票汇的业务流程与信汇和电汇不一样，如图 12.2 所示。

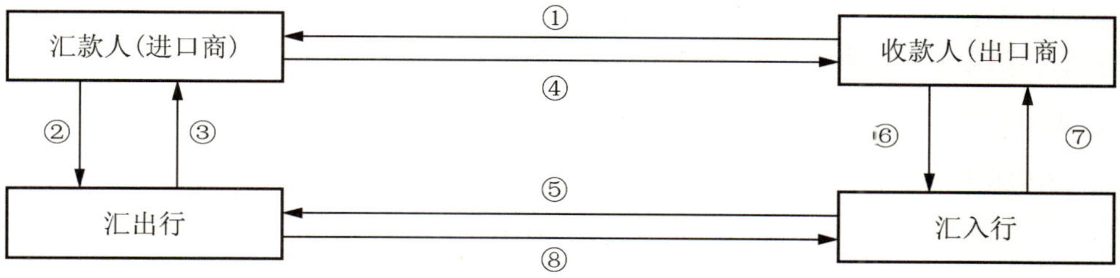

图 12.2　票汇业务程序图

① 买卖双方签订合同，约定以票汇结算。

② 汇款人到其银行填写汇款申请书，交付汇费。

③ 汇出行如接受汇款人的汇款；在收妥汇款和银行费用后，签发一张即期银行汇票交给汇款人。银行汇票以汇出行为出票行，汇入行为付款行，汇款收款人为汇票的受益人。

④ 汇款人将银行即期汇票寄交收款人。

⑤ 汇出行将票汇通知书寄汇入行，凭此将与收款人提交的汇票进行核对。

⑥ 收款人向汇入行提示汇票，要求付款。

⑦ 汇入行借记汇出行账户，取出头寸，凭票解付汇款给收款人。

⑧ 汇入行将借记通知书寄汇出行，通知汇款解付完毕。

4. 汇付方式的使用

在国际贸易中，汇款方式既可用于货款的结算，也可用于贸易从属费用的结算，并且绝大部分采用 T/T 的汇款方式。根据货款交付和货物运送谁先谁后的时间不同，汇款可以分为预付货款和货到付款两种情况。

1) 预付货款(Payment in Advance)

预付货款是进口商(付款人)在出口商(收款人)将货物或货运单据交付以前将货款的全部或者一部分通过银行汇给出口商，出口商收到货款后，再根据约定发运货物。

如果在出口业务中采用汇付方式预付货款，应在买卖合同中订明使用何种具体方式(电汇、信汇还是票汇)以及货款汇到的时间。若采用票汇预付货款，出口方应对银行汇票经我国银行审查认可，对其他票据均应先交我方银行，并委托其通过国外的代理行向付款行收取货款，在接到收妥通知后方可对外发运货物。另外要注意的是，因为汇款是可以撤销的，在汇款尚未被支取之前，汇款人随时可以通知汇款行将汇款退回，所以出口商在收到银行的汇款通知后，应尽快发货，尽快交单，尽快收汇。

在预付货款的进口业务中，进口商为了减少风险，可以采用“凭单付汇”的方法，即进口商通过银行将款项汇给出口商所在地银行(汇入行)，并指示该行凭出口商提供的某些商业单据或某种装运证明即可付款给出口商。

2) 货到付款(Payment after Arrival of the Goods)

货到付款也被称为延期付款(Deferred Payment Transaction)或赊销交易(Open Account Transaction，O/A)，这种方式与预付货款相反，它是进口商在收到货物以后，立即或在一定时期以后再付款给出口商的一种结算方式，这种方式对进口商有利。

3) 部分预付货款部分货到付款

进出口商在国际贸易中为创造公平和双赢局面，一般会采用部分预付货款部分货到付款的方式。实践中，较为常见的是“30%预付货款，70%货到付款”。

5. 汇付的特点

1) 汇付属于商业信用

汇付方式虽然涉及银行，但银行并不提供信用，只是提供服务，出口商交货后能否收到货款取决于进口商的信用，而进口商是企业公司，所以汇付是商业信用。而且汇付是顺汇方式。

2) 资金负担不平衡

预付货款的情况下，进口商先付款，资金负担较重；货到付款的情况下，出口商要先垫付资金，资金负担较重。

3) 费用低，手续简单

汇款人或收款人不需要有银行账户，也可以汇款，与其他方式相比银行的手续费也最少，银行只收取汇款手续费。因此，进出口商双方相互信任，或跨国公司内部贸易，采用汇付方式较为理想。

4) 风险大

因为汇付是商业信用，对于预付货款的进口商及货到付款的出口商来说，一旦付了款或发了货就失去了制约对方的手段，他们能否收货或收款，完全依赖对方的信用，如果对方信用不好，则容易财货两空。

6. 合同中的汇付条款

在国际贸易中使用汇付方式支付货款时，交易双方应在买卖合同中规定汇款的金额，具体的汇付方式和汇款的时间等项内容。

例：买方应不迟于2009年8月10日将100% 的货款用电汇预付至卖方。(The buyer shall pay 100% of the sales proceeds in advance by T/T to reach the sellers not later than Aug. 10, 2009.)

12.2.2 托收

1. 概念

托收(Collection)指出口商开立汇票连同货运单据委托出口地银行通过进口地代收银行向进口商收款的方式。

2. 当事人

托收方式的当事人一般有四个。

1) 委托人

委托人(Principal)指开出汇票，委托银行向国外付款人收款的客户，即出票人，在国际贸易中通常是出口商。

2) 托收银行

托收银行(Remitting Bank)指接受委托人委托，办理托收业务的银行，在国际贸易中通常是出口商所在地银行。委托人与托收行之间是委托关系，委托人在委托银行代为收款时，必须填写一份托收委托书，规定托收的指示及双方的责任，该委托书就是双方的代理合同。

3) 代收银行

代收银行(Collecting Bank)指接受委托银行的委托向付款人收取票款的银行，在国际贸易中通常是托收行在国外(进口商所在地)的分行或建立有往来代理关系的银行(委托行)。托收行与代收行之间也是委托关系。他们之间有托收指示书，委托书及双方签订的业务互助协议等组成代理合同。委托人与代收行之间不存在直接的合同关系。当代收行违反托收指示导致委托人遭受损失时，委托人不能直接追究代收行的责任，而只能通过托收行追究代收行的责任。

4) 付款人

付款人(Drawee)指代收行将托收票据向其提示承兑或付款的人，即见票人。在国际贸易中通常为进口商。代收行与付款人之间不存在直接的合同关系，付款人是否付款是依据其对托收票据的付款责任。

另外，托收业务还涉及一些当事人，如指示行(Presenting Bank)，即向付款人提示汇票和单据的银行，可以由代收行兼任，也可以是代收行委托的与付款人有往来账户关系的银行；需要时代理(Case-of-need)，即在托收业务中，如果发生拒付，由委托人指定代为料理货物存仓、转售、返回等事宜的付款地的代理人。

3. 托收的种类及业务流程

根据委托人签发的汇票是否附有单据，托收结算方式主要可以分为两种：光票托收和跟单托收。

1) 光票托收

光票托收(Clean Collection)是指委托人(通常是出口商)仅开具汇票而不随附货运单据，委托银行向付款人代为收取货款。

在国际贸易中，光票托收适用范围较小，通常只用于收取货款的尾数、佣金、代垫费用、索赔款、样品费以及其他贸易从属费用等小额款项。

2) 跟单托收

跟单托收(Documentary Collection)是指委托人在委托银行向付款人收取货款时，除开具汇票外，还随附货运单据。在实务中，跟单托收所附单据主要有提单、保险单、装箱单等。

在国际贸易实务中，出口商不开具汇票，仅将货运单据交托收行托收货款也是可行的。

国际贸易中货款的收取大多采用跟单托收。在跟单托收的情况下，进出口商对于何时转移货运单据的态度不同，一般而言，进口商希望越早取得货运单据越好，这样可以较早提货出售，加速资金周转，把握有利的销售时机。出口商希望在保证收到货款的前提下代收行才交出单据。因此，按照货物单据和货款的支付是否同时进行，即按向进口商交单条件的不同，跟单托收又分为付款交单和承兑交单两种。

(1) 付款交单。付款交单(Documents against Payment，D/P)，是指出口商的交单是以进口商的付款为条件。出口商发货后，取得装运单据，委托银行办理托收，并指示银行只有在进口商付清货款后才能把货运单据交给进口商。

出口商开具的汇票可以是即期汇票，也可以是远期汇票。因此，进口商的付款时间可早可迟。这样，按付款时间的不同，付款交单又可分为即期付款交单和远期付款交单两种。

即期付款交单(Documents against Payment at sight，D/P at sight)是指出口商发货后开具即期汇票，连同货运单据一并交给银行托收货款，通过代收行向进口商提示，进口商见票后立即付款，在进口商付清货款后，代收行才将货运单据交给进口商。

在国际贸易实务中，付款人(即进口商)为避免款项付清后收不到合格货物的风险，也常坚持在货物到达后才付款，而不是在银行提示即期汇票时付款。

即期付款交单的业务流程图如图 12.3 所示。

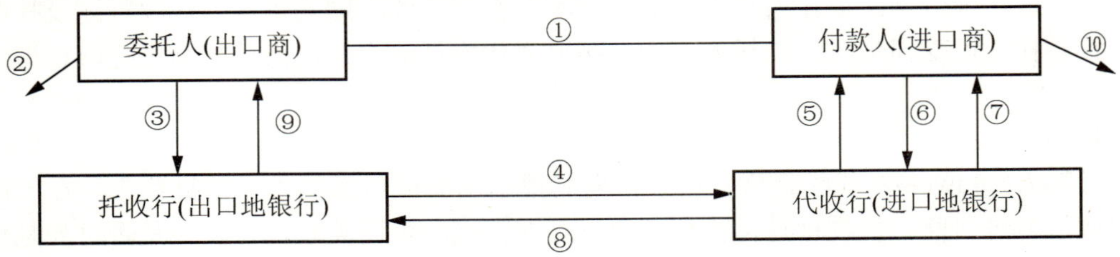

图 12.3 即期付款交单业务流程图

① 进出口商签订买卖合同，约定以 D/P 即期支付；

② 出口商装运货物，取得货运单据；

③ 出口商进行托收申请(D/P 远期)，并开立汇票，将汇票、全套托运单据连同“托收委托书”一起交银行办理托收；

④ 托收行接受委托，将汇票、全套托收单据连同“代收委托书”一起寄交给代收行，委托其代收货款；

⑤ 代收行向付款人提示汇票及全套单据；

⑥ 进口商审查单据无误后支付货款；

⑦ 代收行将全套单据交给进口商；

⑧ 代收行向托收行办理转账手续；

⑨ 托收行向出口商解付托收款项；

⑩ 货到目的地后，进口商凭正本运输单据向承运人提取货物。

远期付款交单(Documents against Payment after sight，D/P after sight)是指出口商发货后开具远期汇票，连同货运单据一并交给银行托收货款，通过代收行向进口商提示汇票，进口商审核无误后即在汇票上进行承兑，于汇票到期日进口商付清货款后从代收行取得货运单据。

在国际贸易实务中，有可能出现付款日期晚于到货日期的情况，即货物已经运抵目的港，但付款日期未到，进口商不能付款赎单提货，因为付款交单条件下，进口商必须在付清货款后才能取得货运单据，然后才能凭货运单据提取货物或用于生产或用于销售。进口商为了尽快取得货运单据提取货物，可以采取以下措施之一提前拿走单据。第一种做法是提前付款赎单，即在付款到期日之前付款赎单，扣除提前付款日至原付款到期日之间的利息，作为进口商享受的一种提前付款的现金折扣；第二种做法是向银行提供抵押品作担保借单，即进口商提供等额或近似额度的抵押品作为担保，借取货运单据提货，于汇票到期时再付款，取回抵押品；第三种做法是凭信托收据借单，即代收行对于资信较好的进口商，允许其使用信托收据(Trust Receipt，T/R)向银行借取货运单据，先行提货，于汇票到期时再付清货款。

所谓信托收据，就是进口商借单时提供的用来表示愿意以代收行的委托人身份代为提货、报关、存仓、保险或出售，并承认货物所有权仍属银行，并保证汇票到期日向银行付清货款的一种书面信用担保文件。

这是代收行自己向进口商提供的信用便利，而与出口商无关。因此付款交单的性质并未改变。如果代收行借出单据后，到期不能收回货款，则应由代收行对托收行负付款之责。因此，采用这种做法时，必要时还要进口商提供一定的担保或抵押品后，代收行才肯承做。但有时由出口商主动授权银行允许进口商在承兑汇票后凭信托收据先行借单，这是出口商给予进口商的资金融通，即所谓远期付款交单凭信托收据借单(D/P・T/R)方式，日后一旦汇票到期进口商拒付，以至出口商不能收到货款，则银行不负责任，风险应由出口商自己承担。这种做法的性质与承兑交单相差无几。因此，使用时必须特别慎重。

远期付款交单的业务程序图如图 12.4 所示。

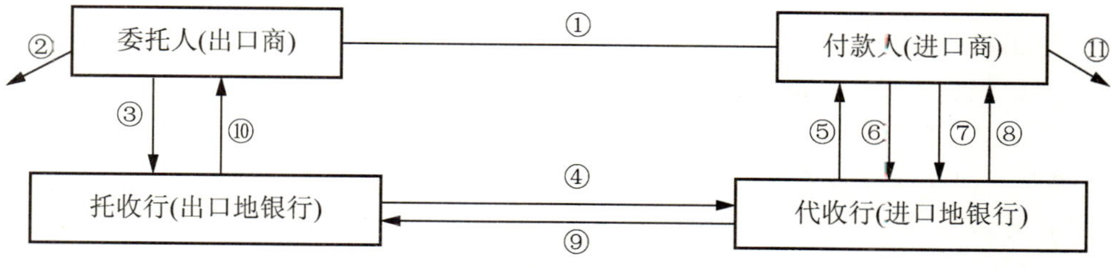

图 12.4　远期付款交单业务流程图

① 进出口商签订买卖合同，约定以 D/P 远期支付；

② 出口商装运货物，取得货运单据；

③ 出口商进行托收申请(D/P)，并开立远期汇票，将远期汇票、全套托运单据连同“托收委托书”一起交银行办理托收；

④ 托收行接受委托，将远期汇票、全套托收单据连同“代收委托书”一起寄交给代收行，委托其代收货款；

⑤ 代收行向付款人提示汇票及全套单据；

⑥ 进口商审查单据无误后在汇票或单据上签字画押承诺到期付款赎单；

⑦ 付款期限到期后，进口商向代收行付款赎单；

⑧ 代收行将全套单据交给进口商；

⑨ 代收行向托收行办理转账手续；

⑩ 托收行向出口商解付托收款项；

⑪ 货到目的地后，进口商凭正本运输单据向承运人提取货物。

(2) 承兑交单。承兑交单(Documents against Acceptance，D/A)，是指出口商的交单是以进口商在汇票上承兑为条件。即出口商在装运货物后开具远期汇票，连同货运单据，通过银行向进口商提示，进口商承兑汇票后，代收银行即将货运单据交给进口商，待汇票到期时，进口商方履行付款义务。

承兑交单方式只适用于远期汇票的托收。承兑交单方式对进出口商的影响不同。对于进口商来说，这种方式非常有利。因为承兑后就可以取得货运单据，有可能在货物售出后再付款，经营成本下降，风险减少。但对于出口商而言，由于承兑交单是在进口商承兑汇票却并未付款的情况下交出货运单据，即交出了物权凭证，其收款的保障只能取决于进口商的信用，一旦进口商到期不付款，出口商就有可能蒙受货款两空的损失。所以，如采用承兑交单这种做法，必须从严掌握。

承兑交单的流程如图 12.5 所示。

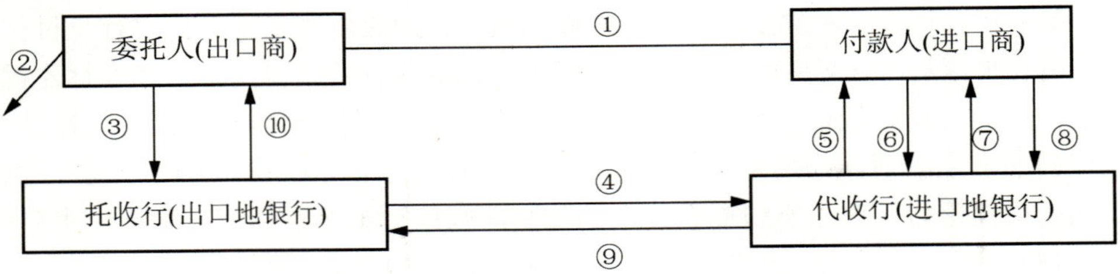

图 12.5 承兑交单业务流程图

① 进出口商签订买卖合同，约定以 D/A 远期支付；

② 出口商装运货物，取得货运单据；

③ 出口商进行托收申请(D/A)，并开立远期汇票，将远期汇票、全套托运单据连同“托收委托书”一起交银行办理托收；

④ 托收行接受委托，将远期汇票、全套托收单据连同“代收委托书”一起寄交给代收行，委托其代收货款；

⑤ 代收行向付款人提示汇票及全套单据；

⑥ 进口商审查单据无误后在汇票或单据上签字画押承诺到期付款赎单；

⑦ 代收行将全套单据交给进口商；

⑧ 付款期限到期后，进口商向代收行付款；

⑨ 代收行向托收行办理转账手续；

⑩ 托收行向出口商解付托收款项。

4. 托收的特点

1) 托收属于逆汇

在托收方式下，汇票由债权人(出口商)传递给债务人(进口商)，与资金流动方向相反，因此，托收方式属于逆汇。

2) 托收是商业信用

托收虽然是通过银行办理，但是银行只是按照出口商的指示办事，不承担付款的责任，不过问单据的完整和真伪，如无特殊约定，对已运到目的地的货物不负提货和看管责任。因此，出口商交货后，能否收回货款，完全取决于进口商的信誉。所以，托收的支付方式是建立在商业信用基础上的。

3) 风险承担不平衡

托收方式对于进出口商而言都存在一定风险。托收方式下，出口商在运出货物，取得货物单据以后才能向进口商要求付款或承兑。而出口商是否能按时收回全部货款，取决于进口商的商业信誉。如果进口商倒闭，或是因故不履行合同，拒不付款，出口商不但要承担无法按时收回货款或货款落空的损失，而且要承担转售可能发生的价格损失等。而对于进口商而言，也存在付款赎单提货后发现货物与合同不符，或者出口商伪造单据骗取进口商的钱财，从而存在财货两空的危险。总体来说，由于托收方式是先发货后收款，因此，出口商承担的风险大于进口商。

4) 资金承担不平衡

托收方式下，进口商是在货到后才付款的，实际上托收方式向进口商提供了资金的融通；另外，托收方式费用支出较低，也有利于进口商资金融通。另外，对于资信较好的进口商，在远期付款交单的托收方式下，还可以利用信托收据借单。所以，在出口业务中采用托收，有利于调动进口方购买货物的积极性，从而有利于促进成交和扩大出口，因此，许多出口商都把采用托收支付方式作为推销库存和加强对外竞争的手段。托收方式下，出口商是先发货后收款，所以资金负担较重，但出口商可以办理托收出口押汇业务，这是银行对出口方提供的资金融通。出口商办理跟单托收，可以将汇票和货运单据作为质押品，向托收银行申请贷款。托收行根据出口商的资金经营状况，将贷给其一定比例或全部货款，然后把跟单汇票寄给代收行，代收票款。这样托收行提前付款给出口商，对出口商进行资金融通。

5. 出口托收的注意事项

托收方式作为一种重要的国际贸易支付方式，在我国出口贸易中有不同程度的运用。由于托收方式属于商业信用，为保证出口的安全，及时收汇，应该注意以下事项。

1) 积极调查资信

出口商应该全面了解进口商的资信状况，慎重选择结算方式及成交金额。认真考察进口商的资信情况和经营作风，并根据进口商的具体情况妥善掌握成交金额，不宜超过其信用程度。就安全性而言，托收方式中，付款交单安全性高于承兑交单；就收汇时间而言，即期付款交单快于远期付款交单及承兑交单。

2) 了解政策和惯例

出口商应多多了解进口国贸易政策，外汇政策及有关规定和商业惯例。例如，对于贸易管理和外汇管制较严的进口国家和地区不宜使用托收方式，以免货到目的地后，由于不准进口或收不到外汇而造成损失。欧洲大陆国家有不少银行不做远期付款交单。而有些拉美国家的银行，对远期付款交单，按当地的法律和习惯，在进口商承兑远期汇票后立即把商业单据交给进口商，将远期付款交单按承兑交单来处理，因而会使出口商增加收汇的风险，并可能引起争议和纠纷。中东地区一些国家规定远期付款交单下，因货物已到而付款期限未到存入公仓的进口货物在60天内无人提取，允许公开拍卖。

3) 尽量争取以CIF条件成交

对于以托收结算货款的交易，由于存在进口商拒付毁约的可能，出口商必然关心货物装运以后，进口商付款以前，这一段时间货物可能遇到的各种风险，所以出口商应该积极争取以CIF或CIP条件成交，这样可以由出口商办理货运保险，当发生保险责任范围内的损失而进口商又拒付货款时，出口商掌握有保险单，较之FOB、CFR等由进口商办理保险的条件，可以控制货物受损理赔的主动权。必要时，可以办理出口信用保险，一旦遭受损失，可以通过保险获得赔偿。有些国家规定，进口商品只能在他们自己国家办理保险，即进口商品不能以CIF价成交，此时可以投保卖方利益险。卖方利益险是一种保障卖方利益，由卖方投保的险。即在FOB或CFR条件下，当保险的货物发生承保范围内的损失，买方不予支付该项受损货物的货款时，保险公司可以对受损货物负责赔偿。

4) 健全管理制度

采用托收方式收款时，要建立健全管理制度，定期检查，及时催收清理，发现问题应迅速采取措施，以避免或减少可能发生的损失。在凭单付款托收业务中，进口商是否向代收行付款取决于出口商提交的单据是否与买卖合同所规定的条件相符，如果不相符合，则即使出口商所交货物符合合同要求，进口商仍可以拒付。所以出口商一定要加强管理，严格按合同的规定要求交货、制单。

6. 托收的国际惯例

在国际贸易中，各国银行办理托收业务时，往往由于当事人各方对权利、义务和责任的解释不同，各个银行的具体业务做法也有差异，因而会导致争议和纠纷。国际商会为调和各有关当事人之间的矛盾，以利国际贸易和国际金融活动的开展，早在1958年即草拟了《商业单据托收统一规则》，并建议各国银行采用该规则。此后根据国际贸易形势的变化，该规则几经修订，于1995年4月公布了《托收统一规则》(UNIFORM RULES FOR COLLECTION)，由于该规则是国际商会第522号出版物，简称《URC522》，并于1996年1月1日正式生效与实施。《URC522》公布实施后，已成为对托收业务具有一定影响的国际惯例，并已被各国银行采纳和使用。银行仅被允许根据托收申请书上的指示和《URC522》办理委托，不得超越、修改、疏漏、延误委托人在申请书上的指示，否则引起后果由银行负责。但银行也有相应的免责条款，如银行对于任何单据的形式、完整性、准确性、真伪性或法律效力，或对单据上规定的或附加的一般性和/或特殊条件概不承担责任；银行对任何单据所表示的货物的描述、数量、重量、质量、状况、包装、交货方式、价值或存在也概不负责等。

7. 合同中的托收条款

合同中的托收条款主要内容包括银行交单的条件，买方的付款期限等。举例如下：

1) 即期付款交单

买方凭卖方开具的跟单汇票于见票时立即付款，付款后方可获取运输单据。(Upon first presentation the Buyer shall pay against documentary draft drawn by the Sellers at sight. The shipping documents are to be delivered against payment only.)

2) 远期付款交单

买方对于卖方开具的见票后 30 天付款的跟单汇票，于提示时应立即承兑，并应于汇票到期日即予付款，付款后方可获取运输单据。(The Buyer shall duly accept the documentary draft drawn by the Sellers 30 days after sight upon first presentation and make the payment on its maturity. The shipping documents are to be delivered against payment only.)

3) 承兑交单

买方对于卖方开具的见票后 45 天付款的跟单汇票，于提示时应立即承兑，并应于汇票到期时即予付款，买方在承兑后即可获取运输单据。(The buyer shall duly accept the documentary draft drawn by the Sellers at 45 days' sight upon first presentation and make the payment on its maturity. The shipping documents are to be delivered against acceptance.)

12.2.3 信用证

信用证(Letter of Credit，L/C)支付方式产生于 19 世纪后期，在第二次世界大战后随着国际贸易、航运、保险以及国际金融的迅速发展，银行等金融机构参与国际贸易结算而逐渐形成的。该方式利用银行的介入，既保证了出口商安全迅速收到货款，又保证进口商按时收到货运单据，解决进出口商双方互不信任的矛盾，又提供了资金融通便利。具体来说，它以银行信用为基础，由进口地银行向出口商提供付款保证，使得出口商的收款风险降低；而出口商必须提交与信用证相符的单据，才可以获得付款，进口商的收货风险也相对减少。因此，自信用证出现以来，这种支付方式发展很快，并在国际贸易中被广泛应用。

1. 信用证适用的国际惯例

为了规范信用证业务的运作，国际商会在 1933 年制定了《商业跟单信用证统一惯例》。此后经 1951 年、1962 年、1974 年、1983 年、1993 年和 2007 年多次修订，最新文本是 2007 年 7 月 1 日正式生效的《跟单信用证统一惯例》2007 年修订本(国际商会第 600 号出版物)，简称《UCP600》。该惯例被世界各国银行处理信用证业务时采用。

《UCP600》是一套规则，除了介绍信用证的概念、种类、原则外，还包括了银行的权利义务、免责事项以及信用证业务对单据的要求，适用于所有在其文本中明确表示受本惯例约束的跟单信用证(在可适用的范围内，包括备用信用证)。除非信用证明确修改或排除，《UCP600》各条文对信用证所有当事人均具有约束力。《UCP600》正式生效前，《跟单信用证统一惯例》使用的是 1993 年修订本(国际商会第 500 号出版物，简称《UCP500》)。之所以出台《UCP600》，是因为《UCP500》并不完善，不能满足实务的需要，例如在使用过程中产生了 ISP98(《备用信用证统一惯例》)、ISBP(《关于审核跟单信用证项下的国际标准银行实务》)作为补充规则。现行版本《UCP600》将它们均纳入其中，以便操作。而且国际商会强调该修订本采用平常的语言，并力求条款简明，容易翻译成世界各国的语言。

2. 概念

国际商会对信用证的一般定义：信用证是指由银行(开证行)依照客户(申请人)的要求和指示或自己主动，在符合信用证条款的条件下，凭规定单据向第三者(受益人)或其指定的人进行付款，或承兑和(或)支付受益人开立的汇票；或授权另一银行进行该项付款，或承兑和支付汇票；或授权另一银行议付。

《UCP600》关于信用证的定义：信用证是指一项不可撤销的安排，无论其名称或描述如何，该项安排构成开证行对相符交单予以承付的确定承诺。

简言之，在国际贸易实务中，信用证是一种银行开立的有条件的承诺付款的书面文件。银行应其客户(一般是进口商)的请求，开立给出口商保证付款凭证，承担在信用证条款得到完全遵守的情况下，向出口商付款的责任。

3. 当事人

信用证支付方式的基本当事人有四个，即开证申请人、受益人、开证行、通知行。另外还涉及其他关系人，如保兑行、付款行、议付行、承兑行、偿付行、受让人等。

1) 开证人/开证申请人

开证人(Applicant for L/C)指向银行申请开立信用证的人，一般为进口商。

开证人应该在合同规定的期限内开立信用证，并交付开证押金或者提供其他形式的担保、缴纳开证所需费用。在开证行对单据付款后，开证人应及时向开证行付款赎单。如果开证人发现受益人提交的单据与信用证不符，可以拒绝付款，但不应该以货物不符合同要求为由来拒绝付款。

2) 受益人

受益人(Beneficiary)指信用证上所指定的有权使用该证的人，是信用金额的合法享受人。一般为出口商。

受益人收到信用证时，如果发现信用证条款与合同规定不符，可以要求修改信用证或拒绝接受；一旦接受了信用证，就应该按照信用证规定提交货物和向银行交单，如果银行拒绝付款，则有权要求进口商履行付款义务。

3) 开证行

开证行(Issuing Bank)指接受开证人的申请和委托，开立信用证的银行，承担保证付款的责任。一般是进口商所在地的银行。

开证行与开证人之间是以开证申请书的形式建立起来的一种自主的合同关系。开证行承担的主要合同义务是根据开证申请书开立信用证；承担付款、承兑、议付或者对付款、承兑、议付担负保证的责任；合理小心地审核单据，确定单据在表面上是否与信用证相符。开证行接受了开证人的申请后，就要按照开证申请书的内容及时开出信用证，并承担第一性付款责任。如果开证人不能按时付款赎单，开证行有权处理单据和货物，可以向开证人追索垫付货款。

开证行与受益人之间是以信用证建立起来的一种关系，这种关系因信用证是否可以撤销存在两种情形：一是如果开证行开出的是可撤销信用证，由于可撤销信用证在议付行议付之前可以随时被开证行撤销，而事先无须通知受益人，因此开证行和受益人之间并不存在对双方都有约束力的合同关系。二是如果开证行开出的是不可撤销信用证，当该信用证送达受益人时，开证行与受益人之间的关系就属于一种对双方都有约束力的合同关系。这种合同关系约束开证行应在对单据作出合理审查之后，按照信用证的规定，承担向受益人付款的义务，而不受买卖双方的买卖合同或者开证行和进口商依开证申请书成立的合同以及其他合同的影响。

4) 通知行

通知行(Advising Bank)指接受开证行的委托，将信用证通知给受益人的银行，一般是开证行在出口商所在地的代理行。

通知行只审核信用证的表面真实性(核对印鉴或密押)，然后根据开证行的要求缮制通知书，通知受益人，不承担其他义务。

通知行与开证行之间是以委托代理合同的形式建立起来的委托代理关系。通知行通知受益人的行为是代理开证行所为，通知行与受益人之间不存在合同关系。通知行的代理人性质，使其与开证申请人之间也无直接的合同关系。

5) 保兑行

保兑行(Confirming Bank)是应开证行或信用证受益人的要求在信用证上加具保兑的银行。保兑行一旦加具保兑，它就要对信用证独立负责，并承担与开证行相同的承诺付款的责任。保兑行通常由通知行兼任，也可以是其他银行承担。

6) 付款行

付款行(Paying Bank)是指开证行在信用证中指定一家银行，并授权其在单据相符时对受益人付款。付款行可以是开证行本身，也可以是开证行指定的另外一家银行。

7) 议付行

议付行(Negotiating Bank)是根据开证行的付款保证和受益人的要求，对受益人交来的符合信用证规定的跟单汇票垫款或办理贴现的银行。

议付行可以是指定的银行，也可以是非指定的，由受益人选择任意一家银行，通常情况下是通知行议付。

由于议付行对受益人的单据进行议付是垫款性质，因此，不论开证行因何种原因不付款，议付行都可以向受益人追索，除非信用证上规定，在汇票上注明“不受追索”字样。

8) 承兑行

承兑行(Accepting Bank)是指在汇票正面签字承诺到期付款的银行。承兑行可以是开证行本身，也可以是信用证所指定的其他银行。

9) 偿付行

偿付行(Reimbursing Bank)接受开证行的委托，代开证行偿还垫款的银行，即开证行指定的对议付行、承兑行或付款行进行偿付的代理人。又称为清算银行。

偿付行通常是第三国银行，此时信用证使用该第三国的货币，或开证行的资金集中在该银行。偿付行只负责替开证行付款，而不负责审单；付款时不凭单据，只凭议付行或付款行交来的索偿书。如果偿付行不能及时偿付，开证行则要赔偿有关垫款行的损失。

如果开证行指定或者授权其他银行付款、承兑、议付或偿付并为其他银行所接受，那么开证行同付款行、承兑行、议付行、偿付行之间就也成立了一种委托代理的合同关系。

10) 受让人

受让人即第二受益人。指接受第一受益人的转让有权使用信用证的人。在可转让信用证下，受益人可以将信用证的全部或一部分转让给第三者，即受让人，也就是第二受益人。

4. 信用证的特点和作用

1) 信用证的特点

(1) 信用证的开证行提供银行信用。信用证是开证行用自己的信用代替了商业信用开立的书面保证书。根据信用证的定义，开证行取代进口商承担了作为第一付款人的义务，日后只要出口商提供了符合信用证的单据，即使进口商破产，出口商也能从开证行得到付款保证。这样，开证行提供了远优于进口商个人信誉的银行信用，而且开证行对受益人的责任是一种独立的责任，这一点较之托收或汇付来说，使出口商风险大为减少。

(2) 信用证是独立于合同的一种自足的文件。信用证的开立虽然是以国际贸易买卖合同为依据的，但是信用证一经开立，就成为独立的文件，不受买卖合同的约束。信用证的当事人，特别是银行，只受信用证条款的约束，不受合同条款的约束。因此开证行的付款、承兑并支付汇票或议付及/或履行信用证项下的其他义务的承诺，不受开证人与开证行或与受益人之间在已有其他合同关系下所发生的各种争议、纠纷的制约。

(3) 信用证交易的标的物是单据。信用证支付方式下实行凭单付款原则。对出口商来说，只要按信用证规定条件提交了表面符合信用证条款的单据，即可从银行得到付款，银行对单据的真实性、完整性、伪造或法律效力及单据所载条件概不负责。如果单据相符，开证人，即进口方，付款后收到货物，却发现货物不符合合同规定要求，只能由进口商根据进出口合同与受益人，即出口商，进行交涉。如果单据与信用证规定不符，即使货物与合同相符，银行也有权拒绝付款。这被称为“单单一致、单证一致”即严格相符原则。

对进口商来说，只要在申请开证时，交付押金并保证收到符合信用证规定的单据即行付款，即可从银行取得代表货物所有权的单据。因此，银行开立信用证实际是进行单据的买卖。

2) 信用证的作用

采用信用证支付方式，对出口商来说，可以保证凭单取得货款；对进口商来说，可以保证按时、按质、按量收到货物。对银行来说，可收取各种手续费以及获得利用资金的便利。

5. 信用证的种类

信用证可根据其性质、期限、流通方式等特点，分为以下几种。

1) 跟单信用证和光票信用证

以信用证项下的汇票是否附有货运单据划分，信用证可分为跟单信用证和光票信用证。

(1) 跟单信用证。跟单信用证(Documentary L/C)是开证行凭跟单汇票或仅凭单据付款的信用证。“跟单”中的单据即货运单据。按照国际商会的解释，泛指任何根据信用证规定所提供的，用以纪录或证明某一事实的书面文件，如运输单据(其中海运提单代表货物，而铁路运单、航空运单、邮包收据等证明货物已交运)，商业发票，保险单，商检证书，产地证明书，装箱单等单据。汇票则可有可无。国际贸易所使用的信用证绝大部分是跟单信用证。

(2) 光票信用证。光票信用证(Clean L/C)是指开证行仅凭不附单据的汇票付款的信用证。有的信用证要求汇票附有非货运单据，如发票、垫款清单等，也属光票信用证。贸易结算中的预支信用证和非贸易结算中的旅行信用证都属于光票信用证。

2) 不可撤销信用证和可撤销信用证

以开证行所负的责任为标准，信用证可以分为不可撤销信用证和可撤销信用证两种。

(1) 不可撤销信用证。不可撤销信用证(Irrevocable L/C)是指信用证一经开出，在有效期内，未经受益人及有关当事人的同意，开证行不得随意片面修改和撤销信用证，只要受益人提供的单据符合信用证规定，开证行必须履行付款义务。这种信用证对受益人较有保障，在国际贸易中，使用最为广泛。凡是不可撤销信用证，在信用证中应注明“不可撤销”(Irrevocable)字样，并载有开证行保证付款的文句。

(2) 可撤销信用证。可撤销信用证(Revocable L/C)是指开证行对所开信用证不必征得受益人或有关当事人的同意就有权随时撤销或修改的信用证。凡是可撤销信用证，应在信用证上注明“可撤销”(Revocable)字样，以资识别。这种信用证对出口商极为不利。因此，出口商一般不接受这种信用证。

按照《跟单信用证统一惯例(UCP600)》的规定，如信用证中没有注明“可撤销”的字样，即使它没有申明“不可撤销”，该信用证应视为不可撤销信用证。另外要注意的是，有些信用证表面上标注为不可撤销，但另有文句说明，当开证行在某种条件得不到满足时(如未收到对方的汇款、保函等)，可随时单方面解除其保证付款责任。这实际上是一种变相的可撤销信用证。

3) 保兑信用证和不保兑信用证

按有没有另一银行加以保证兑付为标准，信用证可分为保兑的和不保兑的信用证。

(1) 保兑信用证。保兑信用证(Confirmed Letter of Credit)是指开证行开出的信用证，由另一银行保证对符合信用证条款规定的单据履行付款义务。信用证的“不可撤销”是指开证行对信用证的付款责任。而“保兑”则指开证行以外的银行对信用证的付款责任。那么，不可撤销的保兑的信用证，就意味着该信用证不但有开证行不可撤销的付款保证，而且又有保兑行的兑付保证。两者的付款人都是负第一性的付款责任。所以这种有双重保证的信用证对出口商最为有利。但保兑行要收取较高的手续费。所以要慎重考虑是否需要进行保兑。但在某些情况下，必须使用保兑信用证：①信用证金额较大，有可能超出开证行本身的偿付能力；②开证行是地区性中小银行；③进口国政治和经济不稳定，外汇严重短缺，必须由第三国银行加以保兑。另外要注意的是，英国银行历来认为自己的信用最为可靠，所以在开立信用证时，常自己在信用证上加盖保兑章，这与上述不可撤销信用证没有本质区别。

(2) 不保兑信用证。不保兑信用证(Unconfirmed Letter of Credit)是指开证行开出的信用证没有经另一家银行保兑。当开证银行资信好和成交金额不大时，一般都使用这种不保兑的信用证。

4) 即期信用证和远期信用证

根据付款时间的不同，信用证可分为即期信用证和远期信用证。

(1) 即期信用证。即期信用证(Sight Credit)是指开证行或付款行收到符合信用证条款的跟单汇票，或无须汇票仅凭货运单据，立即履行付款义务的信用证。这种信用证的特点是出口商收汇迅速安全，有利于资金周转。

在即期信用证中，有时还加列电汇索偿条款(T/T Reimbursement Clause)，这是指开证行允许议付行用电报或电传通知开证行或指定付款行，说明各种单据与信用证要求相符，开证行或指定付款行接到电报或电传通知后，有义务立即用电汇将货款拨交议付行。

(2) 远期信用证。远期信用证(Usance Letter of Credit)是指开证行或付款行收到信用证的单据时，在规定期限内履行付款义务的信用证。远期信用证还可分为下列几种。

① 银行承兑远期信用证。银行承兑远期信用证(Banker's Acceptance L/C)是指以开证行或付款行作为远期汇票付款人的信用证，开证行或付款行在收到符合信用证条款的汇票和单据后，先办承兑手续，等汇票到期时才履行付款的信用证。这种信用证项下的汇票，在承兑前，银行对出口商的权利义务以信用证为准；在承兑后，银行作为汇票的承兑人，应按票据法规定，对出票人、背书人、持票人承担付款责任。

② 延期付款信用证。延期付款信用证(Deferred Payment L/C)是指不需要汇票，仅凭受益人交来单据，指定银行审核相符后即承担延期付款责任，但直至到期日才付款的信用证。一般在这种信用证中，开证行规定货物装船后若干天付款，或开证行收到单据后若干天付款。这种信用证大多用于大型机器、成套设备的交易。延期付款信用证要求出口商不能利用贴现市场的资金，只能自行垫款或向银行借款，往往利用出口国银行中长期信贷来代替短期的贴现作为融资手段，所以一般不要求出口商开立即期汇票。在出口业务中，若使用这种信用证，货价应比银行承兑远期信用证高一些，以拉平利息率与贴现率之间的差额。

③ 假远期信用证。假远期信用证(Usance L/CPayable at sight)，此种信用证虽然是远期，但信用证上注明付款行同意按即期付款或同意贴现，贴现费用由开证人负担。假远期信用证是以即期付款的贸易合同为基础开立信用证的，因此，假远期信用证一方面可以满足受益人即期十足收汇的要求，对出口商来说，与即期信用证并没有什么区别，只负担汇票到期前被追索的风险；另一方面，能适应进口商即期交易远期付款的愿望，实际上是银行为进口商提供资金融通的信用证。所以这种信用证又称为买方(进口商)远期信用证。

案例 12.1

A、B 两公司签订一份贸易合同，商定以即期不可撤销信用证结算，结果出口方 A 公司收到的 B 公司开来的信用证为远期，不能办理即期议付。于是 A 公司致电 B 公司要求改证。3 天后，A 公司收到 B 公司改证如下：“上述信用证改正如下：本信用证项下开具的远期汇票可按即期议付。由我行办理贴现。其他条款不变。”A 公司看到信用证可即期议付，便没有深究其他事项，而议付行也不知道 A、B 公司所签和约的细节，给予即期议付。等 A 公司收账时，才发现扣除了贴息和费用。A 公司白白损失了几千美金。本案中，B 公司修改后的信用证可以即期议付，但并不符合假远期信用证的条件：即明确规定受益人可以即期收汇，以及汇票贴息和费用由申请人承担。所以本案中的信用证仍然是远期信用证。

(资料来源：中国外汇管理. 2003(2)；郭燕，杨楠楠. 国际贸易案例精选. 中国纺织出版社. 2004：68～69)

5) 可转让信用证和不可转让信用证

根据受益人对信用证的权利可否转让，分为可转让信用证和不可转让信用证。

(1) 可转让信用证。可转让信用证(Transferable L/C)是指信用证的受益人(第一受益人)可以要求授权付款、承担延期付款责任，承兑或议付的银行(统称“转让银行”)，或当信用证是自由议付时，可以要求信用证中特别授权的转让银行，将信用证全部或部分转让给一个或数个受益人(受让人，即第二受益人)使用的信用证。

可转让信用证有以下注意事项：

① 由第一受益人办理转让手续。第一受益人填写转让申请书，信用证只能按原证规定

条款转让，但信用证金额、商品的单价、到期日、交单日及最迟装运日期可以减少或缩短，保险加保比例可以增加。在新的信用证内，开证行与原证一致；开证人可以不同于原证，而以第一受益人充当。因为可转让信用证的受益人一般是中间商，第二受益人不知道真正的买方是谁，不能越过中间商与实际买主直接交易。可转让信用证满足了国际贸易中的中间商赚取差额利润的需要。

② 可转让信用证只能转让一次，即只能由第一受益人转让给第二受益人。第二受益人不得要求将信用证转让给其后的第三受益人，但是，再转让给第一受益人，不属被禁止转让的范畴。如果信用证不禁止分批装运，在总和不超过信用证金额的前提下，银行在第一受益人的要求下，可分别按若干部分办理转让，即将信用证一次性分成几个部分转让给数人，该项转让的总和，将被认为构成信用证的一次转让。同时银行在办理转让时，对受益人一部分转让出去，一部分自己使用的要求也可接受。

③ 根据《跟单信用证统一惯例》的规定，唯有开证行在信用证中明确注明“可转让”信用证方可转让。

④ 第一受益人有权以自己的发票(和汇票)替换第二受益人的发票(和汇票)，取得自身发票与第二受益人发票之间的差额。第二受益人在货物装运后，开立汇票，制作单据，连同新证一起交议付行。议付行按照汇票金额议付，将票款付给第二受益人，与此同时通知第一受益人按照原证开出汇票、发票，调换第二受益人所交来的汇票、发票，替换时，议付行则将两张汇票的差额付给第一受益人。

⑤ 信用证的转让不代表贸易合同的转让。在实际业务中，要求开立转让信用证的第一受益人，通常是中间商。为了赚取差额利润，中间商可将信用证转让给实际供货人，由供货人办理出运手续。但信用证的转让并不等于买卖合同的转让，如第二受益人不能按时交货或单据有问题，第一受益人(即原出口商)仍要负买卖合同上的卖方责任。

(2) 不可转让信用证。不可转让信用证(Non-transferable L/C)是指受益人不能将信用证的权利转让给他人的信用证。凡信用证中未注明“可转让”字样者，就是不可转让信用证。

6) 循环信用证

循环信用证(Revolving L/C)是指信用证被全部或部分使用后，其金额又恢复到原金额，可再次使用，直至达到规定的次数或规定的总金额为止。

循环信用证与一般信用证的不同之处在于：一般信用证在使用后即告失效；而循环信用证则可多次循环使用。这种信用证通常在分批均匀交货的情况下采用。因此，其优点在于：进口商可以不必多次开证从而节省开证费用，减少押金支付，有利资金周转。同时也可简化出口商的审证、改证等手续，只要能按照信用证规定如期交货，即可保证及时、安全地收回全部贷款，有利于合同的履行。

循环信用证可以分为按时间循环的信用证和按金额循环的信用证两种。

(1) 按时间循环信用证，是指受益人在规定时间内可多次支取信用证规定金额的信用证．根据金额计算方式的不同分为两种。

① 不可积累循环信用证，是指受益人在规定的循环期内，信用证规定可以使用的金额未用完时，金额不可移到下一期再使用的信用证。

② 可积累循环信用证，是指受益人在上一循环期未用完的信用证金额，可以移到下一期循环使用的信用证。

如果信用证中未明确规定允许可以积累使用，则不能积累使用。因故未能及时装运的货物和原来规定的以后各批货物，未经开证行修改信用证，都不能再出运。

(2) 按金额循环的信用证，是指信用证金额议付后，仍恢复到原金额可再使用，直至用完规定的总额为止。用完每期金额再恢复到原金额的具体办法有以下三种。

① 自动循环，受益人按规定时期装运货物议付后，不需要等待开证行的通知，信用证即可自动恢复到原金额再次使用。

② 半自动循环，受益人每次装货议付后若干天内，开证行未提出终止循环的通知，信用证即自动恢复到原金额再次使用。

③ 非自动循环，受益人每次装货议付后必须等待开证行通知到达，信用证才恢复到原金额继续使用。

7) 对开信用证

对开信用证(Reciprocal L/C)是指两张信用证的开证申请人互以对方为受益人而开立的信用证。在易货交易、来料加工和补偿贸易等国际贸易业务中，交易双方同时既为进口商又为出口商，以开证受益人或受益人的身份对开两张信用证，其证金额相等或大体相等，尽管货物交付的品种、时间不一样，两张信用证是相关的，当第一张信用证开出时暂不生效，待对方开来回头证，经受益人接受后，通知对方银行，两证同时生效。对开信用证的特点是第一张信用证的受益人(出口商)和开证申请人(进口商)就是第二张信用证的开证申请人和受益人，第一张信用证的通知行通常就是第二张信用证的开证行。两张信用证的金额相等或大体相等，两证可同时互开，也可先后开立。

8) 对背信用证

对背信用证(Back to Back L/C)是指受益人要求原证的通知行或其他银行以原证为基础，另开一张内容相似的新信用证。对背信用证的受益人可以是国外的，也可以是国内的。对背信用证的开证行只能根据不可撤销信用证来开立。对背信用证的开立通常是中间商转售货物，从中图利，或两国不能直接办理进出口贸易时，通过第三者以此种方法来沟通开展贸易。对背信用证和可转让信用证类似，都是产生于中间贸易，为中间商提供便利，业务处理上也颇多相似，但两者性质完全不同。对背信用证是以原受益人为开征人，由原通知行或其他银行为开证行，向另一受益人开立的新的信用证。新证的开证与受益人之间完全是一笔新的单独的业务。原证开证行和原证开证人与新证无关。新的信用证受益人与原证不发生关系。

9) 预支信用证

预支信用证(Anticipatory L/C)是指开证行授权代付行(通常是通知行)向受益人预付信用证金额的全部或部分，由开证行保证偿还并负担利息。预支信用证与远期信用证相反，它是开证人付款在先，受益人交单在后。预支信用证可分全部预支或部分预支。预支信用证凭出口商的光票付款，或凭出口商出具的负责补交信用证规定单据的声明书付款。如出口商以后不交单、不交货，开证行和议付行并不承担责任。当货运单据交到后，议付行在付剩余货款时，将扣除预支货款的利息。为引人注目，这种预支货款的条款，常用红字打成，所以又称为“红条款信用证”(Red Clause L/C)。

10) 备用信用证

备用信用证(Standby L/C)，是适用于《跟单信用证统一惯例》的一种特殊形式的信用证，它是开证行应开证人的请求对受益人承担一项义务的凭证。在备用信用证中，开证行保证在开证人未能履行其应履行的义务时，受益人只要凭备用信用证的规定向开证行开具汇票，并随附开证人未履行义务声明或证明文件，即可得到开证行偿付。如果开证申请人守信履约时，该信用证自动失效，不再被使用，所以称为备用信用证。此类信用证对受益人来说，是备用于开证人发生毁约情况时取得补偿的一种方式。采用备用信用证时，开证行处理的仅仅是与信用证相关的文件，与合同无关，只要受益人出具的汇票和文件(证明开证申请人未能履约)是符合信用证规定的，开证行即对受益人作无追索付款。这种信用证应用范围较广。只要开证人对受益人承担某项义务，受益人认为开证人的资信不足以为受益人提供足够的履约保障，就可以利用备用信用证。一般用在投标、履约、还款保证、预付、赊销等商品和劳务业务中。

6. 信用证的主要内容

信用证目前尚未有统一格式，但其基本内容大致相同。一般来说，信用证的主要内容就是货物买卖合同条款与要求受益人提交的相关单据，同时再加上银行保证条款。概括起来，信用证主要包括以下几方面。

1) 信用证的当事人

即开证人、开证行、受益人、付款行或议付行等。信用证开立后，开证行负有第一性的付款责任。因此，开证行的资信和付款能力等成为关键性的问题。所以，有的信用证会显示开证行的资信。

2) 对信用证本身的说明

(1) 信用证的种类：跟单或光票。

(2) 信用证的性质：可否撤销。

(3) 信用证的号码、开证日期、有效期、到期地点、装运期、交单期等。

信用证的号码是指开证行的信用证编号。

信用证中必须明确表明开证日期。信用证的开证日期应当明确、清楚、完整。如果信用证中没有“开证日期”字样，则视开证行的发电日期(电开信用证)或抬头日期(信开信用证)为开证日期。

信用证的有效期是银行承担议付、承兑或付款责任的期限。较普遍的做法是规定到期日。

信用证的到期地点是指信用证有效期在何地终止。信用证到期地点有三种情况：议付到期、承兑到期和付款到期。议付到期地点一般在出口地；承兑和付款到期的地点则为开证行或付款行所在地。在我国出口合同中，一般都规定信用证的到期地点在我国。

一切信用证，都必须规定交单付款、承兑或议付的满期日，开证行有权拒绝接受受益人逾期提交的单据。

3) 信用证的金额和汇票

信用证金额应同时用大小写表示，并使用ISO规定的货币代号表示。另外依据《跟单信用证统一惯例(UCP600)》当金额前有大约或大致等字样，表示有10%的增减幅度。

汇票内容包括金额，到期日，出票人，付款人等。如果信用证无须汇票则没有这些内容。

4) 对货物的要求

这其中包括货物的名称、品种规格、数量、包装、价格等。

5) 对运输的要求

这其中包括装运的最迟期限、起运地和目的地、运输方式，可否分批装运以及可否中途转运等。根据有关惯例，除非信用证另有规定，可准许分批装运。

6) 对单据的要求

说明必须提交的单据的种类、份数、内容要求等。信用证所要求的单据主要可分为以下三类。

(1) 货物单据。以发票为中心，包括装箱单、重量单、产地证、商检证明书等。发票的货物名称、规格必须与信用证规定相符，其金额超过信用证允许，银行可以拒收。

(2) 运输单据。如提单，这是代表货物所有权的凭证。根据有关惯例，除非信用证另有规定，否则必须提交已装船的清洁提单。

(3) 保险单据。如保险单等。货物的保险按照贸易术语决定是由开证人或受益人办理。另外，根据有关惯例，除非信用证另有规定，或保险单注明保险最迟自装运日起生效，银行不接受迟于装运日期的保险单据。

除上述三类单据外，还有可能提出其他单证，如寄样证明、装船通知电报副本等。

7) 特殊要求与指示

这可以根据进口国政治经济贸易情况的变化或每一笔具体业务的需要，作出不同规定。

8) 开证行保证付款的责任文句

这其中包括开证行对受益人及汇票持有人保证责任的文句，以及遵守《跟单信用证统一惯例》的文句等。

7. 信用证的业务流程

由于国际贸易中采用的信用证大多数是跟单信用证，因此，本书以跟单信用证为例，来阐述信用证业务的结算程序。

1) 信用证的开立

进出口双方同意采用跟单信用证支付方式后，进口商便有责任开证。首先是填写开证申请书，其格式由开证行提供，它是开证行和开证人之间的合同。开证人申请开立信用证应符合国家有关对外贸和外汇管理的规定，所以，在开证申请时，往往要求提供进口许可证，外汇额度证明等文件。银行接到开证人完整的指示后，必须按该指示开立信用证。但银行也有权要求开证人交存一定数额的资金作为银行保证金。如开证人在开证行没有账号，开证行可要求开证人在其银行存入一笔资金。信用证的开立方式有以下两种。

(1) 信开信用证。以信函方式开立信用证。通常缮制一份正本，若干副本，正副本各一份寄送给通知行，转交受益人，开证行和开证人各得副本存档。

(2) 电开信用证。以电报、电传及电讯方式开立信用证。进入 20 世纪 90 年代以后，电报基本上不在国际贸易中使用了，信用证业务主要采用电传和电讯方式传递。

① 简电本。只列明内容梗概的信用证开立通知书，只作参考，不能当作正式有效的信用证。但是，人们习惯上仍然沿用“电报”这种称谓，在书面上更是如此。

② 全电本。内容完整的信用证，是受益人向银行交单以支取款项的依据。

③ 电讯。“环球银行金融电讯协会”(简称为 SWIFT)成立于 1973 年，总部设在比利时的布鲁塞尔，在荷兰的阿姆斯特丹和美国的纽约分别设有交换中心。该协会设有自动化国际电讯网，专门从事传递国际非公开性的金融电讯业务，其成员银行可以通过该电讯网办理信用证的开立及结算、托收、国际间的财务结算、银行间的资金调拨、外汇买卖、证券交易等金融业务。用此方式开立的信用证叫作“全银电协信用证。”

2) 信用证的通知

信用证可以由开证行直接通知受益人，或开证人将信用证交给受益人，这两种都极少见，最常见的是开证行通过其在受益人国家或地区的代理行，即通知行进行转递的。通知行受理国外来证后，应该在 1～2 个工作日对信用证进行信用证表面真实性的合理谨慎地审核，不得随便延误，以便出口商提前备货，在信用证有效期内完成工作。至于信用证的传递方式，可以通过航空邮寄、电报或电传等方式进行传递。但随着国际电信业的发展，为争取时间，加快传递速度，信用证的传递越来越多地以电讯形式进行。

3) 受益人的审证

信用证是依据买卖合同开立的，但在实践中，由于种种原因，往往会出现开立的信用证条款与合同规定不符。为确保收汇安全和合同顺利执行，防止造成不应有的损失，受益人应依据合同进行认真的核对与审查。当发现信用证的内容与合同规定有重大不符，而受益人无法接受时，应该按照合同的规定让对方修改信用证。修改信用证时需要注意以下几个问题。

(1) 由受益人提出修改要求，应首先征得开证人同意，再由开证人通知开证行，由开证行发出修改通知书通过原通知行转告受益人，经各方接受修改书后，修改方为有效。

(2) 对信用证必须修改的内容条款，应集中起来，一次明确提出，不要断断续续提出以免过多麻烦对方。

(3) 如对方修改后信用证仍不符合要求，甚至提出合同以外的新的要求，应立即退回其修改后的信用证，最迟不能超过收到修改通知后的 3 天。

(4) 修改的信用证内容包括 2 项以上时，出口商(受益人)接到通知，按国际惯例，或者全部接受，或者全部不接受；不能接受一部分，拒绝另一部分。

(5) 出口商(受益人)收到客户修改信用证通知后，还应等待开证行的修改通知，只有收到开证行的正式修改通知书，才可发货。

4) 受益人交单

在跟单信用证业务中，单据的提交非常重要，因为这是信用证最终结算的关键。受益人必须提交严格符合“单单一致，单证一致”的单据。一般来说，提交单据的期限由信用证的有效期和装运日期后所特定的交单日期来决定。至于交单地点，一般应选择在出口国，以便受益人能在信用证的有效期内提交单据。

5) 银行审核单据

受益人向银行提交单据后，银行有义务认真审核单据，以确保单据表面上显示出符合信用证要求和各单据之间的一致性。

《跟单信用证统一惯例》对银行审核单据的标准有以下规定。

(1) 按照指定行事的被指定银行、保兑行(如有)以及开证行，自其收到提示单据的翌日起算，应各自拥有最多不超过 5 个银行工作日的时间以决定提示是否相符。该期限不因单据提示日适逢信用证有效期或最迟提示期或在其之后而被缩减或受到其他影响。

(2) 提示若包含 1 份或多份正本运输单据，则必须由受益人或其代表按照相关条款在不迟于装运日后的 21 个公历日内提交，但无论如何不得迟于信用证的到期日。

(3) 单据中内容的描述不必与信用证、信用证对该项单据的描述以及国际标准银行实务完全一致，但不得与该项单据中的内容、其他规定的单据或信用证相冲突。

(4) 如果信用证要求提示运输单据、保险单据和商业发票以外的单据，但未规定该单据由何人出具或单据的内容。如信用证对此未作规定，只要所提交单据的内容看来满足其功能需要且其他方面与信用证并无冲突，银行将对提示的单据予以接受。

(5) 提示信用证中未要求提交的单据，银行将不予置理。如果收到此类单据，可以退还提示人。如果信用证中包含某项条件而未规定需提交与之相符的单据，银行将认为未列明此条件，并对此不予置理。

6) 信用证的结算

当银行审单完毕后，信用证即进入结算阶段。议付行审核单据无误后，按信用证规定的寄单和索汇方式寄出单据。开证行收到单据后，应在合理期限内与信用证条款核对，如单证相符，应立即付款；如单证不符，必须在合理期限内向议付行提出异议，否则作为默认接受。开证行对议付行付款之后，马上通知开证人赎单，开证人在接到赎单通知后，必须立即到开证行付款赎单。在付款之前开证人可以审查单据，如发现存在不符点，可以拒付。不符点是指受益人提交的单据与信用证的规定不符合。其内容包括：单据上填写的内容与信用证规定不一致；单据的种类不全；单据的份数不够；信用证项下的单据与单据之间内容不一致。

综上所述，跟单信用证业务的支付流程如图 12.6 所示。

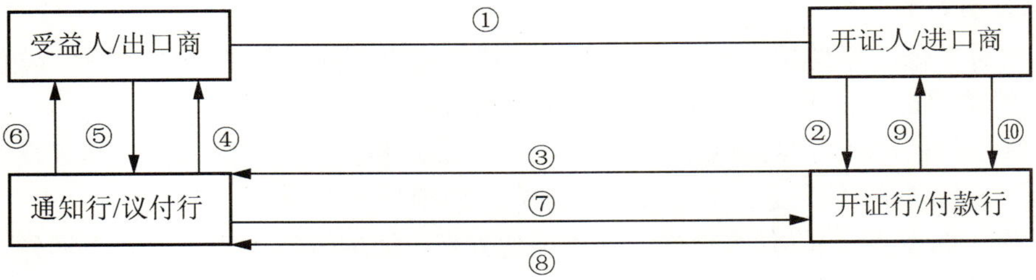

图 12.6　信用证业务支付流程

① 出口商和进口商签订合同，约定以信用证方式付款。

② 开证人申请开立信用证，按照合同内容填写申请书，缴纳押金，手续费或提供其他担保。

③ 开证行开立信用证。开证行按照开证申请书开立信用证，并委托通知行将信用证通知或传递给受益人。

④ 通知行审核印鉴、密押无误后，留存复印件外，尽快将信用证转交或通知受益人。

⑤ 受益人收到信用证后，审核信用证，如果发现不符合规定，应及时要求改正；如果信用证符合合同规定，则按照信用证规定运出货物，取得货运单据，并在信用证有效期内备齐规定单据，向银行交单议付。

⑥ 议付行审核单证无误后，将扣除贴现利息和手续费的货款垫付给受益人。

⑦ 议付行办理议付后，将全套单据寄交给开证行或付款行要求偿付款项。

⑧ 开证行或付款行审核单证无误后向议付行进行付款。

⑨ 开证行通知开证人付款赎单。

⑩ 开证人审核单据无误后，向开证行付款，获得全套单据进行提货。

8. 信用证的风险及防范

虽然信用证属于银行信用，对进出口商来说有一定的安全保障，但并不是说信用证业务下进出口商完全没有风险。使用信用证方式的进出口商同样面临各种各样的风险。

1) 信用证的各种风险

(1) 商业环境风险。信用证的商业环境性风险具体细化可以分为宏观和微观的两个方面。宏观商业环境性风险是指开证人和/或开证行以及和/或付款行所在国家和/或地区因政治原因、经济原因、内乱、战争等造成外汇短缺而采取国家政令性外汇付款管制或禁付，导致出口商面临无法收回货款的风险。微观商业环境性风险是指因信用证当事人之间商务关系的变化，使信用证的付款承诺因素丧失，给出口商带来经济损失的风险。

(2) 信用证的欺诈性风险。信用证的欺诈性风险则是指以主观故意为特征、以非法侵害、占有他人利益为目的，非善意的开证人伪造信用证、故意在信用证中设置陷阱条款诱使出口商发货造成损失的风险。

① 伪造信用证风险。进口商利用伪造信用证进行欺诈主要表现为欺诈人以开证人名义用伪造的信用证欺骗议付行和出口商，使议付行和出口商相信欺诈者的开证人的合法身份，骗取货物。伪造信用证通常有三种表现形式：以根本不存在的银行为名开立假信用证；冒用银行名义开立伪造的信用证；先通过银行开立真实合法的信用证，但其中含有某些尚待修改不确定的条款，之后开证人绕过原开证行，径向通知行或受益人直接发出信用证修改书，盗用银行密押或借用原信用证密码进行欺诈。

②软条款风险。信用证软条款又称陷阱条款，是指不可撤销信用证中规定的开证行或开证申请人可以单方面解除其付款责任的条款。例如，要求提交受益人无法或不易获得的单据，如要求某个进口商指定的人签字的单据，或明确要求FOB/CFR条件下凭保险公司回执申请议付等，这些对受益人来说根本无法履行或无法控制。又如，信用证规定必须在货物运至目的地后，货物经检验合格后获经外汇管理当局核准后才付款，或规定以进口商承兑汇票为付款条件，如进口商不承兑，开证行就不负责任。从这些条款看已经不是信用证结算，出口商没有获得货款的保障。

案例 12.2

2003 年，香港某公司向上海某外贸公司订购货物，香港公司在开来信用证中，加列了“在所附单据中应有一张买方代表签署的质量已经由买方抽检的证书”的条款。上海公司当然不同意，因按此条款，结汇将受制。这时，上海货已备妥，而香港公司也有代表在上海，上海公司就邀请对方到货场看了货，并要求对方修改条款，该香港代表不同意修改条款，但随手写了一张质量已经抽验的证书，并签了名。同时又通知开证行在信用证中加列了“其签字与开证申请人在开证行预留的签字一致”的条款，对此，上海公司当然也不同意，要求对方删除。最后香港代表在酒宴上写了一个声明书，声明其签字与预留开证行的签名绝对一致，并信誓旦旦。上海公司至此信以为真，如期交货并向银行交单结汇，但遭银行拒付，理由是所指代表在开证行预留的签名为英文名而无中文签名。单据与信用证条款不符，上海公司附寄了香港公司代表的声明书，但开证行答复："声明书不是所规定的单据，银行不予理会。"上海公司方如梦初醒，惊呼上当，几十万美元的损失及随后繁杂的交涉、谈判乃至于诉诸法律，步履之艰难，可想而知。

(资料来源：曹民之. 从两则外贸业务案例谈信用证欺诈及其防范. 国际经贸. 2006(8)：18～19)

(3) 单据不符的风险。在信用证实务中，因为单据细小差错遭到拒付的案例仍有发生。进口商由于其他原因而不想要货时，可能要求开证行以一些非实质性不符的错误对议付行提出拒付。另外，信用证中含有与合同条款不一致的条款也会引起拒付。

2) 信用证风险的防范

(1) 调查对方资信。任何贸易合同开展之前，都应该调查对方的资信情况，这是防范和杜绝风险的首要对策。在信用证业务中，这种调查包括进出口商相互之间的资信了解，也包括银行和开证人、受益人之间的资信了解。

(2) 提高警惕审核单据。出口商应对信用证条款认真审核，审慎考虑所要求的单据。每份信用证的条款都没有既定的格式，要仔细阅读，弄清其含义。对于问题不大、成本较低的条款应尽量考虑接受，以保持并发展双方的业务关系。而对一些十分不合理的条款则坚决要求及时修改信用证。一经发现来证含有主动权不在自己手中的软条款及其他不利条款，必须坚决和迅速地与进口商联系修改。

(3) 认真缮制单据。出口商应该严格遵循"单证一致，单单一致"的原则，从来证审证，到依证制单、交单议付，都要十分细心，大到一个句子，小到一个标点、一个字母，一点差错都不能出。

9. 合同中的信用证条款

合同中的信用证条款举例如下：

1) 即期信用证支付条款

"买方应于装运月份前××天通过卖方可接受的银行开立并送达卖方不可撤销的即期信用证，有效期至装运月份后第15天在中国议付。"(The buyers shall open through a bank acceptable to the sellers an Irrevocable Sight Letter of Credit to reach the sellers ×× days before the month of shipment，valid for negotiation in China until the 15th day after the month of shipment.)

2) 远期信用证支付条款

"买方应于××年×月×日前(或接到卖方通知后×天内或签约后×天内)通过 ××银行开立以卖方为受益人的不可撤销(可转让)的见票后××天(或装船日后××天)付款的银行承兑信用证，信用证议付有效期延至上述装运期后第15天在中国到期。"

12.2.4 银行保函

1. 概念

广义上的保函(Letter of Guarantee，L/G)是银行、保险公司或其他机构或个人应申请人的要求向受益人开出的担保申请人正常履行合同义务的书面保证。保证在申请人未能按双方协议履行其责任或义务时，由担保人代其履行一定金额、一定期限范围内的某种支付责任或经济赔偿责任。

由于目前在保函业务中普遍使用银行开具的保函，因此，保函通常被称为银行保函，又称银行保证书。它是银行有条件承担一定经济责任的契约文件，当申请人未能履行其承诺的义务时，银行负有向受益人赔偿经济损失的责任。银行保函主要适用于为国际间商品贸易和工程承包等提供信用担保，以减轻受益人承担的风险。

2. 当事人

银行保函主要有三个基本当事人，即申请人、受益人和担保人。

1) 申请人

申请人(Applicant)，也称委托人，是向银行提出申请要求开立保函的一方，一般为经济交易中的债务人。申请人的主要责任：①按照已签合同或协议的规定履行各项义务；②在自己违约后，补偿担保人因为承担担保责任而向受益人作出的任何赔偿；③向担保人支付有关费用。

2) 受益人

受益人(Beneficiary)，是接受保函并有权在申请人违约后向担保人提出索偿并获取赔偿的一方，一般为经济交易中的债权人。

受益人有权索偿，但前提是其须履行合同规定的各项义务，其在索偿时还必须提供保函规定的索偿文件。

3) 担保人

担保人(Guarantor)，是接受申请人要求，向受益人开立保函的银行。保函开出后不可撤销。担保人的责任：①促使申请人履行合同的各项义务；②在申请人违约时，根据受益人提出的索偿文件和保函的规定向受益人赔偿；③有权在赔偿后向申请人索偿。

3. 银行保函的种类

1) 见索即付保函和有条件保函

按索偿条件划分，可分为见索即付保函和有条件保函。

(1) 见索即付保函。是指担保人在受益人第一次索偿时，就必须按保函所规定的条件支付款项。此种保函的担保人承担第一性的、直接的付款责任。

(2) 有条件保函。是指在符合保函规定的条件下担保人才向受益人付款。此种保函的担保人承担的是第二性的、附属的付款责任。

在国际贸易中，见索即付保函使用比较广泛，为此，国际商会专门制订有国际惯例即《见索即付保函统一规则》(国际商会 458 号出版物)。

2) 出口类保函和进口类保函

按保函的使用范围划分，可分为出口类保函和进口类保函。出口类保函包括投标保函、履约保函、预付款保函、保证金保函，进口类保函包括付款保函、补偿贸易进口保函、加工装配业务进口保函。下面我们着重介绍其中三种保函。

(1) 履约保函。履约保函(Performance Guarantee)，是担保银行应申请人的要求向受益人开出的保证申请人按合同条款履行各项义务，否则由担保人赔偿受益人一定金额损失的保证文件。履约保函在进出口贸易、来料加工、工程承包、补偿贸易、融资租赁以及质量维修等方面都可以使用，具有应用范围广、担保金额高的特点。其有效期一般自相关合同生效之日起，至合同失效之日或双方协商确定的具体期限为止。

(2) 预付款保函。预付款保函(Advanced Payment Guarantee)，又称还款保函(Repayment

Guarantee)，它是担保银行应申请人(即收到预付款的一方)要求向受益人(即支付预付款的一方)开出的担保文件。保证如申请人不按合同规定履行义务，也未将受益人预付给申请人的任何金额以其他方式偿还时，由担保行向受益人赔付一定金额款项。预付款保函运用于进出口贸易、工程承包和技术贸易中一切预付款和带有预付款性质的分期付款业务。

(3) 付款保函。付款保函(Payment Guarantee)，是担保银行应申请人(进口商)要求向受益人(出口商)开出的保证进口方在收到符合合同规定的货物后向出口商支付全部货款，否则由担保人赔偿出口商损失的书面保证文件。根据付款时间的不同，付款保函可分为即期付款保函和远期付款保函两种。付款保函主要适用于进出口贸易。

4. 保函的主要内容

1) 当事人

申请人、受益人、担保人。

2) 保函的依据

基础合同、标书、协议等的号码、日期等。

3) 担保金额

担保的最高限额，必须有确定的金额，一般为项目标的总额的3%～5%。

4) 要求付款的条件

法院判决书、仲裁裁决书等。

5) 保函的失效日期或失效事件

如未规定，当保函退还担保人，或受益人用书面声明解除担保人的责任时，保函失效。

6) 保函所适用的法律与司法

适用担保人营业所在地的法律。如果他有数处营业场所，则适用其开立保函的分支机构所在地的法律。

7) 保函所适用的经济活动范围

5. 支付程序

银行保函业务的支付流程如图12.7所示：

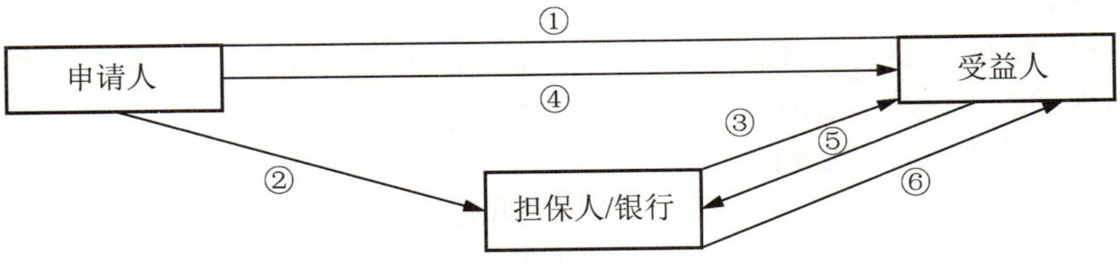

图12.7 银行保函业务流程图

① 申请人与受益人签订货物买卖合同，并约定使用银行保函；

② 申请人请担保人出面担保；

③ 担保人开具保函给受益人；

④ 申请人对受益人违约；

⑤ 受益人向担保人提出索赔；

⑥ 担保人查清违约事实后，赔付担保金额。

6. 银行保函的特点

1) 银行保函是备用性质的

如果申请人如期履约，担保人无须承担责任。

2) 受益人索赔

受益人索赔时要提交索偿声明，受益人索赔的权利不可转让。

3) 银行付款责任

银行保函有负第一性付款责任的，也有负第二性付款责任的。

4) 保函有反担保作保证

反担保人是为申请人向担保银行开出书面反担保的人。反担保人一般是申请人的上级主管单位或其他银行、金融机构等。反担保人保证申请人履行合同义务，如果申请人未履行义务，担保人在保函项下付款之后，反担保人将给予担保人及时、足额的补偿，并且在申请人不能向担保人作出赔偿时，反担保人将负责向担保人赔偿损失。

12.2.5 国际保理

1. 国际保理的概念

国际保理的全称是国际保付代理业务(International Factoring)，最早流行于欧美等国，是为解决非信用证支付情况下的国际结算问题而出现的一种新型国际结算方式。它适用于出口商在采用托收(特别是 D/A)或赊销进行贸易时，由保理商(Factor)向出口商提供的一种集融资、结算、财务管理、信用担保为一体的综合性的贸易支付方式。它最大的作用是有利于减小或避免出口商的收汇风险。

2. 国际保理的种类

1) 到期保理和预支保理

根据是否向出口商提供融资，国际保理分为到期保理和预支保理。

(1) 到期保理。到期保理(Maturity Factoring)是指出口商将有关出口单据卖给保理商后，保理商在票据到期时向出口商无追索权地支付货款，这是比较原始的保理方式。

(2) 预支保理。预支保理(Financed Factoring)也叫融资保理，是指出口商将有关单据卖给保理商后，保理商扣除融资利息和费用后，立即以预付款方式无追索权地付给出口商 80%左右的发票金额，其余 20%于货款收妥后再清算，这是比较典型的保理方式。

2) 公开型保理和隐蔽型保理

根据销售贷款是否直接付给保理商，国际保理又分为公开型保理和隐蔽型保理。

(1) 公开型保理。公开型保理(Disclosed Factoring)指出口商必须以书面形式将保理商的参与通知进口商，并指示进口商将货款直接付给保理商。

(2) 隐蔽型保理。隐蔽型保理(Undisclosed Factoring)指保理商的参与对外是保密的，不通知进口商，款项仍由进口商直接付给出口商，融资及有关费用的清算在保理商和出口商之间进行。

目前大多数的国际保理业务都是公开型的。

3) 单保理和双保理

根据是否涉及进出口两地的保理商，分为单保理和双保理。

在国际保理业务中，保理商分为进口保理商和出口保理商。位于进口商所在地的保理商叫进口保理商，位于出口商所在地的保理商叫出口保理商。

仅涉及进口或出口一方保理商的叫单保理，此方式适用于一方没有保理商的国家和地区。涉及双方保理商的叫双保理。欧美各经济发达国家一般都采用双保理，这是目前世界上较为通行的做法。

3. 国际保理业务的支付流程

公开型、双保理国际保理业务的支付流程如图 12.8 所示。

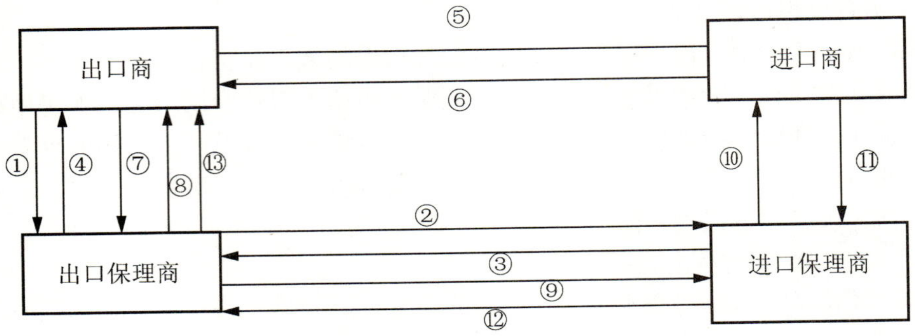

图 12.8 国际保理业务的支付流程图

① 进出口双方初步达成交易意向，出口商先找到国内某保理商(作为出口保理商)，向其提出出口保理的业务申请，填写《出口保理业务申请书》(又称为《信用额度申请书》)，用于为进口商申请信用额度。申请书一般包括如下内容：出口商业务情况，交易背景资料，申请的额度情况(包括币种、金额及类型)等。

② 国内保理商于当日选择一家进口保理商，将有关情况通知进口保理商，请其对进口商进行信用评估。通常出口保理商选择已与其签订过《代理保理协议》、参加国际保理商联合会且在进口商所在地的保理商作为进口保理商。

③ 进口保理商对进口商的资信以及有关商品的市场行情进行调查。若进口商资信状况良好且进口商品具有不错的市场，则进口保理商将为进口商初步核准一定信用额度，将有关条件及报价通知出口保理商。按照国际惯例的规定，进口保理商应最迟在 14 个工作日内答复出口保理商。

④ 出口保理商将被核准的进口商的信用额度以及自己的报价通知出口商。出口商接受国内保理商的报价，与其签订《出口保理协议》。

⑤ 出口商与进口商正式达成交易合同。出口保理商与出口商签署《出口保理协议》后，出口保理商向进口保理商正式申请信用额度。进口保理商回复出口保理商，通知其信用额度批准额、有效期等。

⑥ 出口商按合同发货后，将正本发票、提单、原产地证书、质检证书等单据寄送进口商。

⑦ 出口商将发票副本及有关单据副本(根据进口保理商要求)交国内出口保理商。同时，出口商还向国内保理商提交《债权转让通知书》(作用是将发运货物的应收账款转让给出口保理商)和《出口保理融资申请书》(用于向出口保理商申请资金融通)。

⑧ 出口保理商按照《出口保理协议》向出口商提供相当于发票金额80%的融资。

⑨ 出口保理商在收到副本发票及单据(若有)当天将发票及单据(若有)的详细内容通知进口保理商。

⑩ 进口保理商于付款到期日前若干天开始向进口商催收。

⑪ 到期后，进口商向进口保理商付款。

⑫ 进口保理商将款项付与出口保理商。

⑬ 出口保理商扣除融资本息及有关保理费用，再将余额付给出口商。

4. 国际保理的特点

1) 保理商的风险

保理公司与出口商建立债权承购转让关系，不是借贷关系；如果保理商最终收不回欠款，不能向出口商行使追索权，其全部损失只能由保理商自己承担。不过，保理商承担的仅仅是财务风险。如果进口商并非因财务方面的原因而拒付，而是因货物品质、数量等不符合合同规定而拒付，保理商将不予担保。对超过信用额度的部分也不予担保。

2) 对进出口商的有利之处

出口商发货后即可获得资金，可加速资金周转，且可借保理转嫁信贷和汇率风险；进口商可以获得卖方的信用，赊销货物。

3) 对进出口商的不利之处

对出口商来说，保理业务对保理商的风险很大，为此向出口商收取的保理费用很高；对进口商来说，出口商势必会把保理商的高额收费分摊到出口价格里去。另外，赊销又积压了卖方的资金和利息，交易成本必然很高，出口商也必然会将其经济损失通过抬高售价的方式转嫁给进口商。

4) 保理业务受理的时间较长

保理业务需要保理商在承接之前对进口商进行资信调查，所以费时较长。

5. 国际保理的使用

在国际贸易中采用保理方式比较广泛，例如，进口商不能或不愿开出信用证，致使出口交易不能达成，出口商采用D/A付款方式，但对进口商的财务信用存有疑虑，为了更有效地拓展市场，决定在有关的海外市场聘任销售代理，因此必须提供信用付款方式，希望解除账务管理和应收账款追收的烦恼，避免坏账损失。由于国际保理的主要作用是为出口商的信用风险提供保障，因而可以选择保理方式。

12.3 各种支付方式的结合使用

一般来讲，一笔交易只需规定一种支付方式，但在实践中，有时为了促成交易，在双方未能就某一支付方式达成协议时，也可以根据情况选择两种或多种支付方式综合使用，以满足安全及时收汇、互惠互利的需要。

12.3.1 汇付与信用证相结合

这种支付方式是指部分货款用信用证支付，部分货款用汇付方式结算。通常做法是，货款主要部分以信用证方式支付，余款用汇付方式结算。

在国际货物贸易合同中规定，出口商交货后凭信用证规定的单据到银行结算发票金额的若干比例，货到目的地后，进口商验收合格，再将余款以汇付方式付给出口商。汇付与信用证相结合的做法，在一定程度上可防止出口商凭假单据诈骗从而给进口商造成损失。

汇付与信用证相结合的付款条款举例：

买方同意在本合同签字之日起，1 个月内将本合同总金额××%的预付款，以电汇方式汇交卖方，其余××%金额用信用证方式结算。

××% of the total contract value as advance payment shall be remitted by the buyer to the seller through telegraphic transfer within one month after signing this contract，while the remaining ××% of the invoice value against the draft on L/Cbasis.

12.3.2 托收与信用证相结合

这种支付方式是指部分货款用信用证支付，部分货款以托收方式结算。

一般由信用证规定出口商开立两张汇票：一张光票，一张跟单汇票。货款的一部分用信用证凭光票支付，其余货款采用跟单托收(可按即期或远期付款交单方式托收)。采用这种两者结合的方法时，通常要在信用证中注明“全套单据随附托收部分，在发票金额全部付清后方予交单”的条款，以确保安全收汇。

这种方式下，一部分货款凭信用证支付，另一部分虽然凭单托收，但属于 D/P 方式，进口商付款以后，银行才交单，对出口商收汇相对安全。对进口商来说，也可以减少开证金额，减少资金积压。

托收与信用证相结合的付款条款举例：

货款 50%应开立不可撤销信用证，余款 50%见票后即期付款交单。全套货运单据随于托收项下，于申请人付清发票全部金额后交单。如进口人不付清全部金额，则货运单据由开证银行掌握，听凭卖方处理。

50% of the invoice value is available against payment by irrevocable L/C，while there maining 50% of the value is available by invoice documents against payment at sight on collection basis. The full set of the shipping document shall accompany the collection item and shall only be released after full payment of the invoice value. If the importer fails to pay full invoice value，the shipping documents shall be held by the issuing bank at the exporter's disposal.

12.3.3 备用信用证与托收相结合

合同中规定采用托收方式支付的同时，要求进口商通过银行开立以出口商为受益人的备用信用证，在证上说明，当进口商不能在规定的期限内履行其付款义务时，受益人有权出具汇票和声明书，要求开证行付款。

12.3.4 托收与汇付结合

采用跟单托收方式时，出口商要求进口商先以汇付方式，预先支付一部分货款作为押金，货物出运后，出口商从发票金额中扣除对方已经预付的货款，其余部分通过银行托收。

这样，一旦进口商拒付，出口商可以预付的货款来补偿自己的损失。

12.3.5 汇付与银行保函结合

进口商以汇付方式预付一定比例的货款或定金，其余大部分货款由买方按 L/C 规定或开立银行保函予以分期支付或延期支付。分期付款是指买方预交部分订金，其余款项按工程进度或交货进度分若干期支付，在货物交付完毕时付清或基本付清。延期付款是指买卖双方签约后，买方预付小额订金，其余款项可按工程进度或交货进度分期支付一部分，但大部分货款是在交货后若干年内分期偿还。出口商通常要求进口商以汇付方式预付全部价款的 5%～10%，余额由进口商银行出具保函再付款。这里的“银行保函”是指在银行担保的前提下，由买方直接分批支付；万一买方到期不付款，再由银行按照保函的约定予以支付。

12.3.6 汇付、托收、信用证与银行保函或备用信用证的结合

在成套设备、大型机械产品和交通工具的交易中，因为成交金额较大，产品生产周期较长，需要将汇付、托收、信用证与银行保函或备用信用证等结合起来。

买卖双方在合同中规定，在产品投产前，买方采用汇付方式先交部分货款作为订金。卖方在买方付出订金前，应向买方提供出口许可证影印本和银行保函或备用信用证。订金外的其余货款，按不同阶段分期支付，买方开立不可撤销的信用证，即期付款。但最后一笔货款，一般是在交货或卖方承担质量保证期满付清，货物所有权则在付清最后一笔货款时转移。

在上述的付款过程中，由于买方预交部分订金，其余货款按工程进度或交货进度分若干期支付，在货物交付完毕时付清或基本付清。买方在交货前预付了部分贷款，故通常由卖方向买方提供银行保函或备用信用证，若卖方不能如期交货或不能交货，则由银行负赔偿责任。

多种结算方式结合的付款条款举例：

买方同意在本合同签字之日起一个月内，将本合同总金额××%的预付款以电汇方式汇交卖方，其余××%金额用即期或远期付款交单托收，并开立以卖方为受益人的总金额为××的备用信用证或银行保证书。备用信用证或保证书应规定如下条款：如××号合同跟单托收项下的付款人到期拒付，受益人有权凭该备用信用证或保函开立汇票连同一份××号合同被拒付的声明文件索取货款。

本 章 小 结

> 支付条款是国际贸易合同的核心条款，直接关系买卖双方的经济利益。国际贸易实务中基本采用票据作为支付工具，主要使用汇票。国际贸易的基本支付方式包括汇付、托收和信用证。不同的支付方式有不同的特点和支付流程。其中，汇付和托收属于商业信用，信用证属于银行信用；汇付属于顺汇支付方式，托收和信用证属于逆汇支付方式。随着国际贸易结算方式的不断进步，银行保函和国际保理等方式在国际贸易中的应用逐步广泛。

本章练习题

一、单项选择题

1．在 L/C、D/P 和 D/A 三种支付方式下，就卖方风险而言，以下选项哪个正确(　　)。

A．L/C<D/A<D/P　　B．L/C<D/P<D/A

C．D/A<D/P<L/C　　D．D/P<D/A<L/C

2．属于顺汇方法的支付方式是(　　)。

A．汇付　　B．托收　　C．信用证　　D．银行保函

3．信用证是进口商根据买卖合同的规定向银行申请开立的，信用证的第一付款人是(　　)。

A．进口商　　B．开证银行

C．视信用证的具体规定而定　　D．议付行

4．银行审单议付的依据是(　　)。

A．合同，信用证　　B．合同，单据

C．单据，信用证　　D．信用证，委托书

5．所谓信用证“严格相符”的原则，是指受益人必须做到(　　)。

A．单证与合同严格相符

B．单据与信用证严格相符

C．信用证与合同严格相符

D．当 L/C 与合同不符时，提交单据以合同为准

6．信用证和货物合同的关系是(　　)。

A．信用证是货物合同的一部分　　B．货物合同是信用证的一部分

C．信用证从属于货物合同　　D．信用证独立于货物合同

7．以信用证项下的汇票是否附有货运单据来划分，信用证可分为(　　)。

A．不可撤销信用证和可撤销信用证　　B．保兑信用证和不保兑信用证

C．跟单信用证和光票信用证　　D．循环信用证和不循环信用证

8．可转让信用证可转让的次数是(　　)。

A．一次　　B．两次　　C．无数次

9．一张有效的信用证，必须规定一个(　　)。

A．装运期　　B．有效期　　C．交单期　　D．议付期

10．按照《UCP600》的规定，在信用证中如未注明是否可以撤销，则该证为(　　)。

A．可撤销信用证　　B．不可撤销信用证

C．由双方协商决定　　D．既可认为可撤销，又可以认为不可撤销

11．T/T 指的是(　　)。

A．信汇　　B．电汇　　C．票汇　　D．信用证

12．对于卖方而言，具有双重保证的信用证指的是(　　)。

A．循环信用证　　B．跟单信用证　　C．保兑信用证　　D．可转让信用证

二、多项选择题

1．按照有无随附单据，汇票可分为(　　)。
A．即期汇票　B．远期汇票　C．光票　D．跟单汇票
2．汇付的方式可以分为(　　)。
A．汇款　B．信汇　C．电汇　D．票汇
3．在国际贸易货款的收付中，使用的票据主要有(　　)。
A．汇票　B．本票　C．支票　D．发票
4．汇付业务中所涉及的当事人主要有(　　)。
A．汇款人　B．汇出行　C．汇入行　D．收款人
5．在跟单托收业务中，根据交单条件的不同可以分为(　　)。
A．提示交单　B．见票交单　C．付款交单　D．承兑交单
6．远期信用证和假远期信月证的区别在于(　　)。
A．信用证条款不同　B．利息的承担者不同
C．开证基础不同　D．收汇的时间不同
7．备用信用证与一般的跟单信用证的区别主要在于(　　)。
A．适用的范围不同
B．银行付款的条件不同
C．受款人要求银行付款时所需要提交的单据不同
D．备用信用证属于商业信用，而跟单信用证则属于银行信用
8．常见的银行保函按照其用途不同，可分为(　　)。
A．履约保证书　B．还款保证书　C．投标保证书　D．付款保证书
9．在保兑信用证业务中，负第一性付款责任的是(　　)
A．付款行　B．偿付行　C．开证行　D．保兑行
10．电开信用证的种类主要有(　　)。
A．简电本　B．全电本
C．SWIFT 信用证　D．SWFIT 信用证
11．信用证支付方式的特点是(　　)。
A．信用证是一种商业信用　B．信用证是一种银行信用
C．信用证是一种单据的买卖　D．信用证是一种自足的文件
12．下列叙述中属于托收的特点是(　　)。
A．它属于一种商业信用　B．它是一种单证的买卖
C．它有利于调动买方订货的积极性　D．存在难以收回货款的风险
13．下列关于本票的说法哪种是正确的(　　)。
A．商业本票有即期和远期之分
B．远期本票无须承兑
C．本票的付款人是出票人
D．本票的当事人有出票人、付款人和收款人
14．信用证最基本的当事人为(　　)。
A．开证申请人　B．开证行　C．通知行　D．受益人

15. 银行保函的主要当事人有(　　)。

A. 申请人　　B. 受益人　　C. 担保人　　D. 反担保人

三、判断题

1. 银行不能拒收超过信用证允许金额的商业发票。(　　)

2. 可转让信用证与汇票一样，可以进行多次转让。(　　)

3. 只要在信用证的有效期内，无论受益人何时向银行提交符合信用证要求的单据，开证行不得拒付货款和拒收单据。(　　)

4. 由于银行的介入，信用证内使用的汇票为银行汇票。(　　)

5. 如使用可撤销信用证，则只要在信用证的有效期内，开证行随时可以撤销信用证。(　　)

6. 信用证业务中有关各方处理的是单据，而不是货物。(　　)

7. 对背信用证开立后，原证即失去效用。(　　)

8. 按照国际惯例，凡信用证上没有注明可否转让字样的，即可视为可转让信用证。(　　)

9. 信用证是依据贸易合同开立的，受贸易合同的约束。(　　)

10. 不可撤销信用证是指信用证一经开出，在有效期内未经受益人及有关当事人的同意，开证行不能片面修改或撤销的信用证。(　　)

四、简答题

1. 汇票和本票的区别是什么？

2. 托收的含义和特点是什么？托收分为哪几种？付款交单与承兑交单有何异同？

3. D/A 与 D/P • T/R 有何异同？

4. 说明信用证的含义、性质与特点。

5. 简述信用证结算的支付流程。

6. 银行保证函与备用信用证有何区别？

7. 国际保理的特点是什么？

五、案例分析题

1. 甲为汇票的出票人，指定乙为持票人，丙为受票人。乙将该汇票背书转让给丁，丁在到期日前向受票人丙提示汇票并获承兑。但至汇票到期日，丙以资金周转困难为由，拒绝向丁付款。问：丁此时有何权利？如何行使？

2. 北京某出口公司向美国出口一批货物，付款方式为 D/P60 天，汇票及货运单据通过托收行寄到国外代收行后进行了承兑。货物运到目的地后，恰巧该产品市场价格上涨，进口人为了抓住有利时机，便出具信托收据向银行借取单证，先行提货。但货物出售后买方倒闭。请问：在此情况下我方在汇票到期能否收回货款？为什么？

3. 国外开来不可撤销 L/C，证中规定最迟装运期为 2014 年 12 月 31 日，议付有效期为 2015 年 1 月 15 日。我方按证中规定的装运期完成装运，并取得签发日为 12 月 10 日的提单，当我方备齐议付单据于 1 月 4 日向银行议付时，遭银行拒付。问：银行拒付是否有道理？为什么？

4. 我方某公司进口一批货物，按信用证方式结算货款。受益人在信用证有效期内向国外议付行交单议付。议付行经审查合格后即向受益人议付货款。我方收到货物后发现货物品质与合同规定不符，请问我方是否可以要求开证行拒绝向议付行付款？

5. 我某公司向非洲出口某商品 15 000 箱，合同规定 1 月至 6 月按月等量装运，每月 2 500 箱，凭不可撤销即期信用证付款，客户按时开来信用证，证上总金额与总数量与合同相符，但装运条款规定为“最迟装运期 6 月 30 日，分数批装运。”我方 1 月份装出 3 000 箱，2 月份装出 4 000 箱，3 月份装出 8 000 箱。客户发现后向我方提出异议。你认为我方这样做是否可以？为什么？

6. 某出口公司收到一份国外开来的 L/C，出口公司按 L/C 规定将货物装出，但在尚未将单据送交当地银行议付之前，突然接到开证行通知，称开证申请人已经倒闭，因此开证行不再承担付款责任。问：出口公司如何处理？

7. 我国某出口企业对外出口产品一批，销售合同中规定商品装于木箱之中(to be packed in wooden cases)，而对方所开来的信用证则显示商品装于标准出口纸箱中(to be packed in standard export cartons)。由于卖方同时拥有两种包装的产品，而且船期临近，且双方有长期的业务合作，卖方便在信用证中所规定的装运期前将装于标准出口纸箱的产品装运并取得相应的单据，此后买方收到信用证的修改通知书，对方表示由于工作疏忽将包装条款打错，希望将信用证中的相关条款改成与合同条款保持一致，即以木箱进行包装。买方由于已经装运，所以拒绝接受修改。待卖方向有关银行结算以后，却收到买方提出的抗辩：“……关于第××××××号合同，合同中规定采用木箱包装，而贵方所提交的单据显示该批货物系装于出口标准纸箱之中，我方亦与我方的最终用户联系，其表示不能接受。因此，我方对于贵方所提供的货物和单据亦不能接受，希望贵方退还已从银行结算的货款，并承担我方的损失费用。……”请问卖方应该如何处理？理由何在？

8. 我某公司向日本某商以 D/P 见票即付方式推销某商品，对方答复：如我方接受 D/P 见票后 90 天付款，并通过他指定的银行代收则可接受。试分析日方提出此项要求的出发点。

9. 2001 年 10 月 15 日由英国一家银行开给国内 ABC 公司 L/C。L/C 有关数量条款规定如下：总金额约 USD10 000，数量 1 000 公吨，圆粒白大米，每公吨 USD500，CIF 利物浦。ABC 公司接到 L/C 后即备货，于 10 月 25 日全部货物装运完毕，持整套单据向银行交单议付。议付行经审单后不同意议付，其理由为议付金额 USD10 500，超出 L/C 规定的 USD10 000。请分析银行这样处理合适吗？为什么？

10. 某跟单信用证结算业务中，提单开立日期为某年 5 月 8 日，信用证规定受益人需要在运输单据开立后 15 天之内向银行结算，信用证有效期为 5 月 16 日。请问汇票需要在哪一天之前开立？

六、操作实训

背景资料：上海龙华贸易有限公司与美国 ABC 有限公司签订了一份关于 1 000 打男式衬衫(型号 PMG9-7123)的出口合同，合同号码为 SHLH080215，合同规定单价每打成本加运费到洛杉矶 8 美元，装运期为 2008 年 9/10 月，允许分批装运；支付方式：以上海龙华贸易有限公司为受益人的 100%保兑的、不可撤销信用证凭即期汇票支付，信用证必须在装运前一个月开到卖方。

请为上海龙华贸易有限公司审核下面的信用证，指出其不合理的地方。

花旗银行

致：上海龙华贸易公司　　　　　　　　　　日期 2008 年 10 月 8 日

号码 97-46758　　开证金额　USD800　　不可撤销信用证

本证通过中国银行上海分行通知受益人

兹开立以中国银行上海分行为受益人，以 ABC Co. Ltd. 为开证申请人，总金额为 USDeight Thousand ongly。由受益人开立见票后 20 天付款的汇票，以我行为付款人，支取 100%发票金额的货款，并随付下列货运单据。

商业发票一式三份；全套清洁已装船提单；保险单；以电报副本证明装运下列货物：

1000 打男式衬衫 型号 PMC9-7123 每打 USD8 CFR Los-angeles，不许分批，不许转船。

交单日期 2008 年 10 月 14 日前　　　　　　　　　装船不迟于 2008 年 10 月 10 日

花旗银行

经理×××

第 13 章 争议的预防与处理

教学目标

- 掌握进出口商品检验、索赔、不可抗力与仲裁的相关基本概念；
- 掌握检验条款、异议与索赔和罚金条款、不可抗力条款与仲裁条款的订立方法；
- 理解订立进出口商品检验、索赔、不可抗力与仲裁条款应注意的问题。

关键词

进出口商品检验　索赔条款　不可抗力　仲裁

案例导入

我国某省进出口公司于某年 11 月 9 日与澳大利亚某公司在我国签订了一份由中方公司出口化工产品的合同。合同规定品质价格是，TiO_2 含量最低为 98%，重量 17.5 公吨，价格为 CIF 悉尼每公吨 1 130 美元，总价款 19 775 美元，信用证方式付款，装运期为 12 月 31 日之前，商检条款规定："商品的品质、数量、重量以中国进出口商品检验局检验证书或卖方所出具的证明书为最后依据。"中方公司在收到信用证后按要求将货物运出并提交有关单据，其中商检证由我国湖北进出口商品检验局发出，检验结果为 TiO_2 含量 98.55%，其他各项也符合合同规定。次年 3 月，澳方公司来电反映我方所交货物质量有问题，并提出索赔，5 月 2 日再次提起索赔，并将由澳大利亚商检部门 SGS 出具的抽样与化验报告副本传真给中方公司。报告中称：据抽样检查，货物颜色有点发黄，内有可见的杂质，TiO_2 的含量是 92.95%。6 月中方公司对澳方公司的索赔作了答复，指出货物是完全符合合同规定，但澳方公司坚持认为我方公司出口的货物未能达到合同规定的标准，理由是：①经用户和 SGS 的化验，证明中方公司所交货物与合同规定"完全不符"；②出口商出具的商检证书不是合同规定的商检机构出具的，并且该机构检验结果与实际所交货物不符。

本案经我国驻悉尼总领事馆商务室及贸促会驻澳代表处从中协调，才由中方公司向澳方公司赔偿相当一部分损失了案。在国际货物买卖中，卖方交货是否符合合同规定，是通过商品检验判明的。本案合同中的商检条款规定："以中国进出口商品检验局检验证书或卖方所出之证明书为最后依据。"根据此规定，中方所出具的检验证书不符合合同规定，无法律效力，视为未提出商检证明。根据国际惯例，买方有权行使复验权，并可以复验结果作为索赔的依据。从合同中订立的商检条款看，明显对我方公司有利，但关键在于澳方公司抓住了我方的要害，中方公司出具的商检证书不是合同规定的中国进出口商品检验局提供的，中方违反了合同规定。由本案可以看出，商检条款对于明确双方当事人的权利义务是十分重要的，为避免买卖双方因对验货时间、地点及检验机构的解释不同而发生争议，在订立商检条款时一定要做到公平合理，明确具体。

(资料来源：http://www.148-law.com/trade/typical9.htm)

在合同履行过程中，买卖双方经常会对出现的某些问题发生争议。如何认识、解释和处理这些争议，也是买卖双方关心的问题，需要在合同签订前充分磋商，取得一致意见，并在合同中订明，使之在处理时有“章”可循，有“法”可依。这些条款，是合同中不可缺少的组成部分。因此，在国际货物销售合同中，除了品名、品质、数量、包装、装运、保险、支付等主要条款外，还包括检验、索赔、不可抗力和仲裁等条款。

13.1 进出口商品检验

13.1.1 商品检验的重要性

国际货物买卖中的商品检验(Commodity Inspection)是指在国际贸易活动中对买卖双方成交的商品由商品检验检疫机构对商品的品质、数量、包装、安全、卫生、装运条件以及对涉及人类健康安全、动植物生命和健康保护、环境保护、欺诈防止、国家安全维护等项检验内容进行检验、鉴定和监督管理，在国际贸易活动中通常简称为商检工作。

在国际贸易中，买卖双方分处两国，难以做到当面呈交和验收货物。货物经过长途运输，有可能发生货物残损和数量短缺等问题。为了避免发生纠纷，以及在发生纠纷后便于确定事故的起因和责任的归属，在长期的外贸实践中，产生了商品检验这一做法。

由于商品检验直接关系到买卖双方在货物交接方面的权利与义务，是使国际贸易活动能够顺利进行的重要环节，即商品检验是进出口货物交接过程中不可缺少的一个重要环节。同时，它也是一个国家为保障国家安全、维护国民健康、保护动物、植物和环境而采取的技术法规和行政措施。因此，许多国家的法律和国际公约都对商品的检验问题作了明确规定。

例如，英国货物买卖法的规定，除非双方另有约定，当卖方向买方交付货物时，买方有权要求有合理的机会检验货物，以确定它们是否与合同规定的相符。买方在未有合理机会检验货物之前，不能认为他已经接受了货物。

又如，《联合国国际货物销售合同公约》第三十八条也对货物的检验问题作出了明确规定：“买方必须在按实际情况可行的最短时间内检验货物或由他人检验货物。如果合同涉及货物运输，检验可推迟到货物到达目的地后进行。”

根据我国《进出口商品检验法》及其实施条例，国家质检总局对进出口商品及其包装和运载工具进行检验和监管。对凡列入《出入境检验检疫机构实施检验检疫的进出境商品目录》中的商品实施法定检验和监督管理，进口商品未经检验或经检验不合格的，不准销售、使用；出口商品未经检验合格的，不准出口；对《目录》外商品实施抽查；对涉及安全、卫生、健康、环保的重要进出口商品实施注册、登记或备案制度；对进口许可制度民用商品实施入境验证管理；对法定检验商品的免验进行审批；对一般包装、危险品包装实施检验；对运载工具和集装箱实施检验检疫；对进出口商品鉴定和外商投资财产价值鉴定进行监督管理；依法审批并监督管理从事进出口商品检验鉴定业务的机构。

因此，交易双方应在买卖合同中对与商品检验有关的问题作出明确具体的规定，其内容因商品种类和特性的不同而有所差异，但通常都包括检验时间和地点、检验机构、检验证书，以及货物与合同规定不符时买方索赔的时限等项内容。

13.1.2 进出口商品检验的一般程序

进出口商品检验程序一般由报验、抽样、检验和签证四个环节组成。

1. 报验

报验是指对外贸易关系人(包括出口商品的生产者、供货部门、进口商品的收货人、用货部门、运输和保险契约的有关部门)向商检部门提出的检验申请，是商品检验的必办手续。根据具体情况有以下三种做法。

1) 出口检验申请

由报验人填写“出口报验申请单”，提供相关的买卖合同、信用证、来往函电等证件和资料。报验时间，一般在发运前 7～10 天。如果报验单位不在商检部门所在地，则在发运前 10～15 天。

2) 进口检验申请

由报验人填写“进口报验申请单”，并附上买卖合同、发票、海运提单(或铁路、航空、邮政等运单)、品质证书、装箱单、外运通知单，货物由用货部门验收的，应附以验收记录等资料，进口货物有残损、短缺的，应附上理货公司与轮船大副共同签署的货物残损报告单、大副批注或铁路商务记录等有关证明材料。报验时间最晚不得少于对外索赔有效期的 1/3 时间。

3) 委托检验

由报验人填写“委托检验申请单”，并应自送样品。委托检验的结果，一般不能用于作为对外成交或索赔的依据。

2. 抽样

抽样是检验的基础。除委托检验外，一般不得由报验人送样，而是在商检部门接受报验后，随即派抽样员赴存货现场自行抽样。抽样时，要按照约定的方法与比例，从存货的不同部位抽取一定数量的、能代表全批货物质量的样品供检验之用。抽样完毕，由抽样员当场发给“抽样收据”。

3. 检验

检验是商检部门的中心工作，必须做到准确、迅速，否则会影响检验结果的准确性及有效性。因此，商检部门在接受报验后，要认真研究申报的检验项目，确定检验内容，按照检验的依据和合同(含信用证)对品质、规格、包装的规定以及其规定的检验标准和检验方法，对商品进行检验。

4. 签证

商检证书是商检机构对进出口商品检验、鉴定的结果所出具的证书。它是买卖双方交接货物的依据，也是买卖双方收付货款、处理索赔和理赔的依据。因此，要求它所载事实清楚，论证准确、严谨、周密。商检机构根据法律法规及合同(含信用证)的规定，对进出口商品进行检验，签发商检证书。

13.1.3 商品检验条款的主要内容

国际货物买卖合同中的商品检验条款的主要内容包括：检验的时间和地点，检验的机构、标准、方法和证书，复验的期限、机构和地点等。

1. 商品检验的时间和地点

虽然国际上一般都承认买方在接受货物前有权检验货物，但在何时何地进行检验，各国法律并无统一规定，而货物的检验权直接关系到买卖双方在货物交接过程中的权利和义务，因此，买卖双方通常在合同中明确规定买方是否行使及如何行使检验权等问题，而其中的核心就是检验的时间和地点。其具体做法有以下四种。

1) 在出口国检验

这种做法可分为在产地检验和装运前或装运时在装运港或装运地检验。

(1) 在产地检验。在货物离开生产地点(如工厂、矿山、农场等产地)之前，由卖方或者其委托的商检机构人员，或买方的验收人员或买方委托的检验机构对货物进行检验或验收，由买卖合同中规定的检验机构出具检验证书，作为卖方所交货物的品质、数量等项内容的最后依据。在这种情况下，卖方只承担商品在离厂前的责任，至于运输途中的品质、数量变化的风险，均由买方承担。

(2) 装运港(地)检验。又称以离岸品质、重量为准(Shipping Quality and Weight as final)。卖方出口的货物在装运港或装运地交货前，由买卖双方约定的检验机构检验后所出具的品质、重(数)量、包装等检验证书，作为卖方交货的品质、重(数)量的最后依据。货物抵达目的港(地)后，买方也可自行复验，但原则上不得向卖方提出品质、重(数)量方面的任何异议或索赔，除非买方能证明，商品到达目的地时变质或短量是由于卖方没有严格履行合同规定商品的品质、数量或包装等义务，或是由于商品在装运时有一般检验无法发现的瑕疵引起的。这种检验方法，一般意味着买方无复验权，对买方极为不利。

2) 在进口国检验

这种做法又分为在目的港(地)检验和买方营业处所或最终用户所在地检验。

(1) 目的港(地)检验。也称以到岸品质、重量为准(Landed Quality and Weight as final)。这种做法是指货物到达目的港(地)时，由双方约定的目的港(地)商检机构检验商品，并以其出具的检验证书作为卖方交货的品质、重(数)量的最后依据。有些商品如密封包装的商品，规格复杂、精密度高的商品，不便在装运港(地)检验，而要在抵达目的港(地)后才能检验。如发现商品的品质、重(数)量与合同不符而责任又在卖方时，买方可向卖方提出索赔或按双方事先的约定处理。

(2) 买方营业处所或最终用户所在地检验。对于一些不便于在目的港(地)卸货检验的货物，如密封包装或大型机械设备等，一般不能在目的港(地)卸货时进行检验，需要将检验时间和地点延至到用户所在地，由合同规定的检验机构在规定的时间内进行检验。采用这种检验方法时，商品的品质和重(数)量以用户所在地检验机构出具的检验证书为准。

以上两种做法，实际上是卖方要承担到货品质、重(数)量的责任。如果商品在品质、重(数)量等方面存在的不符点属于卖方的责任，买方有权凭其经检验机构检验后出具的检验证书，向卖方提出索赔。由此可见，以上两种做法不利于卖方。

3) 出口国检验、进口国复验

这种做法是指卖方在出口国装运货物时，以合同规定的装运港(地)商检机构检验后所出具的检验证书作为卖方交货和议付货款的凭证之一，同时允许货物运抵目的港(地)后由双方约定的商检机构在约定的地点和时间内进行复验。经过复验，如发现商品的品质、重(数)量与合同不符而责任在卖方，买方可凭目的港(地)商检机构出具的复验证书向卖方提出异议或索赔。

这种做法兼顾了买卖双方的利益，在一般情况下对买卖双方较为公平合理，符合国际贸易惯例和规则，因而在国际贸易中广泛应用，在我国进出口业务中也常被采用。

4) 装运港(地)检验重量、目的港(地)检验品质

这种装运港(地)检验重量、目的港(地)检验品质的做法，也称之为离岸重量、到岸品质(Shipping Weight and Landed Quality)。即以装运港(地)验货后检验机构出具的重量检验证书，作为卖方所交商品重量的最后依据。以目的港(地)检验机构出具的品质检验证书，作为商品品质的最后依据。商品到达目的港(地)后，如果商品在品质方面与合同不符，而且该不符点属于卖方的责任，买方可凭品质检验证书，对商品的品质向卖方提出索赔，但买方无权对商品的重量提出异议。

2. 检验机构

检验机构或称商检机构，一般是指接受委托对国际贸易中的商品进行检验和公证鉴定工作的专业性机构。

1) 国际上商品检验机构

在国际贸易中，从事商品检验的机构种类繁多，名称各异，有的称作公证行(Authentic Surveyor)、宣誓衡量人(Sworn Measurer)，也有的称为实验室(Laboratory)。从检验机构的类型上看，大致分为以下三类。

(1) 官方检验机构。是指由国家或地方政府投资，按照国家有关法律法规对进出口商品实施强制性检验、检疫和监督管理的机构。如我国的国家质量监督检验检疫总局，美国食品药物管理局(FDA)、美国动植物检疫署和日本通商省检验所等。

(2) 半官方检验机构。是指一些有一定权威的、由国家政府授权、代表政府行使某项商品检验或某一方面检验管理工作的民间机构。例如，根据美国政府的规定，凡是进口与防盗信号、化学危险品以及与电器、供暖、防水等有关的产品，必须经美国担保人实验室(Underwriter's Laboratory)检验认证合格，并贴上该实验室的英文缩写标志“UL”，方可进入美国市场。

(3) 非官方机构。是指由私人或同业公会、协会开设的公证行或检验公司。如英国劳埃氏公证行(Lloyd's Surveyor)、瑞士日内瓦通用鉴定公司(Societe Generale de Surveillance，SGS)等。

2) 我国的商品检验机构

我国的商检机构由中华人民共和国国家质量监督检验检疫总局(简称“国家质检总局”)及其设在各地的直属出入境检验检疫机构(以下简称“地方出入境检验检疫机构”)组成。根据《商检法》的规定，国家质量监督检验检疫总局主管全国质量、计量、出入境商品检验、出入境卫生检疫、出入境动植物检疫和认证认可、标准化等工作，并行使行政执法职能。由国家质检总局制定和调整必须实施检验的进出口商品目录并公布实施。对属于法定检验范围的进出门商品或有关的检验检疫事项实施强制性的检验检疫，未经检验检疫或经检验检疫不符合法律法规要求的，不准进出口。

经国家质检总局和有关主管部门审核批准，获得许可，并依法办理工商登记的检验机构，方可接受委托办理进出口商品检验鉴定业务。国家质检总局和出入境检验检疫局并依法对其检验检疫业务进行监督管理和抽样检验。

按照国务院授权，国家质检总局管理的中国国家认证认可监督管理委员会(中华人民共和国国家认证认可监督管理局)和中国国家标准化管理委员会(中华人民共和国国家标准化管理局)承担认证认可和标准化行政管理职能。

3. 检验证书

检验证书(Inspection Certificate)是商检机构签发的，证明检验结果的书面文件。

1) 检验证书的种类

在国际贸易中，检验证书的种类繁多，卖方究竟需要提供哪种证书，要根据商品的特性、种类、贸易习惯以及政府的有关法规而定。在国际贸易实践中，常见的商检证书有以下几种。

(1) 品质检验证书(Inspection Certificate of Quality)。是证明进出口商品的品质、规格、等级的证书。

(2) 重量检验证书(Inspection Certificate of Weight)。是证明进出口商品重量的证书。

(3) 数量检验证书(Inspection Certificate of Quantity)。是证明进出口商品数量的证书。

(4) 兽医检验证书(Veterinary Inspection Certificate)。它是证明动物产品(如皮张、毛类、绒类、猪鬃、肠衣、冻畜肉等)在出口前经兽医检验、符合检疫要求的证书。

(5) 卫生(健康)检验证书(Sanitary Inspection Certificate、Inspection Certificate of Health)。它是证明出口食品、食用动物产品(如罐头食品、蛋品、乳制品、冻鱼、肠衣等)未受传染疾病感染的证书。

(6) 消毒检验证书(Inspection Certificate of Disinfection)。它是证明动物产品(如猪鬃、马尾、羽毛、山羊毛、人发等)经过消毒处理的证书。

(7) 产地检验证书(Inspection Certificate of Origin)。它是证明出口商品产地的证书，或应给惠国要求而为出口产品所出具的产地证书。

(8) 价值检验证书(Inspection Certificate of Value)。它是证明出口商品价值或发货人提供的发票上价值完全正确的证书。

(9) 验残检验证书(Inspection Certificate of Damaged Cargo)。它是证明进口商品残损情况、估定残损贬值程度、判断致损原因的证书，以供索赔时使用。

此外，常见的检验证书还有植物检疫证明、积货鉴定证书、船舱检验证书、货载衡量检验证书等。

2) 检验证书的作用

上述所列检验证书是针对不同商品的不同检验项目而出具的，它们所起的作用基本相同。

(1) 检验证书是证明卖方所交货物符合合同规定的依据。检验证书是证明卖方所交商品的品质、重(数)量、包装以及卫生条件等是否符合合同规定的依据。合同或信用证中通常都规定，卖方交货时必须提交规定的检验证书，以证明所交货物是否与合同规定一致。如检验证书中所列结果与合同或信用证规定不符，银行有权拒绝议付货款。

(2) 检验证书是海关验关放行的有效证件。检验证书是进出口国家海关和卫生、检疫部门准予进出口的有效证书。如我国规定凡属法定检验范围的商品，在办理进出口清关手续时，必须向海关提供商检机构签发的检验证书。否则，海关不予放行。

(3) 检验证书是买卖双方结算货款的依据。当合同或信用证中规定在出口国检验，或规定在出口国检验、进口国复验时，一般合同中都规定，卖方须提交规定的检验证书。此种情况下，检验证书是卖方向银行议付货款的一种单据。如果检验证书所列检验结果与合同或信用证中的规定不符，银行有权拒绝议付。

(4) 检验证书是处理索赔和理赔的依据。当合同或信用证中规定在进口国检验，或规定买方有复验权时，如果买方所收到的货物经指定的商检机构检验与合同规定不符，此时，买方必须在合同规定的索赔有效期内，凭指定的商检机构签发的检验证书向有关责任方提出索赔或要求解除合同，有关责任方也需根据商检机构出具的检验证书办理理赔。即检验证书还作为买方对商品的品质、重(数)量、包装以及卫生等条件提出异议、拒收货物、要求理赔、解决争议的凭证。

此外，检验证书还是计算关税及运输、仓储等费用的依据。

4. 检验标准与检验方法

1) 检验标准

商品检验的标准很多，如生产国标准、进口国标准、国际通用标准以及买卖双方协议的标准等。商品检验一般按合同和信用证规定的标准作为检验的依据。合同中约定的检验依据和检验标准不能同国家有关法律、行政法规等相冲突，否则，该项合同内容是无效的。

2) 检验方法

检验的方法主要有感官检验法、理化检验法、微生物学检验法等。检验方法不同，其结果也会不同，容易引起争议。为了避免争议，必要时应在合同中注明检验方法。在我国，检验方法的标准由国家质检总局的相关部门制定。

5. 复验

复验是指买方对到货有复验权。检验权是指货物应在装运前检验，但装运港(地)检验机构出具的检验证书不能作为确定货物品质及重量的最后依据，而只作为卖方向银行议付货款的凭证。货物运抵目的港(地)卸货后，买方仍有再检验的权利，即复验权。如合同中规定复验，应明确规定复验期限、复验机构和复验地点等。

13.1.4 商品检验条款的规定方法

1. 出口合同中检验条款的规定方法

在我国出口贸易中，一般采用在出口国检验、进口国复验的办法。具体规定方法如下。

买卖双方同意以装运港(地)中国出入境检验检疫总局签发的品质和重(数)量检验证书作为信用证项下议付所提交的单据的一部分。买方有权对货物的品质和重(数)量进行复验。复验费由买方负担。如发现质量或重(数)量与合同规定不符时，买方有权向卖方索赔，并提供经卖方同意的公证机构出具的检验报告。索赔期限为货物到目的港(地)后××天内。

有些出口合同，如来料加工、来件装配合同的检验条款，除规定以装运港(地)商检机构出具的证明书作为议付单据外，还经常规定买方派人到生产工厂进行检验，以买方代表签署的验收合格证书作为议付的单据之一。这种规定一般取消了商品到达目的地复验后对卖方责任的异议索赔权。

2. 进口合同中检验条款的规定方法

我方进口时，合同条款的订立既应持谨慎态度，也要贯彻平等互利的原则。其规定方法如下。

双方同意以制造厂(或某公证行)出具的品质及数量/重量检验证书作为有关在信用证项下付款的单据之一。货到目的港(地)卸货后××天内经中国出入境检验检疫局复验，如发现品质或数量/重量与本合同规定不符时，除属保险公司或承运人负责外，买方凭中国出入境检验检疫局出具的检验证书，向卖方提出退货或索赔。所有因退货或索赔引起的一切费用(包括检验费)及损失，均由卖方负担。在此情况下，如果抽样是可行的，买方可以应卖方要求，将有关货物的样品寄交给卖方。

13.2 索　　赔

在国际贸易业务中，商品买卖的业务环节多，涉及面广，履约时间长，买卖双方往往因为彼此的责任和权利问题引起争议，导致索赔和理赔。而这种索赔，有涉及商品买卖的，有涉及运输的，也有涉及保险方面的。下面主要探讨涉及商品买卖方面的索赔。

13.2.1 约定索赔条款的意义

索赔(Claim)是指履行国际货物买卖合同的受损方向违约方提出损害赔偿的要求。违约方对受损方所提出的赔偿要求予以受理并进行处理，称为理赔(Settlement of Claim)。可见，索赔与理赔是一个问题的两个方面。对受损方而言，称作索赔；对违约方而言，称作理赔。索赔事件多发生在交货期、交货品质、数量等问题上，一般地说，买方向卖方提出索赔的情况较多。当然，买方不按期接运货物或无理拒付货款的情况也时有发生，因此，也有卖方向买方索赔的情况。为了便于处理这类问题，买卖双方商订合同时，一般都应订立索赔条款，对索赔条件作出明确具体的规定。

13.2.2 索赔条款的主要内容

国际货物买卖合同中的索赔条款，通常有两种规定办法：一种是异议与索赔条款，多数合同采用这种办法，有的还与检验条款合订在一起；另一种是罚金条款，多用于大宗商品和机器设备的买卖。

1. 异议与索赔条款

关于异议与索赔条款(Discrepancy and Claim Clause)的内容，除规定一方如违反合同，另一方有权索赔外，还包括索赔的依据、索赔期限和索赔金额等项内容。

1) 索赔依据

索赔依据包括法律依据和事实依据两个方面。法律依据是指买卖合同和适用的法律规定；事实依据是指违约的事实、情节及其书面证明。如果索赔时证据不全、证据不足或出证机构不符合要求等，就可能遭到对方的拒赔。因此，索赔条款中的索赔依据，主要规定提出索赔必须具备的证据和出证的机构。出具的证据必须真实、齐全、有效，出证的机构必须符合要求。

2) 索赔期限

它是指索赔方向违约方提出索赔的有效时限，在有效期限内提出索赔有效，逾期提出索赔，违约方可不予受理。

索赔期限有约定的索赔期限和法定的索赔期限。约定的索赔期限是指买卖双方在合同中明确规定的索赔期限；法定的索赔期限是指根据有关法律受损方有权向违约方要求损害赔偿的期限。约定的索赔期限长短有多种规定方法，主要是依据商品的不同特性做出不同的规定。法定索赔期限一般较长，如《联合国国际货物销售合同公约》规定：自买方实际收到货物之日起两年内。我国法律也规定：买方自标的物收到之日起两年内。由于法定索赔期限只有在买卖合同中未约定索赔期限时才起作用，因此，买卖双方在合同中约定合理的索赔期限是十分必要的。

3) 索赔金额

如果买卖合同中有约定的损害赔偿金额或损害赔偿金额的计算方法，应按约定的损害赔偿金额或约定的计算方法计算出的损害赔偿金额提出索赔；如果合同中未作出约定，确定损害赔偿金额的一般原则：赔偿金额应与因违约而遭受的包括利润在内的损失额一致；赔偿金额应与违约方在签订合同时可预料到的合理损失为限；因受损害一方未采取合理措施而遭受不必要的损失，应在赔偿金额中扣除。

4) 索赔方法

异议和索赔条款主要包括索赔依据、索赔期限，有的还规定索赔的处理方法。如具体内容可以规定如下：买方对于装运货物的任何索赔，必须于货物到达提单及/或运输单据所规定的目的港(地)之日起××天内提出，并须提供经卖方同意的公证机构出具的检验报告。卖方收到异议后，××天内答复。属于保险公司、轮船公司或其他有关运输机构责任范围内的索赔，卖方不予受理。

需要注意的是，该条款所规定的买方索赔期限也就是检验条款中的买方对商品进行复验的有效期限。由于该条款与检验条款联系密切，因此，有的进出口商品买卖合同将这两种条款合并订立，称为“检验与索赔条款”。

2. 罚金条款

罚金条款(Penalty Clause)中的罚金，是指合同的一方未履行合同规定的义务而应向对方支付约定的违约金，以补偿给对方造成的损失。

罚金条款一般适用于卖方延期交货，或买方延迟开立信用证和延期接货等情况。罚金的多少视违约情况而定，并规定其最高限额。按一般惯例，罚金数额以不超过总金额的 5%为宜。

确定违约金数额时，一般以一方违约给对方造成的损失数额为标准。违反合同的一方当事人支付违约金后，还应当履行合同义务。

关于罚金起算日期的计算方法，应在合同中注明。计算罚金起算日期的方法有两种：一种是以约定的交货期或开证期终止后立即起算；另一种是规定优惠期，即在约定的有关期限终止后再宽限一定时期，在此优惠期内仍可免于罚款，待优惠期届满后再起算罚金。

需要注意的是，各国法律对合同的罚金条款有不同的解释。法国、德国等大陆法系国家的法律承认并保护合同中的罚金条款，而英国、美国、澳大利亚、新西兰等英美法系国家的法律对此则有不同的解释。如英国的法律把合同中订立的固定赔偿金额条款从其性质上分为两种：一种是“预定损害赔偿金额”(Liquidated Damage)。它是指双方当事人根据对可能发生违约所造成的损害的估计，事先在合同中规定的赔偿比例，法院不管实际损害程度如何，一律按合同规定的赔偿比例办理。另一种是“罚金”，即当事人为了保证履行合同，而对违约方收取的罚款，但法院对合同规定的固定罚金不予承认，而是根据受损方所提出损失金额的证明另行确定。至于双方当事人事先约定的赔偿金额是属于预定的损害赔偿还是罚金，完全由法院来认定，而不在于双方当事人在合同中采用了哪一种说法。

我国现行《合同法》在第一百一十四条规定：“当事人可以约定一方违约时应当根据违约情况向对方支付一定数额的违约金，也可以约定因违约产生的损失赔偿额的计算方法。约定的违约金低于造成损失的，当事人可以请求人民法院或者仲裁机构予以增加；约定的违约金过分高于造成损失的，当事人可以请求人民法院或者仲裁机构予以适当减少。当事人就迟延履行约定违约金的，违约方支付违约金后，还应当履行债务”。

根据实践，该条款表明：①当事人在合同中约定违约金条款，并有违约行为，不论该违约行为是否给对方造成损失，违约方必须按约定支付对方违约金；②只有当事人在合同约定的违约金数额过分高于损失的情况下，才有权要求人民法院或者仲裁机构予以适当减少；③债权人在享受违约金请求权的同时，还可以主张履行请求权。

13.3 不可抗力

不可抗力是国际贸易中通用的一个业务术语。国际货物买卖合同签订后，有时客观情况发生了当事人不能控制的变化，使合同失去了原有履行的基础，对此，法律可以免除未履行或未完全履行合同一方对另一方的责任。但在国际贸易实践中，有时难以判断哪些事件可以使当事人免除责任。为了维护当事人的利益，避免不必要的纠纷，需要在合同条款中订立不可抗力条款。

13.3.1 不可抗力的含义

不可抗力(Force Majeure)，又称人力不可抗拒，是指买卖合同签订之后，不是由于订约当事人的任何一方的过失或疏忽，而是发生了订约当事人既不能预见也无法预防或控制的意外事故，致使合同不能履行或不能如期履行，遭受意外事故的一方可根据合同或法律的规定免除合同履行之责或延期履行合同，另一方无权要求损失赔偿。因此，合同中订立的不可抗力条款也可称为免责条款。

国际上对不可抗力的含义与称谓并不统一。英美法系国家的法律将不可抗力事故称为“合同落空”(Frustration of Contract)。它是指合同签订后，不是由于双方当事人自身的过失，而是由于发生了双方当事人难以预料的情况，致使签订合同的目的受挫，据此未履行合同义务，当事人可以免除责任。可见，构成“合同落空”是有特殊条件的。大陆法系国家的法律则将不可抗力事故称为“情势变迁原则”或“契约失效原则”。它是指不是由于当事人的原因，而是发生了当事人预想不到的变化，致使不可能再履行合同或对原来的合同需作相应的变更。不过，法律对以此为由要求免责的规定是极为严格的。

按《联合国国际货物销售合同公约》第七十九条第1款规定：当事人对不履行义务，不负责任，如果他能证明此种不履行义务，是由于某种非他所能控制的障碍，而且对于这种障碍，没有理由预期他在订立合同时能考虑到或能避免或克服它或它的后果。我国法律认为，不可抗力是指不能预见，不能避免并不能克服的客观情况。

从以上可以看出，在国际贸易中尽管不同法律对不可抗力的确切解释并不一致，但其法律特征基本相同。其主要特征可概括为：①意外事故必须发生在合同签订以后；②不是因为合同双方当事人自身的过失或疏忽而导致的；③意外事故是当事人双方所不能控制的，无能为力的。

13.3.2 合同中的不可抗力条款

合同中的不可抗力条款是买卖双方就不可抗力的有关内容所作的合同约定。每份合同约定的内容可能有所差别，但通常都包括不可抗力事故的范围、不可抗力事故的法律后果、事故发生后通知对方的期限以及出具事故证明文件的机构等内容。

1. 不可抗力事故的范围

鉴于这项内容一般容易引起争议，通常应当尽可能规定得具体些，即规定哪些自然灾害或意外事故可构成不可抗力，哪些不能构成，不能含糊、笼统，以防出现不同的解释和不必要的纠纷。不可抗力事故的范围在合同中大体有以下三种规定方法。

1) 概括式规定

对不可抗力事故不作明确规定，而只是笼统地规定，“由于公认的不可抗力的原因造成卖方不能交货或延期交货，卖方不承担责任”，至于具体内容和范围并未具体说明。这种方法含义模糊，解释伸缩大，难以作为解决问题的依据，因为容易被对方曲解利用，也容易被法院置之不理，从而制约了整个合同的效力。

2) 列举式规定

对不可抗力事故作出具体的规定，如“由于战争、洪水、火灾、雪灾、暴风、地震等原因造成卖方不能按时交货或延期交货，则可推迟交货时间，或者撤销部分或全部合同”。此种规定方式虽然有具体、明确的特点，但由于不可抗力事故种类很多，难免出现遗漏情况，一旦发生未列明的不可抗力事故，势必产生争执，因此，也不是最好的方法。

3) 综合式规定

这是将概括式和列举式结合采用的规定方式，如“由于战争、洪水，火灾，雪灾、暴风、地震以及其他人力不可抗拒的原因，卖方或买方不能在本合同规定的有效期内履行合同，则本合同未交货部分即被视为取消。买卖双方的任何一方不负任何责任”。此种规定方法既明确具体，又涵盖无遗，比较灵活和科学实用。在我国进出口合同中多采用这种规定方法。

2. 不可抗力事故的法律后果

发生不可抗力事件后，应按约定的处理原则和办法及时进行处理。不可抗力的后果有两种：一是解除合同；二是延期履行合同。应该如何处理，应视事故的原因、性质、规模及其对履行合同所产生的实际影响程度而定。

3. 事故发生后通知对方的期限

按照国际惯例，不可抗力发生后，影响到合同的履行时，不能按规定履约的一方要取得免责的权利，必须立即通知对方。在通知中应提出处理意见，并在一定期限内(一般要求在 15 天以内)提供不可抗力事故的证明文件。对方接到通知后应及时答复，如有异议也应及时提出，否则，按有些国家的法律如《美国统一商法典》的规定，将被视作默认。尽管如此，买卖双方为明确责任，一般在不可抗力条款中还规定发生事故后通知对方的期限和方式。

4. 出具不可抗力事故证明的机构

在国外，不可抗力出具证明的机构，一般由事故发生地的当地商会或合法的公证机构出具；在我国，该证明文件由中国国际经济贸易促进委员会(即中国国际商会)出具。必要时，出证机构也可以在合同中作出规定。

5. 我国进出口合同中常用的不可抗力条款

我国进出口合同中常用的不可抗力条款一般是：如因战争、地震、水灾、火灾、暴风雨、雪灾或其他不可抗力的原因，致使卖方不能全部或部分装运或延迟装运合同货物，卖方对于这种不能装运或延迟装运合同货物不负有责任。但卖方须用××方式××天内通知买方，并须在中国国际经济贸易促进委员会(中国国际商会)出具证明此类事件的证明书。

13.3.3 援引不可抗力条款处理事故应注意的事项

当不可抗力事故发生后，合同当事人在援引不可抗力条款和处理不可抗力事故时，应注意以下事项。

(1) 发生不可抗力事故的一方应立即按约定的期限和方式，及时通知对方，并提供相应的有效的事故证明文件，而对方在接到通知后应及时答复，不得长期拖延不理，否则要负违约责任。

(2) 双方当事人要认真分析事故的性质，确定是否属于不可抗力事故所约定的范围，如事故超出了合同约定的范围，一般不应按不可抗力事故处理。

(3) 根据事故的性质、影响合同履行的程度，提出并协商双方当事人都可接受的处理意见，或解除合同，或延期履行合同。对于超出合同约定范围的事故，要从严掌握和处理。

13.4 仲裁

在国际贸易中，解决交易双方所发生的争议的方式很多，既可以由当事人双方自行协商处理，也可以由第三者出面调解，还可以通过仲裁或交司法机关审理。友好协商与调解方式的运用有一定的局限性；诉讼方式带有强制性，程序复杂，费用高；而仲裁方式因具有其他方式不具有的优点，成为了解决国际贸易争议所广泛采用的一种重要方式。

13.4.1 仲裁的含义和特点

所谓仲裁(Arbitration)又称公断，是指买卖双方在争议发生之前或发生之后，签订书面协议，自愿将争议提交双方所同意的第三者予以裁决，以解决争议的一种方式。由于仲裁是依照法律所允许的仲裁程序裁定争端，因而仲裁裁决具有法律的约束力，当事人双方必须遵照执行。

与诉讼相比，其显著特点为：

(1) 仲裁机构是属于社会性民间团体所设立的组织，不是国家政权机关，不具有强制管辖权，对争议案件的受理，以当事人自愿为基础；

(2) 当事人双方通过仲裁解决争议时，必须先签订仲裁协议，双方均有在仲裁机构中推选仲裁员以裁定争议的自由；

(3) 仲裁比诉讼的程序简单，处理问题比较迅速及时，而且费用也较为低廉，同时仲裁比诉讼的专业权威性更强；

(4) 仲裁机构之间互不隶属，各自独立，实行一裁终局，所以仲裁机构的裁决一般是终局性的，已生效的仲裁裁决对双方当事人均有约束力。

13.4.2 仲裁协议

仲裁协议是争议双方愿意将争议交付仲裁解决的书面文件，是申请仲裁的必备材料。

1. 仲裁协议的形式

仲裁协议有两种形式：一种是在争议发生前，由买卖双方在合同中订立仲裁条款(Arbitration Clause)，这是买卖双方愿意把将来可能发生的争议交付仲裁解决的协议；另一种是争议发生后，争议双方同意将已发生的争议交付仲裁解决的协议，称为“提交仲裁协议”(Submission Arbitration Agreement)，该仲裁协议是单独订立的，独立于合同之外。这两种仲裁协议的形式虽然不同，但其法律作用与效力是相同的。

2. 仲裁协议的作用

(1) 它是争议双方凭以仲裁方式解决争议的依据，双方须受仲裁协议的约束。

(2) 它是仲裁机构取得对争议案件的管辖权的依据，这是一项基本原则。这表明，没有仲裁协议的争议案件，任何仲裁机构都不会受理。

(3) 只要争议双方提交了仲裁协议，即可排除法院对有关争议案件的管辖权，争议双方中的任何一方不得再向法院起诉，否则，另一方可根据仲裁协议要求法院不予受理。

13.4.3 合同中的仲裁条款

合同中的仲裁条款一般包括仲裁地点、仲裁机构、仲裁规则、仲裁裁决的效力等内容。

1. 仲裁地点

仲裁地点是仲裁条款的主要内容。在哪国仲裁，一般就适用哪国的法律，仲裁适用的法律不同，就可能对争议双方的权利与义务作出不同的解释和裁决。因此，买卖双方对于仲裁地点的确定都很关注，都力争在自己比较了解和信任的地方，尤其是在本国仲裁。我国进出口合同中的仲裁地点，视贸易对象的情况，一般有三种规定方法：①争取在我国仲裁；②在被申请人的国家仲裁；③在双方同意的第三国仲裁。

在规定第三国作为仲裁地点时，应注意选择对我国比较友好的国家，并且该国的仲裁机构业务能力较强，办事公道，该国的仲裁法和仲裁程序我们也比较了解。对于与我国签有贸易协定的国家，仲裁地点按贸易协定的规定处理。

2. 仲裁机构

国际贸易中的仲裁，一种是由常设的仲裁机构受理；另一种是由临时仲裁机构受理。

常设的仲裁机构分为三类：一是一些国际组织设立的仲裁机构，如国际商会仲裁院(驻巴黎)；二是一些国家常设的仲裁机构，如瑞典斯德哥尔摩商会仲裁院、美国仲裁协会等；三是一些工商行业组织设立的仲裁机构，如伦敦谷物商业协会。我国的仲裁机构是设在北京的中国国际经济贸易仲裁委员会及其分别设在深圳和上海的分会，以及个别省市和地区根据实际需要设立的若干地区性的仲裁机构等。

临时性的仲裁机构，即为解决特定的争议案件而组成的仲裁庭，一但争议案件审理完毕，即告解散。

3. 仲裁规则

仲裁规则主要是规定仲裁的程序和做法，如仲裁的申请、仲裁员的选定、仲裁案件的审理、仲裁裁决的效力、仲裁费用的负担等。很多国家都制定有本国的仲裁程序规则。国际仲裁的一般做法是，在哪个国家仲裁，就采用哪个国家的仲裁规则；当然，也有采用仲裁地点以外其他国家的仲裁规则的，前提是争议双方当事人已有约定。

4. 仲裁裁决的效力

仲裁裁决的效力主要是指由仲裁机构作出的裁决，对双方当事人是否具有约束力，是否为终局性的，能否向法院起诉要求变更裁决。国际上普遍的做法是仲裁裁决具有终局性，对争议双方当事人均有约束力，任何一方当事人不得向法院起诉，也不得向其他任何机构提出变更裁决的请求。如我国规定，凡由我国国际经济贸易仲裁委员会作出的仲裁裁决均属终局性的，争议双方都不得向法院起诉要求变更。

5. 仲裁费用的负担

一般规定，仲裁费用由败诉方负担，也有规定按仲裁裁决处理的。

6. 我国进出口合同中的仲裁条款

1) 规定在我国仲裁的条款

“凡因执行本合同所发生的或与本合同有关的一切争议，双方应通过友好协商解决；如果协商不能解决，应提交北京中国国际贸易促进委员会中国国际经济贸易仲裁委员会，根据该会的仲裁程序规定进行仲裁。仲裁裁决是终局的，对双方都有约束力。”

2) 规定在被申请人国家仲裁的条款

“凡因执行本合同所发生的或与本合同有关的一切争议，由合同双方友好协商解决；如果双方经协商不能解决时，需提交仲裁。仲裁在被申请人所在国进行。如在中国，由中国国际贸易促进委员会中国国际经济贸易仲裁委员会根据该委员会的仲裁程序规则进行仲裁。如在××(国家)，由 ××(仲裁机构)根据该××(仲裁机构)的仲裁程序规则进行仲裁。仲裁裁决是终局的，对双方都有约束力。”

3) 规定在双方同意的第三国仲裁的条款

“凡因执行本合同所发生的或与本合同有关的一切争议，双方应通过友好协商解决；如果协商不能解决，需提交××(国家)××(地)××(仲裁机构)，根据该仲裁机构的仲裁规则进行仲裁。仲裁裁决是终局的，对双方都有约束力。”

本 章 小 结

本章主要讲述了国际货物买卖合同中有关争议的预防和处理的各个条款，包括检验、索赔、仲裁与不可抗力条款的相关知识。

本章重点：合同中的检验条款、索赔条款、不可抗力条款和仲裁条款。

本章难点：检验与索赔条款的订立，不可抗力的界定与构成条件，仲裁和诉讼的异同。

本章练习题

一、单项选择题

1. 以仲裁方式解决贸易争议的必要条件是(　　)。
   A. 双方当事人订有仲裁协议　　B. 双方当事人订有合同
   C. 双方当事人无法以协商解决　　D. 一方因诉讼无果而提出
2. “离岸重量、到岸品质”是指(　　)。
   A. 装运港检验　　B. 目的港检验
   C. 出口国检验、进口国复验　　D. 装运港检验重量、目的港检验品质
3. 在众多检验商品品质的方法中，最常用的是(　　)。
   A. 装运港检验　　B. 目的港检验
   C. 出口国检验、进口国复验　　D. 装运港检验重量、目的港检验品质
4. 在国际货物买卖合同中，作为卖方的 A 公司和作为买方的 B 公司，B 在合同签订

后将10万美元定金先付给A公司，后A公司没有履行合同，问A公司应该返还B公司(　　)万美元。

A．10　　B．20　　C．5　　D．25

5．短交在多数情况下，应该向(　　)索赔。

A．保险公司　　B．买方　　C．卖方　　D．承运人

6．我国某公司与新加坡一家公司以CIF新加坡的条件出口一批土产品，订约时，我国公司已知道该批货物要转销美国。该货物到新加坡后，立即转运美国。其后新加坡的买主凭美国商检机构签发的在美国检验的证明书，向我提出索赔。问，美国的检验证书是否有效(　　)。

A．有效

B．无效，应要求新加坡商检机构出具证明

C．无效，应由合理第三国商检机构出具证明

D．其他

7．我某粮油食品进出口公司与美国田纳西州某公司签订进口美国小麦合同，数量为100万公吨。麦收前田纳西州暴雨成灾，到10月份卖方应交货时小麦价格上涨。美方未交货。合同订有不可抗力条款，天灾属于该条款的范围，美方据此要求免责。此时，我方应(　　)。

A．不可抗力，予以免责，并解除合同

B．未构成不可抗力，坚持美方应按合同规定交货

C．构成不可抗力，可以解除合同，但要求损害赔偿

D．成不可抗力，但不要求损害赔偿，也不解除合同，而要求推迟到下年度交货

8．下列关于仲裁裁决的效力描述不正确的是(　　)。

A．凡由中国国际经济贸易仲裁委员会作出的裁决一般是终局性的，对双方都有约束力

B．在裁决中败诉的一方不执行裁决，仲裁机构可以强制执行

C．若败诉方不执行裁决，胜诉方有权向有关法院起诉，请求法院强制执行

D．我国现在已经加入了《承认与执行外国仲裁裁决公约》，但作出了两项保留

9．发生(　　)时，违约方可援引不可抗力条款要求免责。

A．战争　　B．世界市场价格上涨

C．生产制作过程中的过失　　D．货币贬值

10．在国际货物买卖中，较常采用的不可抗力事故范围的规定方法是(　　)。

A．概括规定　　B．不规定　　C．具体规定　　D．综合规定

二、多项选择题

1．合同的商品检验一般规定买方在接受货物之前享有对所购买的货物进行检验的权利。但在一定条件下，买方对货物的检验权丧失。这些条件是(　　)。

A．买卖双方另有约定　　B．买方没有利用合理的机会检验货物

C．合同规定以卖方的检验为准　　D．卖方已经检验了货物

2．商检证书的作用有(　　)。

A．证明卖方所交货物符合合同规定的依据

B．海关放行的依据

C．卖方办理货款结算的依据

D．办理索赔和理赔的依据

3．某出口商按合同规定交了货，并向进口商提交了清洁提单，进口商收到货后发现，因外包装受损而导致包装内商品损坏。进口商应向(　　)索赔。

A．船公司　　B．保险公司　　C．卖方　　D．买方

4．罚金条款一般适用于(　　)。

A．卖方延期交货　　B．买方延迟开立信用证

C．买方延期接运货物　　D．一般商品买卖

5．构成不可抗力事件的要件有(　　)。

A．事件发生在合同签订后

B．不是由于当事人的故意或过失所造成的

C．事件的发生及其造成的后果是当事人无法预见、控制、避免或克服的

D．不可抗力是免责条款

6．仲裁的特点主要有(　　)。

A．当事人意思自治

B．非公开审理

C．解决国际商事争议的最主要的方法

D．程序简便、结案较快、费用开支较少

7．关于仲裁协议的说法正确的是(　　)。

A．仲裁协议可以在争议发生之前达成

B．仲裁协议可以在争议发生之后达成

C．若仲裁协议事前与事后达成协议内容不同，应以事前达成为准

D．按照我国法律，仲裁协议必须是书面的

8．我国 C 公司与日本 D 公司签订了一份销售合同，其中仲裁条款规定在被诉人所在国仲裁。在履约过程中发生争议，日方为申诉人，可以在(　　)进行仲裁。

A．北京　　B．深圳　　C．上海　　D．青岛

9．在国际贸易中，解决争议的方法主要有(　　)。

A．友好协商　　B．调解　　C．仲裁　　D．诉讼

10．在对外索赔与理赔工作中，(　　)是很关键的问题。

A．保护好受损货物　　B．想法核实对方的财产

C．收集好索赔的依据　　D．掌握好索赔的期限

三、判断题

1．根据各国法律和有关公约的规定，买方对货物具有强制性的检验权。　　(　　)

2．出口食品的卫生检验属于法定检验的范围。　　(　　)

3．在使用 EXW 和 DEQ 贸易术语时，买方一般在出口地检验货物。　　(　　)

4．凡是出口商品都必须经过商检机构的检验才能出口。　　(　　)

5．一方违反合同，没有违约一方所能得到的损失赔偿金额最多不超过违约方在订立合同时所能预见到的损失金额。　　(　　)

6．在国际货物买卖合同中，罚金和赔偿损失是一回事。（　）

7．援引不可抗力条款的法律后果是撤销合同或推迟合同的履行。（　）

8．从西欧某商进口在当地通常可以买到的某化工产品，在约定交货前，该商所属生产上述产品的工厂之一因爆炸被毁，该商要求援引不可抗力免责条款解除交货责任。对此，我方应予同意。（　）

9．买卖双方为解决争议而提请仲裁时，必须向仲裁机构递交仲裁协议，否则，仲裁机构不予受理。（　）

10．仲裁协议必须由合同当事人在争议发生之前达成，否则不能提请仲裁。（　）

四、简述题

1．简述异议索赔条款和罚金条款的用途及主要区别。

2．简述仲裁协议的形式及其作用。

3．买方违约时，卖方可以主张哪些权利？

4．卖方违约时，买方可以主张哪些权利？

五、案例分析题

1．我向某国出口一批冷冻食品，到货后买方在合同规定的索赔有效期内向我提出品质索赔，索赔额达数 10 万人民币。买方附来的证件有：①法定商品检验证，注明该商品有变质现象，但未注明货物的详细批号，也未注明变质货物的数量或比例。②官方化验机构根据当地某食品零售商店送验食品而作出的变质证明书。我方未经详细研究就函复对方，既未否认品质变质问题，只是含糊其词地要求对方减少索赔金额，对方不应允，双方函件往来一年没有结果，对方遂派代表来京当面交涉，并称如得不到解决，将提交仲裁。对此索赔案我方应不应受理？试问双方各有什么漏洞？我方应如何本着实事求是精神和公平合理原则来处理此案。

2．某国公司以 CIF 鹿特丹出口食品 1 000 箱，即期信用证付款，货物装运后，凭已装船清洁提单和已投保一切险及战争险的保险单，向银行收托货款，货到目的港后经进口人复验发现下列情况：①该批货物共有 10 个批号，抽查 20 箱，发现其中 2 个批号涉及 200 箱内含沙门氏细菌超过进口国的标准；②收货人是实收 998 箱，短少 2 箱；③有 15 箱货物外表情况良好，但箱内货物共短少 60 公斤。

试分析以上情况，进口人应分别向谁索赔，并说明理由。

3．我某出口企业以 CIF 纽约条件与美国某公司订立了 200 套家具的出口合同。合同规定 2014 年 12 月交货。11 月底，我企业出口商品仓库发生雷击火灾，致使一半左右的出口家具烧毁。我企业以发生了不可抗力事故为由，要求免除交货责任，美方不同意，坚持要求我方按时交货。我方无奈经多次努力，于 2015 年 1 月初交货，美方要求索赔。

试问：(1) 我方要求免除交货责任的要求是否合理？为什么？

(2) 美方的索赔要求是否合理？为什么？

4．我国某公司与新加坡一家公司以 CIF 新加坡的条件出口一批土产品，订约时，我国公司已知道该批货物要转销美国。该货物到新加坡后，立即转运美国。其后新加坡的买主凭美国商检机构签发的在美国检验的证明书，向我提出索赔。问，我国公司应如何对待美国的检验证书？为什么？

5．W 国公司与 X 国商人签定一份食品出口合同，并按 X 国商人要求将该批食品运至某港通知 Y 国商人。货到目的港后，经 Y 国卫生检疫部门抽样化验发现霉菌含量超过该国标准，决定禁止在 Y 国销售并建议就地销毁。Y 国商人电告 X 国商人并经许可将货物就地销毁。事后，Y 国商人凭 Y 国卫生检疫部门出具的证书及有关单据向 X 国商人提出索赔。X 国商人理赔后，又凭 Y 国商人出具的索赔依据向 W 国公司索赔。对此，你认为 W 国公司应如何处理？

6．国 A 外贸公司向国外 B 公司进口普通豆饼 2 万公吨，8 月份交货。在 4 月份，B 商豆饼收购地发生洪灾，收购计划落空。B 致电我 A 公司要求按不可抗力时间处理，免除其交货责任。问：这一要求是否合理？为什么？

第 14 章　进出口合同的履行

教学目标

- 熟悉进口合同履行的程序；
- 熟悉出口合同履行的程序。

关键词

《联合国国际货物销售公约》　备货　催证　审证　改证

案例导入

合同条款不明确引起的争端

某地B进出口公司与国外马斯亚国际贸易有限公司成交一笔业务，在交易会上口头商谈时曾提过其货款按凭单即期付款的信用证结算，签订合同在合同支付条款中规定："Payment by draft drawn on Buyer payable at sight."。B进出口公司按合同规定于交货期前按时备妥货物，准备装运，但始终未见买方开来信用证。B进出口公司于6月20日向买方马斯亚国际贸易有限公司去电催证，但买方复电称，根据双方贸易合同规定并非信用证方式结算款，是以即期付款交单方式办理托收。B进出口公司有关结算人员即查询该笔业务经办人员，经业务人员回忆在商谈时确实提过货款按即期付款的信用证方式结算，并未接受托收方式。B进出口公司有关人员又核对合同支付条款"Payment by draft drawn on Buyer payable at sight."的规定，认为该条款是凭买方为付款人的即期汇票付款，虽然并未接受托收方式，但从该条款中也未明确以信用证方式结算，这才发现合同条款不明确，因为托收方式和信用证方式都可以买方付款人的即期汇票付款方法。

双方几经交涉、洽商，但主要由于买方的外汇正在申请中，还未正式获批，所以无法在装运期前开立信用证。B进出口公司根据合同条款和考虑装运期，最后接受买方马斯亚国际贸易有限公司的意见，以见票45天付款交单(D/P45 days after sight)办理托收但由于原即期付款改为远期付款，要求并经基同意由买方负担45天的远期利息。

B进出口公司按期装运货物后，于7月25日按45天D/P方式向托收行办理收手续，并在托收指示书上规定45天利息与货款一起收取。

9月20日B进出口公司接到托收行通知，该笔托收票款业已收到，但据代收行称，付款人拒付利息，只收回货款部分。

B进出口公司经研究认为买方马斯亚国际贸易有限公司的资信太差，本应按即期信用证结算，而在交货时却推翻诺言，要改以远期托收结算。虽然其利息可以由对方负但，但待付款时又再次推翻诺言，拒付利息。B进出口公司随即于9月25日发电向买方马斯来国际贸易有限公司追究，而买方于9月29日复电如下："你25日电悉。关于第××号合同项下货物，我方提货后发现货物有部分霉斑。我本应准备退货拒付货款，但考虑贵我双方今后长远贸易关系，故作出最大的让步，接受了货物，但仅在该笔托收中我未付利息作为弥补由于货物霉变的损失。谢谢合作。"

B进出口公司从上述买方电文中看出一个问题：买方业已提取货物。说明代收行早已放单给买方，所以买方才能持单据向船方提货。既然买方没有按我托收整笔付款，也就是说拒付了部分条款，而且我在托收指示书上明确指示代收行要货款与利息一起收取。买方拒付部分票款，为什么代收行还放单给付款人？代收行理应将付款人拒付的情况通知我方，然后根据我方的意见决定是否放单，这才符合国际惯例的作法。B进出口公司即通过托收行向代收行提出责问，但托收行不同意B进出口公司的意见，理由如下：

对于你公司第××号托收事，我行认为代收行的处理方法符合国际惯例。对于托收票款要收取利息，如果你公司认为其利息必须坚持收取而且不得放弃，则必须在托收指示书上明确强调规定不得放弃，否则代收行在对方拒付利息时，可以放单给付款人。这是国际商会第522号出物《托收统一规则》明文规定的。

B进出口公司根据托收行的意见，又查阅了上述第522号国际惯例文件后，不得不放弃利息的收取，而且货又被对方提取，只好认输而告结案。

启示： 国际贸易有关当事人的一切义务、权利均以贸易合同形式而确定，合同一经签订成立，当事人就要承担履行所规定的义务，它具有法律的约束力。所以在签订合同时要以慎重的态度，完整地、详细地、准确地订立合同中的一切条款。

(资料来源：http://www.top-sales.com.cn/wm/wmal/ht/200612/3046.html)

在国际贸易中，履行合同既是一种"经济行为"，又是一种"法律行为"，买卖合同一经成立，买卖双方就必须履行合同规定的义务。按时、按质、按量履行合同的规定，不仅关系到买卖双方行使各自的权利和履行相应的义务，而且关系到一国的对外信誉。根据《联合国国际货物销售公约》(以下简称《公约》)规定，卖方的基本义务是交付符合合同规定的货物，提交单据，移交货物所有权。买方的基本义务是接收货物和支付货物。本节将分别介绍出口合同的履行程序和进口合同的履行程序。

14.1　进口合同的履行

在我国的进口交易中，多数以FOB价格成交，用信用证方式付款，在这种条件下，进口合同履行的一般程序为：开立信用证、租船订舱、保险、审单付款、报关接货、商检、拨交、索赔等环节。

14.1.1　开立信用证

进口合同签订后，进口商应按照合同规定填写开证申请书，办理开证手续。开证申请书包括信用证内容以及申请人对开证银行的申明，信用证的内容应与合同条款一致，并以合同为依据，根据进口商品的特征和进口方的实际需要规定相应单据条款。

卖方收到信用证后，如需对信用证进行修改，必须经进口方同意后及时通知开证行办理修改手续；如果进口方不同意修改，也应及时通知出口方，要求其按原条款履行。最常见的修改内容包括展延装运期、信用证有效期、变更装运港口等。

14.1.2 租船订舱和催装

按 FOB 条件签订进口合同时，应由买方租船订舱，到指定港口接货。一般情况下，租船订舱工作可委托外运公司代办。按合同规定，卖方在交货前一定时期内将预计的装船日期通知进口方，进口方接到通知后，及时办理租船订舱手续，并将船名、船期通知卖方，以便对方备货，做好装船准备。同时，我方还应随时了解和掌握卖方备货和装船的进度，监督并催促对方按时装运，避免货船脱节或船等货的情况发生。

14.1.3 投保

FOB 条件下，卖方需自己办理保险。海运进口货物的保险一般有以下两种形式。

1) 预约保险

进口公司与保险公司签订预约保险合同(Open Policy)，其中对进口商品投保的险别、保险费率、适用条款及赔偿办法都作了具体规定。在预约保险合同规定范围内的货物，一经启运，保险公司即负有自动承保责任。因此，每批进口货物，进口方在收到国外装船通知后，只需将船名、开船日期、商品名称、商品数量、装运港、目的港等内容通知保险公司，即完成投保。在实际进口贸易业务中，通常采用预约保险。

2) 逐笔办理保险

逐笔办理投保方式是指收货人在接到国外出口商发来的装船通知后，应立即填写投保单或装货通知单。内容包括货物名称、数量、保险金额、投保险别以及船名、船期、启运日期、到达日期、装运港和目的刚等。保险公司接受承保后出具保险单。

14.1.4 审单付款

通常，银行收到国外寄来的汇票和单据后，应根据信用证规定，按单证一致、单单一致的要求，对单据的种类、份数和内容进行审核，如内容无误，即付款赎单。但在我国进口单据的审核工作由银行与进口企业共同完成，银行初审认为单据无误后，再交送进口方复审，如进口方在接受审单的三个工作日内没有提出异议，则开证行即可对外付汇，同时通知进口企业按国家规定的外汇牌价向银行买汇赎单。

如发现单证不符，应根据不同的情况进行处理，对于不符性质不太严重的，开证行可与进口方联系，如进口方认为可以接受，开证行仍予以付款或有国外银行书面担保后付款，或改为货到经检验认可后付款。对于不符情况较严重的，应拒绝接受单据并拒付货款。

14.1.5 报关

货到目的港后，进口企业或委托货运代理公司必须填写进口货物报关单，向进口入境口岸海关进口，并随附商业发票、提单、装箱单、保险单等必要文件，海关根据申报人的申报，对进口货物及单据查核，进口货物经海关查验并纳税后，由海关在报关单和货运单据上签字和加盖“验讫”章，进口企业或代理公司凭单提货。

14.1.6 验收货物

货物到达港口卸货时，港务局要进行卸货核对，如发现短少，应及时填制“短卸报告”交由船方确认，并根据短缺情况向船方保留索偿权的书面声明。如发现残损，则应将货物存放于指定仓库，由保险公司会同商检机构检验后作出处理。

对于法定检验的商品，必须向商检机构报验，不经商检机构的检验不得销售和使用。同时，为了避免错过索赔期限，凡合同规定索赔期较短，或检验后付款，或属于法定检验或合同规定在卸货港检验，或卸货时已发现残损，或有异物，或提货不着的商品，均应在卸货港进行检验。

14.1.7 拨交

进口货物办理完报关、报验等手续后，进口方即可办理提货拨交手续。如订货或用货单位就在卸货港所在地，则就近转交货物；如订货或用货单位不在卸货地区，则委托代理机构将货物转运内地的用货单位。

14.1.8 索赔

在进口业务中，如果进口企业不能收到或不能按时收到货物、或收到货物在品质、数量、包装等方面与合同不符，则需向有关方面提出索赔。在办理索赔时，应注意以下几点。

1) 索赔证据

对外提出索赔必须提供有效的文件，作为证据。索赔时应提交索赔清单和有关单据，如发票、提单、装箱单。同时，对不同的索赔对象应加附其他相关证件。向卖方索赔，须加附商检机构出具的商检证书；在向承运人索赔时，须加附船长及港务理货员签署的理货报告及有船长签证残(破)损证明；向保险公司索赔时，须加附保险公司的检验报告。

2) 索赔期限

索赔必须在合同规定的有效期内提出，逾期无效。如果商检工作需要较长时间，可在合同规定的索赔有效期内向对方要求延长索赔期限或在合同规定的索赔有效期内向对方提出保留索赔权。《公约》规定，如买卖合同没有规定索赔期限，而到货检验中又不易发现货物缺陷的，则买方行使索赔权的最长期限是自收到货物起不超过 2 年。

3) 索赔对象

索赔时应根据损失原因，分清责任，向有关当事人索赔。如由于卖方责任造成货物品质与合同规定不符、数量原装短少、不按期交货，进口方应向卖方索赔；如货物数量少于提单所载数量、提单为清洁提单而货物有残损，应向船方提出索赔；如由于自然灾害、意外事故等造成货物在保险人承保范围内的损失，或在承保范围内船公司不予赔偿或赔偿不足抵补损失的部分，可向保险公司索赔。

4) 索赔金额

《公约》第七十四条规定：“当一方当事人违反合同应负的损害赔偿额，应与另一方当事人因他违反合同而遭受的包括利润在内的损失额相等。”在确定索赔金额时，既要对货损作出补偿，也要对相关费用，如检验费、装卸费、利息和合理的预期利润等作出补偿。

案例 14.1

怎样识别信用证“软条款”

随着我国对外开放的不断发展，个别不法外商不断变换手段利用信用证的“软条款”，利用一些外贸业务人员想急于扩大出口的迫切愿望及业务经验不足的弱点，骗取预付履约金、佣金、质保金，给外贸业务造成较大的经济损失。

何谓信用证的“软条款”？它是在不可撤销信用证中加另一种条款，结果使开证申请人实际上控制了整笔交易，受益人处于受制于人的地位，而信用证项下开证行的付款承诺毫不确定，很不可靠，开证行可随时利用这种条款单方面解除其保证付款责任。带有这种条款的信用证实质上是变相的撤销信用证，极易造成单证不符而遭开证行拒付。这种条款在国际贸易跟单信用证业务中称作“软条款”，顾名思义称作“陷阱条款”。

信用证的“软条款”类型主要有：

(1) 暂不生效信用证。如本证暂不生效，待进口许可证签发后通知生效；或待货样经开证确认后再通知信用证生效。

(2) 船公司、船名、目的港、起运港和验货人，装船日期须待开证人同意，以开证行修改书形式另行通知。

(3) 开证人出具品质证书，收货收据或由其签发装运指示，其签字须由开证行核实或开证行存档之签样相符。

(4) 由受益人出具的商业发票，品质确认书须由开证申请人或指定人的人签字或会签，其签字字迹须与标本一致与开证行存档之行迹相符。

诈骗分子利用那些急于扩大出口创汇心理，在信用证中加入一些使信用证实际上无法生效的“软条款”以“合法手段”诈骗。自 1992 年以来，我国外贸业务多次遭遇此类诈骗，损失数千万之多。

为了避免上当受骗，减少损失，与外商交易时应该注意以下几点。

一是调查了解外商企业，公司的资级及在商界的声誉状况，是避免找错伙伴的主要前提。

二是要明白涉外商务中的银行信用和商务合同是两回事，要特别注意审查信用证条款中的要求，规定是否和签订的买卖合同相符。如货物装运期，付款期限，付款行都必须写明，最重要的是看信用证是否可执行。

三是除了签订合同装货出口外，还要明白如何收汇，特别是发货后如何能够安全地收回贷款。

四是签订的买卖合同应有买卖双方承担风险的责任保证，同时应该有第三方、第三国担保人以及进行公证，不能听信单方面的任何承诺。

(资料来源：http://www.zhenyu.cc/cn/paper_show.asp？id=88)

14.2 出口合同的履行

在我国的出口业务中，不同的贸易条件所包括的工作环节和手续是不一样的。我国的出口贸易除大宗交易有时采用 FOB 术语外，大多数采用 CIF 和 CFR 条件成交，凭信用证支付方式付款，在履行此类合同时，必须做好备货、催证、审证、该证、租船订舱、报验、报关、投保、装船和制单结汇等环节的工作。这些环节，以货、证、船、款最为重要，只有这些环节紧密衔接，才能避免有货无证、有证无货、有船无货、有货无船等情况的发生。

14.2.1 备货

备货是出口合同履行的关键。备货是卖方根据合同和信用证的规定，准备好应交的出口货物，以保证按时出运。备货工作包括：向生产厂家或供货单位安排供货时间或催交货物，核实应收货物的品质、规格、数量、包装，按要求进行加工、整理，刷印“唛头”以及货物申报检验和领证等手续。

在备货工作中，应注意以下几个问题。

(1) 认真按照合同要求核实货物的名称、品质、规格、包装，保证与合同及信用证要求一致，如发现不符应及时更换。

(2) 要保证与合同与信用证要求的数量一致，备货数量应当适当留有余地，这样，当在装船时如果货物发生短缺或损坏，出口商可以及时补足或更换货物，以避免少装的现象。

(3) 备货时间应根据信用证中有关装运期的规定，进行合理安排，货物的装运不能晚于信用证规定的期限。

(4) 货物的包装和唛头必须符合合同和信用证的规定。货物包装要适应运输方式的要求。

14.2.2 报验

凡属国家规定要进行法定商检的商品，或合同中规定必须经中国进出口商品检验检疫局检验出证的商品，在货物备齐后，应及时向商品检验局申请检验，只有取得合格的检验证书，海关才予以放行，凡未经检验或检验不合格的商品，一律不得出口。

在报验时，出口企业要正确填写出口报验申请单，同时提供合同、信用证、往来函电等相关凭证作为参考，经检验部门对货物检验合格后发给检验证书。

值得注意的是，当货物经检验合格，发货人务必在检验证书规定的有效期限内及时出口。如果超过有效期，货物应该在装运前申请复验，复验合格后才能出口。

14.2.3 催证、审证、改证

在采用以信用证支付方式收汇时，对信用证的掌握、管理和使用，对卖方至关重要。在实际业务中，卖方经常会遇到催证、审证、改证的问题。

1) 催证

虽然按合同规定及时开立信用证是买方应当履行的义务，但是在实际业务中，由于市场行情不景气或资金周转困难等原因，买方往往拖延开证甚至不开证。对此，我方应结合备货情况催促对方迅速办理开证手续，必要时可请有关机构和银行协助催证。

2) 审证

信用证是银行依据合同开立的有条件的付款保证，信用证的内容应该与合同内容保持一致。在实践中，由于种种原因，如工作的疏忽、电文传递的错误、贸易习惯的不同等往往出现买方开来的信用证与合同条款不符。为了确保收汇安全，必须认真对信用证进行审核。

审证工作由银行和卖方共同负责，但是二者各有侧重，审核依据为国际商会的《跟单信用证统一惯例(UCP600)》。银行着重审查开证银行的政治背景、资信能力、信用证的真伪、付款责任和索汇路线等内容。出口方着重审核信用证的内容与合同规定是否一致，包括商品的品名、品质、规格、数量、包装、计价货币、单价和总值、贸易术语、开证人与受益人名称、地址是否与合同一致，审核装运期、交单期、有效期与到期地点、保险险别等是否与合同条款一致，有无加列其他特殊条款等。

3) 改证

经过审证，如果发现有与合同规定不符并影响合同顺利履行和安全收汇的内容，应及时向开证人提出修改要求。对于信用证，如有多处需要修改，原则上应一次性提出，以节约时间和费用。对于国外开征行发来的信用证修改通知书如包括两项或两项以上的内容，经审核后，要么全部接受，要么全部拒绝，部分接受无效。如果出口企业没有明确表示接受修改通知的内容，也没有按修改通知的规定向银行交单，可认为原信用证对出口方仍然有效。

14.2.4 租船订舱

出口方在备货的同时，还应做好租船订舱的工作，办理报关、投保等手续。

出口货物的租船订舱，可以由出口方自己完成，也可以委托货运代理机构办理。订舱的基本程序如下所述。

1) 出口企业填写海运出口托运单

出口企业在备妥货物、落实信用证后，根据信用证的规定以及船公司公布的船期表，选择适合的船期，并填写出口货物托运单，列明货物的名称、件数、毛重、尺码、装运港、目的港和最后的装运期等内容，作为订舱的依据，并交送船公司。

2) 外轮代理公司签发装货单

外运公司接到托运单后，会同船公司或外轮代理公司，根据托运单内容、货物的性质与数量、船舶配载情况，结合船期等条件考虑，安排船只和舱位，然后由外轮代理公司签发装货单(Shipping Order)，作为船方收货装运的依据。

14.2.5 报关

根据我国海关法的规定，进出口货物都必须向海关申请报验，经海关检验同意放行后，才能进出口。

出口企业在报关时，通常包括申报、查验、征税、放行四个环节。出口企业在货物装运前必须办理报关手续，填写出口货物报关单，同时提供出口许可证、商检证书、装货单、发票、装箱单或重量单等必要单证，海关以出口报关单为依据，在海关监管区域对出口货物进行查验，经货、单证核查无误后，在装箱单上加盖放行章后才能装船。

目前，我国出口企业办理报关，可以自行办理报关手续，也可委托专业报关经行行或国际货运代理来办理。

14.2.6 投买保险

按CIF条件成交的合同，出口方必须按合同和信用证要求的保险金额和险别投买保险。投保人先填制投保单，内容包括投保人名称、货物名称、运输标志、船名、装运地(港)、目的地(港)、开航日期、投保金额、投保险别、投保日期、赔款地点等。保险公司接受投保后，即签发保险单或保险凭证。

14.2.7 装船

货物装船时，凭海关加盖放行章的装货单验收货物。货物装完后，由船长或大副签发大副收据，作为船方收妥货物签发给托运人的临时收据。托运人凭大副收据向其代理换取正本提单并交付运费。如果收货单对装运货物无任何不良批注，船公司即签发清洁已装船提单(Clean on Board B/L)，外装包如有缺陷，则大副收据会被加注批注，在换取提单时，则为不清洁提单(Unclean on Board B/L)。

14.2.8 制单结汇

货物装运后，出口方应立即按照信用证的规定，正确制缮各种票据，在信用证规定的交单期和有效期内递交银行办理议付结汇手续。

《UCP600》规定，银行必须合理小心地审核信用证规定的一切单据，以确定是否表面与信用证条款相符，如单据表面与信用证条款不符，银行可以拒绝接受。

1) 对出口单据的要求

出口结汇单据要求做到“准确、完整、及时、简明、整洁”。

(1) 准确。单据必须做到“单单一致，单证一致”，即单据与单据一致，信用证与单据之间一致。只有制作的单据正确，才能保证及时收汇。

(2) 完整。必须按信用证规定提供种类齐全和份数符合要求的单据。同时，单据本身的内容，也必须完整，不能短缺或遗漏。

(3) 及时。制单必须及时，应在信用证的到期日和交单期内送交银行办理付款、承兑或议付手续，争取早日收汇。

(4) 简明。单据内容，应按信用证和国际惯例填写，力求简洁。

(5) 整洁。单据表面要洁净，缮制或打印的字迹要清晰，对于重要项目，如提单、汇票等的金额、数量等主要项目，不宜更改。

2) 出口结汇的做法

在我国的出口业务中，采用信用证支付方式进行结汇的做法一般有以下三种。

(1) 收妥结汇。又称为收妥付款，是指议付行收到出口企业的单据后，经审核无误，将单据寄交国外的付款行索偿，待收到付款行将款项划入议付行的贷记通知书时，即按当日外汇牌价折成人民币付给出口企业。

(2) 买单结汇。又称为出口押汇，是指议付行在审单无误后，按信用证条款买入出口企业的汇票和单据，从票面金额中扣除从议付日到估计收到票款的利息，将余额按议付日外汇牌价折成人民币，付给出口企业。这种做法是为了给企业提供资金融通，加速企业的资金周转，如果议付行遭到拒付，可以向受益人行使追索权。

(3) 定期结汇。议付行根据向国外付款行所偿所需时间，预先确定一个固定结汇期限，到期后主动将票款折成人民币拨付给出口公司。

14.2.9 出口收汇核销和出口退税

根据我国现行的贸易政策，我国出口企业在办理货物装运出口以及制单结汇后，还应及时办理出口收汇核销和出口退税手续。

1. 外汇核销

出口收汇核销是国家为了加强出口收汇管理，保证国家的外汇收入，防止外汇流失，指定外汇管理部门对出口企业贸易项上的外汇收入情况进行事后监督检查的一种制度。

出口企业在货物出口前在外汇管理局领取出口核销单，在办理报关后，由海关在核销单上加盖验讫章，并与出口货物报关单退还出口企业，由出口企业在规定时限，将报关单、核销单存根和发票交外汇管理局备案。待银行结汇后，将在收汇水单或收账通知上填写有关核销单编号，出口企业凭出口收汇核销单、出口收汇核销专用联的结汇水单或收账通知及其他单据到国家外汇管理部门办理核销手续。

出口收汇核销单
存根
编号：

出口单位：
出口总价：
收汇方式：
预计收款日期：
报关日期：
备注：

出口收汇核销单
编号：

外汇指定银行结汇/收账情况： 我行已凭此办理结汇/收账 年 月 日 (盖 章)	
海关核放情况： 年 月 日	海关签章
外汇管理局核销情况： 年 月 日 (盖章)	

出口收汇核销单
出口退税专用
编号：

出口单位：		
货物名称	货物数量	出口总价
报关单编号：		
外汇管理局核销情况： 年 月 日 (盖章)		

（未经核销此联不准撕开）

图 14.1 出口收汇核销单

核销单具体内容及填制方法

1) 存根联内容及填制

(1) 出口单位：填写出口公司或企业名称并加盖公章。

(2) 出口总价：填写合同或信用证的成交总价。

(3) 收汇方式：L/C、D/P、D/A 和 T/T 等。

(4) 预计收款日期：根据不同的收汇方式，计算一下可能收汇的大概日期。

(5) 报关日期：与报关单上填报日期相同。

(6) 备注：填写收汇方面需要说明的事项。

2) 出口收汇核销单正本内容及填制

(1) 外汇指定银行结汇/收账情况：表明在我国出口地出口商委托结汇银行收账的情况，即银行已于何年、月、日办理结汇或收账，并由银行盖章。

(2) 海关核放情况：即在报关时，经审核放行后，海关在此栏加盖海关验讫章。

(3) 外汇管理局核销情况：即在货物已出口、出口单位收到货款后，向外管局办理核销时，由外汇管理局核销盖章。

3) 出口退税专用联内容及填制

(1) 出口单位：同上。

(2) 货物名称、数量、总价：按合同或信用证及商业发票填写。

(3) 报关单编号：填写报关单后，海关在报关单上批注的编号。

(4) 外汇管理局核销情况：即出口结汇后，由外汇管理局核销盖章注明以后，才能办理申请退税工作。

2. 出口退税

为了增强我国产品的国际竞争力，鼓励出口，我国对出口产品实行退税制度。我国采取出口退税与出口收汇核销挂钩的办法，即出口单位填写退税申请表申请出口退税，并向国家税务机关提交出口货物报关单退税专用联、出口收汇核销单退税专用联、出口销售发票、出口货物收购增值税发票及结汇水单等相关材料，经国家税务机关审核无误后办理出口退税。

14.2.10 索赔与理赔

在履行合同过程中，任何一方未能按规定履行义务，即构成违约，从而产生索赔和理赔。在实际业务中，索赔多因商品和单据而起，如货物品质不符、数量短缺、装运延误、单据不符等而遭到国外客户的索赔。理赔时，出口公司应本着实事求是的原则，以合同及相关法律为依据，认真处理，给予对方合理的赔偿。

本章小结

本章对国际货物买卖合同的履行进行了介绍。合同签订后，买卖双方必须按合同规定履行自身的义务。一般来说，在进口合同的履行中，通常以 FOB 术语成交，经过开证、租船订舱、投保、审单付款、报关、验收货物、拨付、理赔等环节。以 CIF 术语成交的出口合同要经过备货、报验、催证、审证、改证租船订舱、报关、投买保险、装船、制单结汇和收汇核销以及退税几个环节。这几个环节，以货、证、船、款最为重要，只有这些环节紧密相连，才能顺利收汇。

本章练习题

一、单项选择题

1．所谓单证“相符”的原则，是指受益人必须做到(　　)。

A．单据与合同相符　　B．单据和信用证相符

C．信用证和合同相符　　D．修改后信用证与合同相符

2．进口“短卸报告”的签发者为(　　)。

A．船方　　B．港务局　　C．商检局　　D．海关

3．国外来证规定：“针织布 1 000 克，每克 2 美元；总金额为 about 2 000 美元，禁止分批装运。”则卖方向银行支取金额最多应为(　　)美元。

A．2 000　　B．2 200　　C．2 100　　D．2 150

4. 托运人是凭(　　)向船公司换取正式提单。

A．托运单　　B．装货单　　C．收货单

5. 海关发票及领事发票(　　)。

A．都是由买方国家有关部门提供的

B．都是由卖方国家有关部门提供的

C．前者由买方国家提供，后者由卖方国家提供

D．前者由卖方国家提供，后者由买方国家提供

6. 若 L/C 中只规定了议付有效期，而未规定装运期，则根据《UCP600》规定，(　　)。

A．装运的最后期限与 L/C 的到期日相同

B．该证无效

C．该证必须经修改才能使用

D．装运期可视为与有效期相差一个月

7. 一份 CIF 合同下，合同及信用证均没有规定投保何种险别，交单时保险单上反映出投保了平安险，该出口商品为易碎品，因此(　　)。

A．银行将拒收单据　　B．买方将拒收单据

C．应投保平安险加破碎险　　D．银行应接受单据

8. L/C 修改书的内容在两项以上者，受益人(　　)。

A．要么全部接受，要么全部拒绝　　B．可选择接受

C．必须全部接受　　D．只能部分接受

9. 商业发票的抬头人一般是(　　)。

A．受益人　　B．开证申请人　　C．开证银行　　D．卖方

10. 海运提单中对货物的描述(　　)。

A．必须与 L/C 完全相同

B．必须使用货物的全称

C．只要与 L/C 对货物的描述不相抵触，可以用货物的统称

D．必须与商业发票的填写完全一致

二、多项选择题

1. 对于下列单据，(　　)是银行有权拒受的。

A．迟于信用证规定的到期日提交的单据

B．迟于装运日期后 15 天提交的单据

C．内容与信用证内容不相符的单据

D．单据之间内容有差异的单据

2. 制单结汇节工作中必须做到一致是(　　)。

A．单单一致　　B．单证一致　　C．单货一致　　D．单合(同)一致

3. 若信用证上的出票条款上规定“DRAW ON US”，则汇票上的付款人不应该填(　　)。

A．开证申请人　　B．开证银行　　C．受益人　　D．通知行

4. 货到目的港后，买方发现货物短失，它可以向(　　)索赔。

A．卖方　　B．承运人　　C．保险公司　　D．目的港政府管理部门

5. 因租船订舱和装运而产生的单据是(　　)。

A. 托运单　B. 装货单　C. 收货单　D. 提单

6. 我国出口结汇的方法有 (　　)。

A. 不定期结汇　B. 押汇　C. 定期结汇　D. 收妥结汇

7. 审核信用证和审核单据的依据分别是(　　)和(　　)。

A. 开证申请书　B. 合同　C. 整套单据　D. 信用证

8. 审核 L/C 金额和货币时，需要审核的内容包括(　　)。

A. L/C 总金额的大小写必须一致

B. 来证采用的货币与合同规定的货币必须一致

C. 发票和/或汇票的金额不能超过 L/C 总金额

D. 若合同订有溢短装条款，L/C 金额应有相关的规定

三、判断题

1. 信用证修改申请只能由受益人本人提出。(　　)

2. 汇票的抬头人通常是付款人，发票的抬头人是收货人，保险单的抬头是被保险人。(　　)

3. 不符点的出现只要征得议付行的同意并议付完毕，受益人既可不受追索地取得货款。(　　)

4. 《UCP500》规定商业发票无须签字。(　　)

5. 凡迟于信用证有效期提交的单据，银行有权拒付。(　　)

6. 不清洁提单上的批注是从大副收据上转来的。(　　)

7. 《UCP700》规定正本单据必须注有“Original”字样。(　　)

8. 海运提单要求空白抬头和空白背书，就是指不填写收货人和不要背书。(　　)

9. 在信用证未有规定的情况下，银行将接受以单独一份作为整套的正本出具的海运提单。(　　)

10. 修改信用证时，可不必经开证行而直接由申请人修改后交给受益人。(　　)

11. 信用证修改通知书有多项内容时，只能全部接受或全部拒绝，不能只接受其中的一部分，而拒绝另一部分。(　　)

12. 海关发票是出口国海关为了统计出口数量和金额要求出口人填写的一种专门格式的发票。(　　)

13. L/C 支付方式下，开具汇票的依据是 L/C，而托收和汇付方式下，开具汇票的依据是买卖合同。(　　)

14. 由出口地银行审单认可购进出口商的汇票和所附的货运单据，扣除利息后将票款垫付给出口商的过程称为议付。(　　)

15. 在买方已经支付货款的情况下，即使买方享有复验权，也无权向卖方提出索赔。(　　)

四、简述题

1. 简述履行进出口合同需要做的工作。

2. 修改信用证应注意哪些问题？

3. 装货单主要有什么作用？
4. 商业发票和海关发票有哪些区别？
5. 制作并审核单据的基本原则有哪些？

五、案例分析题

1. 中方某公司与意大利商人在 2013 年 10 月份按 CIF 条件签订了一份出口某商品的合同，支付方式为不可撤销即期信用证。意大利商人于 5 月通过银行开来信用证，经审核与合同相符，其中保险金额为发票金额的 110%。我方正在备货期间，意大利商人通过银行传递给我方一份信用证修改书，内容为将保险金额改为发票金额的 120%。我方没有理睬，按原证规定投保、发货，并于货物装运后在信用证有效期内，向议付行议付货款。议付行议付货款后将全套单据寄开证行，开证行以保险单与信用证修改书不符为由拒付。问：开证行拒付是否有道理？为什么？

2. 我某公司与国外某客商订立一份农产品的出口合同，合同规定以不可撤销即期信用证为付款方式。买方在合同规定的时间内将信用证开抵通知银行，并经通知银行转交我公司，我出口公司审核后发现，信用证上有关装运期的规定与双方协商的不一致，为争取时间，尽快将信用证修改完毕，以便办理货物的装运，我方立即电告开证银行修改信用证，并要求开证银行修改完信用证后，直接将信用证修改通知书寄交我方。问：(1)我方的做法可能会产生什么后果？(2)正确的信用证修改渠道是怎样的？

3. 我某公司凭即期不可撤销信用证出口马达一批，合同规定装运期为 2014 年 8 月份。签约后，对方及时开来信用证，我方根据信用证的要求及时将货物装运出口。但在制作单据时，制单员将商业发票上的商品名称以信用证的规定缮制为：“MACHINERY AND MILL WORKS，MOTORS”，而海运提单上仅填写了该商品的统称：“MOTORS”。

问：付款行可否以此为由拒付货款？为什么？

4. 我国 A 公司向印度 B 公司以 CIF 条件出口货物一批，国外来证中单据条款规定：商业发票一式两份；全套清洁已装船提单，注明“运费预付”；保险单一式两份。A 公司在信用证规定的装运期限内将货物装上船，并于到期日前向议付行交单议付，议付行随即向开证行寄单索偿。开证行收到单据后来电表示拒绝付款，理由是单证有下列不符：①商业发票没有受益人的签字；②正本提单是一份组成，不符合全套要求；③保险单上的保险金额与发票金额相等，所以投保金额不足。试分析开证行拒付的理由是否成立？

5. 我某公司向国外出口某商品，L/C 中规定的装运期为 5 月份，交单期为 6 月 10 日前，L/C 的有效期为 6 月 25 日。该公司收到 L/C 后，及时准备货物，但因产品制作时间较长，货物于 5 月 27 日才全部赶制出来，装运后取得 5 月 29 日签发的提单。我方制作好单据于 6 月 8 日交单时，恰逢 6 月 8 日和 9 日是银行非营业日。 问：我方最终能否从银行取得货款？为什么？

六、操作实训

1. 接受函的写作

某进出口公司经营玻璃器皿，美国某公司希望订购 123 号产品，经交易磋商后，该公司认为各项交易条件较合理，因此及时发出接受函。其代其撰写接受函。

2．改正合同条款中的错误

SALEOF CONTRACT

(1) Name of commodity: white rice, long shaped, broken grain 10%, admixture 0.2%, packed in gunny bags of 50 kilos each

(2) Quantity: 1000 ton Shipment 3% more or less at buyer's option

(3) Unit price: USD200per Ton CIF DALIAN

(4) Total Amount: Two hundred and fifty thousand USDollars only

(5) Time of shipment: Shipment during July

(6) Port of loading: DALIAN

(7) Port of Destination: London

(8) Insurance: To effected by the Buyers for 110% of invoice value covering

(9) Term of Payment: By confirmed, revocable Letter of Credit in favor of the Sellers payable at sight against Presentation of shipping documents in China, with partial shipments and transshipment allowed.

The covering Letter of Credit must reach the sellers 15 days before the contracted month of shipment and remain valid in the above loading port until the 15th day after shipment, failing which the seller reserve the right to cancel the contract without further notice and to claim against the Buyers for any loss resulting there from.

(10) Documents:The Sellers shall present in the negotiating bank, Clean and On Board Bill of loading, Invoice, Quality, Certificate and Survey Report on Quantity/Weight issued by the China Commodity Inspection Bureau,and Transferable Insurance Policy.

(11) Term of shipment: The carrying vessel shall be provided by the sellers. Partial shipment and transshipment are not allowed.

After loading is completed, the seller shall notify the Buyers by fax of the contracted number, name of commodity, name of carrying vessel and date of shipment.

Sellers: Buyer:

附录1 进出口业务流程图

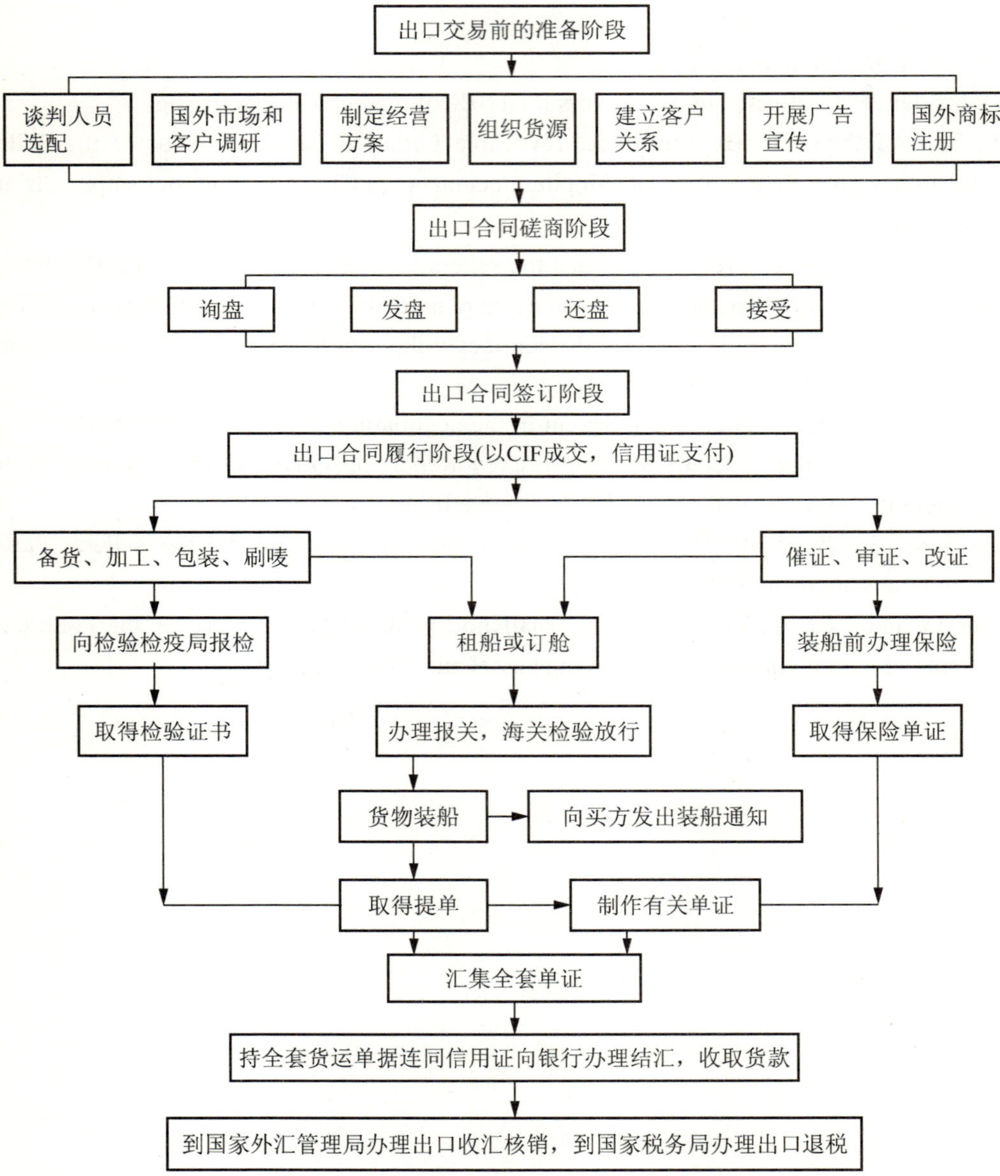

出口业务流程图

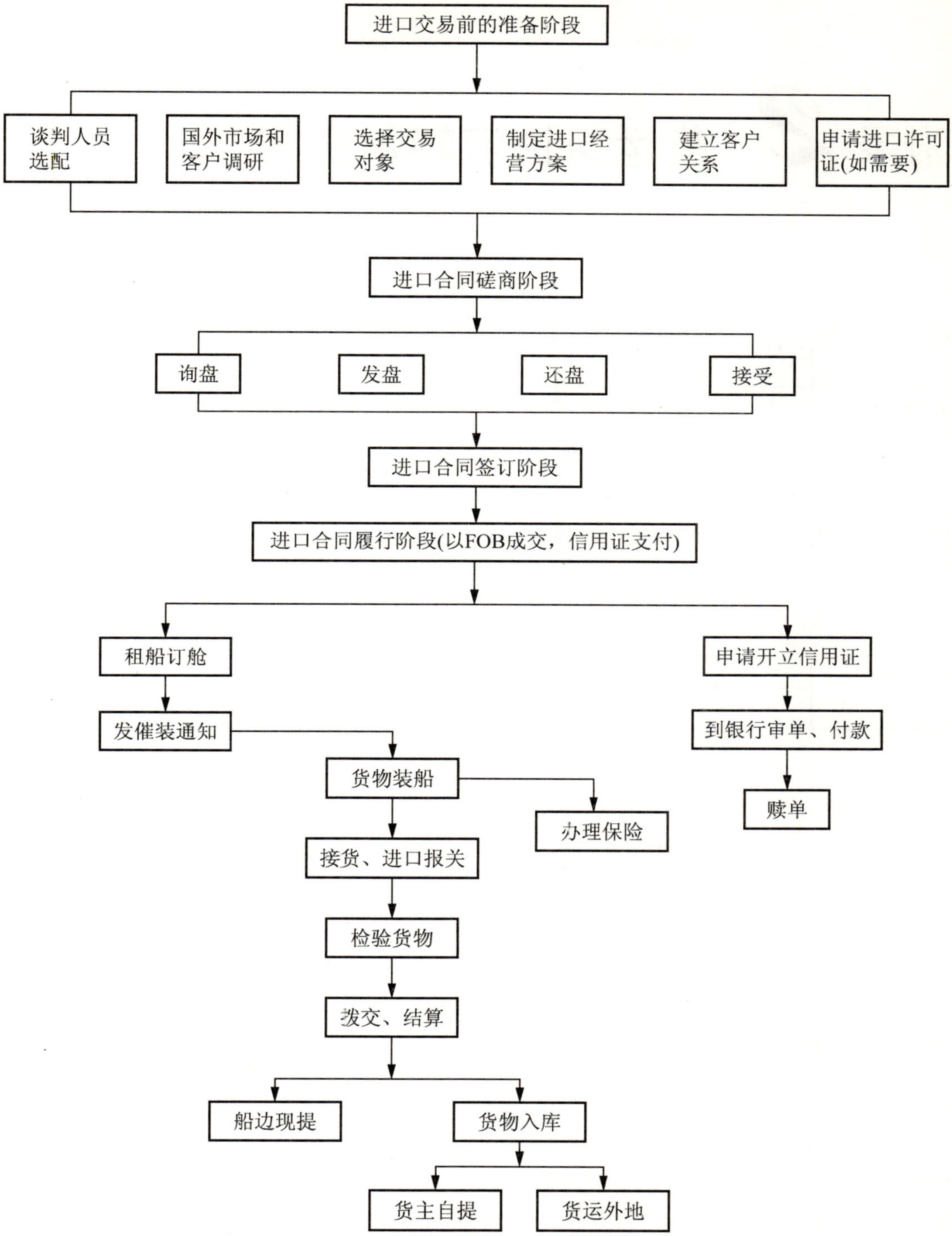
进口交易前的准备阶段
谈判人员选配
国外市场和客户调研
选择交易对象
制定进口经营方案
建立客户关系
申请进口许可证(如需要)
进口合同磋商阶段
询盘
发盘
还盘
接受
进口合同签订阶段
进口合同履行阶段(以FOB成交，信用证支付)
租船订舱
发催装通知
货物装船
办理保险
接货、进口报关
检验货物
拨交、结算
船边现提
货物入库
货主自提
货运外地
申请开立信用证
到银行审单、付款
赎单

进口业务流程图

附录2 货运单证流转示意图

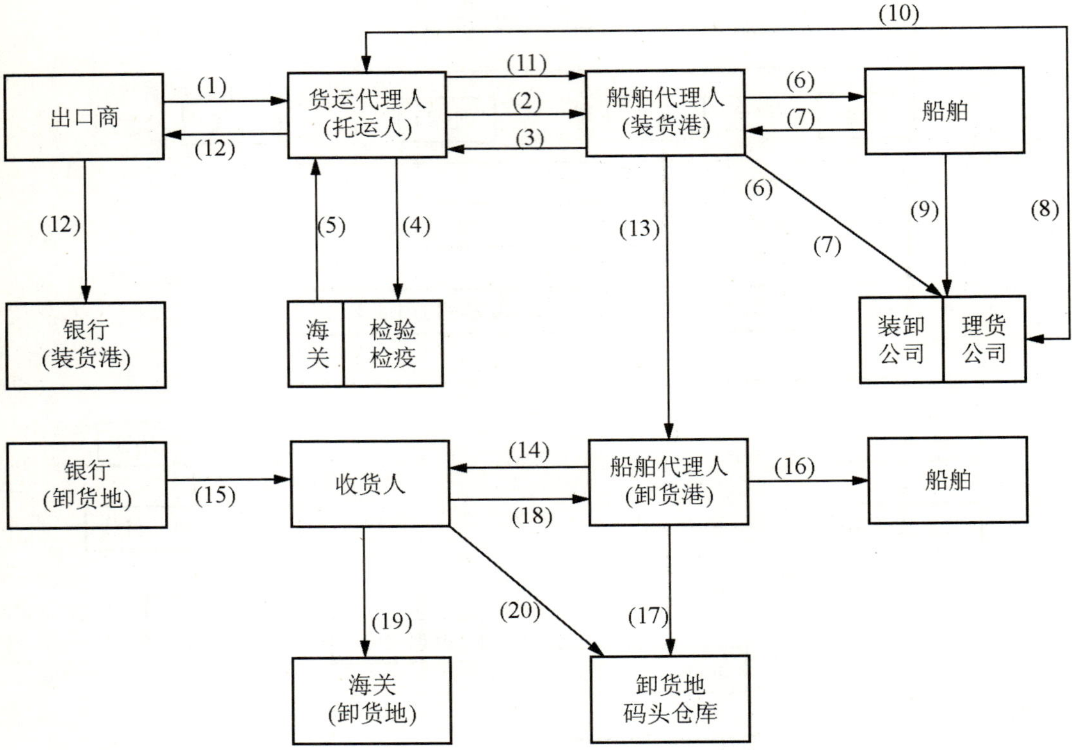

货运单证流转示意图

为了进一步熟悉货运过程，了解有关单证的流转程序，现将杂货班轮运输主要货运单证流程用图表示如下：

(1) 出口企业根据合同或信用证填制海运出口货物代运委托单，随附商业发票、装箱单等必要单据，委托代运代理订舱，有时还委托其代理报关及货物储运等事宜。

(2) 货运代理人根据出口商的海运出口代运委托书，向船公司在装货港的代理人(也可以直接向船公司或其营业所)提出货物装运申请，缮制并递交托运单(B/N)，随同商业发票、装箱单等单据一同向船公司或船舶代理人办理订舱手续。

(3) 船公司同意承运后，则在托运单上编号(该号将来即为提单号)，填上船名、航次，并签署。同时把配舱回单、装货单(S/O)等与托运人有关的单据留底联留下后退还给货运代理，并要求托运人将货物及时送至指定的码头作业。

(4) 货运代理人持船公司签署的装货单及报关所需的全套必要文件，向海关办理货物出口报关、验货放行手续。

(5) 海关进行查验，如同意出口，则在装货单上盖放行章，并将装货单退还给货运代理人。

(6) 船公司在装货港的代理人根据留底联编制装货清单，送船舶及理货公司、装卸公司。

(7) 大副根据装货清单编制货物积载计划叫代理人分送理货、装卸公司等按计划装船。

(8) 货运代理人将经过检验的货物送至指定的码头仓库准备装船。

(9) 货物装船后，理货长将装货单交大副，大副核实无误后留下装货单并签发收货单(M/R)。

(10) 理货长将大副签发的收货单及大副收据转交给货运代理人。

(11) 货运代理人持大副收据到船公司在装货港的代理人处付清运费(预付运费的情况下)换取正本已装船提单。船公司在装货港的代理人审核大副收据无误后，留下大副收据，签发提单给货运代理人。

(12) 出口企业向货运代理人支付运费，取得全套已装船提单，凭以结汇。

(13) 货物装船完毕，船公司在装货港的代理人编制出口载货清单送船长签字后向海关办理船舶出口手续，并将出口载货清单交船随带，船舶启航。船公司在装货港的代理人根据提单副本(或大副收据)编制出口载货运费清单，并将卸货港需要的单证寄给船公司在卸货港的代理人。

(14) 船公司在卸货港的代理人接到船舶抵港电报后，通知收货人船舶到港日期，做好提货准备。

(15) (在信用证支付方式下)收货人到开证行付清货款赎取提单等单据，准备到港口提取货物。

(16) 卸货港船公司的代理人根据装货港船公司的代理人寄来的货运单证，编制、进口载货清单及有关船舶进口报关和卸货所需的单证，约定装卸公司、理货公司，联系安排泊位，做好接船及卸货准备工作。

(17) 船舶抵港后，船公司在卸货港的代理人随即办理船舶进口手续，船舶靠泊后即开始卸货。

(18) 收货人持正本提单向船公司在卸货港的代理人处办理提货手续，付清应付的费用后换取代理人签发的提货单。

(19) 收货人办理货物进口手续，支付进口关税。

(20) 收货人持提货单到码头仓库或船边提取货物。

(资料来源：天津滨海职业学院 http://www.tjbpi.com/jpk/upfiles/2007710145230309.DOC《货运代理实务》教学教案，编写人：金鑫)

附录3 货物等级表

编号	货名	COMMODITIES	级别 CLASS	计费标准 BASIS
1	农具	AGRICULTURAL IMPLEMENT	8	W/M
2	农机及零件(包括拖拉机)	MACHINES.PARTS &ACCESORIES (INCL. TRACTORS)	9	W/M
3	皮革及制品	ARTIFICIAL LEATHER &GOODS	11	M
4	麻、纸、塑料包装袋	BAGS GUNNY. PAPER. POLYPROPYLENE	5	M
5	竹制品	BAMAOO PRODUCTS	8	M
6	推车	BARROW	8	W/M
7	各类豆	BEANS. ALL KINDS	5	W/M
8	自行车及零件	BICYCLES & PARTS	9	W/M
9	电缆	CABLE	10	W/M
10	蜡烛	CANDLE	6	M
11	各种罐头	CANNEDGOODS. ALL KINDS	8	W/M
12	未列名货	CARGO N.O.E	12	W/M
13	钟及零件	CLOCKS & SPAREPAPTS	10	M
14	计算机和复印机	COMPUTER & DUPLICATOR	12	W/M
15	棉布及棉纱	COTTON GOOODS & PIECEGOODS	10	M
16	棉线及棉纱	COTTON THREAD & YARN	9	M
17	各种毛巾	COTTON TOWELS, ALL KINDS	9	M
18	铜管	COPPER PIPES	12	W/M
19	非危险化学品	CHEMICALS, NON-HAZARDOUS	12	W/M
20	半危险化学品	CHEMICALS, SEMI-HAZARDOUS	17	W/M
21	危险化学品	CHEMICALS,HAZARDOUS	20	W/M
22	洗衣粉、洗洁精	DETERGENT, LIQUID	7	M
23	染料、颜料(非危险)	DYESTUFFS, PIGMENTS(N.H.)	10	M
24	电器，材料	ELECTRICGOODS & MATERIALS	10	W/M

续表

编号	货名	COMMODITIES	级别 CLASS	计费标准 BASIS
25	搪瓷器皿	ENAMEL WARE	9	W/M
26	羽绒及制品	FEATHER DOWN & PRODUCTS	15	M
27	化肥	FERTILIZERS	6	W
28	皮鞋	FOOTWEAR LEATHER	12	M
29	未列名鞋	FOOTWEAR N.O.E.	9	M
30	未列名家具	FURNITURES, N.O.E.	10	M
31	未列名玻璃器皿	GLASSWEAR, N.O.E.	8	M
32	未列名手套	GLOVES N.O.E.	10	M
33	棉布、劳动布手套	GLOVES, COTTON WORKING	9	M
34	皮手套	GLOVES LEATHER	12	M
35	小五金及工具	HARDWARE& TOOLS, N.O.E.	10	W/M
36	千斤顶	HOISTING JACK	10	W
37	医疗设备	HOSPITAL EQUIPMENT N.O.E.	10	W/M
38	光学仪器	INSTRUMENTS OPTICAL	13	M
39	厨具	KITCHENWARE	8	W/M
40	灯	LAMPS, LANTERNS N.O.E.	10	M
41	皮革及制品	LEATHER & LEATHER GOODS	12	M
42	缝纫机及零件	MACHINESEWING & PARTS	9	W/M
43	机器及零件	MACHINERY & PARTS	10	W/M
44	计算器及打字机	MACHINES CALCULATING & TYPEWRITERS	12	M
45	医疗器械	MEDICAL & SURGICAL APPARATUS	12	W/M
46	药品(包括蜂皇精)	MEDICINES & DRUGS	12	W/M
47	中药成药	MEDICINES, CHINESEPATENT(IN CASES)	11	M
48	起码提单	MINIMUM B/L	7	PER B/L
49	汽车及零件	MOTOR CARS, TRUCKS & PARTS, ACCESSORIES	10	W/M
50	未列名乐器	MUSICAL INSTRUMENTS, N.O.E.	12	M
51	油漆	PAINT	10	W/M
52	纸制品	PAPER GOODS	8	M
53	纸(捆、卷)	PAPER, (IN BALES & REELD)	12	W
54	塑料制品	PLASTICMANUFACTURES	9	M

续表

编号	货 名	COMMODITIES	级别 CLASS	计费标准 BASIS
55	塑料编织袋	PLOYPROPYIENEWOVEN BAGS	5	M
56	陶瓷器	PORCELAIN & POTTERY WARE	8	M
57	未列名食品	PROVISIONS N.O.E.	10	W/M
58	收音机、电视机、收录机	RADIO, TELEVISION SET, RECORDER	12	W/M
59	半导体及零件	SEMI-CONDUCTOR & PARTS	12	W/M
60	电冰箱	REFERIGERATOR	10	W/M
61	橡塑制品	RUBBER MARUFACTURES	10	M
62	卫生洁具	SANITARY WARE	8	M
63	丝织品及绸缎	SILK GOODS & PIECEGOODS	17	M
64	绸丝、落棉	SILK NOIL TRAN, SILK NOIL	12	M
65	洗衣皂(包括药皂)	SOAP, LAUNDRY, MIDICATED	8	M
66	香皂	SOAP, TOILET	11	M
67	体育及娱乐用品	SPORTS GOODS & AMUSEMENT, N.O.E.	11	W/M
68	文具及办公用品	SATATIONERY & OFFICE APPLIANCE	10	W/M
69	草、柳、蒲制品	STRAW, WILLOW, RUSH PRODUCTS	5	M
70	皮箱	SUITCASES, LEATHER	12	M
71	帆布箱及格子布箱	SUITCASES, CANVAS & CHECK CLOTH	8	M
72	未列名箱	SUITCASES, N.O.E.	9	M
73	录音机、录音带	TAPERECORDER & MAGNETICTAPE	12	M
74	茶叶	TEA	8	M
75	瓷砖	TILES, PROCELAIN	7	W
76	地砖	TILES, MOSAIC	7	W
77	洗头膏	TOILET SHAMPOO	11	M
78	牙刷	TOOTH BRUSH	9	M
79	牙膏	TOOTH PASTE	11	M
80	电动玩具	TOYS, ELECTRICALLY OPERATED	10	M
81	玩具(木制、铁制、长毛绒制)	TOY(WOODEN, METAL, PLUSH)	8	M
82	童车	TRICYCLES, CHILDREN VEHICLES	9	M
83	轮胎及内胎	TYRES & TUBES	7	M
84	伞及伞骨	UMBRELLA& UMBRELLARIBS	8	M
85	热水袋	VACUUM FLASKS(THERMOS)	8	M

续表

编号	货　名	COMMODITIES	级别 CLASS	计费标准 BASIS
86	干菜、脱水蔬菜	VEGETABLE, DEHTDRATED, DRIED	8	W/M
87	手表	WATCHES	15	M
88	木器	WOODEN WARE	10	M
89	毛织品及呢绒	WOOLEN GOODS & PIECEGOODS	12	M

(资料来源：广东商学院 http://lem.gdcc.edu.cn/test1/images/temp5/T7/tmt/class_showall.php.htm)

附录4 几种常见的单证样式

1. 托运单(Booking Note，B/N)

海运出口委托书

外运编号： SHIPPER(发货人) CONSIGNEE(收货人) NOTIFY PARTY(通知人)	康柏公司 委托你公司承运以下货物，请与出运后据次向我方(我指定方)收取费用。 委托方(盖章) 联系人： Dated on: TEL:

PLACE OF DELIVERY (目的港)	预备船名、船期：	预配箱量：	L/C 装箱	L/C 效期

MARK&NOS (标记、号码)	NO OF P' KGS (件数、包装)	DESCRIPTION OF GOODS(货物)	GROSS WEIGHT (Per each P'KGS) (每件重量)	DIMENSION (长*高*宽)	MEASUR MNT 尺码(立方米)
OTAL:P'KGS		KGS			M
B/L 份数		运费方式(预付/到付)：		准/不准分批	准/不准转船
L/C 要求特别条款：					
货物存放地		货妥日期		联系人：	TEL:
自送我库/车站/码头到货		自送/货物公司派车进港	是/否危险品	性能	国际危规号
海运付款人		外汇账号			TEL:
中文名称及地址：					邮编：
人民币付款人名称：				账号及开户行：	
地址：				TEL:	邮编

此我部司分填由制	实配船名：		航次：		海运费：	
	B/L		件数		包干费：	
	W:	M:	箱量	备注：	货运拼箱	

2. 装箱单(Packing List)

嘉禾国际贸易有限公司
JIAHE INTER TRADING CO.，LTD.

装 箱 单
PACKING LIST

项目标记： Project Mark	件号： Packing No
收货人： Consignee	发货单位编号： No of Consignor

对外合同顺序号 Serial No of Contract	货名及规格 Name and Specification of Commodity	单位 Unit	数量 Quantity

长(厘米) Length (cm)	宽(厘米) Width (cm)	高(厘米) Heigh (cm)	体积(立方米) Dimension (m^3)	毛重(公斤) Gross Weight(kg)	净重(公斤) Net Weight (kg)

发货单位盖章
Singnature of the Consignor

JIAHE INTER TRADING CO., LTD.
60，NONGJU RD HAIAN, JIANGSU, CHINA

3. 海运提单(正面)

<table>
<tr><td colspan="2">托运人
Shipper</td><td colspan="2" rowspan="5">B/L No.

中 国 对 外 贸 易 运 输 总 公 司
北 京
BEIJING
联 运 提 单
COMBINEDTRANSPORT
BILL OF LADING
RECEIVEDthe foods in apparent good order and condition as specified below unless otherwise stated herein. THE Carrier，in accordance with the provisions contained in this document，
1) undertakes to perform or to procure the performance of the entire transport form the place at which the goods are taken in charge to the place designated for delivery in this document，and 2) assumes liability as prescribed in this document for such transport One of the bills of Lading must be surrendered duty indorsed in exchange for the goods or delivery order</td></tr>
<tr><td colspan="2">收货人或指示
Consignee or order</td></tr>
<tr><td colspan="2">通知地址
Notify address</td></tr>
<tr><td>前段运输
Pre-carriage by</td><td>收货地点
Place of Receipt</td></tr>
<tr><td>海运船只
Ocean Vessel</td><td>装货港
Port of Loading</td></tr>
<tr><td>卸货港
Port of Discharge</td><td>交货地点
Place of Delivery</td><td>运费支付地
Freight payable at</td><td>正本提单份数
Number of original Bs/L</td></tr>
<tr><td colspan="4">标志和号码 件数和包装种类 货 名 毛 重(公斤) 尺 码(立方米)
Marks and Nos. Number and kind of packages Description of goods Gross weight(kgs.) Measurement(m^3)

以 上 细 目 由 托 运 人 提 供
ABOVEPARTICULARS FURNISHED BY SHIPPER</td></tr>
<tr><td colspan="2" rowspan="3">运 费 和 费 用
Freight and charges</td><td colspan="2">IN WITNESS whereof the number of original bills of Lading stated above have been signed，one of which being accomplished，the other(s) to be void.</td></tr>
<tr><td colspan="2">签单地点和日期
Place and date of issue</td></tr>
<tr><td colspan="2">代 表 承 运 人 签 字
Signed for or on behalf of the carrier
代 理
as Agents</td></tr>
</table>

4. 出口货物报关单

中华人民共和国海关出口货物报关单

预录入编号：　　　　　　　　　　　　　　　　　　　　　　海关编号：

出口口岸		备案号		出口日期	申报日期
经营单位		运输方式	运输工具名称		提运单号
发货单位		贸易方式		征免性质	结汇方式
许可证号		运抵国(地区)		指运港	境内货源地
批准文号		成交方式	运费	保费	杂费
合同协议号		件数	包装种类	毛重(公斤)	净重(公斤)
集装箱号		随附单据			生产厂家

标记唛码及备注

商品编号	商品名称、规格型号	数量及单位	最终目的国(地区)	单价	总价	币制	征免

税费征收情况

录入员	录入单位	兹声明以上申报无讹并承担法律责任	海关审单批注及放行日期(签章)	
			审单	审价
报关员		申报单位(签章)	征税	统计
单位地址			查验	放行
邮编	电话	填制日期		

5. 跟单信用证项下的汇票

BILL OF EXCHANGE

凭　　　　　　　　　　　　　　　　　　　　信用证
Drawn under... L/C NO. ....

日期
Dated..支取　　　Payable with interest　@..... %.....按.....息.....付款

号码　　　　　　汇票金额　　　　　　　　上海
NO.................. Exchange for 　　　　Shanghai ....20...........

见票..日后(本汇票之正本未付)付交
At ....sight of this **SECOND** of Exchange (First of Exchange being unpaid) Pay to the order of

金额
the sum of

此致：
To..
....

6. 商业发票

上海市纺织品进出口公司

SHANGHAI TEXTILES IMPORT & EXPORT CORPORATION

27 CHUNGSHAN ROAD E.1 .
SHANGHAI, CHINA
TEL：8621-65342517　　FAX：8621-65724743

COMMERCIAL　INVOICE

TO: M/S.

号码
No:________________
定单或合约号码
Sales Confirmation No.________________
日 期
Date________________

装船口岸
From________________　　目的地
To________________

信用证号数
Letter of Credit No.________________　　开证银行
Issued by________________

唛号 Marks & Nos.	货 名 数 量 Quantities and Descriptions	总 值 Amount

上海市纺织品进出口公司
Shanghai Textiles Import & Export Corporation
SHANGHAI, CHINA

We certify that the goods
are of Chinese origin.

____

7. 开证申请书

开证申请书(正面)

APPLICATION FOR IRREVOCABLE DOCUMENTARY CREDIT

TO:

PLEASEMARKEDWITH "X" DATE(Y/M/D) :________________

PLEASE ESTABLISH BY [ ] AIRMAIL/MAIL [ ] BRIEF CABLE [ ] FULL CABLE AN IRREVOCABLE DOCUMENTARY CREDIT AS FOLLOWS:

<table>
<tr><td>CREDIT NUMBER:</td><td>EXPIRY DATE(Y/M/D):
IN THE COUNTRY OR DISTRICT OF THE BENEFICIARY OR</td></tr>
<tr><td>APPLICANT (NAME AND ADDRESS):</td><td>BENEFICIARY (NAME AND ADDRESS):</td></tr>
<tr><td>ADVISING BANK (LEAVE BLANK UNLESS NOMINATED BY APPLICANT)</td><td>AMOUNT (IN FIGURES ANDWORDS):</td></tr>
<tr><td colspan="2">THIS CREDIT IS AVAILABLEWITH [ ] ANY BANK [ ]
BY [ ] NEGOTIATION [ ] PAYMENT [ ] ACCEPTANCE
AGAINST PRESENTATION OF THE DOCUMENTS SPECIFIEDHEREUNDER AND BENEFICIARY'S DRAFT(S) IN 2/2 AT______________ SIGHT DRAWN ON [ ] YOU [ ] ____________________ FOR FULL INVOICEVALUE.</td></tr>
<tr><td>PARTIAL SHIPMENTS: [ ] ALLOWED
[ ] NOT ALLOWED
TRANSHIPMENT: [ ] ALLOWED
[ ] NOT ALLOWED</td><td>LOADING AT/FROM:
FOR TRANSPORTATION TO:
SHIPMENT LATEST (Y/M/D):</td></tr>
<tr><td colspan="2">DESCRIPTION OF GOODS: [ ] CIF [ ] CNF [ ] FOB [ ] OTHERS:</td></tr>
<tr><td colspan="2">DOCUMENTS REQUIRED:
[ ] SIGNED COMMERCIAL INVOICE IN______COPIES INDICATING L/CNO. AND CONTRACT NO.______.
[ ] CLEAN "ON BOARD" OCEAN BILLS OF LADING IN FULL SET
[ ] CLEAN AIR WAYBILL STATING THIS L/CNO., ACTUAL FLIGHT ADTE ANDFLIGHT NO.
[ ] CLEAN RAILWAY CARGO RECEIPT IN FULL SET
[ ] MADEOUT TO [ ] ORDER AND ENDORSEDIN BLANK
(CONSIGNEDTO) [ ] ORDER OF______BANK CO., LTD. BEIJING BR.
[ ] ORDER OF
[ ] NOTIFY [ ] APPLICANT [ ] MARKEDFREIGHT [ ] PREPAID
[ ] OTHERS: [ ] COLLECT</td></tr>
</table>

续表

[ ] INSURANCEPOLICY(IES) OR CERTIFICATE(S) IN ASSIGNABLEFORM AND ENDORSEDIN BLANK FOR AT LEAST 110% INVOICEVALUE(CIF) SHOWING CLAIMS PAYABLE AT [ ] DESTINATION [ ]____ IN THESAME CURRENCY OF THIS L/C AND COVERING THEFOLLOWING RISKS:

[ ] INSTITUTE CARGO CLAUSES A;

[ ] INSTITUTEWAR ANDSTRIKES CLAUSES;

[ ] OVERLANDTRANSPORTATION ALL RISKS;

[ ] AIR TRANSPORTATION ALL RISKS， WAR ANDSTRIKES RISKS.

[ ] PACKING LIST/WEIGHT MEMO IN__________ COPIES SHOWING QUANTITY GROSS ANDNET WEIGHT FOR EACH PACKAGE.

[ ] CERTIFICATEOF QUALITY IN__________ COPIES ISSUED BY__________.

[ ] CERTIFICATEOF ORIGIN IN__________ COPIES ISSUED BY__________.

[ ] BENEFICIARY'S CERTIFIED COPY OF CABLE/TELEX/FAX DISPATCHEDTO THEAPPLICATE WITHIN__________ DAYS AFTER SHIPMENT ADVISING THENAMEOF VESSEL/FLIGHT NO./ WAGON NO..B/; L /AWB/ RAILWAY BILL NO., SHIPMENT DATE, QUANTITY, WEIGHT, COMMODITY ANDVALUEOF SHIPMENT.

[ ] SHIPPING CO.'S CERTIFICATE ATTESTING THAT THE CARRYING VESSEL IS CHARTEREDOF BOOKED BY THE APPLICANT OF THEIR SHIPPING AGENTS.

[ ] OTHERS， IF ANY:

ADDITIONAL CONDITIONS:

[ ] ALL DOCUMENTS MUST BE PRESENTED WITHIN__________ DAYS AFTER ISSUANCE OF TRANSPORT DOCUMENTS BUT WITHIN THE VALIDITY OF THIS L/C.

[ ] ALL BANKING CHARGES OUTSIDEISSUING BANK AREFOR ACCOUNT OF BENEFICIARY.

[ ] ____% MOREOR LESS ON AMOUNT ANDQUANTITY PER ITEM ACCEPTABLE.

[ ] THIRDPARTY AS SHIPPER IS NOT ACCEPTABLE， SHORT FORM/BLANK BACK B/L IS NOT ACCEPTABLE.

[ ] DOCUMENTS ISSUED EARLIER THAN L/CISUING DATE ARENOT ACCEPTABLE.

[ ] OTHERS， IF ANY:

8. 进口付汇核销单

贸易进口付汇核销单(代申报单)

印单局代码：　　　　　　　　　　　　　　　　　　　　　　核销单编号：

单位代码	单位名称	所在地外汇局名称
付汇银行名称	收汇人国别	交易编码□□□□
收款人是否在保税区：是□ 否□	交易附言	

	对外付汇币种	对外付汇总金额
其中：购汇金额	现汇金额	其他方式金额
人民币账号	外汇账号	

付汇性质

□ 正常付汇			
□ 不在名录	□ 90天以上信用证	□ 90天以上托收	□ 异地付汇
□ 90天以上到货	□ 转口贸易	□ 境外工程师用物资	□ 真实性审查

备案表编号

预计到货日期 / /	进口批件号	合同/发票号

结算方式

信用证	90天以内□	90天以上□	承兑日期 / /	付汇日期 / /	期限 天
托收	90天以内□	90天以上□	承兑日期 / /	付汇日期 / /	期限 天

汇款	预付货款□	货到付款（凭报关单付汇)□	付汇日期 / /	
	报关单号	报关日期 / /	报关单币种	金额
	报关单号	报关日期 / /	报关单币种	金额
	报关单号	报关日期 / /	报关单币种	金额
	报关单号	报关日期 / /	报关单币种	金额
	报关单号	报关日期 / /	报关单币种	金额
	(若报关单填写不完，可另附纸。)			

其他　□　　　　　　付汇日期　/　/

以下由付汇银行填写

申报号码：□□□□□□ □□□□ □□ □□□□□□□ □□□□

业务编号：　　　　审核日期：　/　/　　(付汇银行签章)

进口单位签章

(资料来源：天津滨海职业学院 http://www.tjbpi.com/jpk/upfiles/2007710145230309.DOC；网易博客 http://blog.163.com/tf769_china/blog/static/32966344200887044441803/)

参考文献

[1] 张孟才．国际贸易实务[M]．北京：机械工业出版社，2012．
[2] 冷柏军．国际贸易实务[M]．3 版．北京：高等教育出版社，2013．
[3] 毕甫清．国际贸易实务与案例[M]．2 版．北京：清华大学出版社，2012．
[4] 陈百助，晏维龙．国际贸易理论政策与应用[M]．北京：高等教育出版社，2006．
[5] 辛清，陈宝领．国际贸易实务[M]．南京：南京大学出版社，2009．
[6] 陈平．国际贸易实务[M]．北京：中国人民大学出版社，2013．
[7] 陈岩．国际贸易理论与实务[M]．北京：机械工业出版社，2012．
[8] 陈岩．国际贸易术语惯例与案例分析[M]．北京：对外经济贸易大学出版社，2007．
[9] 董瑾．国际贸易理论与实务[M]．5 版．北京：北京理工大学出版社，2014．
[10] 杜学森．国际贸易概论[M]．北京：对外经济贸易大学出版社，2007．
[11] 杜奇华，冷柏军．国际技术贸易[M]．北京：高等教育出版社，2006．
[12] 冯世崇．国际贸易实务教程(修订版)[M]．广州：华南理工大学出版社，2006．
[13] 傅龙海．国际贸易实务[M]．2 版．北京：对外经济贸易大学出版社，2013．
[14] 傅嗣南，万顺福，曾令秋．国际贸易理论与实务[M]．成都：西南财经大学出版社，2002．
[15] 耿伟．出口贸易单证实务[M]．北京：首都经贸大学出版社．2003．
[16] 韩立余．美国外贸法[M]．北京：法律出版社，1999．
[17] 韩玉军．国际贸易实务[M]．2 版．北京：高等教育出版社，2007．
[18] 胡丹婷．国际贸易实务[M]．2 版．北京：机械工业出版社，2011．
[19] 张玮．国际贸易[M]．2 版．北京：高等教育出版社，2011．
[20] 胡俊文．国际贸易实务操作[M]．北京：机械工业出版社，2007．
[21] 胡俊文，戴瑾．国际贸易实战操作教程[M]．北京：清华大学出版社，2009．
[22] 华欣，张雪莹，陈国武．新编国际贸易实务[M]．2 版．北京：清华大学出版社，2009．
[23] 贾建华．国际贸易理论与实务[M]．5 版．北京：首都经济贸易大学出版社，2012．
[24] 姜洪．进出口报关实务[M]．重庆：重庆大学出版社，2007．
[25] 蒋琴儿，秦定．国际结算理论•实务•案例[M]．北京：清华大学出版社．2007．
[26] 李慧中，程大中．国际服务贸易[M]．北京：高等教育出版社，2007．
[27] 李平．国际贸易规则与进出口业务操作实训[M]．北京：北京大学出版社，2011．
[28] 李坤望．国际经济学[M]．2 版．北京：高等教育出版社，2005．
[29] 李秀华．国际贸易实务实训与练习[M]．北京：对外经济贸易大学出版社，2006．
[30] 李左东．国际贸易理论、政策与实务[M]．3 版．北京：高等教育出版社，2012．
[31] 黎孝先，王健．国际贸易实务[M]．5 版．北京：对外经济贸易大学出版社，2011．
[32] 缪东玲．国际贸易理论与实务[M]．2 版．北京：北京大学出版社，2011．
[33] 刘静华．国际货物贸易实务[M]．3 版．北京：对外经济贸易大学出版社，2013．
[34] 刘立平．国际贸易：理论与政策[M]．3 版．合肥：中国科学技术大学出版社，2014．
[35] 刘文广，张晓明．国际贸易实务[M]．3 版．北京：高等教育出版社，2012．
[36] 刘耀威．进出口商品的检验与检疫[M]．3 版．北京：对外经济贸易大学出版社，2011．
[37] 刘重力．国际贸易实务[M]．北京：清华大学出版社，2008．
[38] 梁坚．国际贸易理论与政策：基于比较优势统一框架的全新阐析[M]．北京：中国人民大学出版社，2011．
[39] 毛加强．国际贸易实务[M]．2 版．西安：西北工业大学出版社，2012．
[40] 彭福永．国际贸易实务教程[M]．4 版．上海：上海财经大学出版社，2009．
[41] 曲如晓．中国对外贸易概论[M]．3 版．北京：机械工业出版社，2012．
[42] 任先行，周林彬．比较商法导论[M]．北京：北京大学出版社，2000．

[43] 盛洪昌．国际贸易理论与实务[M]．上海：上海财经大学出版社，2011.
[44] 石广生．中国加入世界贸易组织知识读本[M]．北京：人民出版社，2001.
[45] 帅建林．国际贸易实务(英文版·第四版)[M]．成都：西南财经大学出版社，2013.
[46] 田运银．国际贸易实务精讲[M]．5 版．北京：中国海关出版社．2012.
[47] 童宏祥．新编国际贸易实务[M]．上海：华东理工大学出版社，2006.
[48] 卓骏．国际贸易理论与实务[M]．2 版．北京：机械工业出版社，2010.
[49] 吴百福，徐小薇．进出口贸易实务教程[M]．6 版．上海：格致出版社，2011.
[50] 吴国新，郭凤艳．国际贸易实务[M]．2 版．北京：机械工业出版社，2012.
[51] 吴汉嵩，栾晔，梁树新．国际贸易理论政策实务[M]．北京：北京工业大学出版社，2006.
[52] 吴薇．国际贸易实务[M]．2 版．北京：对外经济贸易大学出版社，2013.
[53] 夏合群，周英芬．国际贸易实务[M]．2 版．北京：北京大学出版社，2012.
[54] 肖慈方．国际贸易学[M]．成都：四川大学出版社，2006.
[55] 熊良福，夏国政．国际贸易实务[M]．3 版．武汉：武汉大学出版社，2005.
[56] 徐复．中国对外贸易[M]．2 版．北京：清华大学出版社，2011.
[57] 徐明，孔德明．国际贸易实务[M]．北京：北京理工大学出版社，2008.
[58] 薛荣久．国际贸易[M]．北京：对外经济贸易大学出版社，2008.
[59] 朱廷珺．国际贸易[M]．2 版．北京：北京大学出版社，2011.
[60] 尤盛东．国际贸易业务教程[M]．北京：北京师范大学出版社，2008.
[61] 杨逢珉．自贸区框架下寻求中国对外贸易的发展[M]．上海：上海人民出版社，2014.
[62] 张二震，马野青．国际贸易学[M]．4 版．南京：南京大学出版社，2009.
[63] 姚新超．国际贸易实务[M]．2 版．北京：对外经贸大学出版社．2011.
[64] 尹翔硕．国际贸易教程[M]．3 版．上海：复旦大学出版社，2007.
[65] 赵春明，魏浩，蔡宏波．国际贸易[M]．3 版．北京：高等教育出版社，2013.
[66] 余劲松．国际经济法[M]．3 版．北京：北京大学出版社，2009.
[67] 袁永友，邱年祝．国际贸易实务案例评析[M]．武汉：湖北人民出版社，2005.
[68] 张亚芬．国际贸易实务与案例教程[M]．3 版．北京：高等教育出版社，2013.
[69] 张晓明．国际贸易实务与操作[M]．北京：高等教育出版社，2008.
[70] 张素芳．Trade Theory and Practice[M]．北京：对外经济贸易大学出版社，2003.
[71] [英]彼得·罗布森．国际一体化经济学[M]．上海：上海译文出版社，1998.
[72] [英]大卫·格林纳韦．国际贸易前沿问题[M]．北京：中国税务出版社，2000.
[73] [美]保罗·克鲁格曼．国际经济学[M]．4 版．北京：中国人民大学出版社，1998.
[74] [美]贝思·V. 亚伯勒、罗伯特·M. 亚伯勒．世界经济贸易与金融[M]．7 版．北京：清华大学出版社，2009.
[75] [美]彼得·林德特．国际经济学[M]．北京：经济科学出版社，2006.
[76] [美]多米尼克·萨尔瓦多．国际经济学[M]．9 版．北京：清华大学出版社，2006.
[77] 中华人民共和国外汇管理条例.
[78] 中华人民共和国货物进出口管理条例.
[79] 中华人民共和国货物进口许可证管理办法.
[80] 中华人民共和国货物自动进口许可管理办法.
[81] 中华人民共和国货物出口许可证管理办法.
[82] 中华人民共和国海关法.
[83] 中华人民共和国进出口关税条例.
[84] 中华人民共和国进出口商品检验法.
[85] 中华人民中合国合同法.
[86] 国际商会：2010 年国际贸易术语解释通则.

[87] 国际法协会：华沙—牛津规则(1932).
[88] 国际商会：跟单信用证统一惯例(第 600 号出版物).
[89] 国际海事委员会电子提单规则.
[90] 国际海事委员会海运单统一规则.
[91] 中国国际经济贸易仲裁委员会仲裁规则.
[92] 联合国国际货物销售合同公约(1980 年).
[93] 中国贸易救济信息网：http://www.cacs.gov.cn/.
[94] 中华人民共和国商务部网站：http://www.mofcom.gov.cn/.
[95] OECD 网：http://www.oecd.org/home/.
[96] 欧洲问题研究中心网：http://www.cesfd.org.cn/.
[97] 世界银行数据库网：http://www.worldbank.org/data/.
[98] 北美自由贸易区：http://www.nafta-sec-alena.org/DefaultSite/index_e.aspx.
[99] 欧盟网站：http://europa.eu/index_en.htm.
[100] 东盟自由贸易区网站：http://www.aseansec.org/4920.htm.
[101] 亚太经合组织网站：http://www.apec.org/.
[102] 锦绣全程订舱中心资料网：http://www.95105556.com/.
[103] 第一范文网：http://www.diyifanwen.com..